中央高校基本科研业务费专项资金资助
南京大学文科双一流专项资金资助

中国的变法

Reform in China

黄遵宪与日本模式

Huang Tsun-hsien and the Japanese Model

[美] 蒲地典子 著

阎小波 译

心史文丛

孙江 主编

论究学术
阐求真理
昌明国粹
融化新知

凤凰出版社

图书在版编目（CIP）数据

中国的变法 : 黄遵宪与日本模式 / （美）蒲地典子著 ; 阎小波译. -- 南京 : 凤凰出版社, 2022.7
（学衡心史文丛 / 孙江主编）
书名原文: Reform in China: Huang Tsun-hsien and the Japanese Model
ISBN 978-7-5506-3591-3

Ⅰ. ①中… Ⅱ. ①蒲… ②阎… Ⅲ. ①黄遵宪（1848-1905）—人物研究 Ⅳ. ①K827=52

中国版本图书馆CIP数据核字(2022)第049115号

书　　名	中国的变法:黄遵宪与日本模式
著　　者	[美]蒲地典子
译　　者	阎小波
责任编辑	孙思贤
装帧设计	徐　慧
出版发行	凤凰出版社(原江苏古籍出版社) 发行部电话025-83223462
出版社地址	江苏省南京市中央路165号,邮编:210009
照　　排	南京凯建文化发展有限公司
印　　刷	南京爱德印刷有限公司 江苏省南京市江宁区东善桥秣周中路99号,邮编:211153
开　　本	880毫米×1230毫米　1/32
印　　张	9.375
字　　数	209千字
版　　次	2022年7月第1版
印　　次	2022年7月第1次印刷
标准书号	ISBN 978-7-5506-3591-3
定　　价	78.00元

(本书凡印装错误可向承印厂调换,电话:025-57928003)

黄遵宪像

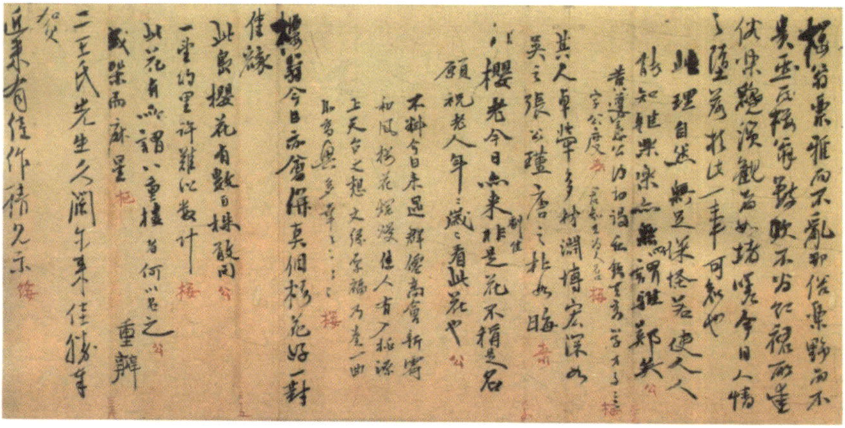

黄遵宪与大河内辉声等人的笔谈稿之一

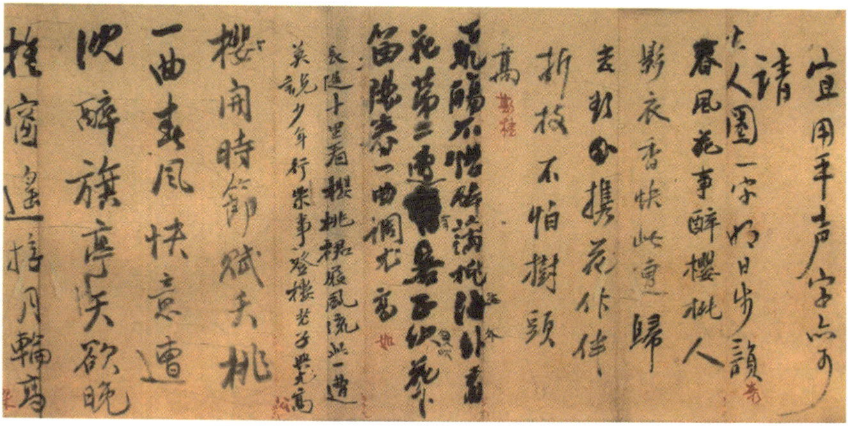

黄遵宪与大河内辉声等人的笔谈稿之二

日本國志第二　卷之二

出使日本參贊官黃遵憲編纂

國統志二

白河天皇立諱貞明後二條長子母藤原能信養女敎通關白尋薨代以賴通子師實帝政自己出相門斂手而愛憎任意好色信佛竭民力以事浮屠佛像在位十五年改元四曰承保曰承歷曰永保曰應德禪位後猶專政四十餘年國勢大敗不可收拾堀河天皇嗣諱善仁白河第二子母藤原師實養女實源氏師實攝政尋薨其弟師通代之旋以師通子忠實爲關白帝厭於夜分覆視章奏而制於白河上皇不能有爲上皇制院別當設兵曹置北院士奉宣旨施行曰院宣因所愛皇女准中宮死哀痛遂削髮稱法皇令皇子薙髮爲法親王時出羽酋復亂源賴義子義家用兵三年討平之請賞將士功朝議以爲私

日本國志卷二　一

闕不許在位二十一年改元七曰寬治曰嘉保曰永長曰承德曰康和曰長治曰嘉承鳥羽天皇嗣諱宗仁堀河長子五歲即位母藤原實季女忠實攝政尋罷以其子忠通爲關白法皇聽政如故僧徒作亂勅源平二家拒卻之在位十七年改元五曰天仁曰天永曰永久曰元永曰保安法皇令禪位於長子顯仁年五歲是爲崇德天皇母藤原公實女幼養於白河法皇長私之及鳥羽立爲中宮猶不改鳥羽衆銜之崇德嗣位忠通攝政法皇仍聽政尋崩而鳥羽上皇聽政亦二十餘年久之亦削髮稱法皇崇德在位十五年改元六曰天治曰大治曰天承曰長承曰保延曰永治爲法皇所迫禪位皇太弟鳥羽法皇多內寵後納長實女專房稱美福門院生子體仁法皇欲其速得位諭帝禪讓即日促書詔詔稱皇太弟帝欲俟明審議遣中使往復數次終不聽及舉傳劍璽帝由是與鳥羽有隙尊爲上皇世稱法皇曰本院上皇曰新院近衛天皇諱體仁鳥羽第八子母藤原長實女生四月立爲儲貳三歲即位忠通攝政法皇仍聽政院中在位十五年改元五曰康治曰天養曰久安曰仁平曰久壽受制於法皇鬱疾崩

清光绪年间富文斋版《日本国志》书影

日本雜事詩卷二

廣東黃遵憲公度著

竭民膏血造浮屠佞佛甘稱三寶奴匹馬出宮偷祝髮上皇尊號半僧徒

自欽明時佛法東來蘇我馬子首信之推古以還日崇尚至聖武自稱三寶奴後祝髮爲沙彌勝滿是爲天皇披薙之始至花山天皇信右大臣兼家之言夜潛出宮至花山元慶寺削髮其後禪位皇子者多半爲僧僧徒盛時上自公侯下至庶民不建寺塔不列人數堂宇之崇佛像之大工巧之妙莊嚴之奇有如鬼斧神工又令七道諸國建寺各用其國正稅於是舉國之費十分而五一寺度僧歲三四百人舉國之民禿首過其半多家蓄妻子口啖腥膻甚至羣聚爲盜竊鑄錢貨黨徒相攻敢刼關白之第入太政大臣家掠財物奪莊園且率徒黨發山陵入宮殿刼神輿後宇多帝時至毀闕截簾破行事障子帝乃御羿輿逃匿內大臣私第暴亂淫縱天下所未有也

日本雜事詩卷二　一

長跪蒲團誦法華緇衣半袒覆袈裟周妻何肉都無忌喚作山僧未出家

維新後僧徒田產多沒入官其勢遂衰明治六年下令僧徒許食酒肉娶妻妾僧服如中土惟嚴寒亦蒙紗衣謂之

清光绪年间黄氏笃江榷舍重刊本《日本杂事诗》书影

黄遵宪的美国友人傅烈秘

（Frederick A. Bee）

来源：Lewis & Clark Special Collections and Archives

位于旧金山的中国领事馆

来源：Online Archive of California

UC Berkeley, Bancroft Library

致　谢

首先，我要由衷地向费正清和史华慈教授表示谢意，是他们指导我在这一领域从事学术研究，得益于他们的持续帮助，我才撰写出博士论文并成书。我还要向直接或间接帮助过我的市古宙三教授及许多朋友致谢，他们是柯文、艾伯特·克雷格、伊爱莲、傅礼初、马里厄斯·詹森、梁肇庭、查尔顿·刘易斯、中村政则、唐·普赖斯、石约翰、比阿特里斯·斯佩德、菲利普·韦斯特、杨承恩等。他们阅读了全部或部分书稿，提出了有价值的批评和建议。我特别要向黄延毓博士表示敬意，他向我提供了有关黄氏家族及其祖父黄遵宪的重要资料。玛丽安·威尔逊多年来帮我编辑手稿，弗洛伦斯·特雷费森不仅帮我编辑最后的文稿，而且还协助我加工翻译诗文。我要向他们表示深深的敬意。特鲁科·克雷格提供了附录和注释，凯瑟琳·弗罗斯特·布鲁纳提供了索引。诚然，书中所有错误和阐释均由我负责。在我撰写博士论文的时候，美国大学妇女联合会和教育慈善组织给予了慷慨支持。密歇根大学支持我出版这部书稿，哈佛大学费正清东亚研究中心为我提供了办公室。在此一并表示谢忱。

序 言

如何解释中日两国对近代西方作出的不同回应，对治东亚史的历史学家来说是个最富有挑战性的课题。19世纪中叶，西方列强迫使日本结束其闭关锁国的政策。在其后的半个世纪中，日本遂一跃而成为世界强国；而中国全方位的工业化被延宕至20世纪中叶社会主义革命之后。有关这两个国家并列发展的问题，詹森在他的著作中对19世纪后期以来的中日关系作了深入阐述[①]。为了探讨中国的反应如此痛苦而迟滞的原因，历史学家将注意力集中在伴随中国传统社会转变的"知识—伦理"问题上。现在我的研究正与这一主题有关。

列文森在20世纪50年代对此作了这样的阐述："中国近代思想史的大部分时间处在由'天下'向构建民族国家的进程之中。"[②]日本则不然，他们很早就有一个非常清晰的民族认同感。中国人的那种"大一统"观念直至19世纪中叶受到近代西方冲击后才开始动摇[③]。随后，思想领域发生了戏剧性的变化，新的世界意识直到19世纪末才确

---

① 马里厄斯·詹森：《日本和中国：从战争到和平，1894—1975年》，芝加哥，1975年。

② 约瑟夫·列文森：《儒教中国及其现代命运》卷1，伯克利，1968年，第103页。

③ 柯文：《在传统与现代性之间：王韬与晚清改革》，剑桥(麻省)，1974年，第5页。费正清主编的《中国的世界秩序：传统中国的对外关系》，对中国传统的世界观作了极其深刻的阐述，剑桥(麻省)，1968年。

立。在这一过程中，中国知识分子的首要问题是如何调和现代观念与传统价值。

在19世纪60—70年代，面对西方入侵和国内大规模的叛乱，为了恢复儒家秩序和王朝礼制，少数官僚和士大夫意识到中国需要“师夷长技”。由于他们试图捍卫的是传统儒家文化，因此他们的价值取向被视为“文化主义”，而非后来发展的民族主义。这种目的与手段(西方的技术)的内在矛盾，玛丽・C.莱特在她的书中已作了充分的阐述[①]。刘广京的著作对“师夷论者”及早期以倡导改革而著称的儒家士大夫，如曾国藩(1811—1872)、李鸿章(1823—1901)、冯桂芬(1809—1874)和郑观应(1842—1922)等作了充分的阐述[②]。

在19世纪80—90年代思想转型的过程中，最引人注目的发展是民族主义的出现，它是建立在新的国家主权观念基础之上。到19世纪90年代后期，中国在对外政策领域已牢固地树立起国家主权观念。当时，主管外交事务的中国官员已熟悉西方国际关系的概念，并能有策略地处理列强的要求，自觉维护国家的主权。石约翰在以德国要求租让山东为个案的研究中对此作了详尽的阐述[③]。中日甲午战争后，中国知识分子猛然醒悟过来，他们意识到在这个充满竞争的世界上，

---

① 玛丽・C.莱特：《中国守旧派的最后一次反抗：同治中兴，1862—1874年》，斯坦福，1957年。

② 刘广京：《19世纪的中国：旧秩序的瓦解和西方的冲击》，收于何炳棣与邹谠编《危机中的中国》第1卷，第1册，芝加哥，1968年；《郑观应的〈易言〉：光绪初年的变法思想》，《清华学报》第8卷，第1—2期，第373—425页，台北，1970年；《作为爱国者和实用主义者的儒士：李鸿章的发迹期，1823—1866》，载《哈佛东亚研究》第30期，1970年，第5—47页；《同治中兴》，载费正清主编的《剑桥中国史》第10卷，剑桥，1978年，第409—490页。

③ 石约翰：《帝国主义与中国的民族主义：在山东的德国人》，剑桥(麻省)，1971年。

中国是极其脆弱的。社会达尔文主义“适者生存”的观念通过严复（1854—1921）的著作而家喻户晓。史华慈已对严复翻译斯宾塞、赫胥黎、斯密、孟德斯鸠、穆勒等人著作的思想意义作了透彻的剖析。他指出，严复所专注的是如何使国家富强[①]，这被视为改革的目标。张灏认为，1895 年前后至 20 世纪初的 10 年是思想界由传统向现代过渡的重要分水岭，期间至关重要的发展，不仅是人们放弃了“大一统”的观念，最终去接受国家观念，将国家的道德目标转变为集体成就的政治目标，而且出现了现代的“国民观念”[②]。世纪之交，民族主义成为朝野知识精英政治理念的基调。“官僚民族主义”是实权派总督张之洞（1837—1909）决策的依据；“商业民族主义”激发“条约口岸”商人郑观应呼吁内在的制度变革[③]。事实上，19 世纪末的变法维新运动，正是知识精英表达民族主义的最强音。

在 19 世纪末那些倡导改革的人群中，民族主义这一主流之下的支流是一种普遍的乌托邦主义。在汹涌澎湃的民族主义浪涛中，乌托邦主义是一条涓涓不绝的暗流。康有为（1858—1927）的《大同书》是晚清阐述乌托邦主义的最具影响的著作。萧公权在他对康有为的研究中指出：康有为的民族主义观念和他对乌托邦的构想是在两个不同

---

① 史华慈：《寻求富强：严复与西方》，剑桥（麻省），1964 年。

② 张灏：《梁启超与中国思想的过渡：1890—1907》，剑桥（麻省），1971 年，第 297—298 页。

③ 丹尼尔·贝克斯：《中国进入 20 世纪：张之洞与革新时期的问题，1895—1909 年》，密歇根，1978 年；郝延平：《郑观应：作为中国近代改革者的买办》，载《哈佛东亚研究》第 29 期，1969 年 11 月。

层面上发展的，后者与现实中国几乎没有任何联系①。即便如此，康有为的乌托邦主义对他的改革思想也产生过影响。彭泽周在比较研究了中国的改革思想与日本明治初年的社会政治思想之后也揭示了这一点。他所做的关于康有为和福泽谕吉（1834—1901）对亚当·斯密经济思想看法的比较研究让人深受启发。二人均崇拜斯密及其理想化的资本主义制度。然而，福泽谕吉完全接受了资本主义的经济哲学，并积极鼓励富人追逐利润。康有为并不认为资本主义社会是一种理想、优越的社会，他的理想社会是乌托邦式的社会主义②。在20世纪初的前10年中，接受革命思想的知识分子将这种理想主义转变为政治行动。普赖斯对这种乌托邦精神和民族主义如何激励了辛亥革命的领导人作了分析。他们将这场革命视为通向"平等与自由的普遍道德秩序"进程中的"一幕不可阻挡的普世道德剧的一部分"③。

19世纪中国知识分子的变法思想，不仅受到其知识取向的影响，且受到他们的社会政治身份的影响。如王韬，如果没有流亡沪、港的"条约口岸"而成为游离于正统秩序之外的知识分子，其变法思想将会有些不同。在对王韬的研究中，柯文将晚清的文化土壤分为沿海和内地，内地是传统秩序的中心，而沿海则处在直接面临西方文明冲击的文化边缘④。

清朝个人的功名是决定其社会政治地位的最根本因素。然而，在

---

① 萧公权：《近代中国与新世界：康有为变法与大同思想研究》，西雅图，1975年，第409—437页。

② 彭泽周：《中国的近代化与明治维新》，京都，1976年。

③ 唐·普赖斯：《俄国与中国革命的起源》，剑桥（麻省），1974年，第213、219页。

④ 柯文：《在传统与现代性之间：王韬与晚清改革》，第9章。

19 世纪末博得较高功名的人未必能享有崇高的地位，因为官僚机构早已饱和。不仅如此，此间由于人口增长及识字率的上升，围绕高功名的竞争也变得越来越激烈[①]。那些获得功名的士大夫要么不能入仕，要么被安排在微不足道的岗位上。当这种失落感与其民族主义的激情融为一体时，便助长了变法维新运动的火焰。

我对黄遵宪（1848—1905）的研究将以前人对同类问题的研究为基础。但需要特别强调的是这一问题：甲午战争前中国人是如何看待日本现代化的。黄遵宪是第一位努力体认日本在受到西方冲击后发生巨变的中国人。他不仅对日本步武西方追求现代化感兴趣，而且关注日本的历史、文化以及人们的日常生活。他以 1877—1882 年对日本的亲身考察为基础，撰著了一部充满魅力的《日本国志》。他在 19 世纪 80 年代呼吁国人应以严肃的眼光看待日本所取得的成就，并希望该书能对中国的变法起到借鉴作用。他关于明治时期的日本，特别是明治维新的论述，对甲午战争后中国的维新运动产生了巨大的冲击。黄遵宪在这场运动中也扮演了一个领袖的角色。

在柯文的"社会—文化"图谱上，黄遵宪位于沿海与内地的中间地带，他被认为是"内地改革的先驱者"。作为举人，黄遵宪是一位合格的正统文化的精英，但他很快就踏上了中国驻外使馆官员的仕途，置身于王朝官僚体系的边缘。在通往中央官僚的仕途中，他不得不沿着一条近似于沿海知识分子所走过的道路前行。换言之，他的仕途就是：受到那些需要外交人才的重臣举荐，最终作为高级候补官员受到皇帝的召

---

① 刘广京在《19 世纪的中国：旧秩序的瓦解和西方的冲击》一文中讨论了无官职的士大夫。

见。就在他走向权力核心之际,其为官生涯被慈禧发动的政变打断。

黄遵宪的生涯代表了晚清帝国官僚流动的一种新模式。他是如何在仕途上谋求升迁的同时促进中国的变法？这也是我所要研究的一个子专题。

我用传记体的方法来展开此项研究,试图将黄遵宪刻画为一位具有独立精神的知识分子:其独特的客家伦理背景,他的那些启迪了“五四”一代知识分子的思想倾向,以及他在国内外的经历,共同塑造了他的民族主义和改良主义思想。

目　录

第一章　黄遵宪的故里

绿树如云拥，门前百尺桐。吾家正溪北……①

在唐宋时期，广东东部还是一个荒凉的贬官之地，剧毒的昆虫四处出没。但到了明朝初年，来自北方及中原一带的移民使该地变得人口稠密。在这些移民中，有一群人被称为"客家人"。他们与多数中国人一样也是汉族，但保留了自己的方言和习俗。

人们通常认为客家人因北方接二连三的内乱而不断南迁。自公元4世纪内亚部族入侵中原至9世纪唐朝末年的黄巢起义，尤其在12—13世纪女真人和蒙古人统治华北期间，北方的汉人经历了一次又一次的兵燹。在南方这块土地上世代居住的以"本地人"相称，南迁的北方人被他们称为"客家人"。但尚不清楚客家人何时接受这种称呼，且自豪地认为自己是中原华夏文明的传人，并借此发展他们独特的伦理。这种情感在19世纪变得越来越明显。

客家人在华南分布较广，在广东、福建、江西、广西、湖南及四川等省均有聚居，但多集中于广东的东北部，特别是清代嘉应州。这里几乎是清一色的客家人，该地由此成为他们精神和文化中心，故其方言

---

① 黄遵宪：《武清道中作》，载钱仲联编：《人境庐诗草笺注》，上海，1957年，第46页。

也被视为标准的客家话①。

17—18世纪成千上万的客家人从人口稠密的广东东部向广州及西面的广西迁移。他们栖息在无人居住的山里，成为此地的第一批定居者。客家女子不缠足，男女均要下地从事艰苦的体力劳动，种树植竹、纺纱织布。客家人的辛劳和节俭改善了这里的生存环境，随着人口的增加，他们成了当地人强有力的竞争者。在客家人和他们的宿仇邻居之间时常爆发冲突，他们与广西本地人之间的紧张关系最终成为1851年太平天国起义导火索之一。太平军的领袖洪秀全是广州地区客家人的后代，其祖先是在18世纪从嘉应州迁来的②。

1848年，黄遵宪生于嘉应一个声名显赫的客家人家庭。追根溯源，黄姓部族在古代曾被皇帝赐予封地，名曰“黄国”，这就是地处中原的河南省潢川县。在夏、商、周三代，这里是华夏文明的摇篮。黄遵宪的祖先在公元10世纪南迁至福建省的几个地区定居。蒙古人入侵时他们迁移到广东，定居在梅州南部，清朝时这里更名为嘉应州。明朝末年，黄遵宪的祖先住在嘉应城东的攀桂坊，至黄遵宪出生，在此已居住了八代③。在该地区，富庶的黄氏家族有一定的影响力。黄遵宪幼

---

①　桥本万太郎：《客家方言：关于其音系、语法和词汇的语言学研究》，剑桥，1973年。有关客家人历史的研究，参见罗香林：《客家研究导论》，广东，1933年；林传芳：《客家与近代中国》，载《龙谷史坛》卷71，1973年9月，第1—23页；孔迈隆：《客家或“客人”：中国东南部作为社会文化变量之一的方言》，《人种学》卷15，第3期，1968年夏，第237—292页。

②　研究客家人与讲粤语人群间的冲突，参见孔迈隆的《客家或“客人”》；孔飞力：《太平天国的起源：起义军多重文化的范围》，《社会与历史比较研究》第19卷，第3期，1977年7月，第350—366页。

③　嘉应州辖五县，嘉应位于这一地区的中心，是州府的所在地，民国初年更名为梅县。黄氏的故乡在嘉应州，即后来的梅县。（注转下页）

年时家庭成员有七十多人，他们生活在一起，这是家族兴旺的重要标志。其家产是靠黄遵宪的高祖父黄润放高利贷聚积而成。黄润最初只是当地市场上的一位贫寒的文牍，后来成为一名出色的典当业主。黄遵宪在《高祖朴泉府君述略》记述了黄润的身世：

> 逮府君而贫甚，竹笠草履，包饭趁墟，为人书牛契。时外国银钱甫行闽、粤间，府君能以色之美恶、声之浮沉、质之精粗鉴别真伪。设一案坐尘市间，市散然后归。如是者数年，渐积渐富，至三十而设典肆矣。及府君季年，典肆凡四五所。[①]

黄润的妻子钟太淑人是黄家的童养媳[②]。贫寒之家为男孩娶少女作童养媳是一种普遍的习俗。少女作为家庭的一员，由公、婆来抚养，直至完婚。这种安排可免去贫寒之家向女方支付的大笔彩礼。

黄遵宪的曾祖父黄学诗，谙熟经典，参加过县试，虽未谋得一官半职，但在乡里也小有名气[③]。曾祖母李太夫人生于一个受人尊敬的官僚家庭。她活到1858年，享年85岁，时黄遵宪10岁。她是一位杰出的女性，对黄遵宪产生过巨大影响。黄学诗去世后，由她负责管理家

（续上页注）关于嘉应的历史，参见温仲和等纂：《光绪嘉应州志》，1898年。关于黄氏家族的源头，参见黄遵楷：《先兄公度先生事实述略》，载北京大学中文系近代诗研究小组编：《人境庐集外诗辑》，北京，1960年，第119页。吴天任：《黄公度先生传稿》，香港，1972年，第13—14页。吴氏的记述系根据黄遵宪的《攀桂坊黄氏家谱》，我未见到此书。

① 黄遵宪：《高祖朴泉府君述略》，《人境庐诗草笺注》，第10页。

② 黄遵宪：《高祖妣钟太淑人述略》，《人境庐诗草笺注》，第11页。

③ 麦若鹏：《黄遵宪传》，上海，1957年，第2—3页。黄润去世后，因黄遵宪为官而获得了封号，见温仲和等纂：《光绪嘉应州志》卷22《封赠》。温氏与黄遵宪相熟。

庭事务，成为大家庭的女族长。祖父黄际升(1804—1891)排行第六。他与其父相似，也是当地乡绅，他因两个哥哥获得功名，并被派往福建和云南为官，故在乡里亦受人尊敬①。

黄遵宪的父亲黄鸿藻(1828—1891)在1856年成功地通过了乡试中举，他在户部衙门供职近二十年。1878年授广西桂林府知府，不久主管厘金局，始在南宁，旋调梧州。在梧州任职期间爆发了中法战争，他负责向中越边境的清军提供军饷。因其业绩卓著，受到钦差大臣李鸿章的嘉奖。1889年得到晋升，授以广西思恩府知府。他在当地赢得了精诚强干的美誉。黄鸿藻还是一位出色的诗人，有三卷诗文集行世②。无疑，黄遵宪不仅继承了父亲务实精干的为官本领，还有作诗的天赋。

黄遵宪出生时曾祖母李太夫人已75岁，当时他有两个哥哥，次年妹妹降生。李太夫人不情愿看到他们争吃母乳，遂把黄遵宪抱在怀里，日夜照料，为他洗澡、缝衣、另做饭菜。她给他穿上红色的衣裤，脸上敷上芳香的脂粉，还佩戴避邪的耳环、手镯等，打扮得像个小女孩，当他牙牙学语时便教他诗歌，后来黄遵宪能熟诵当时用来教子的《千家诗》。黄遵宪3岁半时李太夫人请来家庭教师，专门培养这位不同寻常的学生。黄遵宪非常亲近曾祖母，对她几近崇拜。然而，黄遵宪的孙子黄延毓听母亲讲述过一个故事，这个在黄氏家族内部流传的辛酸故事，向我们证明了这位李太夫人是如何对幼年黄遵宪产生巨大影响的：

---

①　黄遵宪：《拜曾祖母李太夫人墓》，《人境庐诗草笺注》，第153—157页。

②　钱钟联编：《黄公度先生年谱》，第26、32页；温仲和等纂：《光绪嘉应州志》卷23，第83页。黄逸农著有《逸农笔记》《思恩杂著》和《退思书屋诗文集》，其著被《光绪嘉应州志》引用；又见麦若鹏：《黄遵宪传》，第3页。

> 祖父(黄遵宪)小时候目睹了一件令他非常震惊的事件：有一次，曾祖父的妾在室内分娩，曾祖母站在室外大声叫喊，召唤恶魔来伤害这个新的生命。黄遵宪深知，为这个家庭，曾祖母倾注了多少心血。然而，也正是因为她的妒忌心，使她变得冷漠。这一小插曲所揭示的人性令他震惊。所以黄遵宪发誓永不纳妾，事实也是如此。①

黄遵宪在他的诗中，也对母亲、妹妹、妻子、女儿表现出那种对曾祖母的挚爱。事实上，他的那些受到文学评论家高度赞赏的作品，大都是奉献给家中女性的。黄遵宪的《今别离》被近代诗人陈三立推为“千古绝作”，这是黄遵宪在伦敦任职期间写给留在家乡的妻子叶氏的一首诗②。在《拜曾祖母李太夫人墓》中，黄遵宪追忆孩提时围着她转的情形。另一首著名的诗作《送女弟》，记述了困难时期母亲的慈爱及为家庭而付出的艰辛劳作。黄遵宪在那些提到母亲的诗中，不时流露出对母亲的牵挂与深爱。母亲在世时，黄遵宪深情地关切着她的健康；为了家庭，她不避艰辛，作出了无私奉献。在她过早地去世后，黄遵宪更是“哀肠多郁纡”③。

黄遵宪也作过一些浪漫的爱情诗，尽管其实际意义不被学者接受。《新嫁娘诗》是一组口语化的关于新婚夫妇的诗，写作时间约在婚

---

① 黄延毓：《黄遵宪在日本是否纳过妾》，1973 年致笔者函。

② 陈三立的评述，载梁启超：《饮冰室诗话》卷 1，上海，1910 年，第 19—20 页。

③ 黄遵宪：《拜曾祖母李太夫人墓》，胡适称该诗是《人境庐诗草》中的佳品，见胡适：《五十年来中国之文学》，1929 年，第 48 页。黄遵宪：《送女弟》，《人境庐诗草笺注》，第 10—12 页。

后一年黄遵宪的长子出生之际。该诗描绘了装饰一新的洞房内的爱情，细腻地刻画了在这个大家庭内夫妇之间无微不至的关怀及怀胎生子的心理[①]。他还写了一系列以客家民谣为基础的、朗朗上口的“山歌”[②]。根据客家人的习俗，男女要对唱情歌。民国初年，当挣脱旧道德束缚成为时代的主旋律之际，黄遵宪的这些作品令新一代知识分子拍案叫绝。然而，在黄遵宪所处的那个时代，这些情歌在正统的文学领域毫无地位。因此，虽然这些关于新娘的诗作及山歌不落俗套，但黄遵宪并未将其收进诗集。总之，在他的诗作中，充满了对女性的同情和崇敬。作为一个维新派，他倡导女子教育。他提出这样一个问题：如果占四亿人口一半的女性是文盲，中国岂能生存[③]？他对女性的崇敬或许来自童年时期曾祖母的濡染，并受到客家文化中女性和男性共同分担艰苦劳动与家庭责任这一传统的影响。

黄遵宪生活在一个颇有势力的大家庭中，在曾祖母的精心抚育下，他在安宁和幸福的环境中度过了童年。然而，好景不长，大规模的农民起义预示着清王朝的衰落，并波及黄遵宪的家庭，当时他才 11 岁。1859 年，即曾祖母去世后的第二年，太平军攻打嘉应，翼王石达开的部下石镇吉率五六万之众围攻该城，他们在城墙下放置炸药，并最终攻克。在守城的战斗中，嘉应知府文晟及其子与四千余口男女一道被杀[④]。此种惨烈的场景给少年黄遵宪留下了可怕的记忆。

---

① 黄遵宪：《新嫁娘诗》，《人境庐集外诗辑》，北京，1960 年，第 8—13 页。

② 黄遵宪：《山歌》，《人境庐集外诗辑》，第 16—17 页。

③ 黄遵宪：《古香阁诗集序》（黄在 1900 年为叶壁华诗集作的序），载郑子瑜：《人境庐丛考》，新加坡，1959 年，第 174—175 页。叶壁华是一位客家籍的女诗人。

④ 温仲和等纂：《光绪嘉应州志》卷 31，第 31—37 页。谢国珍：《嘉应平寇纪略》序，1879 年。

尽管太平天国起义开始是一场客家人的运动，但嘉应的客家人在太平军的统治下遭受了巨大的劫难。1865年，差不多是天京陷落后一年，太平军的残部进攻嘉应，由汪海洋和胡永祥率领的这支部队，在湘赣、粤赣边境与前来追击的清军拼死作战。清军在左宗棠的率领下将十余万太平军逼到广东的西部，其中部分太平军占据了嘉应城。左宗棠调集福建、广西、广东的清军，还有鲍超的部队（这是一支在对太平军作战中最凶残的队伍）。清军用两个月的时间才收复这座城市。在围城期间，嘉应城及其郊区遭受巨大的破坏。左宗棠在给朝廷奏折的开头称：在他多年对太平军的作战生涯中，像嘉应这样惨烈的战斗"实为从征数年来所仅见"，"盖狃于近来未经痛创，而所纠贼党、所收叛勇，皆凶悍百战之余，土匪又熟习路径，从而导引之，故胆大气骄如此"[①]。这是围歼太平军余部的最后一场战斗。

嘉应之战打响时，正是17岁的黄遵宪结婚后的数日。他带着新娘及家中的三十多人搭乘一艘小船逃到大埔县三河虚的西部避难。他们彻夜听到太平军士兵过河的声音和混乱中难民的哭喊声。他在一首关于这次逃亡的诗中流露出内心的恐惧和对太平军的愤懑：

> 爷娘弟妹牵衣语，南北东西何处行？一叶小舟三十口，流离虎穴脱余生。[②]

他们到达三河虚后不久，那里也变得不安全，只得通过水路逃至

---

① 左宗棠：《进逼嘉应东路痛剿大胜首逆汪海洋伏诛折》，《左文襄公全集》奏稿十六，1890年，第49页。

② 黄遵宪：《乙丑十一月避乱大埔三河虚》，《人境庐诗草笺注》，第4—6页。

潮州，但又一次被一小股太平军围困，藏在船舱里的财富被洗劫一空，幸好他们死里逃生。他在《潮州行》中记述了这场战斗：

> 是时北风寒，平江荡柔橹。行行将近城，饮烟密如缕。行舟忽不前，有盗伏林莽。起惊贼已来，快橹飞如雨。舟人急系舟，挥戈左右拒。翻惧力不敌，转逢彼贼怒。扣舷急相呼，“不如任携取”。[①]

黄遵宪在《拔自贼中述所闻》表现了对太平军丑恶行径的憎恨。他说太平军：“朝倾百斛酒，暮饱千头羊。时时赌博簺，夜夜迎新娘。”[②]

太平军在嘉应被歼后，黄遵宪在《喜闻恪靖伯左公至官军收复嘉应贼尽灭》的诗中表现出无限的欣慰。然而，他也觉得清兵的镇压过于严厉，因为他并不认为太平军是敌人，而是皇帝的子民。他在以后的岁月谴责了镇压这场运动的总指挥曾国藩的残暴行径[③]。

黄遵宪回到家乡后发现一片狼藉，新房及新娘的陪嫁物被洗劫一空，家里的典当铺被抢，房子遭毁。如此劫难足以使其家道中落[④]。1867 年他在《送女弟》中提到家庭的窘境（妹妹嫁到嘉应一户姓张的人家）：

> 阿爷有书来，言颇倾家赀。箱奁四五事，莫嫌嫁衣希。阿母

---

① 黄遵宪：《潮州行》，《人境庐诗草笺注》，第 7 页。

② 黄遵宪：《拔自贼中述所闻》，《人境庐诗草笺注》，第 6 页。

③ 光绪二十八年十一月黄遵宪致梁启超函，《新民丛报》第 24 号，1903 年 1 月，第 33—35 页。

④ 黄遵宪：《乱后归家》，《人境庐诗草笺注》，第 8—10 页。

开箧看，未看先长欷。吾家本富饶，频岁遭乱离。累叶积珠翠，历劫无一遗。旧时典衣库，烂漫堆人衣。今日将衣质，库主知是谁？扫叶添作薪，烹谷持作糜。尺布尚可缝，亲手自维持。[①]

谈到他的家史，黄遵宪以其为客家人的后代而自豪。他强调客家人是生活在中原的文明部族的后代，在他们身上留有古代先民的优秀德性，如吃苦耐劳、勤俭节约、生活简朴等：

中原有旧族，迁徙名客人。过江入八闽，展转来海滨。俭啬唐魏风，盖犹三代民。就中妇女劳，尤见风俗纯。鸡鸣起汲水，日落犹负薪。盛妆始脂粉，常饰惟綦巾。[②]

黄遵宪对客家人新娘的赞美，反映了在太平天国时期及以后客家人中滋生出的浓厚感伤。此间客家人普遍被视为反叛者和土匪，这就意味着他们是非中国人血统的后裔[③]。客家人抗议这种诬陷的指控，他们中的知识分子激发起写作的动机。1867 年，客家人的杰出官僚丁日昌致函两广总督，阐述客家人的背景，请求总督消除对他们的偏见，以免与本地人发生冲突[④]。出身于大埔县的士大夫林达泉写了《客说》，叙说客家人的历史，这是晚清为人所熟悉的一本阐述客家人精神的著作。他确认客家人是三代臣民的后裔，强调客家方言与古代语言之间的密切联系，断言他们保留了祖先的遗产。《嘉应州志》（1898 年

①② 黄遵宪：《送女弟》，《人境庐诗草笺注》，第 10—12 页。

③ 罗香林：《客家研究导论》，广东，1933 年，第 4 页。

④ 罗香林：《客家研究导论》，第 5 页。

出版)的编撰者温仲和也以同样方式讨论了客家人的历史[①]。由此,客家问题引起了官绅的关注。1851—1904 年间,计有三十余人(包括西方人)就此出版著作或发表论文[②]。

黄遵宪受教育的环境与其客家人的背景一样,也影响了他对士大夫生活的看法。作为一个出身士绅家庭的男儿,黄遵宪自然也要习诵儒家经典,并通过科举来获取功名,由此踏上仕途。他不到 4 岁就在私塾接受启蒙教育,塾师李学源早就认为他是一位有才华的诗人。黄遵宪 9 岁时作了一首诗,表现出非凡的天赋,令李学源感到震惊。该诗在乡里被广为传诵,黄遵宪由此赢得了神童诗人的美称。这是一件值得回忆的事件,后来他回忆起该诗并将其收在自传体的杂诗中[③]。黄遵宪可能没有其他的启蒙老师,作为一个非常自信的人,他除了上私塾,还不断自学钻研。这种异乎寻常的教育背景,令变法维新的精神领袖康有为震惊不已。康有为认为黄遵宪自幼便有极好的天赋和独立不羁的习性,他是通过自学而赢得了士大夫的尊敬。令黄遵宪感到遗憾的是,由于家乡地处边陲,自己无缘在大师的指点下习读受教[④]。更糟糕的是,太平军起义还打断了他受教育的进程。当家庭遭洗劫时,家中的藏书亦被焚毁,后来家中入不敷出,无力购书[⑤]。而且,

---

① 林达泉:《客说》,载温廷敬编:《茶阳三家文钞》;又见温仲和等纂:《光绪嘉应州志》卷 7《方言》,第 84—91 页。

② 罗香林:《客家研究导论》,第 2、25 页。1900 年嘉应人钟用禾写了一篇题为《土客源流考》刊于香港报纸,以反驳《四会县志》的作者对客家人的偏见。1905 年嘉应客家人组成了两个研究客家源流的团体"客家源流研究会"和"客家源流调查会"。

③ 黄遵宪:《己亥杂诗》,《人境庐诗草笺注》,第 294 页。

④ 康有为:《〈人境庐诗草〉序》,《人境庐诗草笺注》,第 2—3 页。1902 年黄遵宪致梁启超函,见吴天任:《黄公度先生传稿》,香港,1972 年,第 59 页。

⑤ 黄遵宪:《买书》,《人境庐集外诗辑》,第 22 页。

家中经济拮据，他也不可能潜心读书。他在 20 岁生日时，为过去十年迫于生计而不得不放弃一半的读书时间而感到悲伤[①]。

1867 年春，黄遵宪第一次参加科举考试[②]。黄遵宪通过院试，获得了参加本省乡试的资格。是年夏，他去广州参加三年一次的乡试，结果落第。这是他第一次长途旅行，其感受是伤心的，他在《游丰湖》流露出痛苦的心境：

> 我生二十年，初受尘垢污。……况今千里来，担簦期一遇。行锁矮屋中，蒸甑热毒注。密如营窠蜂，困似涸辙鲋。走雷转肠鸣，渴水乞沫呴。[③]

清末为通过乡试而展开的竞争异常激烈。在 18 世纪初至 19 世纪中叶，中国的人口增加了一倍，进士和举人的名额仍固定为 1702 名。在社会稳定和经济繁荣时期，文人学士的数量无疑会增加，从而加剧了科场的竞争程度。举人的竞争尤其激烈，因为有生员资格的人在太平天国以后增加了 20%，生员和举人的总数估计分别为 60 万和 1 万[④]。

1870 年，黄遵宪再次至广州应乡试，未中。次年，参加岁试，得第一名，补廪膳生。两年后(1873)他被选为拔贡生。在当时，拔贡生从

---

① 黄遵宪：《二十初度》，《人境庐集外诗辑》，第 6 页。

② 他通过了院试入州学，见钱仲联编：《黄公度先生年谱》，第 20 页。商衍鎏提到国家会对客童增加一次考试，见商衍鎏：《清代科举述录》，北京，1958 年，第 4 页。黄遵宪是否参加这种特别的考试尚不清楚。

③ 黄遵宪：《游丰湖》，《人境庐诗草笺注》，第 12—14 页。

④ 刘广京：《19 世纪的中国：旧秩序的瓦解和西方的冲击》，第 114 页。

廪膳生中选拔，为每州（县）定额一人。他们有资格到北京参加廷试，通过考试者将有资格在京师或地方衙门任职。1873年夏，他第三次参加乡试，又未中①。

次年，黄遵宪赴京应廷试，结果又一次落第。多年来他为准备应试而付出了艰辛的努力，此时感到身心疲惫，甚至厌恶屡试不第的窘境。1874年他在《将应廷试感怀》表露出沮丧的心境：

> 二十余年付转车，自摩髀肉问何如。暂垂鹏翼扶摇势，一学蝇头世俗书。荡荡天门争欲上，茫茫人海岂难居。寻常米价无须问，要访奇才到狗屠。②

为了应试，黄遵宪将大量的精力和时间花在那毫无创造性的学习上，这还使人精神萎靡。这种残酷的考试已令他感到恐惧。黄遵宪曾作过一首诗，叙述他1870年在广州应试时结识的一个朋友，该诗告诉我们其对考试的看法：

> 万蚕食叶蚕声酣，三条红烛光炎炎。忽然大声出邻屋，偷窥有客掀襴衫。狂吟高歌彻屋瓦，两目虎视方眈眈。此人岂容交臂失，闯然握手惊雄谈。问名识是将家子，《金版》《玉匮》素所谙。是时发策问兵事，胸中武库胥包含。我方掀帘促膝坐，昂头有月

---

① 钱仲联编：《黄公度先生年谱》，第21—22页。商衍鎏：《清代科举述录》，第20、28—30页，各直隶州学名额30名。

② 黄遵宪：《将应廷试感怀》，《人境庐诗草笺注》，第43—44页。

来屋檐。此人此月此楼岂可负此夕，辄邀吾友同追探。[①]

于是，他与诗中提到的叫罗少珊的朋友及同乡的旧友梁储山一道外出。在皓月当空的中秋之夜，他们爬上贡院前一座高塔的顶部，月光挥洒在千家万户的房舍上，他们眺望远处海滨的沙滩。三人妙语相对，聊到深夜。三年后黄遵宪又一次碰到罗少珊，令他沮丧的是罗少珊全然变了，“追述往事言呢喃”，“男儿竟作可怜虫”。黄遵宪心中充满着同情与愤恨，他接着写道：

少珊少珊，我且与汝共登越王之高台，白云往来驾两骖。试寻黄屋左纛旧霸业，《阴符》发箧温《韬》《钤》。不然泛舟南海南，乘风破浪张长帆。要借五十犗饵多钓此巨鳌去，刳腹脔肉供口馋。使君于此自不凡，何苦徒作风月谈。要抟扶摇羊角直上九万里，埋头破屋心非甘！[②]

与晚清其他的改革家不同，尽管黄遵宪屡试不第，但并未倡导变革科举制度，因为他已对科举制度完全绝望。他在 1902 年致友人的信中写道：学校教育与科举制度是不相容的，因为科举制度制约了人的才智，使人没有发展的余地[③]。

---

① 黄遵宪：《庚午中秋夜始识罗少珊于矮屋中遂偕诗五共登明远楼看月少珊有诗作此追和时癸酉孟秋也》，《人境庐诗草笺注》，第 30 页。

② 黄遵宪：《庚午中秋夜始识罗少珊于矮屋中遂偕诗五共登明远楼看月少珊有诗作此追和时癸酉孟秋也》，《人境庐诗草笺注》，第 33—35 页。

③ 光绪二十八年五月黄遵宪致梁启超函，《新民丛报》第 13 号，第 56—57 页。

黄遵宪不仅谴责科举制度，而且谴责当时的学风。他愤怒地揭发绝大多数士大夫沉溺于儒家经典中的那些僵化的笺注，他们对现实问题麻木不仁。他 17 岁时写过一首长诗，表达对当时士大夫的不满。

世儒诵《诗》《书》，往往矜爪嘴。昂头道皇古，抵掌说平治。上言三代隆，下言百世俟。中言今日乱，痛哭继流涕。摹写车战图，胼胝过百纸。手持《井田谱》，画地期一试。古人岂我欺，今昔奈势异。儒生不出门，勿论当世事。识时贵知今，通情贵阅世。①

黄遵宪将该诗置于 1890 年编撰的《人境庐诗草》的开头，该诗所宣扬的主旨贯穿于他一生的诗歌创作中。他 20 岁时作过一首诗，批评俗儒完全为古代的神话所征服：

黄土同抟人，今古何愚贤？即今忽已古，断自何代前？②

黄遵宪对古代权威发出的质疑，后来被 1898 年变法维新运动中的激进分子谭嗣同效法。他说："古而可好，又何必为今之人哉？"③

黄遵宪对士大夫笃信儒家经典的批评，并不意味着否定古代的学术。相反，他对古代怀有浓厚的情感，主张从中吸取智慧：

古人不并世，已恨我生迟；犹赖一卷书，日与古人稽。我生最

① 黄遵宪：《感怀》，《人境庐诗草笺注》，第 1—4 页。
② 黄遵宪：《杂感》，《人境庐诗草笺注》，第 14—18 页。
③ 梁启超著，徐中约译：《清代学术概论》，剑桥（麻省），1959 年，第 108 页。

爱此，旁人呼为痴。①

在绵延不绝的时间长河里，所谓古代也是相对的，这是黄氏早期作品的主题。

我别旧岁去，曾吟别岁诗。光阴一弹指，行与今岁辞。今岁复旧岁，年年互相离。今人复旧人，年年互变移。人生一百年，离别一百回。②

在诸多对过去的崇拜中，最不可思议的是固守古代的文风。黄遵宪可怜那些平庸之辈在吃力地模仿古文作家，鄙视他们那种以掌握儒家经典而自命不凡的态度。他在《杂感》中讥讽他们：

俗儒好尊古，日日故纸研。六经字所无，不敢入诗篇。古人弃糟粕，见之口流涎。③

黄遵宪大胆提出，那些令当今学者崇拜的古代作品，也不过是当时普通日常语言的记录。尽管古代的写作风格保留了下来，但由于在历史的长河中发音的变化，古人与今人在遣词、发音等方面的差距已越来越大。他强调，基于同样道理，现在的方言将被下一代珍视为经典。于是，他决定不受古典辞章的羁绊，用方言写成诗：

---

① 黄遵宪：《买书》，《人境庐集外诗辑》，第 22 页。
② 黄遵宪：《别岁》，《人境庐集外诗辑》，第 68 页。
③ 黄遵宪：《杂感》，《人境庐诗草笺注》，第 15 页。

明窗敞流离，高炉爇香烟。左陈端溪砚，右列薛涛笺。我手写我口，古岂能拘牵。①

黄遵宪在19世纪60年代初期就作出反对崇拜圣人、拘泥古文风格的诗篇，这是很了不起的。事实上，他的断言已预示了“五四”时期的白话文运动。“五四”前受到推崇的作品自然是古文风格，而用方言写诗却不为士大夫接纳。如前所述，黄遵宪自己也将方言诗作排斥在诗集之外。据我们所知，尽管黄遵宪在创作涉及当代事件和介绍新观念的诗作中，大胆使用了一些标新立异的词汇，但他的大部分诗作还是古文风格。他早年提倡方言文学是基于这样一种认识：客家方言与中国古代的语言最为接近，它们在发音、韵律和修辞上均很相似②。由于客家话接近古人的发音，所以，客家人在学习韵律规则时要相对容易些。换而言之，客家话的口语和书面语比较接近。在这方面，黄遵宪的客家人背景使他在谴责当代学者附会古人时显得更加自信。

黄遵宪对当代学术的批评，没有受到士大夫们正统看法的限制，且超越了当时流行的儒学——汉学和宋学的看法。他确信汉学和宋学对整个儒学的阐释是失败的。至于宋学家，一般被认为有玄学化的倾向。黄遵宪是这样刻画其特征的：

自诩不传学，乃剽思、孟说。讲道稍僻违，论事颇迂阔。③

---

① 黄遵宪：《杂感》，《人境庐诗草笺注》，第15—16页。胡适在评述黄的诗作时，认为这是“诗界革命”的宣言，《五十年来中国之文学》，第42页。

② 桥本万太郎：《客家方言》，第2页。

③ 黄遵宪：《感怀》，《人境庐诗草笺注》，第3页。

汉学一向被视为训诂之学，黄遵宪承认，清初的一些杰出学者在考证儒家经典的疑难字句方面作出了贡献。然而，他批评汉学家那种过分拘泥于注疏的倾向。黄遵宪声称，只有孔子本人是伟大和值得尊敬的。

> 大哉圣人道，百家尽囊括。至德如渊、骞，尚未一间达。区区汉宋学，乌足尊圣哲。①

太平天国运动后，士大夫对汉学、宋学的教条愈发不满。而且为建立一种适应时代要求的新哲学和新道德秩序，在士大夫中间出现了折衷与综合汉、宋的倾向，如广东学海堂的著名学者陈澧强调，汉、宋之争没有充分依据。他在去世前不久的1871年写道：与一般的观点相反，汉代的学者擅长讨论义理，在这方面他们并不落后于宋代的学者。宋学家们错误地低估了汉代的学者。至于当代的学者，也受人误解，他们推崇汉学，但不讨论义理②。

曾国藩因成功地镇压了太平天国运动而声名远扬，他是一位杰出的“学者型政治家”，属于试图融合各学派的学者。程朱理学（宋学）是他的思想核心，但他对传统的政治学说和桐城派的礼教表现出浓厚的兴趣；同时，也不抹煞宋学的价值。他通过对各学派的融合形成了一种他称之为“礼学”的学说，它以“礼”为基础，“礼”包含法律、制度及礼

---

① 黄遵宪：《感怀》，《人境庐诗草笺注》，第4页。

② 陈澧：《东塾读书记·自述》，上海，1930年，第1—2页。

仪、习俗、社会行为规范等①。尽管黄遵宪曾批评曾国藩在镇压太平军时过于凶残，但认为他是当代一位伟大的学者，对他很崇敬。黄遵宪在诗作中时常引用曾国藩的诗句，而且还抄写了曾国藩家书以教育自己的孩子②。

黄遵宪即便不是完全，至少也是部分受到了这些学者的影响，他对建立儒家学校持针锋相对的态度。而且，没有师承的束缚，很大程度上使得黄遵宪变成了一个反权威的知识分子。他曾为自己没有一位导师而感到悲伤。他说："平生最不幸者，生于僻陋下邑，无师无友，踽踽独行。中国旧学，初亦涉猎，然不喜宋学，又不喜汉学，故无一成就。"③黄遵宪不仅是个知识分子，也是个官僚，他宁愿独立思考而不愿依附任何学派、宗派，这是他一生思想和行为的特征。

黄遵宪在准备应试的岁月，关注着中国以外的现实世界。他认识到中国面临前所未有的危机。渴望了解外国的事务也是他一生作品的主题。他对外国事务的兴趣，很快促使他决定当一名外交官来报效祖国。1870 年的香港之行激发了他的爱国主义。

香港是黄遵宪访问的第一个西方化了的城市。高耸入云的大楼、整齐清洁的街道、店堂内琳琅满目的奢侈品，各种繁盛的商务中心等令他感到震惊。他称这是一座人间天堂。对黄遵宪来说，香港揭示了这样一个铁的事实：富裕和有权势的欧洲人已立足于中国的沿海。香

---

①　沈陈汉荫(音译)：《1840—1852 年曾国藩的经世改革思想》，《亚洲研究杂志》卷 27，第 1 期，1967 年，第 69、78—79 页。

②　光绪二十八年十一月黄遵宪致梁启超函，《新民丛报》第 24 号，1903 年 1 月，第 33 页；1969 年 12 月 30 日笔者对黄延毓的采访。

③　光绪二十八年四月黄遵宪致梁启超函，载吴天任著：《黄公度先生传稿》，第 59 页。

港由外国人统治、被"绿眼睛红胡子"的商人主宰，这激发了黄遵宪的爱国主义。令他感到惊愕的是，香港的主要街道以英国君主的名字命名，最高的建筑又是用来供奉耶稣上帝。在中国的土壤上出现了这样的外国城市，令黄遵宪感到悲哀。他在诗中写道：

遣使初求地，高皇全盛时。六州谁铸错？一恸失燕脂。凿空蚕丛辟，嘘云蜃气奇。山头风猎猎，犹自误龙旗。①

在过去的若干年，黄遵宪曾经批评儒家士大夫沉溺于引经据典、训诂注疏，而对现实问题漠不关心。1865 年，他就谴责那些囿于书本的士大夫：

儒生不出门，勿论当世事。识时贵知今，通情贵阅世。②

黄遵宪从香港回来后，对保守学者的批评集中于他们无视域外的世界和迷恋官场上的角逐。他作了一首诗送给友人，诗中写道："（儒生）乌知今日裨瀛大海还有大九州。"③

黄遵宪敏锐地意识到先进的西方人正在暗中毁灭中国传统的良好声誉。1873 年他在广州时作过一首诗，对西方入侵打断了中国与周边国家的朝贡关系而感到惋惜：

---

① 黄遵宪：《香港感怀十首》，《人境庐诗草笺注》，第 22—26 页。
② 黄遵宪：《感怀》，《人境庐诗草笺注》，第 1 页。
③ 黄遵宪：《和周朗山见赠之作》，《人境庐诗草笺注》，第 29 页。

> 际海边疆万里开，臣佗大长信奇才。平蛮看竖擎天柱，朝汉同登浴日台。南极星辰原北拱，东流海水竟西回。喁喁鹣鲽波涛阻，独有联翩天马来。[①]

接着，他叙述了一些西方列强入侵的致命事件，尤其是鸦片战争中英国人进攻虎门要塞。他高度评价了为守卫要塞而献身的水师提督关天培。两广总督叶铭琛为抵抗英军进城而被俘，并被押至印度囚禁，最后客死他乡。黄遵宪在诗的结尾为西方人进入广州而哭泣：

> 木棉花落絮飞初，歌舞冈前夜雨余。阁道鸾声都寂寞，市楼蜃气亦空虚。骑羊漫诩仙人鹤，驱鳄难除海大鱼。[②]

他在诗中把西方的入侵看成是无法抗拒的灾难，它没有任何警示就降临到中国人的头上。这也许反映了广州地区知识分子的普遍看法，他们是西方入侵的目击者，但对事态的背景一无所知。19 世纪 70 年代初，有关西方国家的信息来源极其有限。江南制造局翻译馆到 1871 年才开始出版西方的译著，但内容大多有关科学、工程和军事技术。尽管京师同文馆在 1873 年建立了一个出版机构来出版西方的译著，但他们出版的书籍主要以官僚为读者对象，译书数量也很有限。教会的出版物集中于基督教，其中，美国新教协会 1868 年出版的周刊《教会新报》，除了教义外，还有一些国际事务方面的新闻。黄遵宪从

①② 黄遵宪：《羊城感赋六首》，《人境庐诗草笺注》，第 36—39 页。

香港回来后，便开始阅读这份杂志及江南制造局翻译出版的书刊[1]。

1874—1876年，黄遵宪生活在北京，这是他第一次到北方旅行。从许多方面看，此行是他一生中的重要转折点。1874年初春，黄遵宪经海道到天津，然后取陆路至京师。作为客家人故土的华北平原，自然条件十分严酷，到处是干燥的土地及贫困的小村庄，乞丐们带着绝望的目光从四周打量着他[2]。黄遵宪在京应廷试未中，当时他的父亲任户部主事，黄遵宪便随父留在京师。其间，他结识了这个大都市中的一些达官贵人，在其后的人生之路上也得到了他们的帮助。来自广东省的客家人丁日昌，时任福建巡抚，他邀其入幕，黄遵宪因准备再次应试而谢绝。在黄遵宪所遇见到的官员中，张荫桓给他留下的印象尤其深刻。

张荫桓是一位不同寻常的官僚，他通过自身的努力而成为一位杰出的外交家。他在府试失败后再也没有应试，而是将大部分时间花在钻研“夷务”上，后来纳捐而授知县。1875年张荫桓被召到芝罘（烟台），协助山东布政使布置沿海防务。正在他负责构筑海防工程时，李鸿章来此与英国公使威妥玛交涉马嘉理案，这是发生在中缅边境的一件排外事件，英国副领事马嘉理被杀[3]。张荫桓协助李鸿章与英国谈判，受到李鸿章的嘉奖。

---

① 钱仲联编：《黄公度先生年谱》，第21页。关于早期出版的西学著作，见钱存训：《西方通过翻译对中国的影响》，《远东季刊》卷13，第3期，1924年5月，第305—327页。

② 黄遵宪：《武清道中作》，《人境庐诗草笺注》，第45—46页。

③ 何炳棣：《张荫桓事迹》，《清华学报》卷13，第1期，1941年，第188页；《张荫桓传》，载恒慕义编：《清代名人传略》，第60—61页；张其昀编：《清史》，台北，1961年，第4928—4929页。

1876年夏，此案的磋商有了进展，黄遵宪正好陪同前来芝罘（烟台）处理公务的父亲。这是他初次见到李鸿章和张荫桓，李鸿章发现黄遵宪有非凡的才能，他们互相倾吐羡慕之情①。此时李鸿章在朝中已确立了显赫的政治地位，中国的外交事务实际上由他掌握。1870年，李鸿章接替曾国藩任直隶总督后不久，又被任命为兼北洋通商大臣。他在天津的行辕对19世纪后期中国的内政外交产生了前所未有的影响，黄遵宪的为官生涯也正值李鸿章春风得意之时。

黄遵宪在芝罘（烟台）时与张荫桓建立了亲密的私交，他时常前去拜访，赠送一些表达自己对时事看法的诗作。按照当时的惯例，任候补官必须得到高层官僚的举荐。黄遵宪除了得到张荫桓的欣赏和支持，还受到张氏建议的影响，张荫桓建议他担任一个外交官来报效祖国。在黄遵宪见到张氏后的数月，正好有一个机会等待黄遵宪作出抉择。在黄遵宪进入政府衙门后，张荫桓向他提供了强有力的支持，并使他不断得到晋升。他们之间的这种亲密关系一直维持到1900年张荫桓惨死。

黄遵宪在北方的经历使他可以从更广泛和更现实的角度去观察国际事务。他此间的诗作再也不将西方的入侵视为降临到中国头上的突如其来的灾难，宽广的地平线不再令他悲伤，而是感到兴奋。他接受这种现实：西方人之所以能从海上自由地进入中国，是因为华夷毕竟生活在同一个地球上。他在《由轮舟抵天津作》中流露出这种新的世界观：

---

① 黄遵宪：《李肃毅侯挽诗四首》，《人境庐诗草笺注》，第379—381页。

遥指天河问析津，茫茫巨浸浩无垠。华夷万国无分土，人鬼浮生共转轮。敌国同舟今日事，太仓稊米自家身。大鹏击水南风劲，忽地吹人落软尘。①

在天津，他作的另一首诗认为，所有人（华、夷）都是黄土造的②。因此，他感知到了整个人类世界，认识到东西方发生关系是不可避免的。

黄遵宪在接受西力东渐不可能中止这一事实的时候，非常担心中国的涉外事件。中国人不能恰当地处理国际上的一些现实问题令他非常沮丧。他在一首关于马嘉理案的诗中谴责暴力排外，认为该案使中国蒙上了更深的羞耻。他的批评不只是针对那些袭击英国外交官而盲目排外的当地人，也指向沉溺于“中央之国”的无知孤傲的官绅。诗中写道：“休唱攘夷论，东西共一家。”③这明显是针对那些批评李鸿章妥协外交政策的人。事实上，那些高喊在外交谈判中采取强硬手段的人占了上风，他们高举理想化的儒家教条，以传统礼教的捍卫者自诩。官绅的这种倾向后来被称为“清流”，最终发展成为一个政治派系（清流党）④。黄遵宪同情李鸿章，因为李鸿章必须以现实态度面对外国对手。

1876 年，黄遵宪在关于马嘉理案的诗中写道：“万方今一概，莫自

① 黄遵宪：《由轮舟抵天津作》，《人境庐诗草笺注》，第 44—45 页；参见《庄子·秋水》。

② 黄遵宪：《水滨》，《人境庐诗草笺注》，第 45 页。

③ 黄遵宪：《大狱四首》，《人境庐诗草笺注》，第 67—69 页；岛田久美子：《黄遵宪》，东京，1963 年，第 49—51 页。

④ 徐中约：《中国进入国际大家庭》，剑桥（麻省），1960 年，第 176—179 页；易劳逸：《皇帝和官吏：中法争端期间中国寻求一项政策》，剑桥（麻省），1967 年，第 26—27 页。

大中华。”[①]黄遵宪是最早向“大一统”观念发出挑战的人之一。1879年前后，李鸿章的幕僚薛福成及出身“条约口岸”的知识分子郑观应也对中国中心主义表示过怀疑。薛福成写道：“而今之去秦、汉也，亦二千年，于是华夷隔绝之天下，一变为中外联属之天下。”[②]郑观应敦促清政府应舍弃那种自命为地球上唯一合法统治者的观念。他写道：“夫地球圆体，既无东西，何有中边？同居覆载之中，奚必强分夷夏。”[③]

1876年秋，黄遵宪通过了顺天乡试，名列第141。他在28岁时终于考中了举人，旋即入赀为道员（四品衔）。这是在京师所能捐得的最高级别。考虑到候补官要等较长时间才能有任职机会，他并不指望通过正途很快授官[④]，清末候补官的任职机会很难兑现。在19世纪约有一万人具备举人资格，而各级地方衙门的官位（四至七品）总数还不到两千人。更为糟糕的是，由于太平军起义加剧了政府的财政危机，清政府恢复了那种备受指责的捐纳制度。结果四至七品的候补官入赀购买了近一半的地方官位。在这种情况下，那些通过了科举考试的人通常靠捐钱而获得任命或提升[⑤]。

1877年初，生于广东大埔的客家人翰林何如璋被任命为驻日公使。他是黄遵宪的父执，黄遵宪称他为叔叔。何如璋在接受驻日公使这一任命前提议让黄遵宪陪同他出使日本，出任参赞。黄遵宪同意后，何如璋立即接受了驻日公使的任命。与此同时，广东人陈兰彬被

① 黄遵宪：《大狱四首》，《人境庐诗草笺注》。

② 薛福成：《筹洋刍议》，载《庸庵全集》，上海，1897年，第20页。

③ 刘广京：《郑观应〈易言〉——光绪初年之变法思想》，第420页。

④ 钱仲联编：《黄公度先生年谱》，第63页；赵尔巽等编纂：《清史稿》卷470，第2—3页；许大龄：《清代捐纳制度》附表，北京，1950年，第80—81页。

⑤ 刘广京：《19世纪的中国：旧秩序的瓦解和西方的冲击》，第114—116页。

任命为驻美公使，他也曾想劝黄遵宪担任他的助手。黄遵宪的父亲却以美国太遥远而不同意，他希望儿子跟随旧友何如璋一道出国[①]。

黄遵宪作出赴日本出任外交官的决定令亲友们大失所望，特别是学政何地山，是他挑选黄遵宪为廪膳生。在乡人眼中黄遵宪在举业上前途光明，最终定能成为一个翰林。他们觉得黄遵宪抛弃举业而出使扶桑，是何等的可惜[②]！事实上，在当时外交官是最不受人尊敬的，派往海外者多被视为在仕途上穷途末路[③]。

作为一种正式的官衔，在海外任职的品级并不低。公使为二至四品，领事为四至六品。当时的督抚为二品，知县为七品[④]。当然，外交官的品级要符合正规的外交礼仪，但他们不能获得在国内任职所享有的声望。

从收入的角度看，官员在海外任职的薪水较高。据海关总税务司赫德称，清政府支付给外交官的经费是充裕的。按1877年的规定，驻日公使月薪银1000两。黄遵宪的确切收入尚不清楚，但领事月薪总数在银240—400两之间[⑤]。使馆雇员除工资外，还有额外的津贴供旅行或回国用。出洋一次的津贴接近三个月的薪水[⑥]。与国内的地方官

---

① 钱仲联编：《黄公度先生年谱》，第24页。

② 钱仲联编：《黄公度先生年谱》，第23—24页。

③ 徐中约：《中国进入国际大家庭》，第181页。

④ 刘锦藻编：《清朝续文献通考》卷142《职官》，上海，1936年，第9029页。

⑤ 刘锦藻编：《清朝续文献通考》卷337《总理衙门》，第10785页；《大清会典事例》，1899年。

⑥ 起初俸薪尚未固定，1875年因无先例，支出视需要而定。到1905年对使臣薪水作出规定，驻英38 000两（银）、法30 000两（银）、德26 000两（银）、俄30 000两（银）、美28 000两（银）、日本25 000两（银），见《清朝续文献通考》卷141《职官》，第9015页。庄吉发通过对台北故宫档案的研究，著有《清季出使经费的筹措》，《大陆杂志》卷55，第2期，1977年8月，第25—33页。

及他们的幕僚相比，外交官的俸薪比较宽裕。据瞿同祖研究，清代知县的年薪在银 400—2259 两之间。那些在衙门内管理行政事务的幕宾薪水相对高些，广州地区年薪约银 1800 两，上下幅度在 1500—1900 两之间①。

丰厚的收入固然是黄遵宪接受这一任命时所要考虑的重要因素，因为太平天国起义后，黄遵宪家里经济窘迫，而其父在京任小官的薪水远不能维持这个大家庭的开支。作为长子，他有责任来支撑整个家庭。对他来说，除了薪水，重要的是获得了一官半职。如果继续追逐更高的功名，他将必须花无数的时间去准备应试。而且因为竞争激烈，成功的机会有限。此外，他还担心自己的书法不符合正统的科场要求，他在书法风格上追随宋代诗人苏轼，其特征是富有韵律，飘逸、洒脱②。

然而，黄遵宪选择当一名外交官的关键因素还是他确信外交是中国的头等大事。正如张荫桓不循常例，而在官场上获得成功一样，黄遵宪作为一个"学者型官僚"并不过分看重仕途通达，相反，他感到选择这样的方式来报效国家最值得。黄遵宪早年就批评儒家士大夫那种心胸狭窄的为官之道，他羡慕历代务实的政治家，如汉代的贾谊、西晋的江统，他们对当时的问题提出了切实的解决办法③。黄遵宪之所以作出这种抉择，除了他对守旧士大夫失望至极，还有举业上黯淡的前景、强烈的爱国主义情怀及家庭经济的需要等因素共同作用。

清季的官员接受了在海外的任职，也就意味着与家室分离。黄遵

① 瞿同祖：《清代地方政府》，剑桥（麻省），1962 年，第 22—23、122 页。

② 1973 年黄延毓致作者函。

③ 黄遵宪：《和周朗山见赠之作》《感怀》，《人境庐诗草笺注》。

宪必须离别妻子，赡养双亲和抚养孩子的重任自然落到了妻子的肩上。除了短期的相聚，在黄遵宪退职前，绝大部分时间他都处于与妻子分居的状态。在离家赴日的途中他写了一首诗，表达了对妻子的眷恋：

十年欢聚不知愁，今日分飞独远游。知否吾妻桥上望，淡烟疏柳数行秋。[①]

① 黄遵宪：《又寄内子》，《人境庐诗草笺注》，第70页。吾妻桥，建于1874年，横跨隅田川两岸，桥名意为妻子。

第二章 日本的发现:中华世界的东方前沿

日本是第一个按照现代多边体制与中国建交的亚洲国家。1871年中日两国正式缔结《中日修好条规》时中国已与西方国家签订了各种条约。《中日修好条规》是日本提议依照中国与西方列强签订条约的模式而签订的,日本渴望在内政和外交方面实现西化,中国对日本的要求犹豫不决。根据条款,日本在1874年派柳原前光到北京出任驻华公使。然而,中国派驻日本的使臣到1877年底才到任。依照欧洲人国际关系的准则,中日互派使团标志着中国自愿重新定位中日关系,并与日本(曾是传统的中华世界的一部分)建立外交往来。

黄遵宪作为中国驻日外交使团的一员,感受到了各种文化上的冲击。当他下船时,日本人用西式的外交礼仪来欢迎他。日本在国民生活的各个方面推行西方化的决心,令黄遵宪感到震惊和困惑。主要是因为中国人仍然视日本为华夏文化世界的一部分,尽管他们清楚地意识到两国有许多不同之处。在古代,日本接受汉字的书写系统、历法及儒学;在贸易中心长崎,日本人对中国的书籍、美术品、工艺品、丝绸等有着源源不绝的需求。这清楚地表明日本仍然和中国有着同样的价值观。日本虽有几个世纪不向中国朝贡,但19世纪中叶以前,中国人在日本人面前的优越感并没有什么变化[①]。

黄遵宪有关日本的诗作,为我们提供了一个中国人对日本的第一印象,它的文化根植于一个共同的文化土壤,这种土壤既有本土文化的因子,也有外来文化的因素。黄遵宪是一位行文流畅的作家,能以惊人的速度详尽记下他的所见所闻,在他到日本后的第二年便出版了第一本有关日本的书。他的材料来源是什么?他接触到的是哪些日本人?作为一个儒家士大夫,他对儒学在日本的状况作何反映?他是如何评估明治初年日本的现代化进程?他对19世纪70—80年代的民主宪政运动有什么样的反应?他在多大程度上理解了日本人在现代伦理和物质生活方面所面临的问题?他对中国的邻国成为一个强大的民族国家作何感想?尤其是他对日本入侵中国的边境作出了什么反应?本章及以后的两章将要回答这些重要的问题。

一、东京的第一个中国外交使团

第一个中国驻日外交使团由驻日公使何如璋、副使张斯桂率领。39岁的何如璋在翰林院任侍讲,他由在中国外交界有着举足轻重影响的李鸿章推荐出任此职,但并无外交经历。李鸿章认为何如璋是一位不寻常的翰林。据说,何如璋无论是去上海或天津,总要拜访传教士,以便了解西方国家[②]。

---

① 坂野正高指出,在1818年编纂的《嘉庆会典》中,日本并不在朝贡国之列,而是一个与中国有贸易关系的国家,见《近代中国政治外交史:从达·伽马到五四运动》,东京,1973年,第372页。

② 赵尔巽等编纂:《清史稿》卷450,上海,1942年;张其昀编:《清史》,(注转下页)

张斯桂来自宁波一个富庶的士绅家庭，曾做过生意，是最早将轮船用于商务活动的人。在太平天国起义期间他家的船多次被清军征用，由此与政府内的高层官员建立了联系。1863 年他纳赀捐官，入曾国藩幕府，时曾国藩正在安庆指挥对太平军作战。张斯桂曾为丁韪良翻译的惠顿的《万国公法》作序，该书 1864 年在中国出版，次年在日本出版。因而，对日本人来说张斯桂的名字并不陌生，他抵日时已是 61 岁高龄[①]。

黄遵宪的职务是参赞，仅次于副使[②]，其职责近似于地方政府中的文牍。他以何如璋的名义给总理衙门和李鸿章写了大量的信函。廖锡恩是通讯秘书，负责抄写黄遵宪起草的文稿，沈文荧负责处理书籍和文牍。使团的大多数成员与驻日公使和副使一样，来自广东和浙江。除东京使馆的雇员外，还有驻横滨和神户的领事。有些外交官的家属也随他们来到日本。黄遵宪带着弟弟遵楷、亲戚梁居实和黄锡铨；何如璋带着弟弟和 13 岁的儿子；张斯桂带着孙子，但无一人带妻子、女儿或家庭中的任何女性[③]。

（续上页注）第 4937 页；温廷敬：《清詹事府少詹何公传》，载《茶阳三家文钞》，1925 年；李毓澍：《首任驻日公使何如璋》，载沈觐鼎等编：《百年来中日关系论文集》，台北，1968 年，第 1703—1704 页。

① 《东京时报》，1877 年 12 月 15 日；美国驻日公使约翰·宾汉姆致国务院的书信集，第 691 号，1877 年 12 月 17 日，国家档案缩微胶卷，第 133 号，载《美国驻日公使的来信》第 35 卷，华盛顿，1949 年。容闳的《西学东渐记》（百濑弘译，东京，1969 年）第 13 章指出，张斯桂原名张士桂，曾是曾国藩的幕宾。张斯桂的日文版序，见《万国公法》，东京，1865 年。

② 关于驻外公使团的有关规定，参见《清朝续文献通考》卷 337，第 10785 页。

③ 见本书附录《使团成员名册》；实藤惠秀：《大河内文书：明治时期中日文化人的社会交游》（下简称《大河内文书》），东京，1964 年，第 12—13 页；大河内辉声：《乙卯笔话》，1879 年 12 月 5 日；梁居实：《梁诗五先生遗稿集》，台北，1960 年。

在这批外交官中,还有一位叫麦嘉缔(Dr. Divie Bethune McCartee, 1820—1900)的美国人,他在中国已生活了二十余年,他原本是美国北长老会的传教医师,后来历任美国驻宁波、芝罘(烟台)的领事以及驻上海的副领事。1872—1877 年,麦嘉缔在东京开成学校教书,这是一所由政府创办的外国语学校,至 1880 年 5 月他在中国驻日使馆任英文翻译①。

1877 年 11 月 27 日,中国使团乘"海安"号兵轮驶出上海港,30 日抵达长崎。日本鸣放 21 响礼炮欢迎他们,并按西方的礼仪来迎接他们,何如璋特地在日记里记下这件事。他们在长崎停留了三天,受到当地华侨的热烈欢迎。长崎有一千多名华侨,有些人声称是明王朝效忠者的后代,清初满人入关时一些效忠明朝的人来此避难。但大部分华侨是来自 1859 年中国对西方商人开放的通商口岸。华侨社区的领导人在他们豪华的寓所设宴款待来自故土的外交官,席间他们向宾客通报了中日贸易的现状、日本人的社会习俗及近来西乡隆盛发起的叛乱②。

"海安"号在去横滨途中经平户、下关、松山,乘客们欣赏着沿海地区的风情。此时,何如璋注意到这个地区是著名历史学家赖襄的故

---

① 伟烈亚力:《新教传教士在华回忆录》,上海,1867 年,1967 年在台北再版,第 135—139 页;小泽三郎:《开成学校的客座教授麦嘉缔》,《明治文化》卷 14,第 12 期,1941 年 12 月。麦嘉缔曾将一些在中国出版的基督教小册子译成日文。他用中文写成的《真理易知》和《灵魂篇》,收于《劝善良言》,该书现藏在哈佛燕京学社。有关他将基督教小册子的中文版译成日文的情况,见国际基督教大学文化研究委员会:《日本基督教文献目录》卷 2,东京,1965 年。

② 何如璋:《使东述略》,《小方壶斋舆地丛钞》,第 10 帙,上海,1877—1897 年,第 275 页。

乡，他的著作在中国被视为杰作。当中国使团在神户登岸时，他们及一大群围观者在此观赏了当地华人为他们举行的古典欢迎仪式。神户城内张灯结彩，彩旗飘扬，欢迎来自中国的宾客。中国使团离开神户，到大阪、橿原、凑川作短暂旅行，参观历史遗迹。他们对当地的神社特别感兴趣，其中有一个是供奉丰臣秀吉(1536—1598)的，中国人认为丰臣秀吉是一个恶魔，因为他试图征服朝鲜和中国。另一个神社供奉的是菅原道真(845—903)，他是一个笃信儒学的"学者型政治家"，被人视为天才。最后一个神社供奉的是楠正成(？—1336)，他是忠臣的象征。楠正成的故事给黄遵宪留下了极深的印象，黄遵宪将他比作宋代的岳飞。12 月 16 日使团抵达横滨，受到当地华侨的热烈欢迎①。

尽管黄遵宪等驻日使馆成员在北京时从李鸿章和日本驻华公使那里分别得到了详细和扼要的介绍，但是他们还是为日本在外交礼仪方面全盘西化感到震惊。12 月 28 日，何如璋、张斯桂、黄遵宪觐见日本天皇并递交国书。他们发现天皇身着西服，仅有三名官员出席作陪。他们注意到，这个在赤坂临时皇宫内的觐见厅很小，几乎没有什么家具，更无装饰。仪式短暂且不正规，使馆成员向天皇鞠躬并递交国书，天皇将国书递给一旁的官员，然后从口袋取出一份事先准备好的文稿，致欢迎词。中国人觉得他的嗓音铿锵而洪亮，但一句也听不懂。下午，他们被介绍给三条实美、岩仓具视、大久保利通及其他政府官员。1878 年元旦，何、张、黄与西方外交官一道再次被邀请到皇宫。

① 何如璋：《使东述略》，第 275—277 页；黄遵宪：《日本杂事诗》卷 1，1880 年，第 11 页。

新年的欢聚也非常简朴，只是互相恭贺和朗读贺电。在外务大臣举行的宴会上吃的是西餐，演奏的也是西方音乐[①]。在这种正式的场合，中国外交官身着绸缎制成的鲜艳官服，与西方外交官身穿以黑白色为背景的西服形成了巨大的反差[②]。

中国使团租借了位于东京芝附近的一座佛寺作为办公地点及雇员的住房。约在一年后他们迁到了麹町区（现永田町）的一座大型建筑中[③]。使馆成为中日文化交流的中心，并吸引了许多日本文人。由于他们是首批来自中国的"学者型官员"，日本文人对他们格外热情。黄遵宪及同事们将他们与日本文人之间的文化交流视为使馆工作的重要组成部分，他们乐意与日本人交际，并花费大量的时间用古汉语与这些来访者切磋。

二、黄遵宪的日本友人

明治维新时期，虽然日本各界有种诋毁传统学术的倾向，但古典汉学的权威仍十分强大。在整个明治时代，接受教育的人，包括那些研究西学的人，具备汉语写作能力是最起码的要求。日本文学批评家木下彪在评论明治时期汉学的重要性时指出：

> 汉学的崇高地位很难撼动，对受教育者来说，必须能用古汉语创作诗歌和散文。被视为汉学大师的芳野金陵、岛田篁村、中

---

① 何如璋：《使东述略》，第 278 页。

② 参见神田末保为贸易局写的《阪神地区的中国人及其商业》，1938 年，第 141 页。

③ 实藤惠秀：《大河内文书》，第 145 页。

村正直、重野安绎、川田瓮江、信夫恕轩等，以其高深的文学造诣而受人尊敬。……尽管西式学校如雨后春笋般地涌现，但讲授汉学的私塾仍昌盛不衰，大部分学生到这些学校登记注册，虽然他们也时常去西式学校。①

另一位近代作家大町桂月认为明治时期是汉诗在日本历史上最为繁荣的时期。他写道："尽管中国的书籍早在一千多年前就传到了日本，但从未像明治时期，汉诗的创作艺术达到了一个极高的水准。"②

与黄遵宪关系密切的人多数是知名的史学家、经学家、诗人、文学家及书法家，还有神道神社的祭司及有些早先是封建领主而现在在东京过着悠闲生活的人，他们均精通中国古典诗文。黄遵宪后来也承认，他所接触的人主要限于那些旧式文人雅士。因为他们迫切希望与中国文人建立联系，在使团的驻地几乎每天都能发现这些来访者。中国人和日本人分享共同的文学文化，从而使他们的社会交流变得格外亲切。类似的聚会在欧美使团驻地从未有过，尽管日本人对西方文化怀有浓厚的兴趣。

黄遵宪及同僚们时常被这些文人应邀到优雅的餐厅或私宅参加文学聚会。在东京的中村屋或红叶馆举行大型宴席是司空见惯的。他们也偶尔光顾气氛温馨的小餐厅。但大多数聚会是在上野、浅草及隅田川沿岸一些优雅的住宅区举办。这里生活着许多文人和退休的大名，他们称上野的不忍湖为"小西湖"，因其环境的优美和浪漫的气

① 木下彪：《明治诗话》，东京，1943 年，第 160—161 页。

② 转引自木下彪：《明治诗话》，第 355—356 页；关于中国古典文学的流行，参见牧野谦次郎：《日本汉学史》，东京，1943 年，第 229—237 页。

息与杭州的西湖相似。黄遵宪在夏日的黄昏时最喜欢来这里。他们称隅田川的河岸为墨江(因为它与墨汁同音),这儿有数百株樱花树,黄遵宪感到在樱花树下散步好像在天堂游逛。他与友人有时还在隅田川的船上举行晚会①。

中日文人间的对话大多借助于笔谈。这些日本人在阅读和书写方面受过良好的训练,但听不懂汉语。尽管使团有些日语翻译,但日本人更喜欢通过书写来交流,他们不愿意任用在天津学过日语的青年翻译,因为他带有很浓的长崎口音,而且古典汉学的根柢太浅。中国人通过纸笔与客人交流,日本人很推崇中国书法的价值,他们的"笔谈"手稿被许多来访者收藏,但只有大河内辉声(1848—1882)保存了他与中国人笔谈的全部手稿。大河内辉声原是高崎藩的藩主,对中国朋友极为热心。每次访谈后,他用红墨水在交谈的稿纸上记下会谈的时间、地点,确认参加者及他们的手稿。他收集了1875—1882年间笔谈的手稿,计有100卷,每卷约60页,这些卷宗藏在东京平林寺墨江畔大河内辉声的家庙内,1943年被实藤惠秀发现。这为了解黄遵宪与大河内辉声周围的日本朋友之间的交谈提供了有价值的第一手资料②。

大河内辉声是何许人?黄遵宪与日本友人的密切联系主要表现在什么方面?大河内辉声作为高崎的大名,他急切希望在他的领地实现军事现代化,他热衷于与西方人建立联系。他曾与被德川幕府雇佣的法国军事顾问一起研究军事艺术。退休后,他对与中国文人一起饮

---

① 黄遵宪:《不忍池晚游诗》,《人境庐诗草笺注》,第79—80页;《日本杂事诗》卷2,1880年,第4页。

② 郑子瑜与实藤惠秀编校:《黄遵宪与日本友人笔谈遗稿》序,会谈的原始资料分别由早稻田大学和大东文化大学图书馆收藏。

酒吟诗怀有浓厚的兴趣①。1875 年初，他记下了与寓居东京的朝鲜人一起讨论汉学的内容。1877 年他结识了王治本。1875 年王治本自宁波来到东京，在一所私人学校当汉语教师，他的亲戚王仁乾在浅草开了一家商行，经营书籍文具。当中国外交使团抵日时，王治本被召到使馆服务了一段时间。经王治本引见，1877 年 12 月 23 日大河内辉声结识了沈文荧，1878 年 2 月 25 日结识了何如璋和张斯桂，3 月 3 日认识了黄遵宪②。

大河内辉声因失去了贵族的特权而受到冷落，对政治也失去兴趣。政府中的新领导人几乎没有他熟悉的，他也没有置身于知名学者圈内。他经常请中国朋友向他介绍那些到使团来访的知名学者。如通过沈文荧，他结识了能作汉诗的诗人森鲁直、历史学家青山延寿。显然，大河内辉声并不是记录黄遵宪谈论政治和学术问题的最佳人选。

黄遵宪与大河内辉声主要谈论这样一些议题：季节的变化、诗词、书法、食品、政党、风俗习惯、酒、女人等。大河内辉声喜欢谈论风流韵事，对中国朋友与日本妇女（主要是女佣）发生关系一类的事津津乐道。他经常敦促黄遵宪纳妾，并写了一篇关于他与日本妇女的文章。黄遵宪从这位风流的日本朋友那儿搜集了许多关于日本妇女日常生活及有关习俗的资料。

大河内辉声的笔谈记录为我们提供了一些黄遵宪的日本友人的资料。他还偶然从废纸篓中捡得黄遵宪与青山延寿笔谈的资料，并保存在自己的笔谈手稿内③。

---

① 大河内辉声为石川英编《芝山一笑》作的序，东京，1878 年。

② 实藤惠秀：《大河内文书》，第 16、34、42 页。

③ 实藤惠秀：《大河内文书》，第 75、86 页。

在黄遵宪的友人中,最受他崇拜的是青山延寿(1827—1906)和重野安绎(1820—1910)。黄遵宪对日本史的理解和对明治维新的认识深受那些明治政府国史馆的史学家的影响。青山延寿生于史官世家,父亲青山延于(1776—1843)曾是彰考馆馆长,这是一个负责编纂《大日本史》的机构(《大日本史》的编纂始于1657年,由德川光圀负责)。青山非常崇拜赖襄,赖襄的《日本外史》与《大日本史》在理论上一脉相承。赖襄和幕府时期的史学家以皇室的延续为日本史主线,并以他们对宋学"大义"思想的理解为基础。后来的学者在解释他们的著作时对德川幕府作了间接的批评。由此,这些著作在维新运动时期成了皇权主义者的思想资源。从这些不完整的手稿看,黄遵宪与青山延寿的笔谈集中于学术。黄遵宪曾告诉大河内辉声,青山延寿是他在日本遇到的最优秀的学者。他性格稳健,与大河内辉声这样多才多艺的人截然不同①。

重野安绎来自萨摩,曾在昌平黉就读,这是德川幕府主持的最高学府。明治维新后,他任文部省大臣,1875年被任命为国史馆副馆长,主持编纂《大日本编年史》,1888年受聘为东京大学教授。他是日本现代史研究领域的奠基人。作为文学圈内的一个活跃分子,重野安绎组织了由十来个文学爱好者参加的旧雨社(故友联谊会),其中包括冈千仞。1879年他又发起成立丽泽社(互相切磋学问的学会),目的是为了改良文风,中国外交官参加他们每月一次的例会②。

---

① 郑子瑜与实藤惠秀编校:《黄遵宪与日本友人笔谈遗稿》,第29—35、290页。

② 《日本历史大辞典》卷5,东京,1968年,第274页。《重野安绎与近代东京的传统史学》,载W. G. 布德斯莱和E. G. 普利布兰克编:《中国和日本的历史学家》,伦敦,1961年,第264—287页。西村时彦:《成斋先生行状资料》,载《重野博士史学论文集》,东京,1938年,第1、41页。

中国外交使团迁到麹町后，国史馆的官员宫岛诚一郎（1838—1911）就住在他们隔壁。作为中央政府的官员，他与大久保利通关系颇密。早在1872年他就参加草拟宪法，宪法体现了大久保利通主张以渐进的方式确立君主立宪政体的思想①。无疑，黄遵宪对19世纪70—80年代自由民权运动的理解受到他从宫岛诚一郎这类官员那里搜集到的资料的影响。黄遵宪支持当局在这方面所采取的基本立场。黄遵宪非常欣赏宫岛诚一郎的艺术感，他在一首诗中提到宫岛诚一郎曾在长崎师从沈南苹学习中国的绘画，他们经常一起谈诗论赋②。

除了上面提到的在国史馆供职的史学家，黄遵宪时常接触到其他一些文人学者。他很乐意与他们进行轻松愉快的交谈。冈千仞、蒲生秀实、石川英和龟谷行均比黄遵宪年长，他们出生于武士世家，在藩邦享有世袭地位。有些曾是活跃的尊王分子，但未能得到新政府的任用。总的来说，他们的政治观点比较保守，厌恶明治维新后因受西方的影响而导致的社会变迁，黄遵宪对他们的愤懑情绪表示同情。由于这些日本学者和黄遵宪都有儒学教育背景、推崇汉学，所以他们有共同语言。

冈千仞（1833—1914），生于仙台，是一位著名的汉学家，曾在昌平黉就读，参加过尊王攘夷运动，他的《明治维新史》（即《尊攘纪事》）集中于记述尊王分子的活动。他关注当代的国际形势，呼吁日本要自强，以免遭西方列强特别是俄国的入侵。他强调军事力量要比繁荣的

---

① 永井秀夫：《自由民权》，载《日本历史》卷25，东京，1976年，第29页。
② 黄遵宪：《续怀人诗》，《人境庐诗草笺注》，第209页。

经济更重要,他奉信尚不太成熟的泛亚洲主义。他坚持认为,日本在吸取西方科技价值的同时,必须维持儒家伦理作为日本政府和社会精神基础的地位。他对时人污蔑儒学过时而感到愤怒。黄遵宪同意冈千仞的观点,并时常对他说:在形而上的方面,孔孟学说是完美的;但在形而下方面,欧美的学术丰富广博①。

蒲生秀实(1833—1901)也是一位汉学家。他在一篇论日本精神的文章里为日本的欧化而感到悲哀,他高度赞赏推动明治维新的尊王分子的精神。他是与黄遵宪接触最多的人之一②。

石川英(1833—1918)是一位诗人和汉学家,出版过几本有关创作和绘画的著作。他的《日本文章规范》是一本当时最流行的用古汉语写成的教科书。何如璋为该书作了序,黄遵宪和沈文荧也分别赠序③。

龟谷行(1838—1913)因其出众的写作才华而受到黄遵宪高度评价。黄遵宪曾对石川英和大河内辉声讲,他非常欣赏龟谷行的作品。在他看来,过去十年重野安绎和川田瓮江的作品没有什么长进,而龟谷行的作品提高很快。龟谷行来自津岛,在京都参加过尊王运动,明治维新期间随三条实美来到东京。此后在安井息轩的指点下研究学

---

① 有关冈千仞对黄遵宪的评论,见冈千仞:《藏名山房文初集》第2卷,东京,1920年,第6、10—11页;他与黄遵宪的笔谈见郑子瑜与实藤惠秀编校:《黄遵宪与日本友人笔谈遗稿》,第315—326页,以及冈千仞的《观光纪游》第3卷,东京,1886年,第5页。他对当代儒学研究的看法,参见《藏名山房文初集》第6卷,第11页。他对明治维新的看法,参见《尊攘纪事》,东京,1882年。据说黄遵宪致冈千仞的信藏在冈千仞的家中,见实藤惠秀:《明治中日文化交流》,东京,1943年,第77页。

② 蒲生秀实的《论日本魂序》收在佐田白茅编纂的《明治诗文》,东京,1877—1879年。

③ 布施知足:《于游记中所见明治时代的日中往来》,东京,1938年,第2页;黄遵宪:《石川鸿斋偕僧来谒张副使误谓为僧鸿斋作诗自辩余赋此以解嘲》,《人境庐诗草笺注》,第76—78页。

问，一度在东京大学执教，退休后任家庭教师[1]。

日本人在文学方面的成就给黄遵宪留下了深刻的印象。他写道：他们的有些诗作足以与唐宋的作品相媲美[2]。他的挚友森槐楠（1818—1888）被他认为是无可争辩的汉学大师。1875年初，森槐楠出版的《新文诗》是明治初年最优秀的汉语诗集。黄遵宪很欣赏森槐楠的儿子森鲁直（1868—1911），黄遵宪第一次见到他时，他才16岁。黄遵宪确信他在作诗方面有极高的天赋，对他的前途寄予了很高的期望。的确，森鲁直成了明治时期的伟大诗人[3]。

中村正直（别名敬宇，1832—1891）与同人社的社友邀黄遵宪参加他们的聚会。他们出版的《同人社文学杂志》收录了黄遵宪的诗作及他对这些诗人的评论[4]。该社有一批知名学者和作家：重野安绎、向山黄村、龟谷行、川田瓮江、三岛中洲、内藤耻叟和冈千仞。此外还有《邮便报知新闻》的记者栗木锄云，制订日本对中韩外交政策的关键人物竹添进一郎。下面我们将要讨论黄遵宪与中村正直的关系，因为他是与黄遵宪关系密切的唯一精通西学的学者。

黄遵宪结识了不少文人雅士。他们或与黄遵宪及大河内有过笔谈，或在黄遵宪的诗中被提及。他们是：植村正义、内郇宣之、木原元

① 郑子瑜与实藤惠秀编校：《黄遵宪与日本友人笔谈遗稿》，第279页；菊池武贞为龟谷行作的序，参见龟谷行：《省轩诗文稿》，东京，1902年。

② 黄遵宪：《日本杂事诗》卷1，东京，1880年，第37页。（此版由饭岛有年标点。——译者注）

③ 神田喜一郎：《中国文学在日本：日本填词史话》，东京，1965年，第1、302、317—320页；黄遵宪：《续怀人诗》，《人境庐诗草笺注》，第208页。

④ 同人社：《同人社文学杂志》，第34期，1879年8月2日；第41期，1880年5月20日；第53期，1881年5月20日；第62期，1881年10月10日；第68期，1882年1月15日；第82期，1882年9月10日。

礼、大沼厚、南摩纲纪、小野长愿、鲈元邦、岩谷修、日下部东作。黄遵宪有选择地结识这些人,是因为他们在诗词和书法方面有杰出的才能。黄遵宪特别推崇成濑温的书法,他书写的匾额被黄遵宪挂在书房“人境庐”内[①]。加藤熙是凑川神社的祭司,且精通雅乐(宫廷礼仪音乐)。他曾在水户的会泽正志斋的门下学习,是尊王运动的一位热情支持者[②]。

也有些日本政府内的高层官员与中国文人发生联系。在黄遵宪的印象中,伊藤博文是个老烟枪和足智多谋的人。他既精通传统的艺术,又谙熟当代国际事务。黄遵宪到大限重信家拜访时,大限出示了一幅宋代的绘画。在大久保利通(1878 年被暗杀)家中,他见到墙上挂着一幅立轴,可能是南宋岳飞的作品。有着内务卿头衔的副岛种臣也时常与中国人在一起参加社会活动[③]。

外务省的一些年轻官员也成了黄遵宪的朋友。如宫本小一,是1876 年《日韩修好条规》附属贸易协定日方的主要谈判代表。在日韩高层磋商中,日方利用朝鲜官员缺乏谈判技巧,将一些苛刻的要求强加给朝鲜,如日本人入韩不必履行入海关的义务、以日元作为日韩贸易的结算单位[④]。不知黄遵宪是否知其详情,他在回忆宫本小一的诗作中并未提及此事。他只讲到在每年樱花盛开的季节,宫本小一陪他

---

① 王仲厚:《黄公度诗草外遗著佚闻》,收在郑子瑜辑:《人境庐丛考》,新加坡,1959 年,第 162 页。

② 河出书房新社:《日本历史大辞典》卷 3,第 48—49 页。

③ 黄遵宪:《续怀人诗》,《人境庐诗草笺注》,第 207 页。《日本杂事诗》卷 1,1880 年,第 34 页;郑子瑜与实藤惠秀编校:《黄遵宪与日本友人笔谈遗稿》,第 34、54、221 页;实藤惠秀:《大河内文书》,第 190—193 页。

④ 申国柱:《近代朝鲜外交史研究》,东京,1966 年,第 114—118 页。

前去长华园赏花。他们总是带一瓶米酒为交谈助兴。宫本小一与他谈到了克里米亚战争，黄遵宪感到俄国对东亚的威胁迫在眉睫[①]。

黄遵宪称赞外务省官员石幡贞的写作才能。1871年石幡贞与柳原前光到中国旅行，他的旅行日记为第一次日中条约的谈判提供了重要的资料[②]。

在年轻的政府官员中，与黄遵宪过从甚密的是楢原陈政(1863—1900)，他是黄遵宪后来遇到的一位关键人物。1879年1月至1882年他奉日本政府之命，在中国使馆与何如璋和黄遵宪研究中国问题。1882年何如璋离开日本时，他随何如璋到中国，师从俞樾从事数年的汉学研究。后来他到各地考察，并编纂了一份有关中国地理、经济和社会状况的综合报告。中日甲午战争后，他是与中国政府磋商划定苏州租界的日本代表之一，谈判在上海举行时，他发现黄遵宪坐在桌子的对面。1898年戊戌政变后朝廷搜捕维新派，黄遵宪处境艰险，此时楢原陈政是日本驻华使馆官员，他努力救助黄遵宪。他是日本政府内最具权威的中国通，在义和团攻击使馆区时遇害[③]。

宫岛诚一郎的儿子宫岛大八也在中国使馆研究中国问题。后来他又到保定莲池书院和武昌两湖书院继续深造。1898年回国后，他开了一所汉语学校——善邻书院，至1941年该校一直是日本最大的汉

---

① 钱仲联编:《人境庐诗草笺注》，第81、202页。

② 郑子瑜与实藤惠秀编校:《黄遵宪与日本友人笔谈遗稿》，第314、323页；石幡贞:《庚辰日记》，载《日本外交文书》卷4。

③ 楢原陈政:《留学纪略》，载《禹域通纂》卷1，东京，1888年；田中正俊:《〈禹域通纂〉与〈西行日记〉》，载《岩井博士古稀纪念典籍论集》，东京，1963年；田中正俊:《明治初期的教育与楢原陈政:楢原陈政传稿》，载《近代日本史学发展史》，东京，1976年，第166—182页。

语教育中心[①]。所以说，中国驻东京的使馆为日本第一代中国问题专家提供了语言培训的机会。

中国外交使团也吸引了年轻一代亲华人士，他们奉信泛亚洲主义，在以后的数十年，他们是鼓动日本侵华的急先锋。其中频繁出入中国使馆的是曾根俊虎（1847—1910），他是兴亚会的主要组织者，黄遵宪偶尔参加这一活动。大河内辉声认为曾根俊虎不是一个真正的文人，但中国人没有拒绝他。后面我们将要讨论中国外交官涉足这一组织以及对明治初年兴亚运动的反应。另一位对中国“亲善”的川岛浪速（1865—1922）是日本侵略中国大陆的“英雄”，他经常到使馆来接受中文训练，他是以使馆送报员的身份出现的[②]。

具有讽刺意味的是，中国外交使团培养的一些精通中国语言的人，后来成了日本帝国主义的间谍。然而，在19世纪80年代初，日本的“兴亚论”还非常含糊，以至于很难区别“兴亚论”的激进分子与像楢原陈政这样严肃的学生。

如果不了解黄遵宪与华人社区间的联系，就不可能全面认识他在日本期间的社会联系。明治初年，寓日华人的地位反映出两国力量的均势及在国际贸易中日本所处的劣势地位。1894年前，旅日华人属于有一定特权的外国人，他们享有治外法权（日本人在中国也同样享有这种权利）。在日本的条约口岸，中国商人与西方人分享繁荣与显贵，

---

① 对支功劳者传记编纂会：《对支回顾录》卷2，东京，1936年，第1408页；《续对支回顾录》卷2，东京，1941年，第1309—1315页。

② 对支功劳者传记编纂会：《续对支回顾录》卷2，第198—205页；葛生能久：《东亚先觉志士记传》卷2，东京，1936年，第212—303页；郑子瑜与实藤惠秀编校：《黄遵宪与日本友人笔谈遗稿》，第245—246页。

在明治维新的头十年，日本95%的进出口贸易由外商控制。这是因为缺乏经验的日商无法与他们竞争。在日本的大多数欧美商人已经在中国的“条约口岸”做生意，他们带着随行的中国买办来日本，扩大在日本的业务。跟随买办而来的商人、手工业者、工人等生活在外人居住的“条约口岸”。结果，在外国人居住区，中国人的人数超过了西方人。1880年横滨外国人总数为3280人，而中国人竟有2196人。中国商人在日本扮演了西商与日商的中介。此外，他们有长时间垄断中日贸易的历史，当长崎是日本唯一的贸易开放口岸的时候，中国商人建立了日本与中国内地及南方沿海之间的贸易网。彩色的雕版版画显示出这样的场面：在豪华饭店举行的宴席上，有西方人、艺伎和身着艳丽丝绸礼服的中国人，这说明横滨的中国商人非常富庶，并享有很高的社会地位①。

华人社区还有它的另一面。在横滨的大多数华人是工人或失业者。在拥挤的中国城内形成了这样一种外人居留地：肮脏、嘈杂、犯罪、吸毒、赌博、嫖娼，以及将日本穷人的孩子贩卖到中国。中国城内的这种状况令日本人轻视中国人。同时，日本人也忌妒和憎恨那些富有的中国人，但并未发生严重的种族排外，中日间的通婚也司空见惯②。

黄遵宪与同僚时常访问横滨。在关帝节（关羽被中国人供奉在行

---

① 《第一回日本帝国统计年鉴》，东京，1882年，第10—11页；肥冢龙：《横滨开港五十年史》卷2，横滨，1909年，第94、536、651—652页；横滨市役所：《横滨市史稿》，横滨，1932年，第346—347页；郝延平：《十九世纪中国的买办：东西间桥梁》，剑桥（麻省），1970年，第54—63页。

② 有关横滨中国城的问题，参见臼井胜美：《横滨居留地的中国人》，载《横滨市史》卷36，横滨，1963年。

会的屋子中央），中国的正副领事均前往参加庆典。由于横滨的华人社区主要是广东人，行会领袖也是广东人，黄遵宪等与他们是同乡，故有着密切的联系。横滨华人社区的领袖也到使馆回访，有时还参加与日本文人的笔谈。陈玉池是1868年行会的创始人之一，也是三囲神社神龛匾额的书写者，该地位于大河内辉声的居住地隅田川附近[①]。笔谈遗稿也反映出中国外交官与横滨华人之间的密切关系。黄遵宪或许是从他们那里获得了有关日本商人和日本进出口贸易的信息。无疑，明治初年海外华人的地位，强化了黄遵宪关于日本是以中国为中心的东方世界一部分的观点。

三、《日本杂事诗》

为了写一本有关日本的书，黄遵宪一到东京便开始收集有关日本社会、文化等方面的资料。在他看来，将日本介绍给国人是自己的使命。此外，他认为中国人再也不能盲目自大，对外部世界特别是与中国一衣带水的邻邦漠不关心。他指出中国人对日本的认识非常匮乏：

> 《山海经》已述倭国事，而历代史志，于舆地风土，十不一真。专书惟有《筹海图编》，然所述萨摩事，亦影响耳。唐人以下，送日本僧诗至多，曾不及风俗。日本旧已有史，因海禁严，中土不得著

---

① 关于三囲神社的匾额，参见丰田穰和实藤惠秀译：《日本杂事诗》，东京，1943年，第236页；关于陈玉池，参见内田直作：《日本华侨社会研究》，东京，1949年，第218页；关于横滨华人与使馆的联系，见大河内辉声：《戊寅笔话》，1878年3月26日、3月31日、5月11日、10月19日。

> 于录。惟朱竹垞收《吾妻镜》一部，故不能详。士大夫足迹不至其地，至者又不读其书，谬悠无足怪也。①

黄遵宪指出，相比之下，中国人写的有关日本的著作很少，而日本人写的有关中国的著作数量之多，足足装满一房间。为了向国人提供有关日本的可信资料，他决定编撰《日本国志》。他在序言中自比外交参赞的职责为《周礼》中的"小行人外史氏之职"，即编撰封建诸侯国邦志的官员：

> 《周礼》小行人之职使适四方，以其万民之利害为一书，礼俗、政事、教治、刑禁之顺逆为一书，以反命于王。其春官之外史氏则掌四方之志。……伏自念今之参赞官，即古之小行人、外史氏之职也。使者捧龙节，乘驷马，驰驱鞅掌王事靡盬。盖有所不暇于文字之末，若为之僚属者，又不从事于采风问俗，何以副朝廷咨诹询谋之意？②

黄遵宪采用了古代传统的史书编纂形式来编写《日本国志》。像《朝鲜志》《琉球志》《安南志》这样的著作，都是由前往这些朝贡国访问的钦差大臣撰写③。他大致依照这类志书的体例，但其内容与先前这

---

① 黄遵宪：《日本杂事诗》卷 2，1880 年，第 30 页。黄遵宪在该书的 1898 年版中指出，明朝中国人著有《日本考》和《日本风土记》二书。

② 黄遵宪：《日本国志》序，广东，1890 年，第 3—4 页。

③ 周煌：《琉球国志略》，台北，1968 年据 1757 年版影印；参见王仲厚：《黄公度诗草外遗著佚闻》，第 159—160 页。

类著作迥异。黄著第一卷《国统志》,就是一个在传统著史语境下对朝贡国进行描述的标准条目。然而,黄遵宪在论述时,不仅讨论了日本历代的沿革,还谈到日本当代的政治史。与传统史学侧重封藩与朝贡不同,他独创《邻交志》替代《朝贡志》,讨论日本与中国及西方国家的关系。此外,还有《天文志》《地理志》《职官志》《食货志》《兵志》《刑法志》《学术志》《礼俗志》《物产志》《工艺志》。这些都是中国史志中标准的类目,但在记载朝贡国的史志中并不常见。黄遵宪在《日本国志》中采用这些标题,表明他以很严肃的态度来研究他所推崇的日本制度及文化。

乍一看,《日本国志》是依照中国传统历史地理书的体例。然而,与先前史书中的朝贡国相比,黄遵宪采用的现代撰述用法令人吃惊。过去朝贡志的编纂者主要关心那些履行了对中国朝贡义务的藩国、他们在儒学方面的进步、礼教上的成就及杰出人物和地方特产等,但黄遵宪试图探讨日本的历史、政治、经济、军事和文化等各个方面,而且他很注重详实的资料。

黄遵宪娴熟地将他对近代日本包括其现代化的考察心得融进了传统志书的框架。在各志的序或结论中增加了他的评论,其风格近似于司马迁在《史记》每一卷末尾附加的评论。正如司马迁以“太史公曰”为开头,黄遵宪开头用这样的短语“外史氏曰”。他的大量评论反映了其现代化观和日本观的珍贵材料。

尽管黄遵宪有中国传统的史书作参考,但日本无此类志书。他抱怨日本史学家从未编撰过类似作品。在他居日本期间,《大日本史》远未完成,仅有《兵志》和《刑法志》。他说,在过去蒲生重章(1768—1813)试图编纂,但凭一己之力无法完成这项工程,新井白石(1657—1725)仅列了一个编纂志书的提纲。因缺少传统的日本史书，黄遵宪的工作面临困难[①]。他的主要资料来源是日本学者的著作，特别是明治期间用古汉语写成的那些书。他还大量引用政府编纂的统计表及颁布的政策法规。

黄遵宪在为编写《日本国志》作准备期间，利用他为该书收集到的资料写成了另一本书——《日本杂事诗》。该书收有154首以日本为主题的诗作，每首诗都附有评论。所有的诗皆用传统的七言四句写成，主题及结构大致与《日本国志》相近。黄遵宪在解释这些诗作时提醒读者，更为详尽的讨论可以在即将问世的《日本国志》中找到。可以说，《日本杂事诗》是《日本国志》的副产品，是为《日本国志》而准备的一份完备的纲要。数年后，他在回忆写作《日本杂事诗》的情景时说：

> 既居东二年，稍与其士大夫游，读其书，习其事，拟草《日本国志》一书，网罗旧闻，参考新政。辄取其杂事，衍为小注，弗之以诗，即今所行《杂事诗》是也。[②]

黄遵宪的诗作是诗人见识的精彩体现，他对日本的观察要超过人类学家的报告。他强调，作诗的主要目的是传达有关日本的精确资料，而对其文采倒不太关注。正如他在该书第一版序言中所说：

> 余素不能为绝句，此卷意在议事。乃仿《南宋杂事诗》《滦阳

---

① 黄遵宪：《日本国志》凡例。

② 黄遵宪：《日本杂事诗》序，1898年，第1页。

杂咏》之例，勉强成之。东人见之，不转笑为东施之效颦者几希。[①]

黄遵宪的诗显然是不合常例，也不一定循“绝句”的例则。然而，他以自己的著作完全不同于此前中国人靠道听途说来论述日本而感到骄傲：“余虽不文，然考于书，征于士大夫，误则又改，故非乡壁揣摩之谭也。第不通方言，终虑多谬，愿后来者订正之耳。”[②]黄遵宪承认，他得到重野安绎、冈千仞、蒲生秀实等人的帮助，他们改正了诗稿中的讹误，黄遵宪说在每一页都有他们写的批注，他自己也对诗稿修改了4次[③]。

因黄遵宪不懂日语，只得靠古汉语来与日人笔谈。他从日本文人那里学到不少日语词汇，懂得了假名，也能理解日语的基本含义。同时，他觉得对中国人来说学日语很困难，因为句子里的假名很难理解。周作人(1885—1967)在后来有这样的评价：黄遵宪能把日语掌握到这个程度已经很不容易了，黄氏也坦承不能真正理解日语，即便日文看似熟悉的方块字[④]。尽管黄遵宪阅读日文著作有困难，但他还是将其作为主要的资料来源。他承认，通过与日本笔友的笔谈，补充了资料的不足。无疑，黄遵宪的许多理解难免有不当之处。他的一个日本朋友就曾对他书中的某些误解表示不满，批评他未能完全接受日本朋友的正确建议[⑤]。

---

① 黄遵宪：《日本杂事诗》卷1，1880年，第33页。

② 黄遵宪：《日本杂事诗》卷2，1880年，第30页。

③ 黄遵宪：《日本杂事诗》重刊自序(1885)，载丰田穰和实藤惠秀译：《日本杂事诗》，东京，1943、1968年，第1页。

④ 周作人著，木山英雄编译：《日本文化谈》，东京，1973年，第219—220页。

⑤ 1881年6月5日王治本与石川英的谈话，见大河内：《桼园笔话》。

黄遵宪在《日本国志》中经常引用政府的公报、法规及一些建议书和请愿书等，这些均为日文。如在《刑法志》中，他将整部刑律翻译成中文收在其中。原文为日语的刑律带有汉语的某些特征，但黄遵宪可能不理解他们的确切含义。无疑，为了引用刑律，他请人将其译成了中文。

黄遵宪于1878年秋开始写作《日本杂事诗》，次年春完稿[①]。为庆祝完稿，特举行了一个埋藏手稿的仪式，而迫切希望得到手稿的大河内向黄遵宪索要诗作的手稿，黄遵宪说：他宁愿效法唐代的刘蜕掩埋手稿，唐代的书法家怀素也曾掩埋自己用过的毛笔。然后，大河内提出愿在他的花园内掘一墓坑埋藏黄遵宪的诗稿。他将黄遵宪的题词"日本杂事诗最初稿冢"刻在四尺高的石碑上。1879年秋，为庆祝碑刻完工，大河内设家宴邀黄遵宪及四位挚友赴饮，他们都喝得酩酊大醉，兴致极高，黄遵宪将手稿装入一只口袋，放置花园角落的坑内。奠基仪式结束后，黄遵宪浇酒祝诗：

> 一卷诗兮一抔土，诗与土兮共千古。乞神佛兮护持之，葬诗魂兮墨江浒。

大河内也吟诗和唱，其他的参加者轮流吟诗，大河内将这些诗和一篇记述此景的文章刻在碑阴[②]。

---

① 黄遵宪：《日本杂事诗》重刊自序（1885），载丰田穰和实藤惠秀译：《日本杂事诗》，第3页。

② 实藤惠秀：《大河内文书》，第229—231页；墓碑的照片载实藤惠秀译：《日本杂事诗》。

1879年春，黄遵宪刚写完《日本杂事诗》，便将其呈送总理衙门。同年冬，由同文馆出版[①]。是年春，王韬(1828—1897)应日本文人的邀请访日。黄遵宪参加了为王韬举行的欢迎宴会，两人由此结为好友。在王韬准备离日时，黄遵宪向他展示了《日本杂事诗》的手稿。王韬发现这是一部重要的诗集，请求黄遵宪同意出版。1880年，王韬在香港创办的《循环日报》报馆遂出版了该书[②]。1880年该书在日本再版，正文由饭岛有年标点，石川英写跋，王韬和洪士伟分别作序。据黄遵宪讲，东京、京都的书肆和中国的中华印务局皆用此版翻刻[③]。

黄遵宪为写作《日本国志》花费了很长时间，至1879年春完成了14章的初稿[④]，同年10月他以为有望在年内完稿，但至1882年他离日时还未杀青。黄遵宪在日期间搜集了全部原始资料，但只完成了全书的初稿，直至1887年才在广东的故乡最终完成该书，而出版延宕了很长时间，直至1895年中日战争结束该书才面世。1890年广东富文斋刻印了第一版，但薛福成作的序是在1894年3月于巴黎写成。为解释这一疑窦，黄遵庚认为，尽管富文斋在1890年开始刻印，但到1895年前后才完成[⑤]。1898年《日本国志》第二次印刷。黄遵宪在上海出版的新版

---

① 黄遵宪：《日本杂事诗》重刊自序(1885)，载丰田穰和实藤惠秀译：《日本杂事诗》，第3页。

② 王韬日本之行及与黄遵宪的联系，参见柯文：《传统与现代之间》，第100—102、297—298页。按照正先(黄遵宪的孙子黄延缵的笔名)的说法，黄遵宪致电李鸿章，劝其赦免王韬。王韬曾因涉嫌与太平军有往来而流亡香港，由于黄遵宪的努力，王韬才得以回到上海。正先还说，黄遵宪本来不敢同意王韬出版《日本杂事诗》。参见正先《黄公度——戊戌维新运动的领袖》，《逸经》第10期，1936年7月，第21页。

③ 黄遵宪：《日本杂事诗》后记，1898年。

④ 黄遵宪：《日本杂事诗》卷2，1880年，第30页；郑子瑜和实藤惠秀编校：《黄遵宪与日本友人笔谈遗稿》，第284页。

⑤ 钱仲联编：《黄公度先生年谱》，第38页。

本中增加了少量的评论。由于他未注明各志及评论的写作时间，除1898年增加的部分外，很难确定其他章节的写作时间。由于该书的酝酿时间较长，在观点上亦有抵牾之处，这说明黄遵宪的思想在变化。

下面在分析黄遵宪的明治维新观时，我主要依靠1880年出版的《日本杂事诗》，同时补充《日本国志》中的有关评论，这些评论要比《日本杂事诗》更为详细①。

黄遵宪希望他的著作能为国人进一步研究日本打下基础，并有新的著作来取代该书。正如他所言："虽然今之地球，万国风气日开，见闻日广。今之所诧为新奇奥僻者，安知更历数十年，不又视为常故，斥为浅陋乎？则是篇也，谓之为椎轮可也，谓之为刍狗亦可也。"②与黄遵宪的愿望相反，该书在民国期间仍是有关日本的最高水准的著作。南京国民政府的奠基人之一戴季陶（1890—1949）于1928年出版了《日本论》，他说："除了三十年前黄公度先生著了一部《日本国志》外，未见到有什么专论日本的著作。"③民国时期的著名作家、献身于日本文学研究的周作人，也高度评价了黄遵宪的著作，黄遵宪对日本文化敏锐的洞察力给周作人留下了极深的印象。在他看来，黄遵宪是真正理解日本的第一位中国人④。在中国知识分子中，只有戴季陶和周作人对

---

① 关于《日本国志》版本，参见佐藤三郎：《明治维新至日清战争前中国人对日本的研究》，载《历史学研究》卷10，第11期，1940年11月；石原道博：《〈日本国志〉与〈吾妻镜〉补遗》，载《历史学研究》第8卷，第12期，1938年12月；吴天任：《黄公度先生传稿》，第305—307页。

② 黄遵宪：《日本杂事诗》重刊自序，1885年，载丰田穰和实藤惠秀译：《日本杂事诗》，东京，1968年，第3页。

③ 戴季陶：《日本论》，上海，1928年，第1页。

④ 周作人著，木山英雄编译：《日本文化谈》，第35、219、253页。

日本文化作了严肃认真的思考。日本文学评论家竹内好认为,黄遵宪的《日本国志》、戴季陶的《日本论》和周作人的论文是中国人所写的分析日本文化水平最高的著作[①]。

四、作为中国"文化省"的日本[②]

金鱼紫袋上场时,鼍鼓声停玉笛吹。乐奏太平唐典礼,衣披一品汉官仪。[③]

黄遵宪有一个基本的观点,即无论从身体特征还是文化的角度,日本人都与中国人同根,他用"同文同种"来刻画两国人民之间的亲密关系[④]。"同文同种"这个短语日本人也常用,在他们看来,中日相对于西方白种人来说是同种,而黄遵宪对同种的解释则有些不同。他认为,日本人,尤其那些贵族,是中国先民的后代。他在评述日本古代史时提到《后汉书》中有关徐福的传说,根据这一传说,方士徐福为逃避秦王朝的暴政,率三千童男童女到日本后,居住在熊野地区,并成为日本皇帝的祖先,熊野的徐福墓和纪伊国的徐福祠即为明证。黄遵宪认为徐福这个历史人物相当可信,史书中第一位有详细记载的天皇——崇神天皇或许是徐福或其随从的后代。关于这个传说,黄遵宪指出,日

① 竹内好:《戴季陶的〈日本论〉》,载市川宏译:《日本论》,东京,1972年,第244—245页。

② 在此我借用柯文在《在传统与现代性之间》中提出的"中国的文化省"的概念。

③ 黄遵宪:《日本杂事诗》卷2,1880年,第10页。

④ 黄遵宪:《日本杂事诗》卷1,1880年,第5页。

本代代相传的重器如剑、镜、玺等皆为秦制，日本的重要礼仪与道家的斋醮相似。他批评日本的史学家在著作中对这一传说视而不见。在黄遵宪看来，他们是担心若承认日本皇族的根在中国，就意味着日本是中国的附属国，这实是“拘墟之见”。黄遵宪还争辩道，欧洲许多民族都是日耳曼血统，但从未听说向德国称臣。他强调，即便徐福不是个历史人物，这种传说的存在，就显示日本皇族极有可能是中国人的后代①。

“同文”是无疑的。黄遵宪发现日本人生活的方方面面，从宫廷礼仪到百姓的日常生活都留有中国文化影响的痕迹。他怀疑作为日本文化中本土成分最重要的神道教也源于中国，他发现神道教对日本各种制度，包括军事制度、法制管理、税收、财政、礼俗及宫廷的礼仪等均有着巨大的影响力。尽管宗教在任何一个古代社会都有强大力量，但没有一个国家像日本这样政教如此紧密结合。几个世纪以来，日本的每个重大政治事件都要举行神道教的祭仪。他指出道教与神道教有相似之处。在神道教中，有罪则自诵禊词以洗罪，这与道教在周、秦、汉时的方士之术相似。此外，他认为尽管日本吸收了中国的哲学和宗教，即儒教和佛教，甚至基督教，但奇怪的是，只有道教在日本失传了。因此，他推断神道教很可能是从道教演变而来的，道教约在秦朝传到日本②。

---

①　黄遵宪:《日本杂事诗》卷 1，1880 年，第 2—3 页；《日本国志》卷 1，第 3 页；范晔:《后汉书》卷 115，上海，1927 年；关于中国学者对徐福传说作出的评价，参见卫挺生:《徐福与日本》，香港，1953 年；有关徐福的遗址，参见竹内实:《纪行:中国在日本》，东京，1976 年，第 3—24 页。对于《梁书》(卷 54)说日本人是西周时期吴王泰伯后代的说法，黄遵宪认为没有根据。

②　黄遵宪:《日本国志》卷 37，第 10—11 页。日本学者的一项研究显示，日本皇帝的饰物与道教有一定的关系，参见福永光司:《道教中的剑与镜:其思想的源流》，《东方学报》卷 45，京都，1973 年，第 59—120 页。

关于神道教源于中国判断，黄遵宪是这样认为的，水户学派的相关论断非常重要，他们坚持认为日本是唯一神圣的国土。当代日本及西方的学者都认为日本神道教的形成无疑受到了中国的重要影响[①]。在黄遵宪的推测中，存在一个证据不充分的观点：日本文化的所有因子（主要指高雅文化）不是来自西方，就是来自中国。在《学术志》中他只论述汉学和西学，而无视日本国学的存在。所以他在列举德川时代的杰出学者时，未提贺茂真渊，也不提本居宣长。即便到了晚年，他还认为日本没有“日本学”[②]。在他看来，就文化和社会伦理而言，日本不过是中国的一个省。

黄遵宪在日本找到了中国久已失传的上古文化遗产，对他来说，同时能触碰到客家祖先的遗风，让人尤为高兴，如日本人在地板上的蹲踞方式及向客人行屈膝礼与《汉书》中有关礼仪的记载完全一致。日本室内的柱子、横梁等均为朴实无华的木柱，这令他感到欣喜，因为当时中国的木柱上均布满了各种雕刻[③]，他羡慕日本人的这种情趣：崇尚简朴和自然美。日本人室内的干净整洁也给他留下了很深的印象。日本人每日清扫房屋，家中一尘不染。此外，日本人喜欢呼吸新鲜空气，夜里开窗。不过日本的房屋夏日舒适，冬天太冷，当今游客包括文化人类学家对日本人的这种居住方式也有同样的评论[④]。

---

① 上田正昭：《古代的祭祀与仪礼》，载《岩波讲座日本历史》卷 1，东京，1975 年，第 323—357 页。H. 拜伦・埃尔哈特：《日本的宗教：统一与分裂》，加利福尼亚，1974 年，第 17—20 页。

② 黄遵宪：《日本国志》卷 32，第 3—7 页；光绪二十八年八月黄遵宪致梁启超函，《新民丛报》第 20 号，第 5 页；又见《梁启超年谱长篇初稿》，第 161 页。

③ 黄遵宪：《日本杂事诗》卷 2，1880 年，第 8—10 页。

④ 黄遵宪：《日本杂事诗》卷 2，1880 年，第 8—9 页。许烺光：《家元：日本的真髓》，纽约，1975 年，第 123 页。

在欢迎尊贵客人的宴会上，日本宫廷演奏的雅乐令黄遵宪惊叹不已。他连做梦也没有想到还能听到唐代的音乐，这在中国早已失传。舞蹈演员的服装、饰品及舞姿等均与古书中的描写非常相似①。黄遵宪在日本看到的许多东西不曾见诸中国，只在古书中才被提及。如日本人普遍穿木屐，这是中国六朝时期的习俗②。他发现日本人举行宴会的习俗（饮、唱、舞、带些食品回家）与中国《汉书》所描述的习俗有惊人的相似之处。

日本人还爱好远游和野餐。在天气晴朗的春秋天，日本人喜欢身着华丽的和服，头戴美丽的鲜花，再带一瓶清酒去郊游。他们步行时脚下的木屐不断发出悦耳的声音，和服在微风中飘荡，闪烁着迷人的光彩，这使黄遵宪想起了中国古代绘画中的场景③。

黄遵宪带着文化人类学家的眼光十分仔细地观察日本人的日常生活。他带着同情与理解的目光去描绘日本女性的生活。他的诗对日本少女、女学生、主妇、女佣、侍妾、妓女等均作了形象的刻画。这些女性的质朴形象给他留下了良好的印象。与当时中国女性不同，她们不佩戴耳环、颈链等装饰物，且有不缠足的美德。她们简朴健康的形象与中国古代女性很相似，而当今只有客家人保留了这种优良的德性。黄遵宪发现，日本女性的行为也与中国古代理想化的女性形象相似："今夫妇偕行，有妇媚士依风致。见客作礼，举止无羞涩态，然不狎昵，犹古风也。"④总的

① 黄遵宪：《日本杂事诗》卷2，1880年，第10—11页。

② 黄遵宪：《日本杂事诗》卷2，1880年，第20页。

③ 黄遵宪：《日本杂事诗》卷2，1880年，第4页。

④ 黄遵宪：《日本杂事诗》卷2，1880年，第15—16页；又《日本杂事诗》卷2，1898年，第8页。黄遵宪对侍女的刻画，参照了寺门静轩的《江户繁昌记》，江户，1832—1836年，参见丰田穰和实藤惠秀译：《日本杂事诗》，第218—219页。

看来,日本人要比中国人更简朴和节俭。在生活方面,日本人明显保留了中国上古的遗风。黄遵宪还敏锐地批评了清朝主要的社会与文化现象,如吸食鸦片、缠足等;同时,也以自己是客家人而自豪。

黄遵宪还欣喜地发现,许多到日本的中国来访者也同样分享中国古代的一些遗风,尤其是清朝最后数十年来到日本的留学生,他们为能够见到在满族人和蒙古人征服前的汉人风尚习俗而感到荣耀。留日学生中对日本文化最为崇拜的是周作人,他将日本文学作品译成中文并与日本女子结婚,抗日战争时期他在日本占领的北平居住。周作人为日本文化深深吸引,他认为日本文化摒弃了中国文化的陋习,如太监、缠足、吸食鸦片及导致中国文化衰败的八股文等。周作人在回忆对日本的第一印象时写道:"至于日本虽是外国,但其文化的基本与中国同一,所以无论远看近看都没有多大惊异。"①

黄遵宪认为日本改造了中国文化,最显著的莫过于他们使用的汉字。他发现许多词用汉字书写,但不明白其含义,这是由于这些词已转为日语。日本也创造了一些汉字中没有的字,黄遵宪将一些户外招牌上的字列出来作为例证,他对这种文字的变异很感兴趣。日本文字中最重大的发展是创造了日文音节的"假名",黄遵宪对日本借鉴汉语而发明的平假名和片假名极感兴趣。这种音标简明易学,且使普通民众识字成为可能。他认为这是一项很实用和有价值的革新。后来,黄遵宪不断强调要简化汉字的书写系统,以提高民众的识字率②。

中国文化中最重要的成分——儒学——也传到了日本。黄遵宪

① 周作人:《日本管窥》,《日本文化谈》,第 21 页。

② 黄遵宪:《日本国志》卷 33,第 1—5 页。

强调日本的学术传统始于汉字及儒学经典传到日本之时。他写道：如果日本不接受这些，那它将仍是一个只有原始文化的岛屿。他不承认日本在德川时代日本国学的发展，认为在西学传到日本之前，汉学才是真正的学术。他承认日本人的学术成就，并列举了日本那些不朽的著名学者及他们的作品①，他还高度评价了他们作汉诗的才能，认为他们超过了朝鲜人和越南人②。

虽然黄遵宪赞赏日本人的学术成就，但对他们忽视儒学的核心价值，即政府职能和维护儒家秩序提出了批评③：

> 夫日本之传汉学也，如此其久；其习汉学也，如此其盛，而今日顾几几欲废之。则以所得者不过无用之汉学，刍狗焉耳、糟粕焉耳，于先王经世之本、圣人修身之要，未尝用之，亦未尝习之也。自唐以来，唯习诗文。自明以来，兼及语录。夫辞章之末艺，心性之空谈，皆儒者末流之失。④

黄遵宪认为日本学者没有参政机会，因为在天皇的统治下未能实现儒家政治。为什么呢？在他看来日本政府的首要问题是天皇姻亲制，特别是在藤原家族摄政时期。其后，军事强人建立了军人政府：

---

① 黄遵宪显然没有通读这些作品，在确认作品作者时有误。他对日本学者翻译的儒学经典不感兴趣。黄遵宪：《日本国志》卷 32，第 3—15 页。关于黄遵宪书中的错误，参见丰田穰和实藤惠秀译：《日本杂事诗》，第 143 页。

② 黄遵宪：《日本杂事诗》卷 1，1880 年，第 31—32 页。

③ 关于儒学的实用取向，参见张灏：《梁启超与中国思想的过渡：1890—1907》，第 7—9 页。

④ 黄遵宪：《日本国志》卷 32，第 14 页。

“以武门窃权，仕者世禄之故，朝廷终不能起儒者于草莽、破格而用之。”①黄遵宪未提及中日两国皇权基础的差异，却认为在日本天皇统治下，实现儒家的官僚政治有其可能性。

然而，黄遵宪还是要指责日本学者缺乏政治责任感，遁入象牙塔：“吾通汉学，而究其拘迂泥古、浮华鲜实，卒归于空谈无补。有识之士，固既心焉鄙之。一旦有事，终不能驱此辈清流，使之诵经以避贼，执笔以却敌。”②当国家面临西方列强挑战时，汉学家们则被视为毫无价值，于是有废弃汉学的主张。按照黄遵宪的思维方式，日本士大夫自身应该对他们未能履行儒士的职责负主要责任。

黄遵宪指出，相比儒学在日本所获得的有限成就，佛学却产生了巨大的影响。这主要是由于儒学在日本缺少生机，而使佛学得以繁荣。他认为佛学之所以在日本大获成功，是由于日本既无周公、孔子于先，也没有韩愈辟佛批道于后。黄遵宪强调了佛教在日本历史上产生的负面影响，如国家动用巨资营造庄严的庙宇寺院，僧侣干涉政府事务。他将日本的佛教比作唐代的佛教，认为这种宗教应当受到儒士的谴责③。

黄遵宪尤其为日本在明治维新后忽视对儒学的研究而感到悲哀。在明治维新的头10年，有价值的古书被大量运到国外，儒生的生活窘迫，倍受冷落：“五经高阁竟如删，太学诸生守兔园。犹有穷儒衣逢掖，

---

① 黄遵宪：《日本国志》卷32，第14页。

② 黄遵宪：《日本国志》卷32，第14—15页。黄遵宪在批评日本儒学空疏时，也明显地将矛头指向了中国的士大夫。有关德川幕府时期儒士的地位与作用，参见约翰·W. 霍尔：《日本德川时期的儒家教师》，载倪德卫和芮沃寿编：《行动中的儒教》，斯坦福，1959年，第268—301页。

③ 黄遵宪：《日本国志》卷37，第15页。

著书扫叶老名山。”[①]

黄遵宪对一些人尤为愤慨，因为这些人忘记了汉学在明治维新过程中所起的巨大作用。他认为儒学为尊王攘夷运动提供了巨大的精神鼓舞，有力地促进了维新运动。明治维新的主要成就在于，在西方列强入侵而造成民族危机的时刻，武家政治寿终正寝，政府恢复了合法的统治地位。他强调维新的成功，应归功于那些尊王分子作出的无私奉献，他们为大义所感召，尊王者的这种精神恰恰孕育于儒学。

黄遵宪崇拜的朱舜水（1600—1682）是中国士大夫忠君的典范。朱舜水在清人南下灭亡明朝后离开中国，最终定居于日本，成为水户藩德川光圀（1628—1701）的儒师。他的墓碑上刻着他的遗嘱——“明征士”。黄遵宪认为他的忠诚甚于伯夷和叔齐，他们拒绝食用征服者周朝国土上出产的谷物，而朱舜水甚至拒绝食用征服者土地上长出的野菜。因中国没有关于朱氏的传记，黄遵宪令沈文荧搜集相关的资料[②]。

在德川时代后期，为形成倒幕运动的道德基础——“尊王”，水户藩学者们的著作起到了决定性的作用。然而，水户藩的学者在德川时代初期，主要的精力集中于编纂《大日本史》，编纂工作始于1657年，由水户藩的史学馆负责，史学家们代代相续，至1906年在明治政府的资助下终于大功告成。其主要目的是依据新儒家的“微言大义”，论证天皇政权的合法性[③]。

---

① 黄遵宪：《日本杂事诗》卷1，1880年，第21页。

② 黄遵宪：《日本杂事诗》卷1，1880年，第29—30页；石原道博：《朱舜水传》，东京，1961年。

③ 关于水户学派的研究，参见今井宇三郎等编：《水户学》，东京，1973年。

赖襄（号山阳，1780—1832），是德川后期一位极具号召力的尊王主义者，他以《大日本史》作为理论根源。他的《日本外史》（1827）以其华美的文采而享有盛誉，几乎成为尊王运动期间的“圣经”。该书用古汉语写成，在中国士大夫中间也极负盛名①。

黄遵宪在《日本国志》中有关日本史的章节大量引用了赖襄的《日本政记》（是一部日本政治实录，于1832年出版），并大体上沿用《大日本史》的框架，黄遵宪还几乎不加修改地引用了赖襄对重大历史事件的评论。他对日本历史的叙述下迄19世纪初，均依照赖襄的概括。但黄遵宪书中上溯至神武天皇以前的神话传说时代，而赖襄和水户学派的历史学家则以神武天皇为开端。黄遵宪不认为14世纪南北对峙争雄的格局特别重要，而在水户学派的历史学家那里则是一个中心议题。黄遵宪还高度评价了南朝的那些忠臣，特别是被视为忠臣典范的楠正成②。

不只是评述日本史，黄遵宪在他的诗文中也表现出对尊王者精神的颂扬。他在《近世爱国志士歌》中高度评价了德川后期的忠君志士及其追随者。黄遵宪赞扬山县大贰（1725—1767）这样的爱国志士，山县大贰勇敢地对德川幕府统治的合法性提出挑战，最后被捕死于狱中。高山彦九郎（1747—1793）公开与德川统治集团抗争，他俯卧在京都皇宫前的三条桥上以示抗议，后来愤感德川幕府疏于国防而自杀。

---

① 黄遵宪与日本友人对赖襄的讨论，参见郑子瑜与实藤惠秀编校：《黄遵宪与日本友人笔谈遗稿》，第32页；《日本外史》的中文版有：广东，1875年；上海，1880年。参见芳贺登：《批判近代日本史学思想史》，东京，1974年，第47页。关于《日本外史》的评述，参见植手通有编：《赖山阳》（日本思想大系），东京，1977年，第653—668页。

② 黄遵宪：《日本杂事诗》卷1，1880年，第11页。

蒲生秀实(1763—1813)以蔑视足利尊氏(10世纪的一位武力篡权者)的墓碑而闻名于世。林子平(1738—1793)因抨击幕府的国防政策而被处决,他发出这样的警告:日本桥下的水已与伦敦桥下的水连为一体。渡边华山(1793—1841)是一位兰学家,他因建议日本应向西方打开国门而被监禁,进而被迫自杀。佐久间象山(1811—1864)也是一位著名的兰学家,他敦促开国,呼吁幕府和皇室应当联合起来,后被极端分子暗杀。吉田松阴(1830—1859)是佐久间象山的忠实信徒,他所开设的私人学校培养了许多维新运动的领导人,后在迫害尊王者的浩劫中罹难。月照和尚(1813—1858)是京都地区尊王运动的有力支持者,他与来自萨摩藩的西乡隆盛(1827—1877)关系密切。1858年,月照和尚与西乡隆盛共同躲避政府追捕,但是被萨摩藩拒之门外,月照和西乡隆盛相拥而泣,一起蹈海,月照溺死,西乡隆盛幸免于难。

所有这些尊王者都是忠诚的爱国志士。黄遵宪强调,他们是在幕府无力处理民族危机之际发起倒幕运动。他在诗中叙述了水户藩一位农妇的轶事,她抗议幕府当局逮捕她的领主,并冒着生命危险乞求幕府宽恕他。另一件是关于佐仓宗五郎的传奇,他是一位农民起义运动的领袖,曾冒着生命危险为全村的减租而向将军请愿。这些家喻户晓的英雄因其无私奉献而受到人们的敬仰①。

在明治维新的领袖中,最受黄遵宪关注的当推西乡隆盛。黄遵宪为这位悲剧式的英雄作了一首诗。西乡隆盛后来辞去了政府公职,最后作为反明治政府运动的领袖而惨死。西乡刚死,南方的天空出现一颗彗星,人们相信这是其灵魂的显现,并称之为“西乡星”。黄遵宪在

---

① 黄遵宪:《近世爱国志士歌》,《人境庐诗草笺注》,第97—103页。

诗的结尾这样写道:“长星劝汝酒一杯,一世之雄旷世才。”[①]

明治初年,政府推崇忠君主义,政府官员崇敬那些为维新而献身的烈士。德川后期的忠君主义者将早期的尊王领袖如楠正成奉若神明。在民众中最有影响力的是赤穗的 47 位义士,在 18 世纪初他们为其领主的死亡报仇而殉身,他们的所为在幕府时期吸引了大批追随者。明治元年天皇移驻东京,谕令在泉岳寺安葬这 47 人。1872 年政府发布谕令,可在戏剧中使用这些人物的真实姓名[②]。这一故事给黄遵宪留下了极深的印象,并作了一首叙述这一事件的长诗,颂扬他们在那恐怖的年代为正义而献身的勇气[③]。

黄遵宪在早期的诗歌中就表现出对尊王行为及烈士壮举的崇敬。他在北京的时候曾赞美同治帝的一匹御马,皇帝死时马悲鸣于景山树林之间,最后不食而死[④]。同时,他作了一首《田横岛》,哀悼汉朝初年一位叫田横的英雄,其五百名追随者在得知他去世后,拒绝效忠新的统治者而集体自杀[⑤]。也许正是因为黄遵宪珍爱这份忠君之情,所以被那些日本尊王者的故事深深打动。

维新志士的精神是黄遵宪评述明治维新的主题。他对维新历史的阐述起自 1848 年孝明天皇登基,止于 1878 年,焦点对准日本应西

---

① 黄遵宪:《西乡星歌》,《人境庐诗草笺注》,第 72—76 页。

② 《新闻杂志》卷 41,第 8 期,1872 年 4 月。许多历史著作记载了这 47 位义士,他们试图厘清这一事件的缘由。对“忠臣藏”事件的相关编年史批评,参见松岛荣一:《忠臣藏:其来源与发展》,东京,1964 年;唐纳德·基恩:《忠臣藏》,伦敦和纽约,1971 年。

③ 黄遵宪:《赤穗四十七义士歌》,《人境庐诗草笺注》,第 104—109 页;青山延光:《赤穗四十七烈士传》序,1829 年;唐纳德·基恩指出,关于这一故事的中文译本刊于 1794 年,他认为这可能是日本文学最早的中译本,参见《忠臣藏》,第 25 页。

④ 黄遵宪:《乌之珠歌》,《人境庐诗草笺注》,第 52—55 页。

⑤ 黄遵宪:《田横岛》,《人境庐诗草笺注》,第 55 页。

方要求而被迫开国所作出的反应、倒幕运动的兴起及新体制的建立。黄遵宪争辩道，德川幕府对西方采取的和解政策，刺激了那些忠君者，他们逐渐意识到德川统治集团的不合法性，攘夷运动实际上就是倒幕。他确信赖襄的书、源松苗的《国史略》及《大日本史》，唤起了人们的尊王斥霸的精神。1858 年当尊王者为倒幕而呐喊时，政府对他们作出了严厉的惩处。然而，政府的所为只能激起忠君志士更强烈的愤慨。所以黄遵宪得出这样的结论：无业的武士导致幕府的垮台。这些人博览历史，有崇高的理想，无拘于身份等级和家庭纽带，他们愿为推倒军事政权而献身①。

黄遵宪对日本志士殉道精神的讴歌得到了那些参加光绪帝领导的变法维新运动志士的认同。康有为和梁启超这两位变法维新的鼓吹者也称赞日本的忠君志士，并将明治维新的成功归之于他们的努力。中国的维新志士们谈论日本忠君者的英雄气概，这对他们的年轻追随者产生了巨大影响。谭嗣同和唐才常分别在 1898 年与 1900 年献身，以示推动改革需要忘我的精神。戊戌变法失败后，梁启超继续介绍忠君的精神，他写了《中国之武士道》，提醒年轻人，中国古代也有这种精神，敦促他们恢复这种精神②。这说明在黄遵宪所写的所有有关日本的议题中，尊王者的故事在中国知识分子中间立即引起了强烈的反响。

---

① 黄遵宪：《日本国志》卷 3，第 16 页。
② 梁启超：《中国之武士道》，上海，1904 年。

第三章 明治初年日本的西化

玉墙旧国纪维新，万法随风倏转轮。杼轴虽空衣服粲，东人赢得似西人。①

一、对明治初年近代化的评价

黄遵宪将传统的日本描绘成一个和平的岛国，好似中国传说中仙境里的一朵桃花。他发现这种极乐世界的平静一旦被先进的西方打破，日本便开始发奋努力，使自己的国家成为世界强国。令黄遵宪感到吃惊的是日本人热衷于构建民族认同感和采用现代西方的制度。总之，黄遵宪承认日本人在近代化方面所取得的成就令人佩服，特别是考虑到明治维新后仅仅十年的时间。然而，他认为日本新的领导人正面临一些棘手的问题：国家的经济拮据，财政面临破产的危险；令人沮丧的贸易赤字正困扰着国民经济；修订通商条约仍遥不可及；新政府的领袖正面临"民权运动"的挑战等。

黄遵宪对日本近代化进程的最初反应是震惊。19世纪70年代后

① 黄遵宪：《日本杂事诗》卷1，1880年，第6页。

期东京的情形——在公共建筑、服饰、各种技术革新方面——是传统与新式欧洲风格的混合体。在明治维新后的十年里，引进了铁路、煤气灯、电报，建立新式学校、现代陆海军、中央集权的政体。军警皆身着西式制服，政府官员亦穿西服，即便那些偏爱传统服饰的人，也以用舶来品作点缀为时尚，如西洋伞、怀表或皮鞋之类的东西。西潮如此壮观，以至于日本人自己也为之头晕目眩。有大量的小说、歌曲讽刺发型、服饰、西式餐馆及其他革新，这反映了日本人既激动又困惑的复杂情感。《东京新繁昌记》(1874—1876 年出版)是其中一部最有影响力的著作[①]。作者服部诚一(1841—1908)是一个来自福冈的年轻武士。明治维新后不久即来到东京。新首都的景象令他惊愕不已，新式的学堂、人力车(又称东洋车)、报馆、照相馆、供应牛排的餐馆、消防队、眼镜、女子学校、贸易货栈以及吉原[②]里旧式的娱乐设施等给他留下了深刻的印象。在黄遵宪有关日本的诗作中，这些题材绝大部分有所反映，这说明他在与日本人一道分享西化带来的惊愕[③]。黄遵宪在一首关于驾驶员的诗中刻画了明治时期日本的街景：

> 执鞭高坐气扬扬，革履毡衣时世妆。昨日文身今断发，自夸鳞介易冠裳。[④]

---

① 服部诚一：《东京新繁昌记》卷 4，东京，1969 年。

② 吉原地区是日本江户时代的妓院集中地。——译者注

③ 黄遵宪借用了寺门静轩《江户繁昌记》(1832—1836)中的一些故事，《东京新繁昌记》即循此模式而作。大河内曾抄了一份《江户繁昌记》送给中国使团的沈文荧，见实藤惠秀：《大河内文书》，第 29 页。

④ 黄遵宪：《日本杂事诗》卷 2，1880 年，第 18 页。

马车的驭手载着身穿西服的上流社会的男士女宾，给都市中心增添了异乡的气息。东洋车（装配两只大轮子、一个软座）是日本革新的产物，在日本及中国的“条约口岸”很快推广开来。黄遵宪认为东洋车是一项不同寻常的发明：“以一人挽之，其疾如风，竟能与两马之车争先后，凡牵车者日能行走二三百里，亦绝技也。”①

市中心区的照相馆（镜写真）以陈列佳丽的照片来吸引人的注意力，甚至那些上流社会的女士也毫不犹豫地将自己的照片陈列在那里，日本人照相已非常普遍②。

黄遵宪对东京居民区的印象也非常新鲜，那里街道整齐，建筑有序，某区、某町、几番地等均标明在地图上。每家住户的门口均有门牌号码及户主的姓名③。今天，日本许多城市因街道杂乱无序而恶名昭彰，但在明治初年，人们在东京可以轻而易举地找到某间房舍，这给黄遵宪留下了良好的印象。

作为外交官的黄遵宪，他可以观察到新兴的上流社会及官僚的生活方式，这一阶层最早接受西方的服饰及风俗习惯。官僚居住在西式的洋房里，至少在居室里有西式的陈设，如进口的地毯和暖炉等。黄遵宪注意到这些人为获得西式的家具而彼此竞争，他们款待客人大多

---

① 黄遵宪：《日本杂事诗》卷2，1880年，第24—25页。爱德华·S.摩斯在《日本日记：1877，1878—79，1882—83年》卷1（波士顿，1917年）中对人力车也有类似的记录，见该书第105页。

② 黄遵宪：《日本杂事诗》卷2，1880年，第13页；当黄遵宪即将赴日本的时候，特在中国拍了一张照片。为此他还作了一首诗：《将之日本题半身写真寄诸友》，《人境庐诗草笺注》，第70页。

③ 黄遵宪：《日本杂事诗》卷1，1880年，第17页。

用进口的葡萄酒①。夏日，他们也学西方人，放假到避暑圣地去消夏②。他们在适当的场合还身着佩有徽章的西式礼服，也用握手的方式欢迎外宾。但黄遵宪也注意到即便是这些西方化了的官员，回到家里也都会匆匆忙忙换上和服③。

“西法”是黄遵宪为日本处处沿袭西方的现象而贴上的标签，它指制度、风俗、习惯及技能等。黄遵宪对许多西方现代的实用设施，如火车、电报、邮政、医院、消防、警察局等，毫无保留地加以赞扬。如当他参观一所医院时，为其清洁宁静、令人温馨的气氛而惊叹，那里药品、设备甚至路边的花木等都被安排得井然有序，他觉得西方的外科手术要比中医的把脉诊断先进得多④。

除了日本的西化总体上给黄遵宪留下的美好印象，黄遵宪又是如何评价日本在经济和军事方面所取得的成就并以此增强其国力？黄遵宪对搜集有关经济方面的统计资料很感兴趣，如农业产量、国家的收支、国债与外债及其他影响日本人经济生活的资料。他坦言对这些资料兴趣甚浓：统计是日本从西方学到的最好的方法之一，“统计表者，户口、赋税、学校等，皆如史家之表，月稽而岁考之”⑤。他认为统计表能反映“国势”，他在《日本国志》中大量采用统计表。

黄遵宪认为明治初年的经济状况令人沮丧，明治政府的财政基础非常脆弱。首先，日本是一个资源匮乏的穷国。人口是中国的十分之

---

① 黄遵宪：《日本杂事诗》卷 2，1880 年，第 7 页。
② 黄遵宪：《日本杂事诗》卷 2，1880 年，第 5 页。
③ 黄遵宪：《日本杂事诗》卷 1，1880 年，第 13—14 页。
④ 黄遵宪：《日本杂事诗》卷 1，1880 年，第 17—18 页。
⑤ 黄遵宪：《日本杂事诗》卷 1，1880 年，第 18 页。

一,国土仅有中国的二十五分之一。尽管政府征收高额的土地税及名目繁多的杂税,国家财政仍然拮据。他强调外贸赤字、货币投放过多是造成这一现象的原因[①]。

黄遵宪指出,对外贸易在增加农产品、手工业品,特别是茶丝的出口方面产生了积极的作用,但他也注意到其负面的影响,即严重的财政危机。在他看来,以日本对外开放以来的得失相权,所得微乎其微,最大的损失莫过于西方化的生活方式导致日本越来越依赖舶来品。日本人在生活的各个方面,从国家礼仪到食品饮料都热衷于西化,黄遵宪为此而感到悲哀。他认为日本外贸赤字的主要原因是进口了大量消费品以满足其西化要求。尽管不像中国那样因走私鸦片而导致灾难,但他蔑视这种极端奢侈的生活方式,并将日本的症结归咎于外贸[②]。这些观点在《日本国志》中有更为详尽的阐述。事实上,西化的生活及服饰并没有像黄遵宪夸张的那么流行,那些能支付昂贵进口商品的人非常有限。当然,日本因西化确实付出了高昂的代价。日本必须进口的商品不仅是纺织和皮革制品,而且还有工业化所需的机器设备。此外,日本还高薪聘请了许多外国顾问,政府领导人也意识到向外国支付的费用问题[③]。

黄遵宪还发现日本外贸赤字的另一个原因是日本商人在国际竞争中所处的不利地位,他听到许多经营对外贸易的日本商行破产的例

---

① 黄遵宪:《日本国志》卷15—20。《食货志》中依次讨论了人口、租税、国用、国债、货币、贸易,农产品和工业品则是分别撰述的。

② 黄遵宪:《日本杂事诗》卷1,1880年,第15—16页;卷2,第7页。

③ 近藤哲生:《殖产兴业与传统产业》,东京,1975年,第232、243—244页;海野福寿:《松方财政与地主制度的形成》,《岩波讲座日本历史》卷15,东京,1976年,第15、96—99页。

子。他对日本商人与外商竞争的能力持悲观的态度，因为他们缺乏对外贸易的经验[①]。事实上，日本的外贸由外国人控制，外人享有固定的关税和治外法权，他们有充足的资本积累，而日本商人缺少海外市场的各种信息，因而在竞争中处于不利地位。这一时期外国人操纵日本的贸易的确是一个极为严重的问题，这是导致外贸不平衡的主要原因[②]。

黄遵宪探讨了不平等条约给日本带来的灾难性影响，他强调西方国家为了自身的利益，使日本接受这种受其榨取的贸易关系。他申辩道，黄金外流对一国的危害要甚于其他任何一种经济灾难，这是世界现代史上一种新的掠夺方式：

> 晚近之世，弱肉强食，彼以力服人者，乃不取其土地，不贪其人民。威迫势劫，与之立约，但求取他人之财，以供我用。如狐媚蛊人，日吸其精血，如短蜮射影，日中其荼毒，以有尽之财，填无穷之欲，日朘月削，祸深于割地，数倍于输币，百倍于聚敛，又不待言也。[③]

黄遵宪指出，中国与日本都是不平等条约及由此导致的与西方国家这种贸易关系的受害者。然而，黄遵宪感到日本受害尤重，因为它更穷更小。他在书中表露出对日本的同情："念兄弟之国窘急若此，不禁为之大息而流涕。"[④]

---

① 黄遵宪:《日本杂事诗》卷 2,1880 年,第 23 页。

② 关于外商控制的贸易量,参见《第一回日本帝国统计年鉴》,东京,1882 年,第 296 页。当时有关外人垄断海外贸易的讨论,参见肥冢龙:《横滨开港五十年史》卷 1,横滨,1909 年,第 483 页;卷 2,第 536、650—652 页。

③ 黄遵宪:《日本国志》卷 20,第 28 页。

④ 黄遵宪:《日本国志》卷 20,第 28—29 页。

与财政危机相关，黄遵宪接着讲到通货膨胀。他觉得发行纸币对维持政府的财政，特别是提供镇压反叛者所需的费用，及建立新的工业、促进运输与通信发展等是有益的，但投放过量的纸币导致通货膨胀和物价上涨，使民众产生了极大的焦虑。黄遵宪认为通货膨胀非常严重，以至于使他怀疑明治政府是否能维持现存的通货体系。他引用了《小雅》中的话，将这种财政状况比喻为："譬彼舟流，不知所届。"[①]

事实上，在明治初期的几十年，日本经济的确处在一个仅能勉强维持的水平上，政府处在财政危机的阵痛之中。当时的日本人敏锐地觉察到这一点，且为一些经济史专家的研究成果证实。为平息对新政府构成巨大威胁的西南地区的骚乱，政府承担了沉重的财政负担。至1877年平叛结束时，政府负债达1500万日元，投放了2700万日元的纸币，总计超过1877年政府预算收入的80%。政府的这些措施导致了通货膨胀的上升，而且自明治元年(1868)至1881年间(除1868、1876年)一直存在外贸赤字，结果黄金大量外流，这又加剧了通货膨胀。当时人们认为支付黄金是对经济最为严重的威胁[②]。

明治初年，繁重的赋税是导致民众不满的又一重要原因。黄遵宪对日本人的境遇表示同情，与中国相比，日本人须交纳高昂的土地税。明治政府将土地税定为1873年地价的3%，尽管到1877年降低到2.5%。明治初年，其税额要超过总收入的30%。相比之下，清政府对民众所征的税额在总收入中所占的比例是很低的。黄遵宪指出，清政

---

① 黄遵宪：《日本国志》卷19，第11—12页。

② 近藤哲生：《殖产兴业与传统产业》，东京，1975年，第212—219、239—241页；关于这一时期财政状况最权威的研究，参见泽田章：《明治财政的基础研究》，东京，1934年；藤田武夫：《日本资本主义与财政》卷1，东京，1949年。

府对贫困地区所征的税款还不到其产量的四十分之一。据估计，清朝在最后的四分之一世纪中，政府对大多数省区征收的土地税在其产出的2%—4%之间。而在日本，除土地税这项主要的收入，政府还征收名目繁多的各种杂税，如印花税（酿酒、酱油、船运、车运）、合作税、矿税等，北海道的政府雇员还要缴纳个人所得税及产品税、香烟税。此外，地方政府也征税，以用于其支出。唯有食盐免税，而这恰巧是中国政府的大宗财政收入。他认为由于日本四面环海，要想控制食盐生产，在技术上很难做到①。依照儒家的准则，对一个好政府而言，重税是不可取的。黄遵宪在《日本杂事诗》中大体是依照儒家的价值标准，但在《日本国志·食货志》中，其观点有所改变，他强调中央政府为国家的一些工程筹集资金而课以重税有其积极意义②。

黄遵宪赞赏日本政府努力促进本国的棉花和食糖工业，这是日本进口的大宗商品；同时大力支持丝绸与茶叶的技术改进。他还详细记录了群马县富冈的机器制丝厂（该厂引进法国技术，建于1870年）和前桥丝绸厂（该厂由前桥藩的官员聘请意大利专家建成）。政府为提高出口产品的质量举办各种博览会，黄遵宪对此印象很深，1879年横滨举办了来自全国茶、丝、茧等行业的技术竞赛，有一千多人参加。黄遵宪确信政府的积极鼓励是提高农业及手工业，特别是那些出口商品质量的关键性因素③。

---

①　黄遵宪：《日本杂事诗》卷1，1880年，第14—16页。《日本国志》卷16，第1—19页。自明治后期以来，食盐一直由政府垄断。关于中国的土地税估算，参见王业键：《中华帝国的土地税，1750—1911年》，剑桥（麻省），1973年，第128页。

②　黄遵宪：《日本国志》卷16，第19—20页。

③　黄遵宪：《日本杂事诗》卷2，1880年，第25—28页。

尽管黄遵宪认识到改进技术的重要性，但他没想到在工业化进程中起关键作用的是社会经济结构的现代化。在《日本国志》中，他将受工部省管辖的铁路和采矿放在《职官志》中讨论。在《物产志》中他讨论的范围仅限于农产品，包括丝、茶。在《工艺志》中他自认为传统的手工业品是丝织、刀剑、铜器、陶瓷、漆器、折叠扇、造纸、绘画及各种工艺品。此外，他还谈到了医学、农业技术的历史。显然，黄遵宪未预见到，随着工业化的进程，经济结构将发生相应的变化。在这方面，他的目光与同时代的人几乎是一样的①，其缘由是在黄遵宪所处的那个时代，日本经济发展的成就尚未充分显现。

在大川一司和H.罗索夫斯基对日本近代经济成长的研究中，他们将1868—1885年定为经济转型期。此间，虽然政府确定了一个全国经济增长的方针，但付诸实施还不现实。西蒙·库兹涅认为，当时人们还不是以现代经济的增长作为发展的标志。(一) 19世纪60年代人均产值的快速或稳步增长尚不明显，19世纪70年代后期有75%—80%的人口从事农业生产，农业产值在国民总产值中占到65%。(二) 人口的快速增长也不明显。19世纪70年代人口的增长率为0.7%—1%。(三) 产业结构快速转变也不显著，大体还是前现代的产业模式，就业人口高度集中于手工纺织业和食品业。(四) 日本的兰学研究还远没有达到将现代科学技术运用于工业、运输和农业中

① 在19世纪70年代，日本人用"工艺"(在中国指手工业品)代表现代工业。据报道，1873年岩仓使团自西方返回日本，其中一位随员建议"在文明开化时代，必须提高煤、铁的产量"，把工艺仅理解为陶瓷、铜器、漆器或类似的东西是一个重大的错误，参见近藤哲生:《殖产兴业与传统产业》，东京，1975年，第229页。

关于明治初年日本工业化的研究，参见石冢裕道:《日本资本主义成立史研究:明治政府与殖产兴业政策》，东京，1973年。

去的水平。（五）在库兹涅的标准中，只有一个实现了，即国际条约。在19世纪50年代日本与西方重新确立了外交和贸易关系，这是日本经济朝着快速增长方向的重要推动力。

关于转型期的财政，大川一司和H.罗索夫斯基将其分为几个阶段，从1868—1876年，尽管政治很不稳定，但经济状况相对平稳。1876—1885年是一个剧烈动荡的阶段，它又分为两个小阶段：1876—1880年是通货膨胀期，1881—1885年是通货紧缩期。黄遵宪在日本时刚好是通货膨胀期。大川一司和H.罗索夫斯基发现，国家银行在1876—1880年的货币投放量从4增加到148，到了1880年发行量为3400万日元，这是法定的最大限额。大川一司和H.罗索夫斯基指出：通货膨胀导致经济畸形，对政府制定的经济增长计划产生了极为不利的影响①。他们的研究与黄遵宪对日本这一时期经济状况所作的评价是一致的。

关于日本的军事实力，黄遵宪对军队的纪律、装备、组织、军事院校的教育等印象极深。他在谈到日本自1873年实行征兵制后的8年来所取得的成就时，感到日本的军事实力不久将令人生畏。他特别注意到即便没有发生意外情况，各地的士兵每天也都坚持训练②。

同时，黄遵宪注意到日本在建设新式军队时面临的重重困难。征兵制普遍受到抵制，因为在幕府时期，兵员仅取自武士家庭，由他们世袭。黄遵宪指出，普通农民并不知道军人的负担，恐惧服役，而且，在政府颁布的《征兵令》中使用的“血税”一词，被一些别有用心的人利

---

① 大川一司和H.罗索夫斯基：《一个世纪日本经济的增长》，载威廉·W.洛克伍德编：《日本政府与企业》，普林斯顿，1965年，第53—59页。

② 黄遵宪：《日本杂事诗》卷2，1880年，第13—14页。

用，他们散布谣言，说士兵要被抽血。在许多地区因民众反对征兵制而引发了农民骚乱。在注册时有人弄虚作假，有人逃离应注册的所在地，甚至故意毁伤肢体。原先征兵法的一个问题是其中有许多免役的条款。1879 年修订后的征兵法作了变通，并产生了积极的效果。黄遵宪认为日本在建设新式军队的进程中正在稳步前进①。

黄遵宪在阐明日本军事实力时引用了许多统计资料，包括 1880 年征兵人数的详细报告、军事机构的组织、每个镇台守军的人数、帝国宪兵的人数、军事院校的课程、财政预算、军纪军法、陆海军医疗设施等。黄遵宪特别注意军事技术和工业的发展，他指出，1880 年村田经芳发明的新式来复枪到 1885 年作为标准武器被部队采用，此后一直用了许多年。到 19 世纪 80 年代后期，政府计划建设的百余座兵工厂中，80%军工设备自欧洲进口，且是最新式的，仅有 20%是过时的②。黄遵宪意识到日本在军工生产方面正致力于自给。事实上，在 19 世纪 80 年代，“武器生产自给”正是日本军队的主要目标③。

黄遵宪对日本海军实力的评价并不乐观：“日本海军之兴为日尚浅，明治十年悉索诸赋购扶桑、金刚、比睿三舰于英国，稍成海军。当路者欲谋扩充之。而力未能也。”④事实上，上面提到的这三艘炮舰就是明治维新后日本主要的军舰。在 1885 年前，铁甲舰和复合型战舰

---

① 黄遵宪：《日本国志》卷 21，第 11—12 页。关于征兵法的研究，参见岩井忠熊：《军事警察机构的建立》，东京，1976 年，第 15、185—186 页。松下芳男：《明治军制史论》卷 1，东京，1956 年，第 268—272 页。

② 黄遵宪：《日本国志》卷 21，第 12—20 页；卷 22，第 11 页；卷 22，第 13—15 页；卷 23，第 3—12 页；卷 24，第 2—16 页。

③ 小山弘健：《日本军事工业的历史分析》，东京，1972 年，第 84 页。

④ 黄遵宪：《日本国志》卷 25，第 9 页。

的总吨位不过2000吨。1881年海军领导人提出了扩军计划,但因财政原因而搁浅。1883年又通过了一项将军舰数从10艘增加到32艘的8年发展计划。1887年,当黄遵宪编完《日本国志》时,海军已拥有2艘均为3650吨的巡洋舰及其他7艘新式战舰。黄遵宪在日本时所作的报告很详实,他还明确指出了扩充海军过程中遇到的财政困难①。他认为日本海军实力要远逊于中国。中国有十余艘大铁甲舰,还有些炮船、巡逻艇。其实,在19世纪80年代和90年代初,尽管日本狂热地扩充海军,但在1894年中日战争爆发时,仍有外国观察家估计日本海军处于劣势②。黄遵宪在谈到日本试图成为世界海军强国的野心时指出:"日本三岛之国,有似乎英,欲如英之强固,万万其不能。然当今之时,列国环伺,眈眈虎视,故虽艰难拮据,亦复费二千万之金银,竭蹶经营,以成此一军,可谓知所先务矣。"③

关于日本努力修改条约,黄遵宪认为日本是在条约的灾难性影响暴露后才认识到条约本身的问题。他之所以谴责这些条约不仅是因其经济后果,更是其不平等的性质。他特别强调了治外法权导致的恶果,它在"条约口岸"给予外国人特权,允许他们剥削当地的民众④。他

① "扶桑"号(3717吨)是一艘装甲巡洋舰;"金刚"号和"比睿"号(均2248吨)是复合型巡洋舰。关于明治初年日本海军的发展,参见海军省海军大臣官房编:《海军军备沿革》,东京,1934年,1970年再版,第12—19页,以及该书的附录;松下芳男:《明治军制史论》卷2,第198—199页。

② 黄遵宪:《日本国志》卷25,第10页。关于中日海军比较,参见罗林森:《中国为发展海军而斗争:1839—1895年》,剑桥(麻省),1967年,第168—169页;松下芳男:《明治军制史论》卷2,第207页;佐藤市郎:《海军五十年史》,东京,1943年,第127—128页。

③ 黄遵宪:《日本国志》卷26,第8—9页。

④ 黄遵宪:《日本国志》卷7,第19—21页;何如璋致刘坤一函,温廷敬:《茶阳三家文钞》卷3,第9—11页,该信无疑由黄遵宪草拟,与《日本国志》卷7第19—20页中的论述一致。

完成《日本国志》时，仍然站在日本的立场上怀疑这些条约是否会得到修改。1898 年该书再版时增加了这些内容，他赞扬日本人举国上下为修改条约而表现出的狂热①。

在日本修约所取得的成就中，黄遵宪最感兴趣的是新刑法的颁布，即 1880 年 7 月颁布的《治罪法》(480 条)和《刑法》(430 条)，两法自 1882 年 1 月 1 日至 1890 年 11 月 1 日生效。《治罪法》是政府惩治罪犯的第一个正规法典，该法律依据 1808 年法国刑法，在法国法学家布瓦索纳德(Boissonade)帮助下完成起草工作。此前明治政府于 1870 年曾颁布了《新律纲领》，它以明朝的《大明律》为基础，内有一些古老酷刑，如凌迟。政府在列强修约的压力下采用了现代西方的法典，这是日本法律体系朝着现代化方向发展而迈出的一大步。黄遵宪在《刑法志》中全文引用了《治罪法》和《刑法》②。

由于教育是民族强盛的重要基础，故黄遵宪对日本的教育体系格外关注。他指出，日本各个层次的教育均以实学相教。日本全国有标

---

① 黄遵宪：《日本国志》卷 7，1898 年，第 18 页；卷 8，第 28 页。

② 我未能发现黄遵宪编写《日本国志》时是如何获得翻译成中文的刑法及相关的评述；关于《治罪法》和《刑法》，参见小早川欣吾：《明治法制史论：公法》卷 2，东京，1940 年，第 999—1026 页；石井良助：《日本法制史》，东京，1959 年，第 101—102 页；村田保：《刑法注释》《治罪法注释》，刊于《太政官布告》第 37 期，东京，1880 年 7 月 17 日。

黄遵宪出于为中国的法律改革提供现实的依据，全文引用了《治罪法》和《刑法》。然而直到世纪之交，清政府才开始努力改革法律制度。1904 年，沈家本被任命为修律大臣，1907 年提交《刑法》草案，张之洞曾建议以日本的法律为模式，邀请日本专家修订刑律。东京帝国大学的法律教授冈田朝太郎于 1905 年受到邀请。此前，1890 年日本政府已颁布了新的刑法，黄遵宪在《日本国志》中引用的是过时的刑法，但尚不清楚他为中国改订刑法所提供的这一参考资料有没有对中国现代法律体系的创建过程产生影响。关于法律改革，参见马里努斯·J. 梅耶尔：《近代中国刑法介绍》，巴达维亚，1949 年，第 94 页；岛田正郎：《论清末刑律草案的编纂，冈田朝太郎博士之回忆》，载《法律论丛》卷 39，第 1 号，1965 年。

准化的课程、统一的作息时间和教学计划，他对此感到很新鲜。黄遵宪还对讲究效率的西式教学法感到吃惊，相比之下，在中国的传统学堂里学生单个接受教师的指导，而日本一个教师同时教若干学生。参考了1872年日本政府就建立现代教育制度而发布的声明"无一人不接受教育，无一村无学堂"，黄遵宪认为这一目标的实现是国富民强的秘诀，德国亦然。黄遵宪特别注意女子教育，曾到东京女子师范学堂参观，该校创办于1875年，还得到皇后的资助。他指出，该校的课程尽管也有作为传统女子特长的缝纫，但绝大部分与西学有关。在附设于女子师范学校的幼儿园，他对其军队般的纪律留下了很深的印象①。

教育不仅限于学校。黄遵宪发现，为了将新知传播到社会的每个角落，报纸和博物馆也扮演了重要的角色。所有新式报刊作为公共教育的重要媒体，都致力于提高文明程度和思想启蒙②。他在参观位于上野的国立博物馆时，惊奇地发现了各种有趣的展品，其中有九州出土的刻有"汉委奴国王"的汉代著名金印。据《后汉书》记载："建武中元二年(57)，倭奴国奉贡朝贺，使人自称大夫，倭奴国之极南界也，光武赐以印绶。"③出土的金印可能就是那个时代的印章。

黄遵宪发现，明治维新以来取得所有成就的关键，在于政府的领导。日本人将从中国古代学到的官制与现代西方的制度巧妙地结合起来，创立了一个高效的官僚机构。明治政府"潚善之政，极纷纶矣"④。同时，他注意到在明治初年，政府颁布了一道又一道的法律、规章，有些相互冲突并引起混乱。自岩仓使团从欧美回来后，政府依据

① 黄遵宪：《日本杂事诗》卷1，1880年，第20—21页。
②③ 黄遵宪：《日本杂事诗》卷1，1880年，第18页。
④ 黄遵宪：《日本杂事诗》卷1，1880年，第6页。

西方的通则所制定的法规避免发生异义①。他在《职官志》中开列了中央和地方的主要职官及官衔、级别、薪水，最高的太政官月工资800日元，最低的第8级职员月工资12日元②。黄遵宪描述了明治维新后的十年中政府机构的发展，开列出自1868—1879年大臣和议员的名单，他们大部分来自萨摩、长州、肥后、土佐四藩。黄遵宪称赞他们具有现代批评精神，敢于对中央政府的专制提出批评。书中写道，维新运动中这些居功至伟的领导人在新政府里掌握实权也是很自然的：

自将军奉还政权，其时主少国疑，未能收太阿之柄，归于独断，不得不仍以西京世族强藩巨室参与政事，故太政官之权特重……太政官中，即以国皇居首坐，然其事出于御裁者少矣。副岛、板垣之请起民撰（选）议院也，谓方今政权上不在帝室，下不在人民，而独归于有司。此论一倡，众品嚣嚣，群欲仿西法，以开国会，或斥为巨藩政府，或指为封建余威，虽出于嫉妒怨忿者之口，然萨、长、肥、土皆于国家有大勋劳，一国之大权必有所归，势重者权归之，固有不得不然者在乎。③

黄遵宪在日本逗留期间，遍及全国的自由民权运动达到高潮。这一运动起于1874年初，当时前政府参议副岛种臣与其他来自土佐和

① 黄遵宪：《日本杂事诗》卷1，1880年，第12—13页。

② 黄遵宪：《日本国志》卷13。1880年，有技能的熟练工人日工资0.4日元，农民0.2日元。统计院：《第二回日本帝国统计年鉴》，东京，1883年，第141—146页。当时的米价是1石（合5蒲式耳）约10日元。

③ 黄遵宪：《日本国志》卷14，第35页。

肥前的领导人一起向政府请愿，要求早开民选议院（国会）。他们原先因主张征韩，与来自萨摩、长州藩的领导人发生分歧，结果辞去政府内的职务。他们发起的运动得到了旧士族的支持，这一壮志未酬的集团在明治维新后失去了原有的社会和经济地位，并对那些来自萨摩、长州的新权贵很不满意。当武士与地主、豪农（富农）及富商（他们因反对新的税制开始参与政治）结合在一起时，这一运动便进入了一个新的阶段。他们要求享有参与制定税制和决定公共开支的权利。他们成立的政治社团后来演变成政党。其中，爱国社和立志社是最重要的全国性组织。为了启蒙，他们出版报刊，举办公开的演讲，坚决抵制政府的压制。挣脱封建制度的束缚以获得自由，是最受自由民权运动支持者欢迎的观点。他们翻译了卢梭的《社会契约论》、斯迈尔斯的《自助论》、穆勒的《论自由》、斯宾塞的《社会学》等著作①。有关美国独立战争的书也家喻户晓。美国人为独立而战是鼓舞人民的榜样，因为它不仅体现了独立和自由的精神，而且是朝着建立一个强大国家的目标所迈出的第一步。民权运动的领导人在倡导自由和个人权利的时候，也为全民高昂的热情深深打动，他们相信在天皇的领导下，实行君主立宪制是实现国家统一和强盛的最好的方式②。

黄遵宪对民权运动的最初反应是震惊和怀疑。起初，他认为这一

① 日文版的《论法的精神》由何礼之及铃木唯一分别以《万法精理》《律例精义》之名翻译出版于1875年。《社会契约论》由服部德以《民约论》之名出版于1877年。参见东京大学文学部文化交流研究所编：《自庆应四年至明治二十三年翻译书目第一次未定稿》，东京，1968年。

② 关于自由民权运动最简洁和分析性的说明，参见丸山真男：《自由民权运动史》，1948年；关于日本人的美国观，参见亀井俊介：《自由的圣土：19世纪日本人的美国观》，载入江昭编：《彼此的想象：美日关系论集》，剑桥（麻省），1975年。

运动在政治上与新政府相对抗，他在诗中写道："方戴上枝归一日，纷纷民又唱共和。"在此句后面他作了这样的注解：

> 源、平以还，如周之东君，拥虚位而已。明治元年，德川氏废，王政始复古。伟矣哉中兴之功也！近年来西学大行，乃有倡美利坚合众国民权自由之说者。[①]

黄遵宪不赞同民权运动的思想意识，主要是因为这与万古不易的儒家正统社会秩序相抵牾。1878年底，他在与大河内辉声的笔谈中写道："近者风土日趋浮薄，米利坚自由之说，一倡而百和，则竟可以视君父如敝屣。"[②]1882年，他在同人社的文学刊物上发表一篇短文，阐明他对儒家社会秩序有着永恒价值的信念："有些事物是可以改变的，如轮船、铁路、电报，这对财政、农业、商业和手工业是有益的。而有些事物是不能变的，如君臣、父子、夫妻关系等，所有这些关系到伦理标准。"[③]

黄遵宪在读到卢梭、孟德斯鸠著作的日译本后，对民权运动变得越来越同情。1902年他致函流亡日本也是他最信赖的朋友梁启超，讲述他在读到这些作者的著作后，在政治思想上所发生的巨大转变：

> 仆初抵日本，所与游者多旧学，多安井息轩之门。明治十二

---

① 黄遵宪：《日本杂事诗》卷1，1880年，第3页。

② 郑子瑜与实藤惠秀编校：《黄遵宪与日本友人笔谈遗稿》，第232页，谈话时间是1878年11月16日。

③ 《同人社文学杂志》卷76，1882年5月10日，第9—11页。

> 三年时，民权之说极盛，初闻颇惊怪，既而取卢梭、孟德斯鸠之说读之，志为之一变，以谓太平世必在民主，然无一人可与言也。①

黄遵宪在《国统志》中称赞民权运动，这反映了他对这一运动的同情态度。他认为这是一场民众反对专制政府的合法抗议运动，民众的愤懑情绪根植于德川后期社会、经济及政治高压政策：

> 数年以来，叩阍求请促开国会者纷然竞起，又有甚于前日尊王之说，余尝求其故焉，盖自封建以后，尊卑之分，上下悬绝，其列于平民者，不得与藩士通婚嫁，不得骑马，不得衣丝，不得佩刀剑，而苛赋重敛，公七民三，富商豪农，别有借派，间或罹罪，并无颁行一定之律，畸轻畸重，惟刑吏之意，小民任其鱼肉……盖积威所劫，上之于下，压制极矣，此郁极而必伸者，势也。②

黄遵宪认为即便是在明治维新以后，人民的生活并没有改善；政府为了增强国力，继续要求人民作出巨大的牺牲。政府狂热地采用除议会外的各种西法，但压制民众开国会的请求：

> 维新以来，悉从西法，更定租税，用西法以取民膏矣；下令征兵，用西法以收血税矣；编制刑律，用西法以禁民非矣；设立学校，用西法以启民智矣；独于泰西最重之国会则迟迟未行，曰国体不

① 光绪二十八年五月黄遵宪致梁启超函，载《新民丛报》第13号，1902年8月。
② 黄遵宪：《日本国志》卷3，第19页。

同也,曰民智未开也。论非不是,而民已有所不愿矣。①

更有甚者,政府的许多法律和规章引起很大的混乱和不便。为使这些新的法规合法化,政府为之贴上"西法"的标签。随后,民众在要求开国会时也使用类似的方法,因为国会也是"西法"②。尽管政府领导人试图压制因倡导民权运动,特别是在报纸上猛烈抨击政府而引发的骚乱,但也意识到采用某种形式上的议会制是不可避免的,于是着手朝着君主立宪的方向过渡。1875 年 4 月天皇谕令建立元老院,这是一个保守的机构,表明政府在朝着君主立宪的方向缓进。同年,举行了第一次各府县首脑参加的会议。1878 年,政府宣布举行府县议会选举,仅赋予府、县议会讨论与本地财政税法有关问题的权力,但知府、知县保留最终的裁决权。民众在府县议会选举时,其投票权受到纳税额的限制③。黄遵宪目睹了这场选举,并作了一首与地方议会选举有关的诗,表现出了他的好奇心④。

黄遵宪在《职官志》中称赞地方议会,并强调对特权的限制及严格规定只是为了将选举权控制在少数地方精英手中。他在阅读了 1879 年地方议会的记录后,便怀疑由民选议会选举的政府是否好于由上级任命而产生的政府。毕竟,他写道,府、县议会终究是专制政府的最巧妙的伪装,因为它制造了一种人民参政的幻觉。事实上,实权仍在政府任命的地方官手中。这暗示民选议会只不过是掩盖专制政府的烟幕

①② 黄遵宪:《日本国志》卷 3,第 19 页。

③ 关于地方政府制度的发展,参见亀卦川浩:《明治地方自治制度的成立过程》,东京,1955 年。

④ 黄遵宪:《日本杂事诗》卷 1,1880 年,第 13 页。

弹。他写道:“圣人以私济公,而国大治。霸者以公济私,而国亦治。议会者其霸者之道乎。”①

如同黄遵宪后来承认的,他不止一次改变了对民权运动和西方民主制的看法。正因为如此,《日本国志》在不同的章节对这些议题有相互冲突的看法。在《学术志》中他对民主原则持否定的态度,还攻击天赋人权观念和平等主义是对儒家社会秩序的亵渎:

> 论义理,则谓人受天地之命以生,各有自由自主之道。论权利,则谓君民、父子、男女各同其权。浅学者流,张而恣之。甚有以纲常为束缚,以道德为狭隘者。②

黄遵宪后来向梁启超解释了在《学术志》中这种否定的说法是源于在美国的一段经历。1882—1885年,他任驻旧金山的总领事。“及游美洲,见其官吏之贪诈,政治之秽浊,工党之横肆,每举总统,则两党力争,大几酿乱,小亦行刺,则又爽然自失,以为文明大国尚如此,况民智未开者乎?因于所著《学术志》中论墨子,略申其意。”③

事实上,黄遵宪谴责平等主义的依据与他向那些思想保守的日本朋友所表达的看法一致。他确信儒家的社会秩序万古不易,深信整个儒学是最为重要的,它包含了那些西方的“工艺专门之学”④。

---

① 黄遵宪:《日本国志》卷14,第35页,这段议论在本卷末尾,系小字刊印,这可能是1890年在广州富文斋印刷时插入的。

② 黄遵宪:《日本国志》卷32,第20页。

③ 光绪二十八年五月黄遵宪致梁启超函,《新民丛报》第13号。

④ 黄遵宪:《日本国志》卷40,第1页。

关于日本采用君主立宪制还是民主制的问题，黄遵宪认为在他完成《日本国志》的时候还未解决。他在《国统志》中写道："以二千五百余岁君主之国，自今以往或变而为共主，或竟变为民主，时会所迫，莫知其然，虽有智者，非敢议矣。"[①]他对议会制发表的评论很谨慎，他并未讨论一国的政治制度与其哲学或伦理基础的关系。当1890年日本开国会时黄遵宪在中国驻英国大使馆就职。他在评论这一事件时，表现出对日本"进步之速"的羡慕之情[②]。

1898年《日本国志》在沪再版时，黄遵宪增加了一些评论民权运动的内容。他对运动的解释是"天时、人事相生相激、相摩相荡而后成"。他认为在封建时代，统治一个国家的最好办法是分而治之，德川幕府就深谙其道。然而，在当今没有一个国家能承受内部分裂的因素，因为国家间为生存而展开的竞争变得异常激烈。正因为如此，日本新政府只有赢得全民的拥护才能实现国家的统一。为此，明治维新时颁布的《五条誓文》内有一条就是"国事取决于公论"。至此，武士和平民都要求分享更多的政治权利以扩大民权。既然王室与官僚不再坚持大权独揽，议会制就不可避免。显然，黄遵宪得出了这样的结论，历史的趋势明显朝着这一方向演进：天皇象征主权和君民共主。他在总结明治维新的成就时指出："日本今日之兴，始仆幕府，终立国会。"他称赞那些明治政府内推行君主立宪制的英雄豪杰[③]。

黄遵宪在1898年版的注释中谈到，19世纪70年代末，在酒田和横滨一带爆发了反对地方官员暴政的农民起义。尽管他提到的起义

① 黄遵宪：《日本国志》卷1，第2页。

② 黄遵宪：《日本杂事诗》序，1898年。

③ 黄遵宪：《日本国志》卷3，1898年，第7页。

只是1882—1887年福岛、群马、加波山、秩父、名古屋、大阪爆发的农民起义的前兆，但重要的是，他感到这些群众骚乱是民权运动的一个重要组成部分。的确，民众的期望在明治维新后被政府出卖，这些失望的民众将巨大的能量投进自由民权运动中。激进的农民运动在1884年的秩父起义中达到顶峰，标志这场运动进入了最后的阶段[①]。

自由民权运动表现在许多方面，黄遵宪对此都作出了反应。他不赞同站在运动对立面的、来自萨摩和长州的政治寡头。他支持留在明治政府内的领导层，因为他们为建立民族国家作出过贡献。他对这一运动中自由主义思潮也持否定态度。民权运动要求建立议会作为新政府的形式，黄遵宪对此到1890年才作出评定，说这是时代的产物。最后，他对运动中鼓励民众反对专制表现出同情的态度。尽管黄遵宪对民众的处境表示关切，但他从未批评明治政府内的领导人物。他一直在颂扬两三个领袖人物，认为是他们领导了维新运动，并为建立新国家奠定了基础。无疑，他强调领袖人物的重要性，反映出他希望中国出现类似的领袖人物来推动中国的变法。

二、对现代日本的文化认同

> 削木能飞诩鹊灵，备梯坚守习羊坽。不知尽是东来法，欲废儒书读《墨经》。[②]

---

① 关于自由民权运动的发展，参见后藤靖：《自由民权运动的发展》，东京，1966年；远山茂树：《日本近代史》卷1，东京，1975年，第1章。

② 黄遵宪：《日本杂事诗》卷1，1880年，第18页。

黄遵宪赞同日本从实用角度出发采用西方技术和制度，但对他们采用西服及西方化的生活方式表示怀疑。在儒家文化中，服饰和发型体现了“礼”，这是儒学最基本的德性。历史上非汉族的统治集团采用汉人的服装被视为朝着文明方向进步的标志；相反，忽略这一点则被视为背弃文明。因此，中国的许多观察家自然厌恶日本人采用西服。但黄遵宪的这种看法不仅源于中国中心主义的世界观，且有其现实原因。他确信西服及西方的生活方式对日本的经济来说是一种浪费，甚至是破坏，因为这必须进口大量的商品。在许多中国人看来，日本采用西方历法也是对传统的冒犯。历法向来被视为确保社会秩序和宇宙秩序的关键。中国的历法象征着天子统治下的天下秩序的认同。反清的太平天国运动就采用了自己的历法，打破了社会—天下的和谐。尽管他未站在传统的立场上谴责日本采用西方历法，但对其实用性深表怀疑。中国的农历可用来指导农民的耕作，因此他怀疑采用西方历法是否能反映季节的变化①。

真正令黄遵宪深感不安的是日本人忽视儒学研究而狂热地追求西学。德川时代由各藩保存下来的大多数孔庙，或改作官署，或听其荒废；只有位于东京昌平坂的一处孔庙得以保存好。他看到汉学家被人遗忘、潦倒不得志，为他们感到“可哀”②。他对日本人认为汉学在当今无用的观点非常气愤。在他看来，西学不可能取代汉学(即儒学)。

为了给儒学辩护，黄遵宪坚持认为西学只不过是中国文化传统边缘地带的产物。正如他所说的，“泰西之学，墨翟之学也”。在他看来，

---

① 黄遵宪:《日本杂事诗》卷 1，1880 年，第 6—7 页。后来黄遵宪认识到西方历法的优越性，见《日本国志》卷 9《天文志》，第 6—7 页。

② 黄遵宪:《日本杂事诗》卷 1，1880 年，第 29—30 页。

西学中的主要成分是科学、技术、宗教，他们均根植于墨子(前479—前372)。他争辩道，在《墨子》的《经篇》和《经说》内，已阐述了力学、化学、光学、生物学及其他分支学科，这些内容传到西方后才发展出现代的科学。为验证这一观点，他引用《墨子》的篇章证明它包含了伦理、道德、法律及各门科学。不过，黄遵宪的论据是支离破碎和含糊不清的：

> 他如化征易，若蛙为鹑(动物之化)。五合。水土火。火离然。火铄金。金合之腐水。木离木(金石草木之化)。同，重体合类。异，二，不体，不合，不类。此化学之祖也。(以百物体质之轻重相较，分别品类之异同，西人淡气、轻气、炭气、养气之说仿此。)均，发均县，轻重而发绝，不均也；均，其绝也，莫绝。此重学之祖也。①

李约瑟认为，《墨子》中确有某些科学的观察，如拉力和压力问题。他猜想西方在文艺复兴前也未能从理论上加以验证。墨子的光学理论，摆脱了视线从眼中射出的错误观点，而在古代和中世纪，这一观点一直统治着西方的光学。他认为后来的墨学促使人们朝着建立作为实验科学基础的思想体系的方向去钻研，但他断然否认中国思想对西方科学发展的影响。在耶稣会到来之前的两千多年里，东西方科学几乎没有共同之处②。

---

① 黄遵宪：《日本杂事诗》卷1，1880年，第19页；《日本国志》卷32，第21页。

② 李约瑟：《中国的科学与文明》，第2卷《科学思想史》，剑桥，1956年，第177、183—184页；第4卷《物理学和物理技术》，剑桥，1962年，第17—28、81—86页；第1卷《东方学引论》，剑桥，1954年，第239页。

黄遵宪认为基督教也源于墨学，其教义与墨子的尚同、兼爱、事天等一致。《圣经》中的教义，如“敬事天主”“爱人如己”等也能在《墨子》中找到[①]。他不赞同墨家的平等主义（尚同），因为这与儒家的三纲相悖，而三纲正是忠孝、服从的理论基础。在他看来，一个人如果视父子为平等关系，那么他对待父亲就与对待外人没有差别了，这就是不孝。事实上，惟其如此，公元前4世纪墨学正被儒家哲学家孟子视为危险的学说而受到批驳。

在晚清知识分子中，不只黄遵宪一人将西方的科技与墨学糅合在一起。岛田虔次的研究表明，晚清知识分子有一种趋向，即重新检讨墨学和其他被人们久已遗忘的非儒学经典。他发现在19世纪最早研究墨学的是广东南海县的邹伯奇，他著有《学计一得》（1844），他在探讨光学的时候常常引用《墨子》[②]。列文森指出，孙诒让（1848—1908）对墨经作了最为详尽的阐述。倭仁（死于1871年）是个顽固不化的人，他反对研究西学，且相信墨子中的思想与现代物理学的概念十分接近[③]。小野川秀美指出，张自牧和王之春的著作也较早地将西方科技与中国经典联系起来。事实上，张自牧的《瀛海论》（1880）和王之春的《瀛海卮言》（1880）在讨论现代科学的时候，与黄遵宪在《日本杂事诗》中对墨学的论述几乎如出一辙。陈炽在《庸书》（1893）中对基督教起源的阐述与黄遵宪也非常相近。他写道，在《新约》和《旧约》中可以发现西方的宗教源于墨子，摩西是墨翟的谐音，《圣经》中的《出埃及记》记述的正是墨子为逃避秦国的统治而出走。他坚信当墨子西游

---

① 黄遵宪：《日本杂事诗》卷1，1880年，第19页；《日本国志》卷32，第21页。

② 岛田虔次：《清朝末期的学术趋向》，载《讲座中国》卷2，东京，1967年，第267页。

③ 约瑟夫·列文森：《儒教中国及其现代的命运》卷1，第71页。

时,其经典也传到了西方[①]。

黄遵宪关于西学的主要成分来源于中国经典的看法,是针对日本人以为西学在现代可以取代汉学的观点。在儒家传统里,学问主要是造就有道德的人格,而源于中国文化边缘的西学怎么能取代汉学的精髓呢?他用了较长的篇幅来讨论墨子。(在《日本杂事诗》中,他对西学的评论要多于其他内容。)他写道:

> 凡彼之精微,皆不能出吾书。第我引其端,彼竟其委,正可师其长技。今东方慕西学者,乃欲舍己从之,竟或言汉学无用。故详引之,以塞蚍蜉撼树之口。[②]

黄遵宪对流行于日本的"美国的自由学说"尤其不满,因为这将导致人们无视人际等级[③]。

日本人为什么如此热衷于西学?原因之一是他们有借鉴外来文化和崇尚外国商品的民族传统:

> 中古以还,瞻仰中华,出聘之车,冠盖络绎,上自天时地理、官制兵备,暨乎典章制度、语言文字,至于饮食居处之细,玩好游戏之微,无一不取法于大唐。近世以来,结交欧美,公使之馆,衡宇相

① 小野川秀美:《清末政治思想研究》,东京,1969年,第45页;张自牧《瀛海论》卷11,第488页;1879年末王之春到日本旅行时看到了黄遵宪的《日本杂事诗》,参见王之春的《谈瀛录》卷1,第18页;陈炽《庸书外编》卷8,第506页,卷7,第3页。关于陈炽的详情,见刘广京的《19世纪的中国:旧秩序的瓦解和西方的冲击》,第143页。

② 黄遵宪:《日本杂事诗》卷1,1880年,第20页。

③ 郑子瑜与实藤惠秀编校:《黄遵宪与日本友人笔谈遗稿》,第33、232页。

望，亦上自天时地理、官制兵备……无一不取法于泰西。……举国之人又趋而西，乃至目营心醉，口讲指画，争出其所储金帛，以购远物，而于己国之所有，弃之如遗，不复齿数。可谓骛外也已。[①]

日本人崇拜洋货，这是事实。“舶来品”即意味着品质超凡，在德川时代这个词表示从中国进口的货物，后来指称从西方进口的产品。然而，这并不是说日本人有主动吸收外来文化的因子。在明治时代，即西化开始时，日本的文化认同问题曾引起激烈的辩论。

服部诚一编纂的《东京新繁昌记》反映了这场最为广泛的讨论。书中的三个学生，一个热衷西学，一个热衷汉学，还有一个崇尚日本国学。他们在一座新式牛肉餐馆里相聚，遂开始攀谈起来。热衷西学者说：“鉴于当今的世界潮流，我们唯有选择西学，它囊括一切世界事务——经济、资源、政治、军事等。我们舍西学别无他途。……随着武士阶层特权的丧失，儒学已经衰落，那些东西只不过是古玩店里的废品，毫无价值。若想指望汉学教育并以此作为官场上晋升的阶梯，好似坐在豆腐之上：这种人很快会感到蒙耻，最终会随豆腐一起腐烂，沦为‘腐朽的儒士’。”坐在他身旁的青年听到这里气愤地说：“我是学汉学的，儒家的‘道’博大、合理。怎么可以像你说的那样与夷人之道相提并论呢？……首先，什么是学问？它难道不是人类文明吗？……天下没有人道与正义，势必会弑君、杀父，政府官员堕落，商人垄断利润。看看西方人，他们在追逐利润时置伦理道德于不顾。”崇拜西学者反唇相讥：“所谓儒生，只把那些经典教条挂在嘴边，却不见之于行动。……瞧

① 黄遵宪：《日本国志》卷4，第2页。

瞧现在的中国,从他们那里学不到什么东西。专制君主限制臣民的自由,还高傲地称自己是'中央之国'。中国人不知道如何与他国打交道。我看称中国为'蛮夷',西方为'中央之国',这反倒恰当。"随后,热衷日本国学者打断了他们的谈话,攻击他们崇拜外邦,他提醒日本是神道国家,拥有万世一系的皇室。当他们争论得异常激烈的时候,一位一直在旁聆听的老者打断了他们的争辩:"若要上演一幕'狂言'剧,就必须有一个管弦乐队,一个歌手和一个跳舞的,三者缺一不可。"他们认为,作为神道国家的伟大学者,必须将西学、汉学和日本国学结合起来。听了老人的话,学生们都陷入了沉思,他们各自回到了自己的宿舍①。

明治时期日本人讨论得最热烈的话题是西学、汉学和日本国学的价值。中江兆民在著名的《三醉人经纶问答》(出版于1888年)中继续这场争论。明治时期日本人最为关切的问题是如何将西学的价值与深受儒家价值影响的日本传统结合起来。在各阶层的辩论中,日本人努力寻求一种新的认同。

看来,黄遵宪并未认识到日本人正在试图寻找新的文化认同。他只觉得那些接纳西学的人舍弃了自己的传统,正在盲目地模仿西方人。后来,他承认之所以对西学追随者不表示同情,主要是由于自己的朋友都是非常传统的文人学士。但是,他的朋友中至少有一位是杰出的西学家——中村正直②。中村正直以翻译斯迈尔斯和穆勒

① 服部诚一:《东京新繁昌记》。

② 关于中村正直,参看高桥昌郎:《中村敬宇》,东京,1966年;大久保利谦:《中村敬宇早期的洋学思想与〈西国立志编〉的翻译及出版》,载《史苑》卷26,第2—3号,1966年1月,第153—188页。

的著作而闻名，是著名的“明六社”的成员，这是一个倡导日本西化的组织。考察黄遵宪与中村的关系可以透视他对近代日本知识分子的态度。

中村正直在成为著名的西学传播先驱之前，曾有过翻译汉学的辉煌业绩。他 31 岁时在昌平黉被聘为一个享有盛誉的“儒者”。四年后，即 1866 年，幕府向英国派出了 12 名留学生，中村自愿作为一名监督陪同前往。他早年在昌平黉求学时曾秘密学过英语，他在交给幕府的申请书中表示，自己对西方精神文明的兴趣大于对物质文明的兴趣。他的解释是，西学可分为两个部分：性灵之学（语言、逻辑、法律、文学、艺术）和物质之学（物理、工程、化学、地理、天文、医学、生物）。由于当时西学在日本仅局限于物质之学，现在中村就自愿研究西方的性灵之学。这对一个青年来说实非易事，因为判断善与恶需要很高的素养。他的请求得到批准。1866—1868 年，他在伦敦期间通过对维多利亚时代的观察发现，在传播新教伦理方面，这个社会充满了生机。因此，他认识到英国人的道德准则源于基督教。

中村将维多利亚时代的道德释诠为信仰、希望、慈善等，他相信英国社会的繁荣是靠那些勇敢和善良的人民来支撑。当时的英国正是各种新教派纷纷涌现的时代。尽管各教派分属于安德诺、纽曼和福音教派，但他们都在攻击那些自奉为“正统”的教派，并且认为这些教派的道德准则已显得松懈和式微。宗教中那种虔诚的信条与当时勤奋工作的世俗伦理结合在一起，吃苦耐劳的道德准则被英国人视为至高无上的德性，而懒惰是可耻的。这种观念在斯迈尔斯的《自助论》（1859）中得到充分的阐述。该书采用轶事风格，目的是将年轻人引向成功之路[1]。当中村和这批留学生启程回国时，一位英国朋友出于日本维新的需要，特送给中村一本《自助论》作礼物，该书给中村留下了极深的印象。回国不久，他将其翻译成日文，以《西国立志编》为题于1871年出版。日本的许多学校将该书作为教科书，据说该书木刻第一版就售出了几十万册，是为明治时期最为畅销的三部书之一，另二部是福泽谕吉的《西洋事情》和内田正雄的《舆地史略》。

中村翻译并出版该书意在阐明一种新的人生哲学。这是他本人及其追随者，特别是那些先前支持过德川而现已退休回到静冈靠低薪来维生者所奉信的一种哲学。中村本人曾追随德川到过静冈，在一所儒学学校教书。他关切的是在一个急剧变动的世界，受过儒家教育的人应维护道德的统一。中村在评论《自助论》时敦促读者对人生应持一种积极的态度，要培养坚强的意志，确立生活的目标，通过勤奋、坚韧、诚实和节俭去追求这一目标。他在序言中写道："我通过阅读过去和当代西方杰出志士的传记，发现他们都具有独立的精神和克服困难的勇气。他们怀有巨大的热情，崇敬上帝、热爱同伴。他们为自己的国家作出了巨大的贡献。西方国家的繁荣正是建立在这些人的勤奋和坚韧的基础之上。"[2]

德川政权崩溃后，封建伦理被人们视为邪恶的东西而受到谴责，但除了在"文明开化"声浪中出现的那些含糊不清的观念外，尚无替代物。在这种背景下，中村的译著及评论为帮助同时代人找到新的道德

---

① 《恭呈天皇的奏章》，横滨《日本每周邮报》，1872年5月18日，第286页。（我在东京早稻田大学图书馆看到了该报）。另见沃尔特·E.霍顿：《维多利亚时代的精神风貌》，纽黑文，1957年，第117、191、228—229、250—251、274页。

② 中村正直：《西国立志编》，见《敬宇文集》卷5，东京，1903年，第6—11页。

准则提供了急需的道德向导。明治和大正时期许多白手起家的成功者都声称他们年轻时因读了中村的著作而受到鼓舞。1872年中村翻译出版了穆勒的《自由论》，书名为《自由之理》。中村在评论中特别强调基督教伦理是西方富强的秘密。由于中村先入为主的民族主义偏见，他忽略了穆勒对专制政府标榜个人自由所发出的警告。虽然较之《自助论》，《自由之理》的读者要少，但在明治时期的第二年该书曾鼓舞了民权运动的领导人①。

中村对基督教教义的理解带有儒家伦理和自身民族主义取向的色彩。他论基督教的著作《敬天爱人说》(1868)，在阐述上帝与创世时，曾大量引用儒家的术语，却未用一个基督教词汇。他说“敬天”的含义就是要有“仁性”，所有的人生来就有能力走上通向天堂之路。圣人和奴婢均会遇到灾难，也都会交好运，这是上帝赐予的，是对人的善恶行为作出的反应②。

中村断言基督教伦理是西方充满活力的基础。他上书天皇，公开主张不仅要高举基督教的旗帜，而且应将其作为国家的宗教。上书系用英语写成，有1900个单词，刊登在横滨出版的英文报纸上。为掩盖其身份，中村假装成一个西方人，根据这个假西方人的看法，日本在专

① 中村正直:《自由之理》，骏河，1872年，载吉野作造编:《明治文化全集》卷5，东京，1972年再版。有关对中村翻译穆勒和斯迈尔斯著作的评论，参见松泽弘阳:《〈西国立志编〉与〈自由之理〉的世界:幕府末期的儒学、维多利亚时代的激进主义和明治文明开化》，载《日本政治学会年报:西洋思想在日本》，东京，1975年，第9—53页。

② 《敬宇文集》卷3，第15—17页。有关中村正直宗教思想的评论，参见高桥昌郎:《中村敬宇》，第65—71页。杰里·费舍尔:《中村敬宇:福音教派伦理在日本》，载罗伯特·J.穆勒编:《亚洲的宗教骚乱》，堪萨斯劳伦斯，1974年，第37—50页；A.哈米什·艾农:《爱德华·沃伦·克拉克与明治初年的日本:文化接触的个案研究》，载《现代亚洲研究》卷2，第4号，1977年10月，第557—572页。

注于西方物质文明的同时，忽略了作为西方基础的精神文明：

> 总之，我们可以这样说，西国的现状绝不只是他们宗教的花朵和枝叶，宗教是其赖以繁荣之根。现在天皇陛下的臣民只热衷于枝干和叶簇，希望将其据为己有，并试图模仿这些东西。这比猿人的模仿还要荒谬。在我看来，拒绝西国繁荣之本源是错误的。[①]

他呼吁天皇应将这棵树——基督教——移植到日本的土壤上，而不只是采摘现成的果实。如果天皇希望在日本建立基督教，天皇本人应第一个受洗，以成为日本基督教教会的教皇[②]。1872 年 8 月，当这篇《拟泰西人上书》以日文在《新闻杂志》上发表时，这个匿名作者受到猛烈地抨击，中村不得不说要天皇受洗这句话是印刷错误，应删去。尽管中村自己成为基督徒，但晚年他承认永远不会失去对儒家的崇敬之情[③]。

1872 年，中村来到东京，后来在江户川区开了一所学校——同人社，开设的主要课程有英语、数学和汉学经典。受聘的外国人不仅讲

---

① 《恭呈天皇的奏章》，横滨《日本每周邮报》，1872 年 5 月 18 日，第 286 页。

② 《恭呈天皇的奏章》，横滨《日本每周邮报》，1872 年 5 月 18 日，第 287 页。中村的上书还刊登在上海出版的《教会新报》上，署名“一个日本人”，这也许是中文报刊上最早讨论日本近代化的文章，见《教会新报》，1872 年 7 月，台北，1968 年再版；该报的日期信息来自《教会新报：内容分析》（复印本，加州大学历史系，戴维斯，1968 年）。

③ 中村正直：《加藤翁年谱序》，《敬宇文集》，第 15、10 页。关于这篇上书的出版，参见小泽三郎：《日本新教史研究》，东京，1964 年，第 239—248 页。中村皈依基督教受了美国人爱德华·沃伦·克拉克的影响，克拉克在位于静冈的德川学校讲授化学和物理。加拿大卫斯理教的一个牧师乔治·卡克兰于 1873 年圣诞节给中村洗礼入教，见高桥昌郎：《中村敬宇》，第 90—95 页。

授英语文法、作文，还讲地理、历史、经济学、科学、伦理学[①]，美术和宗教也很受重视，因为，它们被视为有价值的道德课程，有利于建立坚强的个性。“立志”是学校的座右铭。中村很重视独立精神，这与新儒学“自立”的信条一致。如同福泽谕吉创立的庆应义塾，尽管同人社是声誉极高的私立学校，但好景不长。同人社值得称道的是它接纳女子，后来还为女子专门建立了一所学堂。由于中村意识到在他童年时母亲的影响很大，所以，他认为女子教育对造就一个强国至关重要。他公开发表有关女子教育的意见，并被视为日本女子教育的先驱。正因为如此，当政府创办东京女子师范学校时，聘中村出任校长，任期是1875—1880年，他同时还是同人社社长。黄遵宪正是在此期间遇见中村的[②]。

黄遵宪通过文学圈内的朋友结识了中村，他们之间的联系也是循着黄遵宪与传统文人之间交流的模式来进行。黄遵宪参加了同人社组织的文学团体活动，并向杂志提供了稿件。中村将他视为一位值得尊敬的学者，还征求黄遵宪对他用古汉语写成的诗文的意见[③]。在黄遵宪离开日本前，中村为表达对这样杰出的学者和有前途的政治家的崇敬，特向他赠诗一首。这首诗反映了黄遵宪与中村对基督教和西学的看法。

---

① 高桥昌郎:《中村敬宇》，第118—122、128—129页。1876年麦嘉缔在同人社执教，参见《敬宇日乘》(东京静嘉堂文库藏，明治9年2月15日，2月19日，2月20日)。王治本也曾在此执教，参见实藤惠秀:《大河内文书》，第21页。

② 高桥昌郎:《中村敬宇》，第155—161页;《日本杂事诗》卷1，1880年，第22—23页。中村正直:《敬宇诗集》卷3，东京，1926年，第71—73页;《同人社文学杂志》卷34，第8页，1879年8月2日的记录表明黄遵宪参观了这所师范学校。

③ 关于中村与中国文人之间的文学交流，参见《敬宇诗集》卷3，第61页;卷3，第75—78页;卷4，第61—62页;《敬宇文集》卷4，第19—20页。

公度先生轩霞表，使我对之俗念了。一夕知胜一年读，如泛大海探异宝。尝论墨子同西说，卓识未经前人道。示我离诗绪余耳，亦自彪炳丽词藻。平生心期在经纶，如闻著志既脱稿。嗟我多歧徒亡羊，一事未成头已皓。看君膂力将方刚，经营四方济亿兆。他年万里垂天翼，庇护幸及蜻蜓岛。①

最后一段诗文表达了中村对中国客人的无比崇敬。他相信中国才是真正的大国，中国人是伟大的，他十分严肃地关注着日本人日益增长的蔑视中国的趋向。他在《明六杂志》（明六社的刊物）上发表《支那不可侮论》的论文就提醒日本人注意，尽管中国暂时羸弱，但她有着令人可怕的潜力。中村写道：自古以来中国产生了无数的圣人、明君、英雄及才能非凡的人。他相信，正是由于中国拥有伟大的文化，因而缺乏学习西方的动力。但是，一旦中国学生被送往国外，他们将很快掌握西学的真谛。中国目前的积弱只是由于满族人的统治；鞑靼人的愚昧无知使中国人不能发挥其潜能，中国失去了生机。中村预言，一旦他们从睡梦中醒来，将会出现一位英雄，在他的英明领导下，中国将会成为一个强国②。他对日本人蔑视作为道德教育基础的中国古典学术的倾向多次发出警告。在他创办的学校里，汉学经典与西方的各门新学一起列为重要的课程③。他公开谴责征韩论和吞并琉球，因为古

---

① 中村正直：《奉赠黄公度先生》，《敬宇诗集》卷4，第53页。

② 中村正直：《支那不可侮论》，《明六杂志》卷35，1875年4月；又刊于《明治文化全集》卷5，东京，1925年，第222—223页。

③ 刊于《同人社文学杂志》卷12，第4—6页上的告白，1877年2月22日。中村正直：《汉学不可废论》，《学士会院杂志》，1887年5月。

代圣人都指责欺负邻邦。小国总是脆弱的，在日本人的眼里，琉球是弱小之国；但在中国人的眼里，日本也是弱小之国[①]。由于中村站在儒家的立场上，故他被同时代的人称为“江户川的圣人”。

作为一个西方伦理价值的倡导者，中村的这种背景及其成就，使其为黄遵宪评述日本的西学提供了良好的素材，尤其在精神文化领域。然而，黄遵宪对日本致力于吸纳西方伦理显然不感兴趣。他几乎无视中村为将基督教伦理价值融入儒家体系而作出的努力。在黄遵宪的眼里，中村的基督教理论是有害的，它误导日本人以为儒家有关人伦的原则将被取代。他还间接批评中村用儒家伦理的术语来阐释基督教教义。他写道：

> 由是西学有蒸蒸日上之势。西学既盛，服习其教者渐多，渐染其说者益众。论宗教则谓敬事天主，即儒教所谓敬天；爱人如己，即儒教所谓仁民；保汝灵魂，即儒教所谓明德。[②]

除上面这段文字，黄遵宪在书中未直接评论中村的作品，也许这是由于他笃信儒家的价值具有普遍意义，所以他不认为在现代化的进程中社会伦理取向的改变不可避免。他为日本人迷信西学忽视汉学而感到痛心。他确信，日本人对中国的蔑视是他们侵略中国周边地区的根源。

---

① 中村正直：《敬宇诗集》卷 3，第 48 页；《敬宇文集》卷 6，第 21 页。

② 黄遵宪：《日本国志》卷 32，第 20 页。

第四章 日本对中国周边地区的侵略

在一些社交场合，尽管中国使团成员周围总有一批友好的日本人，但中国人在处理外交问题时却不得不面对那些无礼的日本官员。日本官员受过良好的汉学训练，其中有些人还加入了由黄遵宪的文友所组成的社团。然而，就其职责而言，他们不是来与中国外交官分享儒学价值的。中国人针对日本侵略中国周边地区发出的道义上的劝告，日本人更是充耳不闻。日本官员不仅身着西服，还为日本按西方的逻辑行事进行申辩。日本是故意无视中国与其藩国间传统的朝贡关系，坚持认为现代国际法是唯一有效的准则。当然，有关中国的现实问题，日本自己却不遵守国际法的精神。日本人一旦掌握了现代国际关系的皮毛，便立即开始步武西方列强，在亚洲进行扩张①。

西方在亚洲的出场使日本产生了危机感，这促使日本对中国周边地区采取行动。与此同时，羽翼未丰的日本，试图按照"中西关系"的模式来与中国打交道。1871 年在磋商《中日修好条规》时，日本要求加

---

① 日本侵略朝鲜和中国是否是按照西方的模式还值得探讨，因为侵略这两个国家是日本的一个很古老的梦想。日本在幕府时代就希望按华夏中心主义的世界秩序，建立以自己为中心的世界秩序，参见佐藤诚三郎：《幕府末期至明治初年日本对外部世界的意识类型》，载佐藤诚三郎等编：《近代日本的对外态度》，东京，1974 年，第 1—34 页。

入片面最惠国待遇一条，即允许日本也享有西方列强从中国获得的那些特权，特别是要在中国内地自由旅行和通商[①]。日本的企图在1871年未能实现，但他们一直在寻找机会与中国修订这一条约，而琉球事件正好提供了一个契机。有关琉球的争端正是黄遵宪在日本期间两国间重大的外交事件。

一、琉球事件

中国使团的外交专长远不如他们在文化和社会活动方面的才华那样耀眼。由于日本政府是按照西方的做法，即通过日本驻北京公使与中国政府磋商琉球事件，因此中国驻日使团在这一事件中的作用是有限的。而且，中国驻日公使缺乏现代外交的经验，日本政府也没有意向与中国驻日公使交涉此问题。从日本方面看，日本对琉球的吞并在中国使团抵日时已经完成。

琉球王国由位于台湾岛至九州岛间的列岛组成，她长期向中国朝贡，同时又从属于日本的萨摩藩。尽管萨摩藩的统治者牢牢控制着琉球政府，但还是允许她继续与中国保持朝贡关系，这主要是因为萨摩藩由此可以与中国间接通商[②]。然而，在明治维新后，日本中央政府再也不能容忍琉球享有双重的宗主国。对明治政府来说，对外关系中的

---

① 藤村道生：《明治初年日本对亚洲政策的修订：对〈中日修好条规〉草案的探讨》，载《名古屋大学文学部研究论集·史学》卷15，1967年，第3—25页。

② 关于琉球与萨摩及琉球与清朝的关系，参见罗伯特·K.酒井：《作为萨摩藩属地的琉球群岛》，载费正清编：《中国的世界秩序：传统中国的对外关系》，第112—134页；陈大端：《清朝琉球王的册封》，出处同上，第135—164页。

首要任务是在北方划清这种界线。按照1874年日俄条约的规定，日本让出库页岛，而北方的千岛群岛划归日本。日本对太平洋沿岸的小笠原群岛拥有无可争议的主权(1876)。位于东南的琉球被宣布并入日本。1872年日本政府把让琉球降国为藩的计划通知该国，任命琉球国王为藩王，还将其晋升为贵族。琉球的外交事务归日本外务大臣，禁止琉球向中国派出朝贡使团或接受中国皇帝的授权。

为获得中国对日本吞并琉球的认可，日方采取了一个巧妙计策。日本借口约50名在海上遇难的琉球人于1871年被台湾人杀害，遂于1874年向台湾派去远征军，中日间的磋商由此引发。1874年10月两国签订《北京专约》，中国同意给遇害的琉球人家属发放抚恤金，条件是日本从台湾撤兵。在双方签订的条款中清政府不经意地承认了日本的要求，即琉球人属于日本臣民。然而，此时的清朝政府官员包括李鸿章，都未意识到这一协定会使日本吞并琉球的要求合法化，此刻他们唯一的关切是日本在台湾的军事存在[①]。

库勃林指出，当琉球的朝贡使团不能前来时中国人才对琉球问题警觉起来。换言之，只要使团继续前来朝贡，中国人就不会觉察琉球法律地位的变化，也意识不到中国作为琉球的宗主国地位正受到西方"民族国家"观念的挑战[②]。对他们来说，琉球人履行对中国的朝贡义

---

① 有关琉球事件的外交磋商最详尽的阐释，参见植田捷雄：《围绕琉球归属问题的日清交涉》，《东洋文化研究所纪要》卷2，1951年9月，第151—201页。有关日本处理琉球政策的长时段考察，参见安冈昭男：《日清战争前的大陆政策》，载《国际政治：日本外交史研究——日中及日俄战争》，东京，1961年，第25页；有关中国对日本吞并琉球的反应的研究，参见库勃林：《1871—1881年琉球争端中中国的态度》，《太平洋历史评论》卷18，1949年，第213—231页。

② 库勃林：《1871—1881年琉球争端中中国的态度》，第220—221页。

务是很严肃的。1875 年当光绪皇帝登基时，琉球国王不顾日本政府的禁令派团前去朝贺。使团的出现被日本驻京代理公使探悉，他想惩治琉球人的企图被中国官员制止。事后日本政府派一名内务省的官员前去琉球，强令琉球中止向中国朝贡。同时，政府命令琉球人使用日本天皇名号作为纪年，要遵守日本的法律，并按照日本人的模式改组他们的官僚机构。琉球人则继续强烈抗议相关终止与中国朝贡关系的命令。

1877 年，照例是派出朝贡使团的年份，琉球国王秘密派出一个宫廷贵族到福州请求中国支持。国王的信送到浙闽总督何璟和福建巡抚丁日昌的手中，信中对琉球不能前来中国敬献贡品表示歉意，并恳请中国帮助琉球排除日本设置的障碍，因为日本阻止他们履行朝贡的义务。该信并没有提到日本采取的其他措施[1]。何璟和丁日昌建议清政府指示刚刚任命为驻日使臣的何如璋在东京处理这一事端。他们指出，尽管琉球是个弱小的穷国，既没有经济价值，战略地位也不重要，但如果中国拒绝琉球的要求，西方国家将以为中国在这里软弱无力，他们就会在中国周边的其他地方制造麻烦。何如璋奉劝日本从琉球撤出，同时邀请西方驻东京的外交官调解。他们的这一建议被采纳，清廷谕令何如璋在东京处理这一事件[2]。

何如璋到达东京后，处理琉球事件的第一步是建议采取切实可行的步骤。1875 年 5 月他向总理衙门和李鸿章建议立即采取强有力的

---

① 何璟和丁日昌的奏折，光绪三年五月十四日，载《清季外交史料》卷 10，第 16—18 页。

② 何璟等人的上奏，光绪三年五月十四日，载《清光绪朝中日交涉史料》卷 1，第 21 页。

行动，此信无疑由黄遵宪起草[①]。信中指出，如果中国听任日本吞并琉球，中国失去的将不只是琉球，数年内朝鲜、台湾及澎湖列岛将会受到威胁。基于这一考虑，信中提出三条可供选择的方案：第一，派遣军舰迫使琉球向中国朝贡，同时继续与日方磋商，或许日本因受到这种威胁而被迫答应中国的要求；第二，让琉球宣布与日交战，然后帮助他们打败日本；第三，在东京邀请外交使团按照国际法来讨论此事。中国如果坐视不救，那将是荒唐的。黄遵宪认为日本国势未定，军队还不能充分发挥战斗力，中国是能够战胜日本的，故提出这三种步骤。黄遵宪预测，日本不敢应战：政府没有财力支持战争；其军事实力，特别是海军远不如中国；日本因重税和实行征兵制引起了十分危险的社会不满情绪，他以为如果政府要求人民作出更多的牺牲，那就很可能爆发起义。信中呼吁当局立即采取行动："隐忍容之，养虎坐大，势将不可复制。"[②]

黄遵宪诉诸武力来保护琉球王国的建议是非常重要的。显然，他开始看到这一问题不仅仅是朝贡关系：琉球人很愚蠢，在日本干涉其派遣朝贡使时才通知中国，当日本吞并琉球、改其为藩及采取其他措施时，琉球人均未通报中国[③]。

虽然中国驻东京的使团提出建议，但清政府并未采取行动。李鸿

---

① 按照黄遵庚的看法，使馆里的重大事件由黄遵宪决定，因为何如璋是个犹豫不决的人，参见钱仲联编：《黄公度先生年谱》，第25页；梁启超看过何如璋致总理衙门和李鸿章的全部文牍，认为70%—80%系黄遵宪起草，尤其是那些主张采取强硬政策的信，见《饮冰室诗话》卷3，第27页。

② 何如璋致总理衙门的信，收录在温廷敬：《茶阳三家文钞》卷2，第1—5页。光绪四年五月九日李鸿章致总理衙门函，也许是光绪四年四月七日李鸿章在收到何如璋信函的基础上改写而成，见李鸿章：《李文忠公译署函稿》卷8，第1页。

③ 光绪四年四月二十八日何如璋致李鸿章函，载《李文忠公译署函稿》卷3，第4页。

章的理由是琉球不值得一战。他指示何如璋设法通过磋商来解决争端。由此，何如璋试图从道义上申辩。1878年9月3日，他拜访外务卿寺岛宗则。会谈是一场灾难，下面是会谈摘要：

何如璋：今天我前来拜访是为有关琉球问题。我听说琉球近来渐渐依附于贵国。贵国政府必须明白，她一直向中国朝贡。然而，我听说你们严禁其向中国朝贡。琉球人对此非常不满，我们希望你们允其保持这种传统的朝贡关系。

寺岛宗则：小国成为大国的属国，这是过去的则例，但近来无独立权之国，恐有为他国所并吞之虑，故禁其私交。在过去我们让琉球自己处理与其他国家的外交关系，然而，由于上面提到的危险，我们接管其对外关系。因此，琉球没有必要再与外国发生关系。

何如璋：那么，琉球为日本属地吗？

寺岛宗则：是。

何如璋：难道琉球承认他们是日本人吗？

寺岛宗则：如果我不喜欢日本，那么我可以称自己为另一种人，并说我不是日本人。有些不喜欢他们自己国家的琉球人，也可以说他们不是日本人。

何如璋：从地理上讲，琉球属于我国。

寺岛宗则：这是另一个问题。①

---

① 摘自光绪四年四月二十九日李鸿章致何如璋函，载《李文忠公译署函稿》卷8，第4—6页；日本外务省：《日本外交文书》卷11，东京，1950年，第269—270页。

显然，当何如璋抗议日本对琉球拥有主权时，寺岛宗则采取无需讨论的态度。日本人认为合并琉球是其内政，不允许另一个强国进行干预，而何如璋认为，中国作为琉球的宗主国是得到国际社会承认的，继续朝贡是他所关切的首要问题。

10月7日，何如璋向寺岛宗则发出照会，重申他的立场。他谴责日本欺侮一个弱小的国家，致使中国与琉球的关系中断。照会在引述大量的历史和文化证据以说明琉球的地位后写道：

> 今闻贵国突然禁止琉球向我朝贡，我政府以为日本为堂堂大国，恐不至无视邻交，轻侮弱国，为此不信、不义、无情、无理之事。……两国所订条约第一条，即有"两国所属邦土不得侵越"之语，此为贵国所熟知。今若凌辱琉球，擅改旧例，将何以对我国，且将何以对与琉球订有条约之列国？琉球虽小，然其臣事我国之诚心，上下一致，断难屈从。目前国际交往，以礼仪第一，至如压制小邦，无论于情理公法言，贵国恐亦有不愿以有如斯举动为万国所闻。
>
> 愿贵国待琉球以礼，使琉球之国体政体，一切仍循旧章，且勿阻梗其对我朝贡。则庶可以保全友谊，无害邦交，亦不致贻笑万邦。①

日本人读了何如璋这封充满对立情绪的信后，便询问中国政府是

① 1878年10月7日何如璋致寺岛宗则的照会，载日本外务省：《日本外交文书》卷11，第271页。

否要与日本中断邦交。日本后来拒绝作进一步的磋商，除非何如璋收回照会并作出道歉[1]。

何如璋的照会采取的似乎是春秋战国时期的外交辩术，但他希望日本对他的谴责作回应，这就错了。按照与西方国家的外交实践，日本人揣摩这封照会暗藏敌意。这封很直率的照会，使何如璋落了个不够格的外交官的名声。他将外交秘密告诉在东京的各国外交使团，因而受到人们的批评。由于何如璋把自己的观点轻率地告诉了西方外交官，日本政府因此意识到中国方面正未雨绸缪[2]。无疑，何如璋的意图是制造有利于中国的世界舆论，但他没有成功。

在互换照会后，日本政府立即声明废止琉球藩，改称该岛屿为冲绳县。1878 年 12 月 27 日内务大臣松田道之来琉球首府首里。次年 3 月 31 日日本完成了对首都的占领。国王及朝廷被劫至东京，4 月初新任命的行政长官到达琉球。令黄遵宪感到遗憾的是，清政府不愿意采取行动保护琉球。

与此同时，琉球人在抵御日本人的直接统治，继续吁请清政府干预。琉球的官员接踵到总理衙门、李鸿章的天津直隶总督衙门及在东京的中国驻日使馆求见。他们全身心地投入战斗，并诚恳地向中国哭救[3]。尽管李鸿章被他们近乎绝望的呼救打动，但还是不愿意冒与日本开战的危险，相反，他利用了美国前总统格兰特将军访问中国的机

---

① 1878 年 11 月 21 日寺岛宗则照会何如璋，载日本外务省：《日本外交文书》卷 11，第 272 页。

② 光绪五年七月二十二日李鸿章致总理衙门函，载《李文忠公译署函稿》卷 9，第 44—45 页；王芸生：《六十年来中国与日本》，第 1 册，天津《大公报》报馆出版，1931 年，第 139 页。

③ 王芸生：《六十年来中国与日本》，第 1 册，第 127—133 页。

会。1879年6月格兰特访问了天津，李鸿章请求他从中斡旋帮助解决琉球争端。格兰特答应以非官方的身份从中调解。日本以很严肃的态度对待他的调停，日本政府渴望得到格兰特这样知名人士的支持，以帮助他们设法修改与西方的条约。格兰特只是建议双方本着妥协的态度和平解决争端，并发出警告，两国间的敌意有可能被富有侵略性的西方国家利用。

根据格兰特的建议，1878年10月7日何如璋撤回了的照会。1880年8月，总理衙门大臣和日本驻京公使在北京举行谈判。日本欲借此机会修改1871年签订的中日条约。他们提议将琉球群岛分为两部分，南部的宫古、八重山二岛划归中国，同时要求中国在条约中加入日本与西方列强同样享有优越地位的条款。中国认为《中日修好条规》是建立在平等、友好原则基础之上，它不同于中国与西方签订的条约，后者是被迫的，故中国一开始拒绝接受这一要求。然而，经过三个月的磋商，中国作出让步，于1880年10月21日达成了以日本建议为基础的协议。中国之所以希望立即与日本结束争端，主要是因为伊犁危机，中国面临与俄国开战的威胁。后来，鉴于日本人的狂妄，中国高层官员中产生了强烈的抵触情绪，清政府最终没有签订这一条约。李鸿章认为，为换取琉球南部两个荒瘠的岛屿而作出如此重大的让步是个错误。待《中俄伊犁条约》一签订，清政府便提议1881年初与日本重开谈判，但日方不予理睬，这样清政府未立任何法案就放弃了琉球①。

在中国对琉球的援救失败后，黄遵宪感到非常悲恸。他作了一首

---

①　有关琉球问题磋商的详情，参见《日本外交文书》卷13，第369—388页；有关日本对琉球问题方针的分析，参见藤村道生：《明治初年日本对亚洲政策的修订：对〈中日修好条规〉草案的探讨》。

叙述琉球王国历史的诗，强调该国对中国的忠诚。他描写了首次见到琉球官员时的情景，事情发生在他刚刚抵达日本，当载着中国外交使团的船抵达神户时，琉球的老臣于深夜偷偷地潜至船上：

> 白头老臣倚墙哭，颓髻斜簪衣惨绿，自嗟流荡作波臣，细诉兴亡溯天蹴。[①]

不幸的是，没有人能理解来使的方言。随后，老臣递上一封琉球国王的密信，乞求中国从日本人那里营救他们的国王。黄遵宪非常同情琉球的来使，并为他们忠于自己的国王而深深感动。黄遵宪为琉球的不幸命运感到悲哀，也为中国政府未采取行动而遗憾。他猛烈抨击自己的政府，在诗中他悲愤地写道："空言无施究何补？"[②]

二、朝鲜使臣金弘集

作为中国的朝贡国的朝鲜，不久之后也被日本吞并。明治政府刚建立，日本便对传统的日韩外交模式发出挑战，因为这一模式是在以中国为中心的世界秩序内运作。1868 年末，明治政府将"王政复古"的情况通知朝鲜，希望与朝鲜建立外交关系。朝鲜官员以其无视传统的礼仪而拒绝了日本的来函。日本人使用有关"皇帝"的用语更加冒犯朝鲜人，因为这一称号只能用于中国的皇帝。朝鲜人不答应日本有关

---

①② 黄遵宪：《流求歌》，《人境庐诗草笺注》，第 115—119 页。光绪四年四月二十八日，何如璋在致李鸿章函中报告了琉球官员访问中国驻神户使馆的事件，载《李文忠公译署函稿》卷 8，第 2 页。

建立现代外交关系的要求，并声明决定维持传统的关系[①]。在日本政府高层内，就是否要向朝鲜派遣远征军而展开了激烈的争论。在政权稳固后，寡头政要决定向朝鲜派炮艇，迫使不顺从的朝鲜人答应日本的要求。结果，1876 年 2 月朝鲜与外国签订了第一个条约——《江华条约》。其条款依照日本与西方列强订条约的模式，规定朝鲜必须开放釜山及另外两个港口，与日本通商，承认日本居民在朝鲜享有特权。此外，该条约规定免征日本商品的关税，日本货币可在朝鲜流通。

釜山、元山和仁川分别于 1876 年、1880 年和 1881 年开港后，来自九州和大阪一带的商人涌入朝鲜，从事有利可图的进出口贸易。他们从上海或长崎进口英国产的粗质棉纺织品，出口朝鲜的大米、大豆等他食品和黄金。他们用日本货币以低廉的价格购买大量粮食，从而瓦解了当地的经济。当粮食歉收时，便引起食品短缺。很自然，民众中间的反日情绪也应运而生[②]。

为培植朝鲜人的亲日情绪，在朝日《江华条约》签订后，日本立即邀请一个朝鲜友好代表团来东京。由金绮秀率领的代表团于 1876 年 5 月到达东京，他们在日本停留了约 20 天。朝鲜人受到热情款待，他们的印象是日本很强盛。他们应邀参观了陆海军训练场、军工厂、造船厂、博物馆、企业、监狱、医院、宫廷、学校、图书馆等。金绮秀在即将回国时，向国内报告了对日本的好感，这就打消了国王及其朝臣对日本的猜疑[③]。

---

① 有关明治初年日本对朝鲜政策设计的研究，参见毛利敏彦：《明治初期外交的朝鲜观》，载日本国际政治学会编：《日本外交的国际认识》，1974 年，第 25—42 页。

② 有关日本进攻朝鲜后对朝鲜经济影响的研究，见彭泽周：《明治初期日、韩、清关系研究》，东京，1969 年，第 279—292 页。

③ 关于金绮秀的使团及其影响，参见申国柱：《江华条约后的日韩外交关系》，载《国际政治：日韩关系的展开》，东京，1963 年，第 13—14 页。

黄遵宪非常关切朝鲜的未来，其历史知识提醒他日本早有征服朝鲜的图谋：首先是神功皇后的传说，黄遵宪认为她就是中国古书上讲的“卑弥呼”；其次就是丰臣秀吉，中国史学家记载了其臭名昭著的侵略行径。近来，明治政府正在就出兵朝鲜的可能性进行激烈辩论①。黄遵宪认为日本对朝鲜的严重威胁确定无疑，但在不久的将来，俄国将带来更大的威胁，因为俄国拥有强大的军事力量，并奉行向东方扩张的政策。他预感到当今的世界格局类似中国的春秋战国时期，如狼似虎的俄国好似秦国，凌驾于诸国之上。朝鲜正受到来自北方强国和东方邻邦的威胁，其处境好似欧洲的土耳其②。

琉球的教训使黄遵宪认识到小国的悲剧源于其含糊不清的法律地位。他认为保护朝鲜的办法是使其成为中国的一部分。1880 年他向总理衙门进言，为防止外国的干预，中国应合并朝鲜，但他的主张未被理睬。后来他又建议向朝鲜派驻使节，接管其外交事务，以向世界表明朝鲜理所当然属于中国。令黄遵宪遗憾的是，朝廷拒绝了这一建议，并说朝鲜的政治事务应由朝鲜自己决定③。1880 年夏，当朝鲜派第二个使团到访日本时，他向朝鲜人提出了他个人建议。

---

① 黄遵宪对日本在历史上及 1873 年征韩的评论，参见《日本杂事诗》卷 1，1880 年，第 3—5 页。

② 何如璋致李鸿章的信无疑由黄遵宪起草，收在《茶阳三家文钞》卷 3，第 3—4 页。将国际形势比作“战国”的论述，参见 1864 年张斯桂为丁韪良翻译的《万国公法》所作的序。在幕府末期的日本也有同样的类比，参见佐藤诚三郎：《幕府末期至明治初年日本对外部世界的意识类型》，载佐藤诚三郎等编：《近代日本的对外态度》，第 14—18 页。王韬的类似观点，参见柯文：《在传统与现代性之间：王韬与晚清改革》，第 93—94 页。

③ 黄遵宪在《续怀人诗》自注中提到这一主张，《人境庐诗草笺注》，第 210 页；他作的《朝鲜叹》，载梁启超：《饮冰室诗话》卷 2，第 18—19 页。

第二个使团由金弘集率领,1880 年 8 月 11 日抵达东京,停留了约一个月。虽然日本政府不愿意看到中国人与该使团有任何接触,但黄遵宪于 8 月 20 日拜访了这些朝鲜人,并代表中国政府欢迎他们。次日,金弘集到中国使馆回访并讨论了朝鲜问题。朝鲜人对日韩关税协定危害的认识太迟,并试图修改这一条约①。在此次及以后的场合,金弘集与中国官员通过书信进行交流。黄遵宪有关世界形势及朝鲜的精辟见解给金弘集留下了深刻的印象。黄遵宪强调,世界正在发生一些重要的变化,应该对这些变化及时作出反应。他在初次见面时告诉金弘集:当今世界正发生四千年未有之奇变,即使尧、舜、禹、汤也未曾预见,在今天若按照古人之方是治不好疾病的。

当金弘集答道朝鲜这样的小国需中国保护时,黄遵宪立即反驳道:"你的话表达了对我国的忠诚和热爱,但当今首要问题是增强你们的国力。"说到这里,他无疑想到了琉球的命运。他告诉金弘集,拒绝与西方通商是一个历史性的错误;世界潮流正在发生变化,朝鲜必须面对现实并积极回应。他强调,中国与其属国间的传统关系已不能确保他们的安全,所以朝鲜应与西方列强签订友好条约。他发出警告:否则,西方国家将以武力征服,并迫使朝鲜在炮口的威胁下签订羞耻的条约②。金弘集听了来自其宗主国官员的话后大开眼界,朝鲜的儒家士大夫还笃信以中国为中心的世界秩序,顽固地反对将本国向西方开放。金弘集通过与黄遵宪的交谈,对朝鲜在国际政治中所处地位有

① 申国柱:《江华条约后的日韩外交关系》,载《国际政治:日韩关系的展开》,第 114—118 页。

② 金弘集:《修信使日记》,载国史编纂委员会编《韩国史料丛书》第 9《修信使记录》,汉城,1958 年,第 172 页。

了深刻的认识。金弘集向何如璋坦承，此次是他首次出国，学到了许多国外的东西，他发现朝鲜最重要的问题是其官绅如同三十年前中国的官绅，对域外事务茫然无知①。

9月6日，即朝鲜使团离日前的第二天，黄遵宪赠给金弘集一本题为《朝鲜策略》的小册子，并说那次短暂的交谈不足以表达他对朝鲜与其他国家关系的看法，他以一位广东平民的身份在手稿上签了名。黄遵宪在这部手写的小册中指出，俄国是世界上最具扩张野心的强国，也是朝鲜面临的最大威胁，对朝鲜来说防俄乃是压倒一切的大事。因此，他建议朝鲜与中国应保持紧密联系的同时，要与日、美结盟。而且，他敦促朝鲜应增强国力，相信由于中国的富裕及关怀，中国是朝鲜最具价值的盟友。还有，中国与俄国有很长的边界线，在亚洲只有中国具备遏制俄国扩张的能力。除中国外，朝鲜最亲密的邻邦是日本，从地理上讲，日本自身的安全有赖于朝鲜对俄国的防御，尽管日本不是一个可完全信赖的盟友，但眼下尚不存在日本进攻朝鲜的危险，因为日本受到国内骚乱的威胁，几乎要崩溃。他认为日本人并非如朝鲜人所想象的那样无耻，朝鲜人对日本人的印象是通过与在釜山的日本商人打交道而获得的。至于美国，黄遵宪认为这是一个理想的王国，美国人愿为独立而战，因此他们同情被压迫的小国。

黄遵宪呼吁朝鲜通过与美国缔约来实现对外通商。他还详述了该条约对朝鲜有益的种种理由，强调对外贸易是一国强盛的基础。至于外贸的负面影响，他指出中国受进口鸦片之害，以及日本因进口奢侈品而陷于困境。如果朝鲜避免进口鸦片和奢侈品，那他们将免

---

① 金弘集：《修信使日记》，第176、179、185页。

受外贸之害。而且，朝鲜不必担心传教士的到来，基督教有不同的教派，正如新儒学中的朱熹和王阳明学派一样。比如新教，因为他们保守，故而不会去干涉外国的内部事务。在中国，还没有新教徒因传教被杀。既然周公和孔子的学说优于西方的宗教，朝鲜人就不必担心会受到外来宗教的冲击。他还建议朝鲜向中国、日本和西方派遣留学生①。

黄遵宪建议朝鲜开国，这与清政府的方针大体一致。1879 年 8 月清政府作出决定，鼓励朝鲜与西方国家缔约，以便制衡日本。该政策的发起人丁日昌认为，日本迫使朝鲜签约，表明日本有欲吞并朝鲜的野心。制衡日本最有效的办法是请西方列强从中干预，这最容易遏制日本②。清廷谕令李鸿章将这一方略转告朝鲜。其实，清政府向友邦提出当奉行何种对外政策的官方意见，是不妥的。李鸿章随即致函李裕元，他是朝鲜国王派驻北京的高级官员，与李鸿章有私交③，李裕元作出了否定的回应。1879 年末，李鸿章致函总理衙门，说朝鲜人决定不与西方国家通商，故中国不必强迫他们与西方缔约。1880 年 3 月，李鸿章报告总理衙门，尽管他反复劝说，但未能奏效。令李鸿章失望的是，向朝鲜人进行世界形势的启蒙几乎是不可能的。朝鲜人长期封

① 黄遵宪：《朝鲜策略》，载《修信使记录》卷 9，第 160—171 页；又见《日本外交文书》卷 13，第 389—396 页。

② 光绪五年七月四日总理衙门的奏折，转引丁日昌的奏折，载《清光绪朝中日交涉史料》卷 1，第 31—32 页。

③ 光绪五年七月四日总理衙门收到皇帝的谕旨，载《清季中日韩关系史料》（以下简称《中日韩》）卷 2，第 361 页；光绪五年七月十七日李鸿章的复奏，载《中日韩》卷 2，第 373—374 页。光绪五年七月十三日李鸿章致总理衙门函，载《中日韩》卷 2，第 363 页；又见《李文忠公译署函稿》卷 9，第 34 页。

闭,敌视外国人,陈见之深,绝非一夜间能改变[①]。

虽然清政府首先关注的是日本对朝鲜的觊觎,而将俄国的威胁视为其次,但黄遵宪强调俄国的扩张乃是朝鲜,甚至包括中国在内的整个东亚最大的威胁。黄遵宪之所以如此强调俄国,彭泽周作了这样的分析:也许黄遵宪是受了日本人的影响。俄国向南扩张引起了日本的警觉[②],尽管事实如此,黄遵宪也意识到日本有侵朝的野心。他的主要观点是建议朝鲜人与西方建立外交关系,并采取积极的态度来推进本国的近代化,而不是依赖中国的保护。

李鸿章对朝鲜的劝告未产生实际的效果。相比之下,黄遵宪的小册子对朝鲜政府产生了强烈的震撼。朝鲜国王高宗令宫廷里的官员传阅这本小册子,他们对该书留下了深刻的印象。金弘集致函何如璋,赞赏黄氏的远见卓识。他说,尽管官员们对开国尚未达成共识,但朝廷的意见正在发生变化[③]。1880 年秋李东仁被派赴日本,他告诉何如璋,金弘集回国后,官员们的言论正在发生戏剧性的变化,国王倾向与美国磋商订约[④]。1880 年底,朝鲜政府着手改革官制和军队,建立

---

① 光绪五年十一月十五日李鸿章致总理衙门函,载《中日韩》卷 2,第 394—395 页;又见《李文忠公译署函稿》卷 10,第 15—16 页。光绪六年二月九日李鸿章致总理衙门函,载《中日韩》卷 2,第 397 页。英国政府敦促中国劝告朝鲜对外开放,因为这有助于英国遏制俄国向东扩张的方针。1880 年 5 月,英国外交大臣哈里・帕克斯访问日本时来到中国驻日使馆,他告诉何如璋,中国应劝告朝鲜与西方国家缔约,强调俄国的威胁迫在眉睫。日本政府欢迎这一行动,参见《中日韩》卷 2,第 332 页;广濑靖子:《日清战争前英国远东政策之考察——以朝鲜问题为中心》,载《国际政治:日本外交政策中的国际关系观》,1974 年,第 129—254 页。

② 彭泽周:《明治初期日、韩、清关系研究》,第 90 页。他认为黄遵宪奉何如璋之命写的小册子采用李鸿章的看法,但彭著(第 95 页)并没交代征引文献的出处。

③ 光绪六年十一月二十九日金弘集致何如璋函,《中日韩》卷 2,第 452—453 页。

④ 光绪六年十月十八日何如璋致总理衙门函,《中日韩》卷 2,第 437 页。

了一个新的政府机构，其职能类似于将中国的总理衙门和军机处合并在一起。该机构下设几个部，分别负责外交、边防、外贸、造船及外语培训等。1881 年 2 月，国王派出一个由 62 人组成的代表团到日本考察政府及军事制度。4 月，国王又邀请日本军事将领到朝鲜帮助训练新组建的军队，这些急剧的变化反映了朝鲜外交政策的转变。当代研究朝鲜史的学者认为，黄遵宪的小册子对促成这些变化起到了关键作用①。

尽管黄遵宪的小册子推动了朝鲜最初的变革，但也招致朝鲜京城内外那些儒士和顽固官员的强烈反对。他们对黄遵宪建议朝鲜开国通商及与美日结盟感到异常愤怒。他们上奏谴责黄遵宪的建议，认为那是欲颠覆朝廷。其中有的名士在全国享有盛誉，对青年士大夫影响尤大。李晚孙代表东南省份的万名学者，呈递一份言辞十分激烈的奏折，该折开宗明义："陛下，读了金弘集带回的黄遵宪个人赠送的小册子后，我们怒发冲冠，热血奔腾。"他谴责与日、美结盟的主张，因为这些国家与俄国一样都是未开化的夷狄，一切蛮夷都必须拒绝。他痛斥黄遵宪怂恿朝鲜师夷之长技，朝鲜已经拥有完美的制度。他还指控黄遵宪是日本和基督教会的代言人，这些人试图颠覆朝鲜。他强烈要求焚毁这部小册子，并惩处金弘集。另一份重要的奏折由著名的儒学家金平默草拟，由洪在鹤上奏。他不仅指斥黄遵宪的建议，且暗示这部

---

① 田保桥洁：《近代日韩关系之研究》卷 1，东京，1940 年，第 745—746 页；姜在彦：《朝鲜近代史研究》，东京，1970 年，第 64—73 页；金荣作：《韩末民族主义研究》，东京，1975 年，第 96 页。田保桥洁认为，朝鲜君臣被黄遵宪的建议打动，尽管这本小册子的内容仅提供了一些外交策略上的建议，并无任何新的政治哲学。黄遵宪的建议受到如此强烈的反响，重要的原因也许是他给金弘集留下了深刻的印象，金弘集又成功地说服国王接受黄的建议。

书有可能系朝中的叛徒所作。因其猛烈攻击政府和有权势的闵氏家族，洪在鹤被处死。而在那些与其志同道合的士大夫眼里，洪在鹤是一位烈士。李晚孙及其他上奏者亦被放逐①。

朝鲜士大夫抗议采纳黄遵宪的建议，也是他们展开的“卫正斥邪”运动的顶点。他们要捍卫新儒家的正统地位，排除西方的影响。这一运动始于19世纪60年代末期，时外轮下碇于沿海口岸要求通商。这些士大夫支持大院君(1864—1873年在位)的排外政策。在闵妃家族推翻大院君后，朝鲜政府不顾儒士们的抗议，屈从日本，于1876年签订了《江华条约》。时崔益铉以其反对订立该约的谏疏未引起注意，遂携带斧头来到皇宫，恳求斩首。他反对缔约的主要理由是，现在日本因采用西俗，故与夷狄无二。崔益铉被流放到一个小岛，抗议运动被镇压下去②。

黄遵宪的小册子冲击了朝鲜的政局，儒家士大夫的抗议进一步升级，他们卷入到政治派系的冲突中。1881年夏，士大夫的抗议运动达到了顶点。大院君企图发动政变，推翻闵妃集团，但事泄未成。次年夏，大院君的人抓住另一次机会发动政变，驻扎在汉城的士兵因他们按月领取的俸米未下发，便发动兵变。此外，为推进近代化而重新组成的军队使原有士兵的地位受到威胁，他们产生了不满情绪。由于开放日韩贸易，导致米价上涨和食品短缺，民众生活受到严重的损害，愤怒的民众加入了反叛士兵的行列。这次暴动不仅摧毁了一些政府建

① 《高宗实录》卷18，汉城，1970年，第5—6、28—32、34、35、36—37页；金荣作：《韩末民族主义研究》，第98—108页；旗田巍：《近代朝鲜人的日本观——以“卫正斥邪论”为中心》，《思想》卷520，1967年10月，第59—73页。

② 旗田巍：《近代朝鲜人的日本观——以“卫正斥邪论”为中心》，第60—63页。

筑和属于闵妃集团的房舍，且袭击了日本使馆，杀害了朝鲜政府雇佣来训练新军的日本军事顾问。日本驻朝鲜代表只身逃跑。起义被清军镇压，大院君被押至天津囚禁①。

1882年的汉城反日起义(壬午事变)是中韩、韩日和中日关系的转折点。清政府放弃了对朝鲜内政外交不干涉的传统方针，出兵镇压起义，随后对朝鲜政府施加巨大的影响。对日本来说，这一事件令他们震惊，于是日本放弃所谓亚洲邻邦兄弟般的合作口号，转而采取西方那种傲慢和无情的方式对待亚洲国家。1885年，日本举国一致同意奉行"脱亚"政策。中日为争夺朝鲜而变得公开化，朝鲜成为冲突的焦点。

黄遵宪于壬午事变前的数月离开日本。他在日本期间，日本对亚洲邻邦尚未采取强硬的扩张政策。日本对壬午事变的态度标志着日本步武西方列强的政策。在这短暂的转型期中，日本曾经希望与亚洲邻邦真诚合作，以结束西方的主宰地位。正因为如此，黄遵宪对中日合作的前景抱有乐观的态度。

三、亚洲能辅车相依吗？

黄遵宪在日本期间及离日后常使用"亚细亚"这个词。这是日本从西方移植而来的新名词。中国虽也用该词，但不如日本普遍。19世纪中期，中、日与西方接触后才有"亚洲"这一概念。在传统的华夏中

① 旗田巍认为尽管儒家士大夫未参加反叛，但他们的诉求被士兵和民众付诸行动，旗田巍：《近代朝鲜人的日本观——以"卫正斥邪论"为中心》，第68页。

心主义的世界秩序里，那些与中国保持外交或贸易关系的国家几乎没有现代国家观念。朝贡的藩邦各自与中国建立关系，并接受中国的封爵。中国为防止藩邦间结盟，让他们臣服中国，并严格限制他们私自接触，禁止他们滋生亚洲共同体观念。[①]

1871 年，日本提议与中国订立条约关系，这使中国在东亚的传统地位受到挑战。一位思想保守的安徽巡抚认为日本的要求是不适当的，如果同意与日本这样的朝贡国建立对等关系，那么其他的藩邦将步其后尘，整个朝贡体系就要崩溃。尽管他错误地将日本称为中国的“朝贡之国”，但他的论据符合以中国为中心的世界秩序的逻辑[②]。他们在争辩立约时还基于另一个传统的观点，即以羁縻的方式控制夷狄。主张与日本缔结条约的李鸿章强调，以宽容的态度对待日本，是为了防止其与西方列强结盟来共同对付中国。他警告，如果中国拒绝日本的要求，日本将寻求西方的支持，并迫使中国答应。他发现日本对中国的安全有着潜在的威胁，因为地理上与中国相邻，又与西方有关系。因此，他提议与日本订立条约是出于战略上的考虑。他不赞成日本人所声称的，西方入侵将被两国的相互支持所遏制。按照李鸿章的奏折：“前该委员柳原前光等来谒，每称西人强逼该国通商，心怀不服，而力难独抗，欲与中国通好，以冀同心协力。”李氏还挖苦道：当然，这不是他们的真心所想[③]。实际上，李鸿章对日本实行双重外交的诡计含而不露，因此他提议在条约中增加一款互助的内容，这样无论是

① 坂野正高：《近代中国政治外交史：从达·伽马到五四运动》，第 76—78 页。

② 同治九年十月二十六日安徽巡抚英翰奏折，见《筹办夷务始末》(同治朝)卷 79，北京，1930 年，第 3 册，第 7—9 页。

③ 李鸿章的奏折，见《筹办夷务始末》(同治朝)卷 79，第 47—48 页。

谁卷入与第三国的冲突都应支援。日本考虑到此项内容将会被西方列强误解，因而拒绝此条款。显然，李鸿章不相信日本的诚意。李氏希望至少要防止日本成为西方列强的“外府”，他的主要目的是让日本成为东西间的“藩屏”①。

与李鸿章相比，黄遵宪更真诚地支持中日间合作，以给亚洲带来和平与安宁。他相信，亚洲所有的民族都深受西方人的压迫，只要亚洲各国加强兄弟般的友谊，就能免除未来的耻辱。他颂扬正在日本广为流行的“兴亚论”。在陆军军官学校的开学典礼上，他作诗赠有栖川炽仁亲王，表示对日本军事现代化的祝贺，希望日本繁荣富强：

> 同在亚细亚，自昔邻封辑。譬若辅车依，譬若掎角立。所恃各富强，乃能相辅弼。同类争奋兴，外侮自潜匿。解甲歌太平，传之千万亿。②

黄遵宪为日本在近代化方面所取得的进步而自豪，并称赞其增强军事实力的成就。他同情作为中国小兄弟的小国，同时，他希望日本的成功将提高整个亚洲的地位。

黄遵宪在日本期间，最早的泛亚洲主义协会之一的“兴亚会”，为

① 关于1871年《中日友好专约》的磋商，参见蒋廷黻：《1870—1894年中日外交关系》，《中国社会与政治学评论》卷17，第1期，1933年4月，第1—16页。田保桥洁：《日中新关系之确立》，《史学杂志》卷44，第2期，1933年2月，第163—199页；藤村道生：《明治初年日本对亚洲政策的修订：对〈中日修好条规〉草案的探讨》，《名古屋大学文学部研究论集》卷15，1967年，第3—25页。

② 黄遵宪：《陆军官学校开校礼成赋呈有栖川炽仁亲王》，《人境庐诗草笺注》，第87页。

促进中日合作而被组织起来，它的成立基于两国分享同一文化且地理上又是“辅车相依”的理念。该协会的主要负责人曾根俊虎察觉到西方人在中国出现后，便开始奉信这一观点，他是一个生于米泽的武士，后为海军军官。1873年，他陪同外务大臣副岛种臣到中国旅行，副岛的使命是交换《中日修好条规》的副本。曾根多次到中国，搜集有关海军的情报。他清楚地认识到西方的影响是如何渗透到中国沿海地区，这令他确信日本必须培养一批精通汉语的专家。1877年，他回国后便与几个朋友组织了“振亚社”。副岛种臣将曾根介绍给中国驻日本的外交使团，曾根展示了作古体诗的才华。不久，曾根发现何如璋和大久保利通先后提出希望制定一项语言培训计划，让中日两国的学生学习对方的语言。在宫岛诚一郎（来自米泽的资深官员，与大久保利通关系密切）的帮助下，曾根便在政府官员和文人圈内游说，寻求他们对在东京建立汉语学校的支持。这样，1880年3月兴亚会成立，长冈护美任会长，他创办的语言学校设在一座佛教寺庙内①。

兴亚会起初有153位成员，主要是些政府官员，特别是外务省的中国通、贵族、将军及有汉学造诣的学者。1880年3月10日，在兴亚会的成立典礼上，柳原前光、重野安绎、曾根俊虎和宫岛诚一郎先后致辞；中村正直朗诵了他的贺诗；学校里的中文教师张慈昉用中文发表讲话；何如璋缺席，但曾根俊虎相信中国公使会支持这一协会②。演讲

① 对支功劳者传记编纂会：《对支回顾录》卷2，第298—305页；田中正俊：《中法战争与日本人的中国观》，《思想》卷512，1967年2月，第152、157、158页；实藤惠秀：《大河内文书》，第69—70页。

② 葛生能久：《东亚先觉志士记传》，第1册，东京，1933—1936年，第414—416页；佐藤三郎：《兴亚会研究》，《山形大学纪要（人文科学）》卷1，第4期，1951年8月，第399—412页。

者都强调中日需要合作，并警告两国相互竞争是很危险的。同时，他们也谈到中国的伟大之处，日本需要借助中国抵御西方入侵。他们强调中国的伟大并不是简单的外交颂词，19 世纪 80 年代初，很多日本人仍怀有本国不如中国的复杂情怀。他们还敏锐地意识到日本的军事实力，特别是海军及经济资源不能与中国相提并论。19 世纪 80 年代初，日本所表现出的泛亚洲主义观念带有浪漫和自由的色彩，主张与中国兄弟般的合作是基于平等的原则。只是到了中日甲午战争以后，日本才牢固地树立自己在亚洲是老大的观念①。

兴亚会组织者的目标是将成员扩大到朝鲜、越南、柬埔寨、印度、波斯及亚洲其他国家。起初，中国公使及其雇员是该会唯一的外国成员。19 世纪 80 年代一位朝鲜僧侣李东仁入会，他为日韩人员交流起了重要的中介作用。同时，一些居住在东京的中国人和朝鲜人也加入该会。曾根俊虎到上海和香港旅行时还试图吸收当地人入会②，但值得怀疑的是，该会在日本以外是否吸纳了重要成员。

加入兴亚会的日本人包括一些自由派知识分子。如，植木枝盛就是自由民权运动的领袖，他参加了兴亚会在大阪召开的会议。但大多数成员是来自中国外交使团周围文学圈内的那些年长文人。因此，该会每月的例会与其他文学社团并无二致。换言之，通过饮酒、赋诗及

---

① 明治时期日本人对中国态度的变化，见马里厄斯·詹森：《明治时期日本人的中国观》，载于费维恺、罗兹·墨菲、芮玛丽编：《中国近代史研究方法》，伯克利、洛杉矶，1967 年，第 163—189 页。藤村道生在《明治初期中日外交透视：论分割琉球条约》中认为，1881 年大隈重信被逐出政府和 1883 年岩仓具视死后，亲华派势力下降，随后日本政府在对华战争中奉行强硬路线。

② 王韬就是曾根俊虎在香港接触过的中国人之一，参见柯文：《在传统与现代性之间：王韬与晚清改革》，第 102—104 页；佐藤三郎：《兴亚会研究》，第 403 页。

对亚洲的前途发表乐观的演说来营造一种亲善的气氛。1880—1881年，朝鲜政府向日本派出使团前来考察其现代化的成就，兴亚会为他们举行了盛大的欢迎会。朝鲜人对他们受到的热情接待留下了深刻的印象，对即将形成的三角同盟也抱着乐观的态度①。

1881 年 5 月 26 日，黄遵宪参加了兴亚会为欢迎朝鲜使团举行的宴会。现尚不清楚黄遵宪是否经常参加兴亚会的活动，也不知道他与曾根俊虎的关系有多深。曾根俊虎常常到中国使馆去，所以大河内的笔谈遗稿也常常提到他。由于大河内不太欣赏他，故不希望看到他与中国外交官有太多的接触。大河内是似乎将兴亚会看成是一个文学社团，且认为曾根俊虎与中国文人的接触不过是一种托词。正因为如此，大河内的中国朋友不愿意谈论他们与兴亚会的关系②。1890 年，黄遵宪在回忆日本的诗中曾提到兴亚会，但未明确表示他对该会的意见③。

基于浪漫理想主义的兴亚会注定难以持久。1882 年，汉城爆发了反日起义，日本人与亚洲邻邦建立兄弟般关系的幻想破灭。而且，1882 年后中日为争夺朝鲜的争斗越发公开化，兴亚会无疑受其影响。1883 年 1 月，中国会员对该会的会名提出异议，说这是一种伪装，结果该会更名为“亚细亚协会”。此后，因中国人陆续退出该会，它也就渐渐成为一个纯粹的日本人的组织。最后，该会合并到“东亚同文会”

---

① 佐藤三郎：《兴亚会研究》，第 401—403 页。家永三郎：《植林枝盛研究》，东京，1960 年，第 200—201 页。

② 实藤惠秀：《大河内文书》，第 403、405 页。大河内辉声：《庚辰笔话》，1880 年，第 4 册，2 月 9 日，第 14 页；第 5 册，2 月 21 日，第 29 页；第 6 册，3 月 21 日；第 9 册，5 月 26 日。

③ 黄遵宪：《续怀人诗》，《人境庐诗草笺注》，第 207 页。

(1900—1945),这是日本人在华设立的主要的文化帝国主义机构[1]。

黄遵宪支持“兴亚论”,希望日本人能在亚洲实践这种理想。然而,日本在琉球和朝鲜的行径表明他们言行不一。在一份写给政府的报告中,黄遵宪对日本入侵周边地区作了评论:“中日在亚洲应将双方的力量合而为一;然而,一旦我们作出让步,他们就蔑视我们。”他发出警告,在危急关头日本非但不能依靠,且对中国正变得越来越贪婪和好战。为了建立一种以相互支持和合作为基础的、令人满意的关系,他建议应在日本国力未强固之前,制止他们的狂妄自大。他感到日本入侵琉球不只是贪图小利,更重要的是对中国的蔑视和对西方的崇拜[2]。事实上,崇拜西方与蔑视中国是一块硬币的两面,日本的这种取向一直延续到1945年。黄遵宪对日本藐视中国的观察非常准确,他很敏锐地指出了日本的傲慢姿态是其文化取向转向西方的结果。日本不尊敬中国,也使得在亚洲实现辅车相依的理想化为泡影。

---

① 佐藤三郎:《兴亚会研究》,第404—406页。

② 何如璋致总理衙门信函(未注明日期),载《茶阳三家文钞》卷2,第12—14页;此信无疑由黄遵宪草拟。

第五章　在加利福尼亚(1882—1885)：面对种族冲突*

“中央之国”的观念不过是一种浪漫的假设，即普天之下的人民属于一个共同的人类社会，这意味着他们能和睦相处。在这一假设的背后存在一种信仰：儒家人文主义具有普遍意义，人类社会发展的目标是建立一个大同社会①。黄遵宪早在第一次出国前就批评国人对外人的傲慢态度，谴责那种狂妄无知的中国中心主义的世界观。然而，他并不怀疑有关“中央之国”的那些基本假设，并乐观地相信东西方是一家。尽管他到了日本，但世界观的框架并未改变；相反，他对日本的观察更加强化了他对儒家文化价值的信念。来到美国后，令他震惊的体验表明儒家准则不起作用。这时他开始接受达尔文主义，世界是各国竞争的竞技场。这些认知反过来又成为他变法思想的核心，他渴望将中国建成一个强大的国家。

作为黄遵宪实地考察的第一个西方发达国家，美国的富强及科技水平也令日本人崇拜不已，黄遵宪在日本时也濡染了这种对美国的高

---

* 本章的内容曾刊于《太平洋历史评论》卷 47，第 2 期，1978 年，第 239—260 页，感谢加州大学出版社慷慨应允本书刊用。——作者注

① 有关以中国为中心的世界秩序的讨论，参见费正清：《中国人的世界秩序》，第 1—19 页。

度评价。1880 年,他在写给朝鲜访日代表团团长金弘集的小册子中明确表达了他的美国观:

(美国)其土本为英属。百年之前,有华盛顿者,不愿受欧罗巴人苛政,发奋自雄,独立一国。自是以来,守先王遗训,以礼义立国,不贪人土地,不贪人人民,不强与他人政事。其与中国立约十余年来,无纤介之隙。而与日本往来,诱之以通商,劝之以练兵,助之以改约,尤天下万国之所共知者。盖其民主之国,共和为政,故不利人有。而立国之始,由于英政酷虐,发愤而起,故常亲于亚细亚,常疏于欧罗巴,而其人实与欧罗巴同种。其国强盛,常与欧罗巴诸大驰骤于东西两洋之间,故常能扶助弱小,维持公义,使欧人不敢肆其恶。①

在黄遵宪的心目中,美国不仅富强、繁荣,是道德准则的化身,而且还同情那些被欧洲列强欺凌的亚洲国家。

1881 年底,黄遵宪《罢美国留学生感赋》中将美国理想化。时百余名中国留美学生被中国召回,1872 年他们作为中国的第一批留学生被送到康涅狄格州的哈特福德,但这项计划因遭到朝中顽固派的反对而流产。当这些学生取道日本回国时黄遵宪可能见过他们,他为这项伟大而深远计划的落空感到万分遗憾②。但这一事件却为黄遵宪出使羡

① 黄遵宪:《朝鲜策略》。

② 黄遵宪:《罢美国留学生感赋》,《人境庐诗草笺注》,第 109—114 页。洪煨莲:《黄遵宪的诗〈罢美国留学生感赋〉》,《哈佛亚洲研究》卷 18,1955 年,第 50—73 页,洪氏完整翻译了这首诗及其注释,我的引文取自他的译文。

慕已久的美国提供了一个契机。当年第一批留美幼童监督陈兰彬和副监督容闳随后被任命为驻华盛顿公使,留学生计划被撤销时他们亦被召回。1882年初,新任驻美公使郑藻如任命黄遵宪为驻旧金山总领事,他于3月7日离开日本,3月30日抵达旧金山[①]。

旧金山的环境与东京截然不同,美国的现实与他先前的想象有天壤之别。19世纪80年代加州的法制还不健全,暴力和虐待事件非常普遍,中国移民与美国劳工常发生矛盾,甚至流血事件。由于这一特定的时空,黄遵宪面对的是一个丑恶、无法治的美国。

华人在加州的地位如此低下,使黄遵宪的自尊心受到严重的伤害。1873年加州约有62 500个中国人,多数是劳工。尽管他们为西部的发展作出了巨大的贡献,但作为新来者一直受到不公道的待遇[②]。1870年代,好斗的美国劳工团体因经济衰退,在加州地区掀起了空前的排华浪潮。正如亚历山大·萨克斯顿指出的,在加州政治中扮演重要角色的劳工领袖将华人问题作为一个"不可缺少的"组织工具[③],华工被指控以艰苦的劳动换取低廉的工资及愿意接受低标准的生活环境。而且,他们因坚持固有的生活方式,成为一个在文化方面不能被整合的团体而受到怀疑和恐吓。斯图尔特·C.米勒认为,拒绝华工主

---

① 黄遵宪:《海行杂感》,《人境庐诗草笺注》,第123—126页。晚清外交官有权挑选自己的属僚,包括领事。关于黄遵宪的这一任命,参见1882年3月27日郑藻如致美国国务卿的信,《驻美中国使团致国务院的信,1868—1906年》,国家档案卷1,国家档案缩微胶卷,第98号。

② 刘广京:《美国人与中国人:史学论文和书目集》,剑桥(麻省),1963年,第23—24页。

③ 亚历山大·萨克斯顿:《不可或缺的经济:加州的劳工与排华运动》,伯克利,1971年。

要因为他们是不能被同化的移民[1]。

19 世纪 70 年代,排华浪潮公开表现为纵火、抢劫、谋杀和暴力,这导致了 1882 年的《华工禁约》。早在 1868 年,《蒲安臣条约》给予中国人不加限制地移居美国的权利,而到了 1879 年在加州人的强烈要求下(加州人的选票在美国政治中至关重要),国会通过了一个十年内限制华工入境的法案,总统拉瑟福德·伯查德·海斯认为其违背了《蒲安臣条约》而加以否决。1880 年美国政府派出了以詹姆斯·B. 安吉尔(当时任密歇根大学校长)为首的谈判代表前往中国商讨修约,10 月两国达成协议,中国承认美国有限制中国移民的权利[2]。这样清政府自身为《华工禁约》的出台铺平了道路。

尽管《华工禁约》标榜其目的是中止华工入境,但该条款非常含糊,以至于所有在美国的华人都受其影响,唯有外交官和其他政府官员享有豁免权。"华工"被宽泛地定义为"有技能或无技能的劳工及采矿业中被雇佣的中国人"[3]。该法案在美国移民史上是一个重要的转折点,它标志着开放移民政策的终结,从此美国采取越来越严厉的限制政策。

《华工禁约》在黄遵宪到达旧金山之后不久便生效。他在长诗《逐客篇》中表现出失望的情绪,华工在一个新的国度不仅要忍受如此繁

---

① 斯图尔特·C. 米勒:《不受欢迎的移民:美国人对中国人的印象,1875—1882 年》,伯克利,1969 年,第 192 页。

② 关于这次磋商的评论,参见玛丽·罗伯茨·柯立芝:《中国的移民》,纽约,1968 年再版于台北,第 151—167 页。

③ 《美国成文法大全》卷 22,《1881 年 10 月至 1883 年 3 月,以及最近的条约、邮政公约和行政公报》,华盛顿,1883 年,第 61 页。

重的劳动,还要受到偏执的美国人的凌辱和迫害①。他为同胞在海外的命运而感到悲愤。他们在国内无法生活,现在又面临异国排斥的威胁。加州的大多数劳工来自中国东南沿海的省份,那里人口稠密,土地资源匮乏,他们在难以维生的情况下背井离乡,到国外寻求生路。黄遵宪也承认,并不是所有移民遵纪守法,但他相信,那些不守法的人是太平天国时期从大陆流放的罪犯。事实上,这些团体成分不同,旧金山的华人非常复杂,以至于不同的团体之间时常发生火并②。

黄遵宪为美国人背叛华盛顿的理想感到遗憾,华盛顿在百年前就宣称:"美国地广人稀,任何来到这片土地上的人都将受到公平的对待,不管是黄种、白种、红种或者是黑人。"③黄遵宪有关华盛顿的平等思想的来源尚不清楚。他称赞华盛顿是美国理念的化身,把他刻画为一个有高尚德性的人,因为他高擎反对压迫、要求独立的旗帜,主张种族平等,人类自由。作为美国的国父,华盛顿可与中国上古时代传说中的圣人相提并论。

黄遵宪一到旧金山便意识到一个残酷的现实:华人是人们歧视的对象,"天朝上国"或"中央之国"的观念只是一个笑柄。事实上,"天朝"一词常被用来蔑视中国。他注意到在加州的清朝官员视其同胞如

---

① 黄遵宪:《逐客篇》,《人境庐诗草笺注》,第126—128页。

② 关于旧金山华人组织及唐人街道德特质的研究,参见斯坦福·M.莱曼:《旧金山唐人街的冲突与团体间的关系网:1850—1910年》,载《太平洋历史评论》卷43,1974年,第473—499页;伊万·莱特:《从恶习之地到游客向往之地:美国唐人街的道德特质,1880—1940年》,载《太平洋历史评论》卷43,1974年,第367—349页。

③ 黄遵宪:《逐客篇》,《人境庐诗草笺注》,第129页;又见在1899年他作的自传体诗《己亥杂诗》的注,《人境庐诗草笺注》,第296页。黄遵宪关于乔治·华盛顿种族平等思想的来源尚不得而知。

黑奴，对他们漠不关心①。

尽管黄遵宪对美国感到失望，但确信清政府对《华工禁约》也负有责任。他痛斥北京的官员置其恶果于不顾，愚蠢地接受了这一致命的条约。尽管他拼命地试图阻止《华工禁约》的实施，但是任何反对排斥中国人的抗议注定要失败②。虽然他被授权担任大清帝国的使节，但无权与美国官员磋商。他悲哀地说："倒顷四海水，此耻难洗濯。"③

黄遵宪认为寓美华人未得到本国政府的保护，这一观点是正确的。他相信，清帝国的衰败是海外华人蒙耻的根源。他在诗中写道："轩顼五千年，到今国极弱。鬼蜮实难测，魑魅乃不若，岂谓人非人，竟作异类虐，茫茫六合内，何处足可托？"④

在旧金山的经历使他认识到当今世界实是一个达尔文主义的世界。他指出："吁嗟五大洲，种族纷各各。攘外斥夷戎，交恶詈岛索。今非大同世，只挟智勇角。"⑤这种信念成了他余生民族主义和变法思想的根源。在这以后他提出的所有变法主张都旨在建立一个强有力的高效政府，使中国能在这个急剧变化的世界上生存下来。

黄遵宪在旧金山履职期间，最值得称道的工作是保护美、加华人的合法权利⑥。他一上任便公开谴责在加州地区谋杀华人的犯罪行为。1882 年 5 月 29 日，驻华盛顿的中国使馆临时代办便转交了黄遵

①③ 黄遵宪：《逐客篇》，《人境庐诗草笺注》，第 130 页。

② 黄遵楷：《先兄公度先生事实述略》。

④ 黄遵宪：《逐客篇》，《人境庐诗草笺注》，第 127 页。

⑤ 黄遵宪：《逐客篇》，《人境庐诗草笺注》，第 129—130 页。

⑥ 李东海：《加拿大华侨史》，台北，1967 年，第 152—158 页，书中提到黄遵宪为援助加拿大华侨所采取的行动。

宪致美国国务院的抗议信:

> 先生:我很荣幸地告诉您,我收到了中国驻旧金山总领事的黄先生的来信。他在信中抱怨在旧金山以南35英里的马丁内斯,中国渔商在4月6日夜受到一伙暴徒的袭击,他们围堵中国人的房舍,破门而入,捣毁他们的财产。中国人从楼上的窗户逃出,8人受伤,1人因伤势过重而死亡。
>
> 总领事请求我向你陈述这一事实,请你与加州当局联系,指示他们对该州的中国居民采取适当的保护措施,以防止再发生类似的暴行①。

黄遵宪也机敏地用法律来保护中国人权利,特别是那些到中国或其他国家旅行后又回到美国的劳工的权利。《华工禁约》承认,如果他们的早期定居者身份能被确认,他们就有重新入境美国的权利。然而,获准重新入境美国的程序很复杂。它要求移民局官员或他的代表登上每一艘离开美国的载有中国人的轮船,记下他们的名字、年龄、职业、最近的居留地、生理标志或特征,以及其他所有能反映其身份的事实。华工通过申请注册,方可得到移民局官员签发的证件。其中,中国领事馆的作用只字未提②。

为了使华工再次有效入境,黄遵宪提议由中国总领事向所有离开美国的华人签发身份证和护照。他指出由于中国人多数不懂英语,他

---

① 1882年5月29日徐寿朋致美国国务卿的信,载《驻美中国使团致国务院的信》。

② 《美国成文法大全》卷22,华盛顿,1883年,第59—60页。

们若得不到领事的帮助就很难申请获得证件。此外,领事馆签发身份证明将能帮助移民局官员获得这些登记的资料。美国政府答应,可以由中国领事馆签发有关的证件,并不收取任何费用,证件上面应有黄遵宪总领事的签字及美国移民局官员的副署[①]。这一制度令人满意地实施了一年多。

这一制度最终又因存在非法入境者而无法实施,非法入境者导致加州本地人与华人间的紧张关系升级。许多加州人认为《华工禁约》有漏洞,联邦政府为制止中国劳工非法入境所作的努力毫无实效。有各种欺诈案件的报告:有些华人谎称自己是生于美国或生于国外的美国公民,有些劳工伪装成学生或商人,有的出示在香港从那些合法的财产所有者(他们决定在中国定居)手中购得的证明。这些事例激怒了部分移民局的官员,他们疯狂地追捕非法入境者,并常对寻求合法入境的华人施暴[②]。

1884 年 2 月,移民局的特别代表在旧金山突然发布声明:此后将由他签发中国商人离开美国的证件,中国总领事签发的证件将无效。黄遵宪敦促中国驻华盛顿公使向美国国务院提出抗议。他申辩道,如果中国领事签发的证件无效,那么中国商人按 1880 年条约规定享有的权利就难以兑现。该条约承认他们"来去自由","与美国或其他国家的公民一样,享有基本权利、优惠待遇、豁免权、免税权等"。由于大

---

① 1882 年 6 月 8 日、21 日、28 日徐寿朋致美国国务卿的信,载《驻美中国使团致国务院的信》。

② 孔士谔:《美国人生活中的中国人:他们历史的几个方面,地位、问题、贡献》,西雅图,1962 年,第 91—92 页,一些涉及临时离开美国的华工重新入境的问题,导致了 1888 年《斯科特法案》的通过,该法案禁止离开美国的华工返美。出处同上,第 83 页。

多数在美国的华商不懂英语,他们到移民局申请签证将会遇到困难。此案关系到美国财政部,财政部的官员通知旧金山移民局官员,指出当局的通告违背1882年的《华工禁约》和1880年的条约。总领事签发的护照应视为中国政府签发的证件,所以,其持有者自然有权进入美国①。

由于加州人要求限制中国移民的呼声越来越强烈,《华工禁约》于1884年7月作了修订。修正法案确认"商人"指零售商、小贩和制作海货出口的渔民。新的条款要求登记更详尽的资料,如在身份证上填写个人、家庭信息以及族名②。修正案通过后不久,持有中国领事馆签发的护照或证明的24位中国商人在旧金山被拒绝入境,理由是新法案将他们排除在外。从技术上看,他们的证件不符合修正案中的有关条款。黄遵宪立即电告华盛顿,指出他们所乘的轮船是在新法案通过前离开中国的,故不能要求他们遵守这一法案。他成功地使这批商人获准重新进入美国③。

考虑到东西方法律概念的差别,黄遵宪能在这场与移民局官员间的法律之争中最终获胜是很了不起的。在清朝政府统治下,个人的权利得不到法律的承认,法律的主要目的是维护整个社会的和平与和

---

① 1884年3月7日郑藻如致美国国务卿的信,3月11日、19日美国国务卿致郑藻如的信,《美国对外关系文件》,第48届国会文件,1885年,《众议院行政文件》第1卷,第1部分(编号2276),第106—109页。"中国人无论是以教师、商人的身份还是出于好奇心,连同他们来美国的家眷,以及美国现有的中国劳动力,应该允许按照他们的意愿,赋予其自由来去的权利,并享受最惠国公民的一切权利。"《美国成文法大全》卷22,第826—827页。

② 《美国成文法大全》卷23,第115—118页。

③ 1884年7月31日蔡国清致国务卿的信,1884年7月31日、8月2日代理国务卿致蔡国清的信,《众议院行政文件》第1卷,1885年,第112—113页。

谐,不会保护个人对抗官府的权利。而且,办案过程中的判决应根据儒家的道德准则,法律与道德没有严格区别。道德劝谕要比法律争讼更为重要,前者常常被官员和平民用作申辩的理由。黄遵宪的申辩脱离了道德说教,他充分利用现有的条约来捍卫寓美华人的利益,由此他的行为更值得称道。当"北京城号"事件爆发时,黄遵宪对维护中国商人的权利特别感兴趣,表现出他为维护美国华商利益而斗争到底的决心。

1884 年 10 月,一些中国商人及家眷乘坐的"北京城号"轮船在旧金山被美国移民局拒绝靠岸,当局坚持修正案中要求中国人必须持有中国政府签发护照的规定。当时在美华商如果到美国之外的地方去旅游或生活,在他们返回美国之前,必须回中国领取护照。黄遵宪抱怨道:如果移民局官员强行实施这一决定,将给华商带来极大的不便,并严重地损害他们应享有的权利。美国的许多华商在维多利亚(不列颠哥伦比亚)、夏威夷、古巴和秘鲁有巨大的商业利益。如果这些商人不回中国领护照就不能进入美国的话,其贸易活动将受到致命打击。黄遵宪的争辩最终被证明是有说服力的,美国财政部不同意移民局的做法,声明在美国及其他国家的中国领事签发的证件有效①。

黄遵宪还面临这样的问题,即有些华工必须取道美国再前往加拿大或南美国家时会遇到麻烦。1884 年 7 月,载有中国劳工的"里约热内卢"号轮船抵达旧金山,准备进入加拿大的不列颠哥伦比亚,他们被

① 1884 年 10 月 4 日、8 日蔡国清致国务卿的信,1884 年 10 月 17 日和 12 月 18 日国务卿致蔡国清的信,见《众议院行政文件》第 1 卷,1885 年,第 114—118 页。《财政部截止于 1884 年 12 月 31 日关于关税、航海建设及相关法律的摘要》,华盛顿,1885 年,摘要编号 6668。

禁止临时靠岸。由于中国与不列颠哥伦比亚、巴拿马及南美港口间没有直接运输线,从中国来的旅行者必须进入旧金山或纽约港。在这一事件发生前,途经美国的中国劳工,只要持有中国总领事签发的护照,都被允许临时登陆①。然而,当"里约热内卢"号轮船抵达旧金山时,移民局的官员对财政部关于过境华工的规则作了很严格的解释。移民局官员认为,财政部的规定只适用于那些从某一港口进入美国并且从别的港口离开美国的中国劳工。因此出入同一港口的中国劳工就无权登陆,必须滞留在船上,直至转乘其他船只。对此,黄遵宪向华盛顿当局抱怨,华工要在船上度过 10 至 20 天,这对乘客极为不便。美国国务卿承认,移民局的官员在解释法律条文时过于严格,并同意中国劳工在美国港口过境时可按这一规则登陆②。

黄遵宪的对手还不只是移民局,他还要与旧金山的市政官员作斗争,他们是加州排华运动的支持者。美国人之所以产生排华情绪,主要是在民众印象中的唐人街十分拥挤、肮脏。为了控制中国人聚居地的卫生状况,市政当局颁布了有关居民区的住房条例,并允许市政官员采取粗暴的手段强迫中国人执行这一条例。这些措施得到了美国公众的支持,美国人自 1870 年以来对污秽与疾病很敏感,担心华人威胁其国民的健康。舆论普遍认为中国人有梅毒、霍乱、麻风,更糟糕的

① "中国劳工通过到美国大陆的航线可直接出入其他国家",1883 年 1 月 23 日美财政部的通告,载《美国对外关系文件》,1884 年,第 213—214 页,财政部:《财政部决定摘要》。此件见 1883 年 2 月 2 日国务卿致郑藻如的信函,收录在《美国对外关系文件》,第 48 届国会文件,1884 年,《众议院行政文件》第 1 卷,第 1 部分(编号 2181),第 213—214 页。《财政部决定摘要》,华盛顿,1884 年,第 35—36 页,摘要编号 5544。

② 1884 年 7 月 12 日郑藻如致美国国务卿函;1884 年 8 月 14 日、12 月 18 日国务卿致蔡国清函,见《众议院行政文件》第 1 卷,1885 年,第 111—118 页。

是“在东方人淫荡的躯体里潜藏着无名的传染病”[1]。考察旧金山唐人街的卫生事件可以展示黄遵宪在处理中国移民与市政当局矛盾的能力。这一强制性的居住条例要求个人必须拥有若干平方米的居住空间。有些华人因此被逮捕入狱，黄遵宪立即指派下属前去丈量囚室的面积，然后厉声质问这种逮捕行为，指控市政当局在囚室面积上违反了自己的条例。市政官员无法拒绝他的指控，只得道歉并释放被抓的人。这一事件在清朝官方的史书中也有记载[2]。

尽管当地政府对黄遵宪怀有敌意，却有一位美国人支持他为保护中国移民而作出的努力。傅烈秘（Frederick A. Bee）上校在旧金山中国领事馆任职，并兼任六个中国公司的律师，他积极帮助旧金山的华人，在黄遵宪到任前他还被任命为领事。黄遵宪在一首叙事诗中提到这个令他难忘的傅烈秘上校。一次在海关，他们二人被一群美国劳工围攻，其中一人用手枪指着他们吼叫，如敢引华工入境，黄遵宪他们就会吃枪子儿。傅烈秘付之一笑，从自己的靴中拔出枪来说：“汝敢否？”[3]

黄遵宪对寓美华人的福利也作出过贡献，可以说他在域外也尽到了“父母官”的职责，这也许是对他民族自尊心受到伤害的一种补偿。无论什么情况下，他在旧金山时总是精力充沛地工作，这是受到其民

---

① 斯图尔特・C. 米勒：《不受欢迎的移民》，第 194 页。

② 张其昀编：《清史》，第 5051 页。又见梁启超：《嘉应黄先生墓志铭》，《人境庐诗草笺注》，第 10—13 页。在黄遵宪离开美国二十余年后，梁启超到美国访问时发现，中国居民仍记得此事，并对黄遵宪给予高度的评价。

③ 黄遵宪：《续怀人诗》，《人境庐诗草笺注》，第 207 页。关于傅烈秘的这一任命，见亚历山大・萨克斯顿：《不可或缺的敌人》，第 9 页；1880 年 6 月，詹姆斯・B. 安吉尔到中国去时曾在旧金山中国领事馆见到傅烈秘，《安吉尔日记》，1880 年 6 月 18 日，密歇根大学安娜堡分校图书馆藏。

族主义情绪的激励,他本人也对海外移民有着积极评价。

清初,政府出于镇压郑成功的需要,严格禁止向海外移民,郑氏是满族人的最后一个对手,后来退守台湾。郑成功被镇压后,清政府仍禁止向海外移民(违抗者处以死刑),康熙和雍正也多次重申这一禁令①。

然而,清政府事实上不能阻止其臣民向东南亚及后来的美洲和大洋洲移民。清政府不仅默许迫于生计的百姓到海外谋生,而且同意西方列强在华招收劳工。从技术上看朝廷禁止移民的法令仍有效,但在中英条约(1860)、中法条约(1860)和中西条约(1864)中均有劳工移民的条款。这只是清政府作出的实际反应的一部分,也许正如墨子刻所揭示的,在清政府的立法实践中,刚性的法规与弹性的行政条规并存②。

清政府漠视海外华人。从政府方面看,那些移居海外的人不值得关照,他们在国外获得的财富与帝国无关。丁韪良曾对这一观点作过分析,他参加了1858年《天津条约》的磋商。当美国代表建议中国派领事关照寓美华人时,直隶总督的反应是:“皇帝的财富难以胜数,为什么还要关心那些离开故土的臣民、顾及那些社会的渣滓呢?”③

到了1874年,当臭名昭著的虐待苦力的贸易越来越严重时,清政府才对国民摆出一副保护者的姿态。这部分是由于19世纪70年代

---

① 王省吾:《清廷对海外移民的态度》,《中国文化》卷9,台北,1968年12月,第62—76页。

② 墨子刻:《清朝官僚体系的内在组织:法律的、标准化的、沟通的方面,1868—1906年》,哈佛大学,1973年,第1章。

③ 丁韪良:《花甲忆记》,1900年;台北再版,出版时间不详,第160页。

末中国第一批驻外使馆在美国、欧洲和日本开馆。但这一方针的变化并不意味着清政府认识到海外移民的经济价值，或关心移民问题。结果，在协商维护中美劳工条约时，关于不限制移民权利这一条款，清政府并未积极努力。1880 年当安吉尔率美国代表团到北京磋商修改《蒲安臣条约》时，他们顺利地达到了目的。只是在会谈开始时，他们受到中国代表的指斥，对限制的合理性提出了质疑①。安吉尔在日记中总结了在北京的经验："从第一次会谈到我们签约计 48 天。此次与中国人交涉省去了一张铁嘴，这是前所未有的，连这里的外国公使都感到吃惊。"②

谈判的记录表明，正是由于对条约内权利的无知，使得中国官员同意对移民进行限制；而且，条约内缺少有关海外移民政治权益的内容③。官员们的注意力局限于对海外中国臣民的人道主义关怀上，这与儒家官员的首要任务——保护民众的福祉一致。这一点也反应在一些参加谈判的官员给皇帝的上奏中。在请求帝国同意修约时，他们强调如果不继续对移民加以限制，那将会增加加州地区华人的恼怒，这就导致与皇帝意愿相反的情形，因为皇帝最关心的是其臣民的安宁④。

---

① 参见 128 页注释②；何天爵：《中国移民的限制》，《展望》卷 76，1904 年 4 月 23 日，第 974 页，他是美国驻京使馆秘书，协助安吉尔磋商修约；另见 1880 年 10 月 23 日、11 月 3 日安吉尔致国务卿的信，《美国公使致中国的专电，1843—1906 年》，国家档案，卷 47，国家档案缩微胶卷，第 92 号。

② 《安吉尔日记》，1880 年 11 月 20 日。

③ 美方代表对加州地区形势及限制美国华人法律的政治含义的全面了解，令中国谈判代表大为震惊。见玛丽·罗伯茨·柯立芝：《中国的移民》，纽约，1968 年，第 156 页。

④ 《清季外交史料》卷 24，第 9—10 页。

黄遵宪对海外华人的看法要比中央政府内那些官员的想法更超前。他认为增进海外侨胞的福利,不仅是人道主义的需要,也是出于对国家利益的关心,即海外华人的经济价值。他在旧金山调查了该市的银行后发现,华人每年汇往广东的美元在1000万至1600万之间。在过去的4年,年平均1200万美元,这还仅是旧金山一处的数字。其他如古巴、秘鲁、西贡、新加坡等海外华人集中的地方,其数额要比这还要多几倍。黄遵宪估计每年从海外汇入的钱与中国流出银元的价值大致持平①。黄遵宪确信,外贸及来自海外侨民的汇款是一国财富不断增长的重要手段。从商人的角度看,海外华人对国家的国民经济具有重要的价值;而且,海外移民的增长还可缓解国内人口的压力。

尽管黄遵宪在加州有着痛苦的经历,但仍坚持对美国的高度评价,视其为地球上最先进的国家。他对这一复杂社会的管理制度留下了特别深的印象,如各种专门而又简明的法典、公正的执法等②。虽然他羡慕美国的管理制度,但对民主特别是竞选持否定的态度。他目睹了1884年美国的大选,格罗弗·克利夫兰当选为总统。黄遵宪在有关美国的两首诗中有一首讲到竞选。他将两党竞选中采取的狡诈和暴力的手段比作春秋战国时期的流血冲突和政治欺诈,他还谈到1881年加菲尔德总统遭到一绝望失业者的暗杀,他认为选战只不过是为谋取高官而进行的贪婪的权力之争③。

尽管黄遵宪的观点与托克维尔明显不同,但他对美国的民主制度

---

① 1890年黄遵宪与薛福成一道赴中国驻英使馆履职,他在伦敦向薛福成报告了他的这一发现,薛福成:《出使英法义比四国日记》卷1,第14—15页。

② 黄遵宪有关美国立法制度的评论,参见《日本国志》卷27《刑法志》,第1页。

③ 黄遵宪:《纪事》,《人境庐诗草笺注》,第130—135页。

也提出了有价值的见解。他预言，追求平等最终将导致社会秩序的崩溃。若对个人的自由不加控制将会在民众间滋长自恋和自私。只有国家保持繁荣和良好的社会公德，这个制度才能得以维持。然而，一旦国家遇到经济困难，民众变得焦躁不安，自私自利的人将会展开无情的斗争①。托克维尔也曾批评这种自私的特征："人们均考虑各自的利益，这将导致自私自利。"②托克维尔是在民主制度的前提下来关注自由价值的命运，而黄遵宪首先关心的是维护儒家的人伦关系，认为这对社会的存在至关重要。

1885 年 9 月，黄遵宪请求辞去旧金山总领事③。正当他的辞呈得到批准并准备回国之际，怀俄明州的石泉城（Rock Springs）发生了臭名昭著的屠杀华人事件。黄遵宪致函中国驻华盛顿公使，要求调查此事。许多华人伤亡，他们的大部分财富被偷或被毁。郑藻如公使立即派傅烈秘上校和纽约总领事黄锡铨前去该地④。石泉城屠杀华人事件是黄遵宪在美期间发生的最为严重的暴力排华事件。此事在中国国内也引起了强烈的反响。刘广京认为，有证据表明，在中国条约口岸出版的中文报纸刊登了美国政府拒绝赔偿屠杀事件中的受害者的报道，由此引发了 1886 年长江一口岸反传教士的暴力事件⑤。从这时起，在长江流域包括四川，反传教士的暴力事件频繁发生。后来，黄遵宪在 1895 年受命处理这些事件，其中有些事件十余年都悬而未决。

---

① 黄遵宪：《日本国志》卷 32，第 1 页。

② 托克维尔：《论美国的民主》，第 2 卷，巴黎，1840 年；纽约，1945 年，第 107 页。

③ 1884 年 9 月 4 日郑藻如致美国国务卿的信，《驻美中国使团致国务院的信》。

④ 1885 年 9 月 11 日、14 日郑藻如致美国国务卿的信，《驻美中国使团致国务院的信》。

⑤ 刘广京：《美国人与中国人：史学论文和书目集》，第 25 页。

黄遵宪约在1885年9月23日离开美国。作为旧金山的总领事,他的任务非常繁重。他目睹了同胞在国外蒙受耻辱,心灵受到了伤害,他获得的重要认知无疑是这个世界的新形象。在这个世界上,不同种族和文化的人民为生存和财富而进行竞争,这与儒家思想中那种和谐的世界秩序相冲突。中秋之夜,本是举国欢庆的日子,但他注意到在船上的西方人并没有与他一起分享对月光的赏慕,中国劳工沉睡在拥挤不堪的底舱内。只有黄遵宪一人在赏月,追思在海外度过的岁月:

> 大千世界共此月,世人不共中秋节。泰西纪历二千年,只作寻常数圆缺。舟师捧盘登舵楼,船与天汉同西流。虬髯高歌碧眼醉,异方乐只增人愁。此外同舟下床客,梦中暂免供人役。沉沉千蚁趋黑甜,交臂横肱睡狼藉。[①]

黄遵宪想起了四亿中国人,祖国的每个家庭或在庆贺这幸福团聚的节日,或在为离别而悲伤。黄遵宪在《归过日本志感》中回想起了何如璋,他在1884年中法战争期间督办福建船政,船厂被毁后他被流放到新疆[②]。没有资料表明他在日本登陆看望旧友。

黄遵宪在经历了加州的种族主义排华事件后,世界观发生了根本的变化。他发现这个世界不过是国家间权力之争的竞技场,正在奴役黑人的白人决心要征服整个世界。印度已灭,埃及被征服,土耳其由

---

① 黄遵宪:《八月十五夜太平洋舟中望月作歌》,《人境庐诗草笺注》,第141—143页。
② 黄遵宪:《归过日本志感》,《人境庐诗草笺注》,第143页。

盛而衰，整个亚洲正受到威胁。毋庸置疑，白种人正逐步控制整个地球。黄遵宪在美国及此后，反复使用“弱肉强食”来刻画国际形势，提醒黄种人要特别注意[①]。1885年，越南沦为法国的殖民地。他在诗中悲哀地写道：“弱肉供强食，一任鸾刀割。”[②]同一首诗中他说，因中国失去了作为屏障的周边地区，故而面临危险：“舐糠倘及米，剥肤恐到骨。”在1890年访问锡兰期间，黄遵宪作了一首叙述锡兰的长诗，在诗的末尾他为亚洲人蒙耻而感到愤怒，也为“中央之国”无力保护亚洲弱小的邻邦而悲哀[③]。他在1900年作的一首赠友人的诗中颂扬黄种人：“四亿万人黄种贵！”[④]他在一首为鼓励小孩去上学的诗中写道：“人种如何不尽黄？地球如何不成方？昨归问我娘，娘不肯语说商量。上学去，莫徜徉。”[⑤]他在一首写军队操练的诗中表现出作为黄种人的自豪感：“五洲大同一统大，于今时未可。黑鬼红蕃遭白堕，白也忧黄祸。黄祸者谁亚洲我，我我我！”[⑥]

黄遵宪认为用达尔文的自然选择理论来解释世界上的种族冲突

---

① 黄遵宪在日本期间的诗作中曾使用过一次“黄种”：“欧西诸大日逞强，渐剪黑奴及黄种。”《樱花歌》，《人境庐诗草笺注》，第84页。

19世纪80年代初，斯宾塞的作品在日本非常流行，日本人曾出版过多种译本。然而，日本人将他的理论视为自由主义和议会主义的理论基础，并用其来指导自由民权运动。参见松泽弘阳：《〈西国立志编〉与〈自由之理〉的世界：幕府末期的儒学、维多利亚时代的激进主义和明治文明开化》，东京，1975年，第9—53页；福田芳郎：《明治初期的进化论》，《日本历史》卷14，1949年3月，第2—10页。

② 黄遵宪：《越南篇》，《人境庐集外诗辑》，第52—54页。

③ 黄遵宪：《锡兰岛卧佛》，《人境庐诗草笺注》，第163—182页。

④ 黄遵宪：《香港访潘兰史题其独立图》，参见钱仲联编：《黄公度先生年谱》，第65页。

⑤ 黄遵宪：《幼稚园上学歌》，《人境庐集外诗辑》，第62—63页，原文刊于《新小说》第1卷，第3期，1903年1月。

⑥ 黄遵宪：《旋军歌》，《人境庐集外诗辑》，第61页。

很恰当。自然法则与人类世界相关联,这是中国宇宙论的基础。1899年,他作了一首关于栽花的诗:“移桃接李尽成春,果硕花浓树愈新。难怪球西新辟地,白人换尽旧红人。”①

黄遵宪承认这一事实:竞争推动人类历史的进步,进化是不可抗拒的。为了生存进化,人类始终与冲突相伴,每一个国家必须经常变革其制度。当今世界任何国家都不能固守旧章。他确信君主专制主义是中国前进道路上的最大障碍。他在病中作了这样一首诗:四千年的专制政体必须终结,20世纪的中国必须建立议会制,因为“举世趋大同,度势必有至”②。

尽管黄遵宪视世界如竞技场,但相信人类历史的合理目标是实现“大同”,“大同”与种族冲突的观念同时出现在他的诗中。即便是伴随残酷的竞争和自然选择,东西方人民进化的终极目标当是和平。他指出,中国的许多花果来自海外,在植物界并没有国界;植物世界也预示了人类的前景③。

康有为在《大同书》中对理想的人类社会——“大同”——作了阐述。该书作于1880年代,在康氏去世后出版于1935年。康有为主张通过不同种族的通婚来消除国界和种族界限,以实现乌托邦④。这个充满竞争的世界令黄遵宪和康有为警觉和失望,也促使他们渴望实现大同。

---

① 黄遵宪:《己亥杂诗》,《人境庐诗草笺注》,第289页。
② 黄遵宪:《病中纪梦述寄梁任父》,《人境庐诗草笺注》,第386页。
③ 黄遵宪:《己亥杂诗》,《人境庐诗草笺注》,第288—289、295、303页。
④ 康有为:《大同书》,上海,1956年。

第六章　为变法建言:编纂《日本国志》

一个人在海外的生活经历,特别是生活在比本国强盛的国家,他哪怕是自私自利和对政治漠不关心,内心也会时常涌动着一股强烈的爱国主义热情。一个人即便为一个发达国家高水准的生活所迷惑,也不能不想到自己的家庭,并反思祖国为什么如此贫困。更有甚者,长时间生活在国外,又总是伴随着各种蒙受耻辱的经历,自然会感受到异国他乡在风俗和制度方面的限制。当感到沮丧及自尊心受到伤害时,势必强化一个人对国家的认同感。对许多亚洲地区民族主义运动的领袖来说,他们在国外的学习经历都刺激或增强了其民族主义的情结。

黄遵宪在美国的痛苦感受,不仅加深了他的爱国感情,且促使他思考如何救国,洗刷羞耻。在中国民族主义的萌生期,他被爱国主义唤醒。在第一次访问香港这块中国土地上的英国殖民地时,他作了一首充满激情的诗。然而,直到他去美国,才清楚地意识到国家间竞争的性质,并形成了要在中国建立一个强有力的政权的观点。

黄遵宪全盘接受了在民族主义时代流行的这一观点,即人生最辉煌的成就是通过献身国家来实现。他崇拜的英雄是意大利的加富尔、马志尼和日本明治维新运动的领袖西乡隆盛、木户孝允、大久保利通等。他对中国的未来及自己所发挥的作用均持非常乐观的态度。在旧制度将要退出历史舞台、新的民族国家行将诞生之际，个人对民族主义理想的积极追求将融进一个无上光荣的事业之中。黄遵宪提出的变法主张是他朝着实现这一崇高理想而积极努力的一部分。他辞去旧金山总领事后，暂时退出了政府机构，他必须寻求新任命才能继续其仕途。显然，他的目标是试图得到更高的官职，冀以促进中国的变法。为使自己的观点和主张被采纳，他穷10年之功编纂了《日本国志》。尽管起初《日本国志》只是资料的摘编，但在最后的成稿中，他向中央政府及那些接受该书抄本的官员提出了一套变法主张。

黄遵宪回国后来到广西梧州，父亲在此督办厘金。黄遵宪在旧金山时母亲已去世，因公务在身未能回籍丁母忧。他在短诗《将至梧州志痛》中流露出回家后再也见不到母亲的忧伤。依照传统，他在嘉应为母亲举行了一个正式的葬礼，并撰写墓志[①]。

黄遵宪的父亲指派一地方出版商重印了《日本杂事诗》，在他到达梧州时书刚印成。黄遵宪为再版本重新作序，对出版情况作了说明：

> 东人喜读中人之诗，中人又喜闻东国之事，一时风行，遐迩流布。余在外九年，友朋贻书询外事者，邮筒络绎。余倦于酬答，辄以此卷应之。家大人服官粤西，同僚中亦多有求索者。顾所印之本，均系活字版，购之书肆，不可复得。乙酉春仲，家大人榷税梧州，乃以译署本召募手民，付之剞劂。[②]

---

① 钱仲联编：《黄公度先生年谱》，第32页；《将至梧州志痛》，《人境庐诗草笺注》，第143—144页。

② 1885年版《日本杂事诗》序，参见丰田穰和实藤惠秀译：《日本杂事诗》，东京，1943年、1968年；周作人：《论黄公度的〈日本杂事诗〉》，载郑子瑜：《人境庐（注转下页）

在1885—1888年的3年间，黄遵宪在嘉应过着平静的生活。当张荫桓被任命为驻美公使时，要他继续担任旧金山总领事，他“以限禁华工之例，祸争未已，虑不胜任，力辞”。两广总督张之洞提名黄遵宪巡察南洋诸岛，他以《日本国志》已有初稿，在美期间受到耽搁、弃之可惜为由，谢绝此任[①]。

黄遵宪在与家人8年离别之后，再次享受全家团聚及与旧友在乡里过着宁静生活的乐趣。此间，他的诗作反映了在乡里度过的愉快生活。有一首表现家庭生活情趣的诗，写的就是九岁的女儿要他每晚讲个故事：

> 一灯团坐话依依，帘幕深藏未掩扉。小女挽须争问事，阿娘不语又牵衣。日光定是举头近，海大如何两手围？欲展地球图指看，夜灯风幔落伊威。[②]

他不在家时，家庭生活不健全。他在家闲居时主持了重要的家庭事务。他为17岁的长子完婚，新娘是在多年前就选定好的，她是李太夫人的外曾孙女。黄遵宪回国后的次年，第三个儿子出生，次年四子出生。夫人叶氏的大部分岁月与丈夫分别，在家料理家务。尽管黄遵

（续上页注）丛考》，新加坡，1959年，第19—25页；石原道博：《黄遵宪的〈日本国志〉与〈日本杂事诗〉》，《茨城大学人文学部纪要·文学科论集》卷8，第25页；另见梁启超辑：《西政丛书》卷25，1896年；又《小方壶斋舆地丛钞》，第10帙，其中有黄遵宪对自己诗作的评论。

① 钱仲联编：《黄公度先生年谱》，第33页。

② 黄遵宪：《小女》，《人境庐诗草笺注》，第151页。他的二女儿生于他赴日前的1876年。

宪同情这种艰辛的劳作，但社会风俗及家庭均不允许她随他到海外。

黄遵宪居家期间一件重要的事件是拜祭曾祖母之墓。他写的《拜曾祖母李太夫人墓》通常被视为佳作①，该文是诗人回忆童年时期的曾祖母。清明节那天，全家包括他79岁的祖父、两个弟弟及他们的妻儿、黄遵宪的夫人、长子及长媳、小儿子、女儿等一起来到小山上的墓地，为松柏树填土。他们身着正装，黄遵宪穿着新近从广西购买的锦绣官服，颈戴母亲所授的碧绿的朝珠。两个弟弟身穿"秀才衣"。他们在墓前铺开一幅红地毯，陈放各种祭品："上头爇红香，中间酌黄酒，青箬苞黍粽，紫丝络莲藕。"当他们开始招魂时，所有的人都跪拜在红地毯上，父亲在前，诸孙随后，正如诗中所描述的，像竹笋般依次排列，轮流向祭坛献酒。拜祭是家庭全体成员，包括生者和逝者的团聚仪式。黄遵宪为心爱的母亲离开人世而感到遗恨，他希望她能活到曾祖母的年龄，这样在她老的时候自己就可以侍候她，他也为自己的孩子失去了祖母的爱而感到惋惜。

村上邻居和黄遵宪的旧友也簇拥而来欢迎他返回故里，他们很希望知道国外的情况。应黄遵宪之邀，春天的一个晚上村民们来到他家。他们自由自在，沉浸在欢乐的交谈之中，直至深夜。村民们带着极大的好奇心向他提出了一个又一个的问题，并对黄遵宪的谈话展开热烈的辩论。他谈到日本和美国的历史、乘巨轮在太平洋里远航的经历以及美国的风土人情。说到宴席，他说西餐味道古怪，也许村民永远不喜欢。谈到西方人未到老年就蓄须的习俗，他表示不赞成。（在中国，蓄须是老人的特权。）对美国的沙文主义，黄遵宪表现出强烈的

---

① 见钱仲联笺注：《人境庐诗草笺注》，第153—157页。

愤慨。他说,美国人似乎以为他们能统治世界,这是大错特错。打开世界地图,很明显,所有的国家与庞大的宇宙相比,小如昆虫。黄遵宪和亲朋好友们是"一唱十随和,此默彼又聒"。他们越是饮酒,越是变得无拘无束,欢声笑语几乎震动了屋顶上的瓦片①。黄遵宪与村民们的谈话,反映出他身在中国的自豪感和对西方人狂妄自大的厌恶。在这些愤世嫉俗的村民面前,他畅所欲言。但对那些固守中国中心观念的士大夫,他的情绪激昂。因此,在《日本国志》中,他强调需要学习西方。他对祖国根深蒂固的信心及民族自豪感,绝不可与那些盲目排外的儒家士大夫相提并论。

1887年初夏,他完成了《日本国志》。尽管他在日本就完成了大量写作,但现在还需花很多时间将他在日本搜集到的资料重新编排。在完稿时他赋诗一首,声称敢将自己的著作与王夫之(1619—1692)的《黄书》相比②。(王夫之的这本政论著作充满了对清政府统治的批评。)黄遵宪对中国的制度也提出了批评,但在《日本国志》中,有关变法的具体主张要多于对政府的批评。该书的主题是报道明治维新,这对中国的变法有借鉴作用。正如他在序言中所言:"今所撰录,皆详今略古,详近略远。凡涉及西法,尤加详备,期适用也。"③

黄遵宪在《日本国志》中提出的变法主张,包括政府机构、财政制度、军事组织、法制、农业、工业、贸易、教育和语言文学等方面。他强

① 钱仲联编:《黄公度先生年谱》,第33页;黄遵宪:《远归》《乡人以余远归争来询问赋此志感》《春夜招乡人饮》,《人境庐诗草笺注》,第146—152页。

② 黄遵宪:《〈日本国志〉书成志感》,《人境庐诗草笺注》,第158页;钱仲联编:《黄公度先生年谱》,第33页。

③ 黄遵宪:《日本国志》凡例,第4页。

调民族的凝聚力是变法成功的关键，而至关重要的是中央政府获得人民的支持。他呼吁制度合理化，以建立一个以增进国民利益为目标的强有力的中央政府。他支持法家以法治国的观点，但谴责法家鼓吹的君主专制。他强调君民互信是国家统一的重要基础，中国需要培育新的公民道德以支持国家政府。

黄遵宪感到变法的直接障碍是来自精英阶层的保守主义和盲目排外思想。他反复批评儒家士大夫狂妄自大的华夏中心主义："而中国士夫，好谈古义，足已自封，于外事不屑措意。"如他们视日本"若海外三神山，可望而不可即"①。早在 1879 年他写《日本杂事诗》时就对国人无视日本而感到悲哀。当时他的解释是，之所以会有这种态度，部分是由于禁止海外贸易。但在《日本国志》中，他严厉谴责士大夫对外特别是对日本漠不关心，以及从来不到经典之外寻找知识的陋习，这样就把自己封闭在陈旧的世界知识中。他指责他们在讨论世界事务时不能突破旧思想的藩篱："检昨日之历，以用之今，则妄；执古方以药今病，则谬。"②他不仅批评那种虚妄的自我中心主义和盲目排外，而且强调接触外来文化的益处。西方国家通过军备竞争和发展科技而变得强大，即便在春秋战国时期，各诸侯国间竞争也刺激了各种实用技艺的改进③。

为劝告国人采用西方的先进技术，黄遵宪申辩道：西学源于古代中国。他断言，西技中的基本方法可在经书特别是《周礼》中找到，而《周礼》是一部记述周初礼制的书。周朝最优秀的遗产是政府应建立

---

①② 黄遵宪：《日本国志》自序，第 4 页。

③ 黄遵宪：《日本国志》卷 4，第 1—2 页。

在君民互信的基础之上，在秦汉帝国建立之前，君与民亲密，后来统治者越来越脱离民众，同时人民对政府也变得漠不关心，失去了支持政府的责任感。他发现这是中国最大的弱点，相比之下西方国家有很强的民族凝聚力，人民众志成城[①]。

"实学"是中国古代失去的又一财富。黄遵宪指出，实用技能曾是受人尊敬的学问。他为古代的实学被人遗忘而感到悲哀。实学被摧残，首先是由于秦朝的焚书，后来是六朝的清谈，第三次是宋明时期新儒家的理学，结果知识取向戏剧性地背离了古代的方向，实用技能不再受到学者的重视。他得出这样的结论："西人每谓中土泥古不变，吾独以为变古太骤。"[②]

黄遵宪认为中国采用西法，只不过是恢复自己的传统。他想起了"礼失而求诸野"的古语[③]。为说明采用西法的合理性，他用了这样的比喻："譬之家有秘方，再传而失于邻人，久而迹所在，或不惮千金以购还之。"[④]

黄遵宪批评有些人担心采用了西方的技术和制度后，中国也会像日本那样导致服饰和习俗的西化。他解释道，日本热衷于西化，是其独特国民性的产物，他们一向崇拜外来文化，中国人的这种担心是多余的，不应因这种毫无根据的担忧而拒绝西法的好处。中国文化的精华（即儒家伦理）不会因西法的引进而受到影响："顾以我先王之道德，涵濡于人者至久，本朝之恩泽维系于人者至深。所谓天不变，

① 黄遵宪：《日本国志》卷16，第19页；卷17，第15页；卷37，第22页。
② 黄遵宪：《日本国志》卷32，第21页。
③ 黄遵宪：《日本国志》卷13，第2页。
④ 黄遵宪：《日本国志》卷32，第22页。

道亦不变。"[①]

黄遵宪还强调采西法是为了卫"道"："彼西人以器用之巧、艺术之精，资以务财训农，资以通商惠工，资以练兵，遂得纵横倔强于四海之中。天下势所不敌者，往往理反为之屈，我不能与之争雄。彼挟其所长，日以欺侮我、凌逼我，终不能有簪笔雍容、坐而论道之日。则思所以捍卫吾道者，正不得不藉资于彼法以为之辅，以中土之才智，迟之数年，即当远驾其上。内则追三代之隆，外则居万国之上。"[②]借用先进的技术只不过是权宜之计，它将冲击那些依附于古代经典并拒绝接受他国先进技术和制度的教条。

从某种意义上讲，黄遵宪认为变法就是复兴中国固有的德性。他确信在中国的传统里定能找到强盛的秘方[③]。他辩解道，西方政府的基本原则是官员职责的制度化和专业化，这在《周礼》的官制中就可找到：

> 泰西自罗马一统以来，二千余岁，具有本末。其设官立政，未必悉本于《周礼》，而其官无清浊之分，无内外之别，无文武之异，其分职施治，有条不紊，极之至纤至悉，无所不到，竟一一同于《周礼》。乃至卝人之司金锡，林衡之司材木，匡人掸人之达法则、诵

---

①② 黄遵宪：《日本国志》卷32，第22页。

③ 1890年代的改革者大多持有类似的观点。正如查尔顿·M.刘易斯所指出的："确信中国富强的秘密存在于自身的传统之中，这是维新运动的核心思想。"查尔顿·M.刘易斯：《中国革命的序幕：湖南省思想和制度的转变，1891—1907年》，剑桥（麻省），1976年，第57页。

王志，为秦汉以下所无之官。[1]

以《周礼》作为变法的依据并非黄遵宪的独创。晚清的维新派大多引用经典，特别是《周礼》来论证其变法主张的合理性[2]。早期的例子，如恭亲王在1866年的奏折中引用《周礼·考工记》，请求朝廷批准创办京师同文馆。他认为西方的天文、算学源于中国，发展于西方，这些令儒士蹙额的学术其实存在于受他们推崇的《周礼》之中[3]。然而，恭亲王所讨论的仅限于西方的科技。关于西政与中国经典的联系，小野川秀美举了曾纪泽与女婿陈松生1879年在伦敦的一段对话[4]。陈松生说，西方的政教受到《周礼》的影响，老子是周朝的官员，被流放到西部沙漠，留下了周代的有关制度和法律文献，但这一问题在理论上尚需证明。曾纪泽认为这是一个新的有趣的观点。他在日记中写道：古代欧洲尚未开化，"其有文学政术，大抵皆从亚洲逐渐西来。是以风俗、文物与吾华上古之世为近"[5]。他还说西方各种机械都源于古代中国。

在历史上《周礼》一直被那些有争议的变法论者利用，这始于西汉的篡位者王莽，后有北宋的王安石及近代太平天国起义的领袖。因

① 黄遵宪：《日本国志》卷13，第1—2页。

② 赵丰田：《晚清五十年经济思想史》，北京，1939年；1968年再版于香港，第311—312页。

③ 中国史学会编：《洋务运动》，第2册，上海，1961年，第23—25页。

④ 小野川秀美：《清末政治思想研究》，第42页；有关以儒家经典来捍卫变法的讨论，参见王尔敏：《中国近代思想史论》，台北，1977年，第47—55页。

⑤ 《曾惠敏公使西日记》，光绪五年二月二十三日，载《曾惠敏公全集》卷1，上海，出版时间不详，第12页。

《周礼》被视为伪经[1]，黄遵宪一开始讨论西方官制时也为之辩护。他认为，王莽伪造经书及王安石将北宋引入歧途，非经书之过，相反，是由于这些人滥用经书。他接着反驳欧阳修对《周礼》解释。欧阳修认为：按照《周礼》内的官制，全国的官员只需要五万余人，这还不包括"里闾县鄙之长，军师卒伍之徒"，而周朝的税收总额也不足以供养这么庞大的官僚机构。黄遵宪在反驳欧阳氏时写道：周王垄断了山林、河流及沼泽等资源，并从市场及城市入口处征收高额赋税，这样周王就能供养其官僚机构，民众因存在被雇佣任文职的机会而得益，且周朝的官制已专业化和制度化，这就需要大量的官员。他指出西方政府的重要特征是有充足的财力供养一个专门化的官僚机构[2]。

黄遵宪强调法制现代化是制度改革的一部分。西方的法典较之中国更加先进、健全，西方的刑法如经典和圣人之言那样权威，但中国，"所生在道德，遂以刑法为卑，卑无足道也"，西人"崇尚刑法，以为治国保家之具，尊之乃若圣经贤传"[3]。他承认在出国前曾天真地以为西方的法律如同西部原始部落或北方蛮族那样单纯。在他目睹了日本效法西方法制取得的成效，并考察了美国法制的功能后才认识到法制的优长。西方法律较中国要复杂百倍。美国复杂的诉讼程序给他留下了深刻的印象，反观中国，法律程序极不完备。他认为详尽的诉讼程序可将冤案及官员滥用权力的可能性降到最低限度。西方公民不管其社会地位如何，在法律面前人人平等。欧美的所有国家，不管

---

① 刘子健：《宋代中国的改革：王安石（1021—1086）及其新政》，剑桥（麻省），1959年，第32—33页。

② 黄遵宪：《日本国志》卷13，第1—2页。

③ 黄遵宪：《日本国志》卷27，第1页。

其大小及政治制度如何，均依法治国，这些给他留下了很深的印象①。

黄遵宪将中西方法律的差异归之于社会进步程度的高低。他认为一个社会越先进，其法典将更加复杂和准确。一般说来，在古代因法律多依附于道德，故刑法简略。现代社会的法典变得更加细密，因为它与道德律享有同等的地位。他认为："中国之律，魏晋密于汉，唐又密于魏晋，明又密于唐，至于我大清律例又密于明。"他说，随着时间的推移，法典将变得越来越复杂，圣人的智慧不能等同于后人丰富的知识。西方法律是数百年来经验和知识积累的产物，其完备的程度，"此固古先哲王之所不及料，抑亦后世法家之所不能知者"②。这里，他将人类的历史发展视为一条进步的直线，这是对奉圣人为绝对智慧观点的挑战，他崇尚由经验积累而成的知识。人类通过实践能创造更良好的法律，这些历史遗产要比古人的教条丰富。这一点与他早年对古代圣贤的怀疑是一致的，后来他在美国接受的社会达尔文主义，也为这一观点提供了有力的支持。

黄遵宪的《日本国志》所阐述的各种变法主张，更加关注国家的财政，对这一议题的论述要详于其他方面。他指出了经济学的重要性："泰西人有恒言，疆场之役，十战九败，不足虑也；若物力虚耗，国产微薄，则一国之大命倾焉。"西方人为了国家财富的增长，将一生献给国家，因为他们知道经济实力是国力强大的关键。西方国家的经济活动在很大程度上受其民族主义的刺激。因此，他相信在西方每个国家的公民都在致力于增加本国的财富③。他对西方资本主义伦理的这种解

①② 黄遵宪：《日本国志》卷27，第1—2页。

③ 黄遵宪：《日本国志》卷38，第2页。

释是受了日本人追求工业化的影响，日本人认为这是国家致富的重要手段。

黄遵宪强调，中央政府在现代经济中扮演了重要的角色。西方人为增加财富，特别注重以下六点：进行精确的人口普查、征收足够的税款、建立每年的财政预算并公布收支平衡表、购买政府公债、规范货币和促进海外贸易。他认为这些基本的理财主张大多出于《周礼》和《管子》。人民对政府的信任是这些措施得以实施的关键①。

谈到人口，他感到古代人口至上的观念在现代是有害的。古代的生产要依赖众多的劳力，统治者担心民寡国弱，但当今人口过剩带来了严重的问题。大量人口从事非生产性劳动，甚至一些有害行业的从业人员在上升，这易引发叛乱。他注意到欧洲处理人口过剩的方法是将其用于开矿或垦荒。日本解决这一问题的办法是开垦北海道的荒地和鼓励发展新式工业。只有对此无知的人才会固守那陈腐的崇尚"人众"的哲学。他批评清政府对失业问题未予以足够的重视②。

关于税收，黄遵宪批评儒家的治国观，即将剩余产品最大限度地留藏于民，这势必导致政府必须将支出缩小到最低限度。他不赞同这种看法，而主张采用西方的征税方式，增加国家的财政收入。他痛惜中国人对国家的财政漠不关心，不知道自己有义务来支持政府。

> 世人徒见英、俄、法、美船炮之多，金帛之富，而不知其岁入租税，至七千万磅之多，假使中国岁入得有此数，比今日常税骤增五

---

① 黄遵宪：《日本国志》卷15，第1页。

② 黄遵宪：《日本国志》卷15，第12—13页。

六倍，即铁甲轮路，一切富强之具，咄嗟而办，亦复何难？正为岁入不足之故，无论外务，即内国政令，亦不得不苟且敷衍，能静而不能动，谓非取之过轻之故欤？[①]

令黄遵宪感到遗憾的是，虽然一些官员富有远见，如陶澍(1779—1839)改进了漕运制度，胡林翼(1812—1861)通过征收厘金增加收入，但受到公众的谴责和顽固官僚的诬陷，这让他觉得极不合理。

黄遵宪注意到，尽管日本是个小国，但政府的收入却很高。日本年收入高达五六千万日元，相当于3500万—4200万两白银[②]。日本政府毫不犹豫地对所有的商品包括手工艺品课税，以增加收入。如果中国也像这样，士大夫将会严厉批评政府繁重的苛捐杂税。他说西方政府就像日本这样，征收重税，反过来又用之于民生及国防。这种辩论类似于公元前81年汉昭帝时期贤良文学与御史大夫围绕盐铁的争论。儒家认为政府应放弃对盐铁的专营并减轻税收，而法家坚持要对山区和丘陵的产品(农副产品)征收重税，以维持国家的财政。法家认为实行重税最终是人民得益，因为这样能有效地保护人民免遭外敌入侵[③]。

---

① 黄遵宪：《日本国志》卷16，第20—21页。

② 黄遵宪：《日本国志》卷16，第19页。1880年日本政府的总收入为63 367 254日元(东洋经济报社：《明治大政财政详览》)。王业键估计，1753年中国的税收为73 792 000两白银，1908年为292 000 000两白银，王业键指出，后一个数字仅占当时国民生产净产值的2%—4%，见王业键：《中华帝国的土地税，1750—1911年》，剑桥，1973年，第72、74、133页。关于1880年中日货币的比值，参见统计院：《第二回日本帝国统计年鉴》，第327—329页。

③ 桓宽：《盐铁论》，上海，1934年。

在晚清的各种变法主张中,唯有黄遵宪提出增税。大部分改革家主张减少各种杂税,废除过境税。如1875年薛福成在奏折中主张废除厘金①。作为买办的郑观应反映了他所属职业的利益,他批评清政府的商业税,特别是征收厘金,提议将其废除,并建议对洋货征收高额税率②。"条约口岸"的知识分子王韬也要求废除厘金,因为它是太平天国时期的临时性措施,这种复杂制度困扰着商人③。根据赵丰田对近代经济思想所作的深入研究,他认为黄遵宪关于政府应征收高税额的主张有着革命性的意义④。赵丰田指出,在何启与中文造诣颇深的胡礼垣合著的《新政真诠》(1895年第1版)之前,除黄遵宪外,从未有人提过类似的征收重税主张。何启是在香港接受英式教育的医学家,创立了雅丽氏医院,1887—1892年孙中山曾在此学习。他们确信,巨额的税收对保证政府的财政支出来说是必要的⑤。到19世纪90年代末,严复翻译《国富论》时,在税收问题上与黄遵宪的主张几乎一致⑥。

---

① 薛福成:《庸庵文编》,载《庸庵全集》卷1,第6页;又赵丰田:《晚清五十年经济思想史》,第191页。

② 郑观应:《盛世危言》卷3,上海,1896年,第9—13页。有关郑氏早期变法思想的研究,参见刘广京:《郑观应〈易言〉——光绪初年之变法思想》。

③ 王韬:《弢园文录外编》卷2,香港,1883年,第11—13页。

④ 彭泽益对赵丰田著作的评论,参见《中国社会经济史辑刊》卷8,第1期,1949年1月;有关19世纪后期中国经济思想的研究,参见费维恺:《中国早期工业化:盛宣怀(1844—1916)和官督商办企业》,剑桥(麻省),1958年,第31—40页。

⑤ 赵丰田:《晚清五十年经济思想史》,第270—271页。小野川秀美:《何启、胡礼垣的新政论议》,载《石滨先生古稀纪念东洋学论丛》,大阪,1958年,第121—133页。

⑥ 赵丰田:《晚清五十年经济思想史》,第271页。严复:《原富》,《严译名著丛刊》,上海,1931年,第834—931页;另见史华慈:《寻求富强:严复与西方》,第114—115、117、122页。

与税收相关，黄遵宪还阐述了清除政府机构中的腐败现象。他指出赋税太轻，就意味着官员的俸薪不足，官员不得不向民众征收各种杂费，以供养他们及其幕客，这就加深了民众的疾苦。他主张通过增税以集中足够的财力来维持官僚机构[①]。与19世纪70年代末至80年代的那些倡导变法的人一样，他很关注官员的道德。他们主张通过变革科举制度和消除腐败来恢复官僚机构的生机。官员中的腐败现象绝不仅是个人的失足，其根源在于现存的制度，制度驱使他们依赖受贿。冯桂芬和郑观应呼吁对官员支付足够的薪水，以杜绝贿赂、抑制腐败现象[②]。到19世纪90年代，陈炽从官吏德性的角度讨论了官员的薪水，他倡议加薪，以鼓励有为者尽职尽力，同时也有可能惩治渎职和腐败现象[③]。何启和胡礼垣在谈到贿赂问题时指出，任何有关中国经济问题的讨论，都必须把官员的薪水放在一个优先的位置[④]。但黄遵宪与他们不同，他从未提到变革科举制度，对此他似乎不抱任何希望。他主张参照西方的模式，创立一个全新的教育制度。

黄遵宪非常关注明治时期日本创立的现代预算、货币及银行制度，创建这些制度是明治政府头十年财政制度改革的主要目标。他阐述了西方预算制度的原则，公开透明，以人民与政府互信为基础，只有

---

① 黄遵宪：《日本国志》卷17，第20页。

② 冯桂芬：《厚养廉议》，《校邠庐抗议》卷1，1884年，第9—10页；郑观应：《论廉俸》，《易言》卷2，香港，1880年，第40—41页。

③ 陈炽：《养廉》，《庸书》，上海，1898年；钱仲联编：《黄公度先生年谱》卷1，第13—14页；赵丰田：《晚清五十年经济思想史》，第288—289页。

④ 何启、胡礼垣：《新政论议》，载《新政真诠》卷2，香港，1900年，第3页；《新政安行》，载《新政真诠》卷4，第23—24页；赵丰田在《晚清五十年经济思想史》中引用了该书的序，第288—289页。

当人民知道纳税的好处时政府才能大量征税[1]。黄遵宪认为在中国上古君民相亲。《周礼》中阐述的官制表明，周朝宫廷在每年岁末都向公众公布财政收支，大家都知道钱被合理使用，朝廷分文不留："君民相亲，上下和乐，成周之所以极盛也。"现代政府的开支庞大，大量的资金要用于国防，这样让民众知悉政府的财政管理就显得更为必要[2]。赵丰田指出，黄遵宪是晚清士大夫中最早注意到西方预算制度的人，此后郑观应、何启、胡礼垣、陈炽等均建议采用这种制度[3]。

关于政府的贷款，黄遵宪再次强调人民信任政府的重要性。国家的贷款应用于官办企业，他认为短期的外国贷款对本国有益，长期的贷款则对外国有益。他痛惜国人不知道国债。史书记录了一则轶事："周既东迁，王室衰微，赧王负债至筑台避之，天下后世以为耻笑，而周室亦随而倾覆矣。"[4]根据赵丰田的看法，黄遵宪讨论国债要早于汤寿潜、郑观应和何启，后者到1890年代才讨论这一问题。赵丰田认为1870年代末，有人开始讨论统一的货币和国家银行制度，其中黄遵宪讲得最早，也最详细[5]。

谈到海外贸易，黄遵宪认为亚洲农业社会传统的贸易概念与现代西方不同。亚洲国家以农为本，不太重视贸易。亚洲的君主不愿意出口商品，他们担心会引起商品短缺和物价上涨。但是在西方，为了国

① 黄遵宪：《日本国志》卷17，第15—18页。

② 黄遵宪：《日本国志》卷17，第15—16页。

③ 赵丰田：《晚清五十年经济思想史》，第294页。

④ 黄遵宪：《日本国志》卷18，第8—10页。

⑤ 赵丰田：《晚清五十年经济思想史》，第279—281页。郑观应在讨论国债时也引用了赧王的故事，见郑观应：《易言》卷2，第50—51页。

家的利益而开展的贸易竞争异常激烈①。西方国家实际上是在进行“商战”，这正是社会达尔文主义“适者生存”理论的一种表现。

黄遵宪认识到贸易，特别是出口，是增加一国财富的重要方式，西方人十分重视商品出口。他对日本人的成就作了这样的评价：明治维新以来，日本人极力促进商品的出口，如丝绸出口到英国，茶叶出口到美国，海产品出口到中国，他们知道这是至关重要的②。黄遵宪指出，由于西方人意识到贸易的重要性，所以举国精诚团结，最大限度地促进贸易：他们“分设领事，遍遣委员，使察其风尚之所趋，人情之所习，而依仿其式，以投其好，于是乎有模造之法。又其甚者，商务不竞，继以兵战，一遇开衅，辄以偏师毁其商船，使彼国疲敝，不能复振，而吾乃得垄断，以图其利”③。

黄遵宪也审慎地注意到贸易的负面影响，他目睹了日本因外贸赤字引发的财政问题。但他认为，这主要是由于日本采用了西式服装及生活方式，由此必须进口奢侈品。他觉得日本的外贸是弊大于利，尽管贸易促进了丝、茶等产品的产量④。

与黄遵宪同时代的人都认识到贸易的重要性。1860 年前后冯桂芬认为出口丝茶是获取财富的最佳方式，同时垦荒也能增加财富⑤。薛福成在 1875 年的奏折中强调出口丝茶的重要性，并主张应鼓励出口，用海军保护商船，通过商船获得的财富可用来建设和维修军舰。郑观应因有在港、沪当买办的经历，认为这是一个充满“商战”的世界。

---

①② 黄遵宪：《日本国志》卷 20，第 1 页。

③ 黄遵宪：《日本国志》卷 38，第 1 页。

④ 黄遵宪：《日本国志》卷 20，第 28 页；卷 38，第 2 页。

⑤ 冯桂芬：《校邠庐抗议》，第 2 页。

他大声疾呼促进出口,政府应保护华商的活动,他以商人的目光看到商人的利润对国家强盛的益处,因为工商业的繁荣乃强国之基[①]。

自19世纪60年代以来,建设强大的陆海军是洋务派努力的主要目标。黄遵宪在讨论到军事改革时指出,中国首先应改变在军事力量方面的观点。中国之所以没有一支训练有素的军队,是因为"中国之论兵,谓如疾之用医药,药不可以常服,所谓不得已而用兵也。泰西之论兵,谓如人之有手足,无手足不可以为人,谓兵不可一日不备也"[②]。中国社会的非军事性是大一统帝国下长期和平的产物。因为"开创多尚武,守成多尚文",他提醒读者,自古以来,"弛备者必弱,忘战者必危"。特别是在这个恃强凌弱,以弱国为猎物的世界上,西方列强正在进行军备竞赛。他接着说,即便在和平时代,他们也无日不构筑堡垒,造巨舰大炮,训练士兵,因为他们知道和平总是短暂的,只有做好充分的准备才能预防战争,周公在辅佐成王时也曾指出这一点[③]。

黄遵宪赞赏形成于西方并被日本采用的征兵制,其优点是国家按照年龄征招,限期服役。中国自唐、宋以来,多用募兵,由国家保证其生计,这样军中有许多老弱残疾者,"国家岁糜千余万兵饷以养绿营,迨洪杨事起,乃至胥天下之兵无一可用"。他在批评中国现行的兵制时,不同意儒士把古代兵制理想化的说法,即所谓寓兵于农,无事则耕,有事则战。在中国古代,对军队规模的需求较小,后来随着叛乱的

① 薛福成:《应诏陈言书》,《庸庵文编》卷1,1875年,第14页;郝延平:《郑观应:作为中国近代改革家的买办》,《亚洲研究杂志》卷29,第1期,1969年11月,第15—22页;有关晚清贸易的讨论,参见王尔敏:《中国近代思想史论》,第5章。

②③ 黄遵宪:《日本国志》卷21,第1页。

增加，募兵制也就无以维继①。

他强调中国的海军应统一指挥，以结束北洋和南洋水师间的竞争。自19世纪80年代初，人们围绕海军不统一的问题曾展开讨论，并提出各种建议。然而，直至中日战争爆发，海军衙门也未建立。黄遵宪认为英国海军之所以强大：第一，海军司令部统一指挥，高效的通信系统使它能直接指挥每一艘军舰；第二，军官来自受教育的阶层——甚至王子、贵族也接受军训，民众视从军为光荣；第三，海军船坞有充足的修船器材和熟练的修理工②。

谈到技术，黄遵宪号召中国人对工艺的态度应有革命性的转变。中国现代科技落后的主要原因是由于儒士忽视实学：

> 余观开辟之初，所谓圣智，不过制医药、立宫室、制衣服、作器用，此皆后世所斥为工艺之事。而古人以其开物成务，尊为圣人，成周之制，官有六职，工与其一。……盖古之人所以重工艺者如此，后世士夫喜言空理，视一切工艺为卑卑无足道。于是制器利用之事，第归于细民末匠之手，士大夫不复身亲。而古人之实学荒矣。③

与中国的情形相反，西方人崇尚实用性的工艺，建立了各种造就专门人才的学校，他们在机械、农业、军事、运输和通信等方面成就显

① 黄遵宪：《日本国志》卷21，第20页。
② 黄遵宪：《日本国志》卷26，第8—9页。
③ 黄遵宪：《日本国志》卷40，第1页。

赫[1]。与他同时代的人，也关注到科技人才的社会地位。1864 年，李鸿章在致总理衙门的信函中指出西方火器的优越性，批评中国士大夫沉溺于无用的八股文，鄙视工艺。1875 年，薛福成在奏折中认为，士大夫鄙夷工艺，遂致中国工艺落后[2]。

黄遵宪在《日本国志》中还谈到日本的文字系统，指出了汉字的书写与发声不相符的问题，建议进行改革。现代中国人满足于读写古汉语，主要是习惯所致。他相信汉字的书写系统源于其发声，虽然发音历经变化，但书写丝毫未变。日语发声与书写的背离要大于其他语言，因为其书写系统系从一个发音完全不同的国家移植而来，“其国本无文字，强借言语不通之国之汉文而用之，凡一切事物之名……变汉读而易以和音，义犹可通也”。他解释道，为克服这种不便，日本发明了假名，使他们能书写其语言。他称赞假名是一项有重要价值的改革，而汉语的创造人却没有想到使用这样的音标[3]。

黄遵宪认为假名在提升日本识字率方面发挥了积极的作用，现存的书籍完全是按照假名书写，妇孺平民皆能识读。他将假名的贡献比之于欧洲语言，他们源于拉丁语并形成了自己的语言，“盖语言与文字离，则通文者少；语言与文字合，则通文者多，其势然也”[4]，“苟使日本无假名，则识字者无几”。黄遵宪还批评了德川时代的荻生徂徕，他是

---

① 黄遵宪：《日本国志》卷 40，第 1 页。

② 1864 年李鸿章致总理衙门函，见《筹办夷务始末》（同治朝）卷 25，第 4—10 页；薛福成：《应诏陈言书》，《庸庵文编》卷 1，1875 年，第 13 页；薛福成：《振百工说》，《庸庵海外文编》，《庸庵全集》卷 3，第 16—17 页。

③ 黄遵宪：《日本国志》卷 33，第 5—7 页。

④ 黄遵宪：《日本国志》卷 33，第 6 页。

日本著名的偏爱中国文化的人，提倡说汉语，谴责日本人的汉语发音[①]。

在谈到日本语言的时候，黄遵宪也讨论了汉语的书写系统问题，并预言需要简化汉字。汉语是世界上最古老的书写系统，源于象形文字，后历经变革。现在的汉语已简化了几个世纪，“欲令天下之农工商贾、妇女幼稚皆能通文字之用，其不得不于此求一简易之法哉？”

周秦以下，文体屡变，逮夫近世，章、疏、移、檄、告、谕、批、判，明白晓畅，务期达意，其文体绝为古人所无。若小说家言，更有直用方言以笔之于书者，则语言文字几几乎复合矣。余又乌知夫他日者不更变一文体，为适用于今、通行于俗者乎。[②]

黄遵宪在 20 来岁的时候就注意到汉语的发音与书写相背离，他预感未来文字将朝着二者统一的方向演变。他高度评价了《红楼梦》，并将这部用方言写成的小说视为中国文学的佳作推荐给日本友人，称该书与《左传》《国语》和《汉书》“并妙”[③]。

黄遵宪在日、美观察到，他称之为“社会”（学会）的各式政党社团，释放出了巨大的能量，这是他的最大发现。中文的“社会”原指宗教及行会组织[④]。他惊奇地发现，日本的各种协会为民众的团聚创造了条件，并产生巨大效能，“社会者合众人之才力、众人之名望、众人之技艺、众人之声气，以期遂其志也”。日本有许多政党，如自由会、共和

---

① 黄遵宪：《日本国志》卷 33，第 6 页。

② 黄遵宪：《日本国志》卷 33，第 7 页。

③ 郑子瑜与实藤惠秀编校：《黄遵宪与日本友人笔谈遗稿》，第 182—183 页。

④ 曾我部静雄：《中国社会经济史研究》，东京，1976 年，第 15 页。

党、立宪党、改进党和渐进党。在学术界，有天文会、地理会、斯文会（即汉学会）、兰学会、英学会、诗会、歌会；此外还有关于宗教、医学、农业、植物、动物、商法、行政等方面的学会。此外，还有改进农业和手工业的各种组织。会员有共同的志趣，他们相互帮助。日本人无事不有会，无人不入会，政府利用这些学会动员民众去创造一个繁荣的国家①。

黄遵宪指出，这种学会在西方已得到充分的发展，西方人常常通过某个社团内成员间的合作去实现自己的目标。令他吃惊的是，“泰西人之行事，类以联合力为之，自国家行政，逮于商贾营业，举凡排山倒海之险，轮舶电线之奇，无不藉众人之力以成事。其所以联合之故，有礼以区别之，有法以整齐之，有情以联络之，故能维持众人之力而不涣散”。他强调人的联合力巨大无比。他引用荀子的话来说明人之所以能成为世界的主人，是由于其联合力：

> 天之生人也，飞不如禽，走不如兽，而世界以人为贵。则以人能合人之力以为力，而禽兽不能故也。举世间力之最巨者，莫如联合力。何谓联合力？如炽炭然，散之数处或数十处，一童子得蹴灭之；若萃于一炉，则其势炎炎，不可向迩矣。②

黄遵宪还发出这样的警告，团体强大后，团体间的竞争往往会引发暴力冲突，如他亲眼看见的美国总统选举，敌对团体间竞争带来的

---

① 黄遵宪：《日本国志》卷 37，第 20—21 页。
② 黄遵宪：《日本国志》卷 37，第 21—22 页。

灾难要比唐宋元明之党祸严重千百倍。他意识到现代自愿组成的团体能更广泛地联合民众，其力量远远大于古代的朋党①。

与黄遵宪一样，薛福成也列举了学会的优点。1890—1894年他在伦敦写的文章高度评价了股份公司有集众人之智力、能力和财力等好处，西方对外扩张正是因为有这些合股公司。同时他指出，由于中国工商业不发达，未能发展出类似的股份公司②。

1897年黄遵宪将"社会"的概念发展为具有广泛意义的"群"。是年，他在湖南发表演说，强调人的强大在于"合群"，民众的联合力是一国强盛的基础③。这一观点得到他的年轻朋友梁启超的充分发挥。他视合群"为天下之公理"，并提出了以"新民"为中心的变法主张④。

总之，黄遵宪维新思想的要旨是：中国需要进行切实可行的改革，以适应当今世界各国之间生存竞争的要求。当务之急是通过制度变革来实现国家的富强，中国人必须改变对政府的传统看法。他反对传统的儒家观念，转而主张政府机构应按照其功能组建，并由学有专长者任职；政府应征收足够的税额，以确保国防和国家机关的开支；政府必须积极促进工商业的发展；提高军队的地位；司法应以成文的法典为依据，而不应由不成文的伦理道德来支配；手工业者的技艺应视为一门学问，并受到社会的推崇；简化文字，以便于民众；文学作品应用方言来书写。

---

① 黄遵宪：《日本国志》卷37，第22页。

② 薛福成：《论公司不举之病》，《海外文编》卷3，第15—16页；赵丰田：《晚清五十年经济思想史》，第92—94页。

③ 钱仲联编：《黄公度先生年谱》，第57页。详尽的论述请参见本书第八章。

④ 张灏：《梁启超与中国思想的过渡：1890—1907》，第95、149—219页。

尽管黄遵宪指出了日本西化的某些弊端,但他的改革思想从整体上看,是师法明治模式,创立一个强有力政府,他确信明治政府的领袖采取的各种举措为建立一个强国奠定了基础。日本作为一个近代化的国家,成功的关键是有个强大的中央政府及高效的行政管理,特别是对全国人力和经济资源的有效管理,激发民众的热情去完成国家的目标。此外,政府一开始就在农业、工业、运输业、通信等领域采用先进的科技。他建议中国在这方面应师法日本。为提供有关日本如何建立现代制度的实用资料,他在《日本国志》中编制了许多统计表,收录了政府的各种规章制度,并详细阐述新制度的发展。由此看来,与同时代其他的人相比,《日本国志》是最杰出的,其他人在阐明变法思想时不免过于抽象。黄遵宪希望朝中的官员在规划中国的变法时,能采纳他提供的具体而又详实的资料。因此,他准备将《日本国志》呈送总理衙门出版。

《日本国志》编完后,黄遵宪便送一份稿本给李鸿章,希望得到他的支持出版该书。李鸿章接受他的请求,将书转送总理衙门。李鸿章在为该书写的推荐信中说,该书充分而又深刻地阐述了日本改从西法的原委,作者的目的是将其作为匡时之具,与明朝出使朝鲜的黄洪宪写的《朝鲜国纪》相比,该书包含更重要、更详实的资料。他也给两广总督张之洞送去一份稿本,请其推荐出版。张氏对该书给予了极高的评价,赞同他的主张,认为日本的各种制度,如官制、财政制度、军事制度、司法制度等均师法西方。《日本国志》通过阐述日本的新制度来介绍西政,与1884年由总理衙门出版的姚文栋的《日本地理兵要》相比,黄遵宪的著作"寄意深远",是出使日本的外交官必备的参考书。除了将稿本送给这些有影响的官员外,黄遵宪还亲自带一部前往北京,以确保使它能送到总理衙门。因为是手稿本，再抄一部长达56万字的巨著，无疑是一项十分繁重的工作①。

1888年底，黄遵宪携带稿本来京，他很乐观地期待官方会出版该书，并由此获得一个更高的外交官职务，或许还是驻外公使。然而，事与愿违，总理衙门对该书不感兴趣。黄遵宪极度失望，郁闷地生活了许多年。1895年前后，该书最终由广州一民间书商出版。此刻中日甲午战争已使政治和文化气氛发生了戏剧性的变化。战争表明，日本师法西方，为实现近代化而努力是富有成效的。中国以日为师，进行变法，已成为国人的共识。对他来说，最大的遗憾莫过于因该书出版延宕，结果使权贵们，特别是那些支持对日作战的人缺乏有关日本的第一手的资料，因而不了解对手。1897年他告诉一位朋友，如果他的书能及时出版，张謇和文廷式等人就不会那样极力主战②。无论如何，《日本国志》未能在19世纪80年代末出版，表明朝中要员对明治维新缺乏兴趣。结果，黄遵宪的变法主张未引起重视，他的呐喊自然是孤掌难鸣。

---

① 李鸿章和张之洞的推荐信刊于1890年富文斋版《日本国志》。

② 《皮锡瑞日记》，光绪二十三年九月六日，载《湖南历史资料》，第4辑，1958年。

第七章　地球的另一半：在伦敦和新加坡期间的思索

人海茫茫着此身，苍凉独立一伤神。递增哀乐中年感，等是寻常行路人。万里封侯从骠骑，中兴名相画麒麟。虎头燕颔非吾事，何用眉头郁不申。①

在儒家文化、也许是任何文化中，一个人活到40岁，总是要暂时停步反省自己过去的成就及今后的打算。黄遵宪有充分的时间来反省过去的40年，特别是在伦敦和新加坡的时候。此间，他倡导"诗界革命"，他脱离古代文学定式的"独立宣言"使他成为著名的方言文学运动的先驱。他通过对欧洲国家的考察，加深了对当今世界不断进步及日本取得成绩的重要性的认识。

黄遵宪41岁时带着《日本国志》的书稿进京，令他沮丧的是政府并未将其付梓，这不仅是他为促进中国变法所作的努力未能得到应有的重视，而且使得他以此书谋取一更高官职的希冀也告落空。他在京滞留了约一年，想等待一个差使。他希望能到海外，特别是到欧洲任

① 黄遵宪：《在伦敦写真志感》，《人境庐诗草笺注》，第184—185页。

职，他迫切想看到尚未涉足的地球的另一半[①]。在京期间，他致力于与同情他变法主张的京官交际，他们多为年长的、后来是变法维新运动的支持者。其中，有著名的变法方略《庸书》的作者陈炽，以及翰林院编修文廷式(1856—1904)，他是后来一个由官员参加的、讨论变法的强学会的支持者。此外，还有总理衙门行走袁昶(1846—1900)，1895年台湾抗日运动的领袖客家人丘逢甲(1864—1912)，1880年中国驻日公使、1885—1888年又任驻德国与法国公使的许景澄(1845—1900)，以及张之洞的密友、来自广东的梁鼎芬(1859—1919)[②]。这些人关注中国的外交事务，抨击顽固的当权者。黄遵宪通过他们结识了康有为，他是十年后戊戌变法的关键人物。黄遵宪与袁昶关系尤其密切，他是最早发现《日本国志》价值的人。他对该书留下了极深的印象，并称黄遵宪是国宝。当1895年中国战败后，袁昶对张之洞说："此书早布，省岁币二万万。"[③]

黄遵宪居京期间，家中发生一桩悲剧。他的反应表明了他对当时流行的宗教迷信的态度。1889年阴历五月，弟弟黄遵路(字公望，1855—1889)神秘地去世了。他患精神错乱症三年，后来慢慢恢复。他却以此病"岂药所能治"为由拒绝服药。他对一位朋友讲：自从生病以来，经常产生幻觉，常见一白头翁，为天神鬼魅之状；近来，还有一位十七八岁的美女常来打扰。时人以为这是妖魔之兆，他请求朋友不要提及它。此前，与黄遵宪同宗的邻居家生长出一些蔷薇花，有人看见其中一枝化为人，结果他家有人得了精神错乱症。后来，他们将这株

---

① 黄遵宪：《春夜招乡人饮》，《人境庐诗草笺注》，第150页。

② 钱仲联编：《黄公度先生年谱》，第36—37页。

③ 钱仲联编：《黄公度先生年谱》，第37—38、48页。

花移到东边，紧挨遵路家，不久遵路就得了此病，黄家人怀疑这是一株妖花，决定毁之，五月十七日家人将其连根挖出，弃之荒野。遵路全然不知，差不多同时，他用刀刺伤腹部，大叫倒地，伤势虽很浅，次日却不幸去世[①]。

黄遵宪非常悲痛，他深爱比他小七岁的弟弟，童年时他们很亲密[②]。对于他的死，他不同意家人及亲戚所作的带有迷信色彩的解释。他在为弟弟写的墓志中表现出对天命观的蔑视。墓志反映了他的理性主义态度："人固无所逃死兮，死亦不必祈，第委心任运，而与化推移。"他怀疑弟弟是因病或精神错乱而自杀，但无论如何，这没有什么区别。令他困扰的是，这种疾病是不是死神所为。他在对自己发问后，觉得没有必要再往下想。然而，死亡与命运的问题并未能解决，他在墓志的末尾写道：

> 以此问佛，佛多遁辞。以此问孔，孔曰未知。即起黄帝为士师而学断斯狱，亦不能劓其是非。理可莫诘，事则如斯。我作铭词，借舒吾悲，上以诘无可奈何妄言知命之贤圣，下以讯遭值事变不知纪极之何谁。[③]

黄遵宪反对迷信的立场在《日本国志》亦有反映。他说在上古"每借天变以儆人事"。他斥责将天体运动与人间事务相联系："夫星辰之

---

① 钱仲联编：《黄公度先生年谱》，第 35 页；薛福成：《庸庵笔记》，上海，1937 年，第 146 页。

② 黄遵宪：《寄四弟》，《人境庐诗草笺注》，第 41 页。

③ 钱仲联编：《黄公度先生年谱》，第 35—36 页。

丽天，为上下四方前后古今之所共仰，而人之一身，不啻太仓之一稊米。乃执一人一时之事以为上应列宿，有是理乎？”①

事实上，天人合一是中国宇宙观的基石，并将其融入了儒家经典，它为天命观提供了理论基础。黄遵宪的这一言论大胆出奇。当然，这并不意味着他对整个儒家神话发出挑战。他的评论仅局限于狭义的占星术。然而，他拒绝迷信并且批评宗教的态度，乃是“五四”运动时期知识分子反迷信运动的前兆。

1889年底，黄遵宪被任命为驻英国公使馆二等参赞，随薛福成(1838—1894)出使英、法、比、意。他的这一职务系因总理衙门行走袁昶的举荐而获得。1890年1月31日薛福成搭乘法国轮船从上海放洋。黄遵宪返回故里嘉应，取道香港与薛氏汇合。黄遵宪携次子及一佣人同行。途中，他们在西贡、新加坡和锡兰(斯里兰卡)停留。

他们在锡兰参观了一座著名的佛教寺庙，这里有一尊巨大的卧佛。黄遵宪作了一首长达三百行的长诗，来记述佛教和东南亚沦为殖民地的历史。他发问，为什么具有无穷魔力的佛却不能保全这块佛教徒的土地免遭英人的入侵。谈到佛教在印度的命运，黄遵宪想起了古典文明的兴废：古希腊和罗马俱亡，只有亚洲的中国四千年来圣贤代代相续。想到这里，他迷惑不解。他在诗的结尾写道：“谁侮黄种黄？弱供万国役，治则天下强。明王久不作，四顾心茫茫。”②

他们通过了苏伊士运河后，于1890年3月1日在马赛登陆，随后乘火车去巴黎，与前任公使刘鸿锡会面。他们在此停留了二周，后渡

---

① 黄遵宪：《日本国志》卷9，第1页。

② 黄遵宪：《锡兰岛卧佛》，《人境庐诗草笺注》，第163—182页。

过多佛海峡。5 月 5 日,黄遵宪陪薛福成前往温莎城堡拜会维多利亚女王,中国使馆的一等参赞马格里陪同前往并任翻译[①]。巨大的宫殿,特别高大的石柱,使黄遵宪联想到武则天(624—705)的豪华行宫。他对女王统治下的英国的印象是,“五十余年功德盛,女娲以后世应无”[②]。

黄遵宪在伦敦的任务并不繁重。薛福成亲自草拟致皇上的奏折和上级官员的信函,许珏(字静山)负责起草致总理衙门、沿海总督的信函及平行文书,黄遵宪的职责是起草下行文书及日常的回电。在使馆里,黄遵宪所要草拟的这类信函并不多,且英国既没有中国移民,也没有想要会晤中国文人雅士的大批文友。伦敦中国使馆的成员除了外交往来,生活孤独而单调。薛氏的日记表明,除正规场合,薛福成一般不会带黄遵宪去拜访英国官员或其他国家的外交官。

此间,中英间的外交事端并不多。主要事件有以下三件:(一) 磋商在香港及英国在东南亚殖民地的商务中心建立中国的领事馆;(二) 中缅边境争端,约始于 1892 年 5 月,1894 年中英举行外交磋商,解决了争端;(三) 长江流域的教案,在此类案件的处理中,薛福成仅仅担任总理衙门的顾问,未直接参与谈判。薛氏在伦敦时大量时间用于读书,日记里有许多读书笔记。头二年,他研读了前任驻英公使曾纪泽和郭嵩焘留下的档案资料。他非常推崇曾氏,认为他是最好的外交官,郭氏仅次于他。薛氏除翻阅这些使馆的档案,还考察欧洲各国的政治、经济社会制度等,将其印象记在日记内。在 1892—1893 年间,他写了大量有关日本的读书笔记。显然,薛氏对经济特别是西方国家

① 薛福成:《出使英法义比四国日记》卷 1—2,《庸庵全集》。

② 黄遵宪:《温则宫朝会》,《人境庐诗草笺注》,第 182 页。

间的贸易最感兴趣。他写道："欧洲立国，以商为本，富国强兵，实基于此。"[①]他非常关切中国不发达的贸易现状。黄遵宪亦然，他还与薛氏讨论了这一问题。

伦敦的大雾、阴霾的气候使黄遵宪只得待在使馆内。《重雾》反映了他忧郁的心境：

> 碌碌成何事，有船吾欲东。百忧增况瘁，独坐屡书空。雾重城如漆，寒深火不红。昂头看黄鹄，高举挟天风。[②]

他在另一首关于伦敦大雾的诗中写道：听说大英帝国的领土遍及寰宇，号称日不落帝国，然而，令人难以想象的是首都却见不到太阳[③]。阴沉的气候更使他思恋故土。他写了一首以妻为主题的诗——《今别离》，抒发思妻之情："所愿君归时，快乘轻气球。"然而令他忧愁的是，"今日舟与车，并力生离愁"[④]。他将大量的时间花在追忆过去上，写成了《岁暮怀人诗》，追思他在祖国、日本和美国的朋友[⑤]。

黄遵宪在伦敦时对过去的诗作了修订。1890 年夏完成了对《日本杂事诗》的改订。他增加了一些新的诗作和评论，有些诗重写，使其对日本的记述更加详尽。在修订本的序言中他表达了对日本近代化的倾慕，反映了他在考察英国后所获得的新见解：

---

① 薛福成：《出使日记续刻》凡例，1898 年，第 1—2 页。
② 黄遵宪：《重雾》，《人境庐诗草笺注》，第 183 页。
③ 黄遵宪：《伦敦大雾行》，《人境庐诗草笺注》，第 183—184 页。
④ 黄遵宪：《今别离》，《人境庐诗草笺注》，第 185—187 页。
⑤ 黄遵宪：《岁暮怀人诗》，《人境庐诗草笺注》，第 192—202 页。

> 时值明治维新之始,百度草创,规模尚未大定。论者或谓日本外强中干,张脉偾兴,如郑之驷;又或谓以小生巨,遂霸天下,如宋之鹯,纷纭无定论。[①]

在黄遵宪离开日本不到10年,日本取得的成就举世瞩目。他在该序中写道:“今年日本已开议院矣,进步之速,为古今万国所未有。”

同年,黄遵宪开始将旧诗编纂成集,一直编到晚年。该诗集定名为《人境庐诗草》,但出版是在他去世后[②]。这项工作为他提供了一个阐明诗的性质及文学观的机会。1891年6月他在序中概括了他对诗的看法:以诗抒情,不拘泥于古人诗风的形式。他说:“今之世异于古,今之人亦何必与古人同?”他欲学古代的诗圣,但不想模仿某一诗风。他声称在诗中毫不犹豫地使用不符合常规的材料,如官书、方言、会典、俗谚[③]。开卷第一篇《感怀》是17岁的作品,这实际上是对文学和陈腐诗风的挑战,他在诗中向古典的权威发问,主张用方言创作。

黄遵宪在致友人的信中阐明了他对诗的看法。他宣称,他不只是一个不拘泥于古诗的诗人,重要的是其作品独特而有存在的价值,“苟能即身之所遇,目之所见,耳之所闻,而笔之于诗,何必古人?”他批评时人:“舍我以从人,而曰吾汉、吾魏、吾六朝、吾唐、吾宋。无论其非也,即刻画求似而得其形,肖则肖矣,而我则亡也。我已忘我,而吾心

---

① 黄遵宪:《日本杂事诗》自序,1898年。这个修订版到1898年才出版,共收了200首诗,而初版只有154首诗。

② 该书第一版于1911年在日本面世,系在梁启超的帮助下由弟弟黄遵楷促成其事。关于其版本的研究,参见周作人:《论〈人境庐诗草〉》,载郑子瑜:《人境庐丛考》,新加坡,1959年,第27—37页。

③ 黄遵宪:《人境庐诗草自序》,自序首次刊于《学衡杂志》卷60,1926年12月。

声皆他人之声，又乌有所谓诗者耶？”与时人的创作实践相反，他要写出属于自己的诗，“吾今日所遇之时，所历之境，所思之人，所发之思，不先不后，而我在焉，前望古人，后望来者，无得与吾争之者”[①]。黄遵宪年轻时就意识到自己独特的个性。当他开始作诗时便想到在历史长河中自己存在的意义。岁月的流逝是他作品的重要主题。他回忆起童年的诗句：“春从何处去，鸠亦尽情啼。”这是他十岁时与老师的和诗，为他赢得了神童的美誉[②]。岁月悠悠，他创作中的那种叛逆特征增强了他对自己独特个性的信念。佛教对他这种观念转变的影响也是巨大的[③]，尽管他将佛教作为一种宗教和国教加以谴责，但他又被佛教哲学吸引，尤其喜读佛教箴言。

1891年夏黄遵宪以客家民谣为素材，创作了一组用方言写成的山歌。他给友人胡曦（1844—1907）送去15首，因为胡曦也是客家人，对用客家方言创作很感兴趣。黄遵宪希望弄清客家话的源头及其与中国古代口语的关系，他为著书搜寻了百余种相关的资料，尽管该书未能写成，但他认为在古代确有典型的方言，现在的客家话仍保留了古代中原一带的方言。黄遵宪在《山歌》的末尾写道：

> 十五国风妙绝古今，正以妇人女子矢口而成，使学士大夫操

---

① 黄遵宪：《与朗山论诗》，刊于《岭南学报》卷2，第2期，1931年7月，第184—185页；又见吴天任：《黄公度先生传稿》，第381页。该信的写作时间不详，可能写于编纂《人境庐诗草》之际，吴天任认为，朗山即周朗山。可是根据《人境庐集外诗辑》的编排，《哭周朗山》当写于黄遵宪参加会试之前。

② 黄遵宪：《己亥杂诗》，《人境庐诗草笺注》，第294页；另见第一章有关他早期诗歌主题的讨论。

③ 黄遵宪：《遣闷》，《人境庐诗草笺注》，第157—158页。

笔为之，反不能尔。[1]

在这段话的末尾，黄遵宪以自己作为一个客家人并反对墨守成规而感到自豪。

就诗歌主题而言，黄遵宪成功地将自己的诗歌理论与创作实践有机地结合在一起。他在给友人的信中也表示了不受常规主题的限制："夫声成文，谓之诗。天地之间，无有声，皆诗也，即市井之谩骂、儿女之嬉戏、妇姑之勃豀，皆有真意以行其间者，皆天地之至文也。"[2]他用不落俗套的方式，表达对现代制度、种族主义、殖民主义和战争的看法，并叙述了许多历史事件。他认为作诗就是要传递一个意思，尤其是倡导新观点。

关于他的诗风，除有些民歌风格的诗（如写军事比武或童谣），也用古汉语及传统的格律[3]。黄遵宪大多是用古典的风格来写现代的题材，表达新的观点。周作人在谈到他的诗风时说他用旧瓶装新酒[4]。黄遵宪承认，在开创诗歌新纪元方面并不是无所不能，但他相信，后继有人。1902 年他在致友人的信中坦陈自己的心境：他感到自己像个孤独的清教徒，正在穿越荒凉的新大陆，他希望那些踏着他足迹向前的

---

① 一八九一年八月初五日黄遵宪致胡曦函，引自罗香林：《胡晓岑先生年谱》，第125—126 页。

② 黄遵宪：《与朗山论诗》。

③ 黄遵宪没有将用方言写的诗收入《人境庐诗草》。

④ 周作人：《人境庐诗草》，《逸经》第 25 期，1937 年 3 月 5 日；又收入郑子瑜：《人境庐丛考》，第 79 页。1897 年前后，黄遵宪称自己的诗是"新派诗"，见《黄公度先生年谱》，第 55 页。这一名词使人联想起日本的"新体诗"。1882 年 8 月，外山正一、矢田部良吉、井上哲次郎合写了《新体诗抄初编》。该书被认为是明治时期开创现代诗体的尝试，该书的出版是在黄遵宪离开日本之后，他也许没有见到这部诗集。

人能完成诗界革命，正像华盛顿、杰斐逊、富兰克林追随1620年建立普利茅斯的清教徒先驱那样。他承认自己能力有限，但确信文学的威力无比巨大："诗虽小道，然欧洲诗人，出其鼓吹文明之笔，竟有左右世界之力。"[①]他关于文学力量能导致革命的观点对青年鲁迅产生了影响，当鲁迅认识到只有从文才能挽救国家拯救民众的时候，遂决定弃医从文，立志成为一个作家[②]。

黄遵宪清楚地意识到自己是一个孤独的文学革命先行者。民国初年，他的预言、主张才引起许多同情者的共鸣，并酿成文学革命。"五四"时期白话文运动的领袖胡适(1891—1962)确认黄遵宪早已发表了"诗界革命的宣言"[③]。1916年，在胡适列举的著名的新文学八条原则中，有五条采纳了黄遵宪的主张：一、不用典；二、不用陈套话；三、不避俗字俗语；四、不摹仿古人，语语须有个我在；五、须言之有物[④]。黄遵宪在许多方面影响了"五四"一代人，其中建议用白话文的主张最为明显。

黄遵宪在伦敦时会客不多，但他还是搜集了有关英国议会制度的资料，并认为中国终将会采用议会制。在他看来，英国是个理想的社会。1896年当光绪帝召见他时，他说：在伦敦时听老人言，百年前英国还不如现在的中国，"泰西之强，悉由变法"，光绪帝初甚惊讶，"旋笑颔之"[⑤]。

---

① 黄遵宪致丘菽园书，刊于《小说月报》卷8，第1期，1917年1月；又见钱仲联编：《黄公度先生年谱》，第75页。

② 鲁迅：《呐喊》序，《鲁迅选集》，北京，1956年。

③ 胡适：《五十年来中国之文学》，第42页。

④ 周策纵：《五四运动：现代中国的思想革命》，剑桥(麻省)，1960年，第274页。

⑤ 钱仲联编：《黄公度先生年谱》，第54页。

在黄遵宪到伦敦约 7 个月后，中英开始磋商开设新加坡中国总领事馆。新加坡中国领事馆设于 1877 年，由首任驻英公使郭嵩焘倡议开设。郭嵩焘挑选胡璇泽（在此定居的中国商人）为首任领事，继任者是左秉隆（原中国驻英使馆的雇员），至 1890 年左氏在此任职达 9 年。1890 年 9 月总理衙门移文薛福成，征求他对北洋海军提督丁汝昌提议在新加坡开设总领事馆，以及在英国位于南洋的商贸中心如槟榔屿、马六甲、柔佛、芙蓉、雪兰莪、霹雳等地开设领事馆的看法[①]。薛福成表示赞同，并在黄遵宪的支持下促成此事。他们的举动是基于海外贸易对国民经济有着重要作用这一认识。薛福成在一道很长的奏折中建议在南洋的一些大埠及香港和澳大利亚等地开设领事馆。他说西方无一国不认为贸易为强国之基，各国都在商埠开设领事馆，以保护本国商人。他引用了黄遵宪关于海外华侨向国内汇款的论述，强调保护海外华商的重要性。他认为这不仅是保护商人，从长远来看还可提高国家的地位[②]。

在磋商过程中，英国不接受中方提出在香港开设领事馆的要求，只答应在英属海峡殖民地开设一些领事馆，同意将新加坡领馆提升为总领事馆。1890 年 12 月 1 日，薛福成收到了英国外交大臣沙力斯伯里的关于英国政府的决定。薛氏在复文中告知，黄遵宪将被提名任新加坡总领事，负责吉隆坡、马六甲及南洋诸岛的事务[③]。

---

① 薛福成：《出使日记》，《庸庵全集》卷 4，光绪十六年八月十一日，第 1 页；《出使公牍》卷 1，光绪十六年八月二十五日，第 3—5 页。

② 薛福成：《海外文编》卷 1，第 5—8 页；《清季外交史料》卷 83，光绪十六年十二月二十五日，第 33—38 页。

③ 关于薛福成与英国磋商开设中国领事馆的资料，参见薛福成：《出使公牍》卷 3，第 14—19、50 页，卷 10，第 5 页；《出使日记续刻》卷 1，第 22—23、27—28 页，卷 2，第 16—17、51 页。

1891 年夏，朝廷批准了对黄遵宪的任命，他于 9 月底离开伦敦。他途经巴黎时参观了埃菲尔铁塔，并对现代科技成就感到震惊，称赞它是人类摆脱自然束缚的一个里程碑："人已不翼飞，迥出空虚上。并世无二尊，独立绝依傍。"从塔顶俯瞰，真是"一览小天下"。从顶上朝下看使他感到很奇妙。俯视这一片伸展的土地，他不禁想起发生在这里的"百年战争"、拿破仑的兴亡、当代欧洲列强仍在为称霸而进行的争斗。他对未来充满想象，幻想有朝一日能乘气球环行：

何时御气游，乘球恣来往。扶摇九万里，一笑吾其傥。[①]

10 月 13 日，黄遵宪通过苏伊士运河，这是现代科技的又一创举。他说运河的开通，功盖大禹，地球因此而变小；轮船首尾相接通过运河的景观，足以令苍天不骄[②]。

10 月底，黄遵宪抵达新加坡。陪同他一道过来的是来自广东的那三，这人是中国驻英使馆的翻译。新加坡总领事受驻英公使的领导，黄遵宪与薛福成保持着密切的联系。建立海外领事馆的真正理由是保护海外华人，但对新加坡领事馆来说，重要的是增进与海外华人的关系，争取他们对清政府的支持。温仲信通过对地方文献及南洋殖民地当局档案资料的仔细分析也揭示了这一点[③]。

---

① 黄遵宪：《登巴黎铁塔》，《人境庐诗草笺注》，第 203—205 页。

② 黄遵宪：《苏彝士河》，《人境庐诗草笺注》，第 205 页。

③ 温仲信：《清帝国在南洋殖民地领事馆的创办与发展，1877—1900 年》，新加坡大学硕士论文，1964 年；另米歇尔 · R. 戈德利：《晚清华人在东南亚的招商活动》，《哈佛亚洲研究杂志》卷 34，第 2 期，1975 年 2 月，第 361、385 页。

为达到向海外华人社区增强文化辐射力的目的,中国领事馆设法削弱英国当局的影响力,这自然会引发与南洋殖民地当局的冲突。在左秉隆任领事的时候,他从未与英国当局发生摩擦。左氏深受英国的影响,遇事柔顺。相比之下,黄遵宪采取的是进攻性的姿态,冲突遂起。黄遵宪有强烈的危机感,因为在他看来,中国在南洋的影响由于受到西方殖民势力的挑战而日益衰减。他意识到中英在南洋正展开激烈的角逐,这不仅是政治影响力的竞争,还是经济资源控制权的争夺。他写的《新加坡杂诗》表露出爱国之情和对英国控制南洋的愤恨。他在诗中刻画了美丽的海洋景观、富饶的物产、美味的热带水果、当地人的生活及宗教信仰。他对白人尤其是政府官员在新加坡的横行霸道感到愤愤不平,他们那种傲慢的举止不禁令他想起加州的海关官员。然而与加州不同的是,作为自由港的新加坡没有海关官员。他必须与华民政务司官员奚(G. T. Hare)打交道,此人贪婪狂妄①。

黄遵宪在诗中通过记述一富商之家举行婚礼的豪华场面来刻画当地华人的生活与习俗。在婚礼席上,还有各种娱乐方式,如歌剧、杂技、赌博、吸食鸦片等典型的华人娱乐活动。来宾中有一位由穷渔民而致富的船商,一个起先是身无分文的劳工而后发家致富的铜矿老板,还有许多是种植园主,他们每年生产大量的水果及蔬菜。他们虽然是一伙赌徒、毒品贩子和讼棍,但黄遵宪强调中国移民即便生活在异国他乡也心系祖国。他们"正朔服色,仍守华风。婚丧宾祭,亦沿旧俗"。他们一旦发财,就捐赀当官当各省筹赈筹防时,他们多捐巨款。不少侨民是文盲,几乎不识中文,但他们大多学过英文。黄遵宪强调,

① 黄遵宪:《新嘉坡杂诗十二首》,《人境庐诗草笺注》,第210、214页。

为赢得300万东南亚华人对祖国的忠诚，中国政府必须在此开办学校，采取积极的措施保护他们免遭西方殖民势力的侵扰①。

黄遵宪到南洋后立即到各殖民地通商大埠旅行，以增进与华人社区领袖的联系。他在致薛福成的报告中，建议在槟榔屿设立领事馆，并推荐南洋巨富张弼士(字振勋，1840—1916)出任领事。薛氏对他的报告很满意，称其切实可行，表现出了良好的务实精神，并同意对张氏的提名②。此项任命是扩大清政府在马来半岛华人社区中的影响力的重要举措。

1892年6月，黄遵宪奏请总理衙门采取措施，严查华人船只结队走私，骚扰商船。他试图对所有南洋殖民地一带的华人商船登记造册，这一举动立即引来了英国总督的抗议③。更有甚者，当黄遵宪为那些回国的华侨签发护照时，他与华民政务司的奚产生了严重的对立。奚指责他越权，并用中文发布告示，宣称中国总领事无权向生活在英国统治下的华人签发护照④。

黄遵宪与南洋殖民地当局之间最严重的冲突起因于他为华北赈灾而在南洋展开的募捐。所谓来自中国官方的"勒索"引起了殖民地当局警觉，殖民地当局高度关注属于英国臣民的华人税收。黄遵宪通

① 黄遵宪:《番客篇》,《人境庐诗草笺注》,第218--227页。

② 薛福成:《出使日记续刻》卷9,第9—10页。槟榔屿的副领事于1893年初设立,参见薛福成:《出使公牍》卷9,第14页。关于张弼士,参见《民国人物传》卷1,纽约,1976年。

③ 钱仲联编:《黄公度先生年谱》,第46页;薛福成:《出使公牍》卷7,第10—12、23页。

④ 为了明确这一点,英国公使约翰·华尔森于1889年2月28日访问了总理衙门,随后薛福成收到总理衙门的来函,薛福成:《出使公牍》卷6,第9页;另参见宋旺祥:《新加坡华人百年史》,新加坡,1967年,第281—282页。

过向当地华人卖官衔及在华文报纸《叻报》上刊文呼吁华人赈灾等方式来集资，他还在报上刊出捐赀购官者的名单。黄遵宪还通过商业网将募捐活动扩大到马来西亚。也许认购捐款的行为并非都是自愿的，特别是那些捐资很少的人。1893年，薛福成致李鸿章的信表明，薛福成鼓励黄遵宪为天津的筹赈局募集更多的救济款。薛氏在致殖民地总督的信中，对其在新加坡的募捐活动中所给予的合作表示感谢[①]。他在信中还建议，中国政府通过此项捐款活动将巩固与英国殖民地当局的合作关系。然而，黄遵宪的集资活动却受到英国当局的指责。尽管黄遵宪的贡献得到了光绪帝的嘉奖，但我们不知道他到底募得多少款项[②]。回国后，他的募捐活动及与英方的冲突却被人指控为腐败，这让他的声名一落千丈。温仲佶认为黄遵宪确实卷入了与新加坡—中国鸦片走私相关的贪腐中[③]。

黄遵宪在新加坡时可能为日后家庭的生计留下一笔钱，此前他家负债。他在新加坡时与人合股开了一家当铺。这一事实在有关黄遵宪的官方文书和私人资料里均无记载。他的孙子黄延毓提供了以下的说明：黄遵宪的清廉总得有相应的财力作为保障，而政府的薪水却得不到保证。因为这种任命有赖于政治上得宠或讨上级的喜欢。黄遵宪清楚，由于自己的家庭背景，做点生意可提供更稳定的收入。他在新加坡有两个朋友，钟贵添和何顺养，也是来自大埔的客家人。黄遵宪向他们投股开设了“恒发当”。黄延毓不敢肯定黄遵宪在新加坡的时候该店已开张，但不管怎么说，该店由合股人管理，并有盈利。在

① 薛福成：《出使公牍》卷2，第40页。

② 《大清德宗景皇帝实录》卷338，光绪二十年四月二日，第3页。

③ 温仲佶：《清帝国在南洋殖民地领事馆的创办与发展，1877—1900年》。

未来的岁月，它为黄家提供了财力的支持[①]。在以后几年，黄遵宪以清高而闻名，他拒绝对上级毕恭毕敬，甚至不屈从于官场中通常的礼数。这一态度，主要基于其个性与自信，而他在新加坡获得的经济上的独立，也强化了这一为人处世的态度。

黄遵宪在新加坡时，不仅有效地向华侨募得捐款，而且为维护他们的利益采取了积极的行动。一般说来，华侨回国时常常受到冷遇，这种情况部分是由于政府禁止向海外移民所致。事实上，到19世纪末，有数百万中国人移居到东南亚、加州及南美。当他们回国时被视为流放者，甚至还受到邻居和亲戚的迫害，正如他在诗中所描述的：

> 一闻番客归，探囊直启钥，西邻方责言，东市又相斫，亲戚恣欺凌，鬼神助咀嚼。曾有和兰客，携归百囊橐，眈眈虎视者，伸手不能攫，诬以通番罪，公然论首恶。[②]

黄遵宪将华侨回国受到邻居的忌妒及猜疑的情况向薛福成作了通报。他心情忧郁，认为如果这种状况得不到改观，海外的富商将宁愿归附英国或荷兰而无视自己的祖国。黄遵宪指出，在南洋的阿拉伯人占十分之一，华人占十分之七，其中华人有七分之二来自广东潮州，另七分之五来自福建漳州。这些地方毗邻黄遵宪的家乡，他非常熟悉归国华侨的故事。为改变对海外华人的态度，他建议朝廷解除向外移民的禁令，明确承认移民不再是违法的。基于黄的建议，薛福成上奏

---

① 黄延毓致作者函：《财政保障》。

② 黄遵宪：《番客篇》，《人境庐诗草笺注》，第226页。

朝廷,呈请解除禁令。1893 年 9 月 13 日,朝廷发布了移民合法化的谕旨①。

同年,海军提督丁汝昌率北洋舰队巡历东南亚。应黄遵宪之邀,舰队在新加坡停留。黄遵宪向薛福成报告,祖国的舰队受到热烈欢迎,同胞们引以为自豪。薛氏旋上奏皇上,请求在发生紧急情况时,允许使用舰队保护海外华商。该建议得到朝廷的采纳②。差不多半个世纪以来,中国人只看到西方的炮艇到中国来保护洋商,现在,中国商人第一次享受到本国军舰的保护。

1894 年 3 月,薛福成辞去驻英、法、比、意四国公使。他在回国途经巴黎时收到黄遵宪的《日本国志》的稿本,并为之写了一篇长序。他称赞此书:"此奇作也,数百年来鲜有为之者。"③薛福成在新加坡停留了一天。7 月,当他到达上海时突然去世,终年 56 岁④。这位与黄遵宪一样具有革新思想的杰出人物未及参加甲午战争后掀起的变法维新运动。黄遵宪也因此失去了一位年长的同僚,一位在他仕途上能提拔他的人。

黄遵宪在新加坡尽管有公务在身,仍花大量时间去思考问题,特别是他到新加坡的第二年患疟疾后的治病休养期间。马来西亚的华商邀请他去风景优美的山庄别墅休养,黄遵宪的妻子也前来服侍他,她听说村上有人通过祈祷能治病,黄遵宪回应道:"佛祖不如天使贵,

① 《清季外交史料》卷 87,第 14—18、21—22 页;薛福成:《海外文编》卷 1,第 17—20 页。

② 《清季外交史料》卷 87,第 17—18、22 页;郭廷以:《近代中国史事日志》,第 859—860 页。

③ 薛福成:《〈日本国志〉序》。

④ 杜联喆:《薛福成》,载恒慕义:《清代名人传略》,第 331—332 页。

劝余多诵《可兰经》。”黄遵宪当然不信这种迷信巫术，一首优美的诗反映了他那超然的态度：

> 波光淡白月黄昏，何物婆娑石上蹲？欲废平生《无鬼论》，回头却是黑昆仑。[①]

黄遵宪的一首咏花诗，反映了他对世界上不同物种能共存、人类在未来也能和睦相处的思想。当他将莲花、菊花、桃花及其他花插入花瓶时，他想这好像黄、白、黑种人组成的一个国家。他以为达尔文的物竞天择理论虽在不同种类的花之间发生作用，但所有这些毕竟都是花。他提出一个观点，通过嫁接创造一个新的品种。他觉得现代技术是无所不能，“（安知）不使此莲此菊此桃万亿化身合为一”。他发挥丰富想象力，借用佛教化土造物的观点。他在诗中这样写道：

> 众生后果本前因，汝花未必原花身，动物植物轮回作生死，安知人不变花花不变为人。六十四质亦么麽，我身离合无不可，质有时坏神永存，安知我不变花花不变为我。千秋万岁魂有知，此花此我相追随。待到汝花将我供瓶时，还愿对花一读今我诗。[②]

该诗表现了黄遵宪对未来世界有种普遍主义的价值取向。在他看来，尽管当今世界非常民族化，但他盼望有朝一日世界充满和谐。

---

① 黄遵宪：《养疴杂诗》，《人境庐诗草笺注》，第 228 页。

② 黄遵宪：《以莲菊桃杂供一瓶作歌》，《人境庐诗草笺注》，第 214—217 页。

康有为及其他的改革家也认为不同种族——特别是黄种和白种的融合,是创造一个和谐世界的门径。黄遵宪不仅把这想象为一种可能性,且注意到现在新加坡的混血人,他在诗中还对混血歌女表示好奇[①]。他越是关注白人对其他种族的统治,也就越渴望实现充满和睦的乌托邦。“太平”和“大同”的概念在他未来世界的愿景中也就变得越发重要。

① 黄遵宪:《番客篇》,《人境庐诗草笺注》,第229页。

第八章　中日战争及战后的变法维新运动

梁启超说:“唤起吾国四千年之大梦,实自甲午一役始也。”[①]若干年来被中国人看不起的蕞尔岛国一举打败中国,举国上下为蒙受这一奇耻大辱而震惊。出于对战败及苛刻的战争索赔的愤怒,变法维新运动遂应运而生。此前,对变革传统秩序的呼喊如孤鸿哀鸣,无人回应。黄遵宪的《日本国志》是19世纪80年代呼唤变革的先声,可惜未能引起重视并将其付梓。然而中国战败后,黄遵宪的著作一下子声名鹊起,他的主张也被那些权贵接受。在战后的三年黄遵宪成为这场维新运动中的杰出人物。

一、在南京充任张之洞的幕僚

中日战争爆发之际黄遵宪回到中国。1894年11月初,两江总督张之洞迫切需要有才干的助手,于是奏请皇上将他从新加坡召回。张氏称赞他具有丰富的世界知识,尤其熟悉日本的情况[②]。张之洞的推荐得到恩准。

---

① 梁启超:《戊戌政变记》,《饮冰室合集・专集》卷1,上海,1936年,第17页。

② 《张文襄公全集》卷76,电牍,北京,1928年,第20—21页。

1894年底，黄遵宪回国时中国败局已定，朝廷准备与日媾和。黄遵宪的旧友张荫桓被任命为谈判代表。张荫桓在赴日本前征求了黄遵宪的意见。当张氏抵达广岛时，日本以级别不够为由而拒绝。为满足日本的要求，朝廷任命72岁的李鸿章赴日。

黄遵宪对中国军事上的战败并不感到意外，但对败得如此之惨深感痛心。尽管他知道中国军队士气低落，不能统一指挥，但局势的发展比他预期的更糟糕，清军在关键时刻从陆上和海上退却。他在一首写战争的诗中指出，中国的劣势并非在装备，而是士气低落和兵将不能精诚团结，这是中国积弱的表现。黄遵宪认为增强民族凝聚力乃是强国首要任务。《悲平壤》记录了1894年9月发生在朝鲜首都平壤的这场战斗，被派去守护该城的清军因将领意见不一而进退维谷。当日军进攻该城时，清军指挥官带着来自汉城的主力迅速逃亡。平壤陷落后，日军追击溃不成军的清兵，9月底越过鸭绿江。黄遵宪为这些怯懦、愚蠢的将领而气得顿足捶胸①。

海军的溃败更是令人沮丧。被认为比日本海军要强的北洋舰队在9月17日的大东沟海战后失去黄海的制海权。黄遵宪写的《东沟行》刻画了战斗的场面："从此华船匿不出，人言船坚不如疾，有器无人终委敌。"②

---

① 黄遵宪：《悲平壤》，《人境庐诗草笺注》，第231—232页。关于历史学家及当时的观察家对这场战斗的评论，参见范文澜：《中国近代史》，上海，1947年，第257—271页；姚锡光：《东方兵事纪略》，武昌，1897年；宇野俊一：《日清・日露》，载《日本历史》卷26，东京，1976年，第55—67页。日本方面为普通读者出版的有关这场战争的报道，如久保田米仙：《日清战斗画报》，东京，1894—1895年。关于清军驻平壤指挥官叶志超的传记，参见赵尔巽等编纂：《清史稿》卷468，列传第二四九。

② 黄遵宪：《东沟行》，《人境庐诗草笺注》，第232—233页。

旅顺港的失守再次戏剧性地表明，强大的炮台若无良将终将无用。因地势险要及装备精良，炮台本非常坚固，但清军将领未能发挥其优势，11 月 21 日，日军从大连登陆时他们便弃阵逃跑。日军从背后进攻炮台，一天之内便攻破。城市遭洗劫，市民被杀戮。他在《哀旅顺》中强调，中国人曾引以为豪的要塞，因落入敌手而令人绝望[①]。

1895 年 1 月底，日本海军进攻威海卫。一周后山东一带的战略要地被占领。山东巡抚率精锐之师夺路而逃。尽管有一位指挥官决定战斗到最后一刻，但他的士兵却背弃了他，他被逼自杀。黄遵宪在《哭威海》中以异乎寻常的方式表达了极度的愤怒。诗文每句三字，语调抑郁，末尾写道："噫吁戏！海陆军。人力合，我力分。如蠖屈，不得伸。如斗鸡，不能群。"[②]

黄遵宪在《降将军歌》中认为，作为这场悲惨战争的象征——海军提督丁汝昌——是个悲剧性的人物。在守卫威海卫的最后一场战斗中水兵拒绝作战，乞求丁汝昌为他们的家人考虑而放一条生路。舰上的西方军事顾问也认为，劝告士气低落的士兵去战斗是不现实的。至此，丁氏令舰长们同时沉没所有的军舰，却遭到舰长的拒绝。2 月 12 日，丁汝昌的整个舰队被迫投降。当天晚上，水兵在欢庆战斗结束，丁汝昌服药自杀。尽管他拥有装备精良的舰队，却无人愿意与他一道作战，这就是丁氏的悲剧所在[③]。

---

① 黄遵宪：《哀旅顺》，《人境庐诗草笺注》，第 233—234 页。

② 黄遵宪：《哭威海》，《人境庐诗草笺注》，第 234—235 页；有关戴宗骞和李秉衡传记，参见《清史稿》卷 466，列传第二四九，卷 254，列传第二五四。

③ 黄遵宪：《降将军歌》，《人境庐诗草笺注》，第 243—245 页。关于这场战斗的纪实，参见郭廷以：《近代中国史事日志》卷 2，台北，1963 年；关于丁汝昌的传记，参见《清史稿》卷 468，列传第二四九。

4月17日，停战条约在马关签订。条约规定中国支付二亿两白银的战争赔款，割让台湾和辽东半岛，允许日本在新增开的口岸建立居民区及在中国设厂。该约签订数日后，俄、法、德加以干涉，迫使日本放弃辽东。在《马关纪事》中，黄遵宪表达出对这一国耻的愤怒，李鸿章在日本遇刺是羞辱的象征。黄遵宪对巨额赔款非常担忧，因为这将给中国经济带来灾难性的后果。他在致友人的信中对这一条约表示很失望："新约既定，天旋地转。东南诸省所恃以联络二百余年所收为藩篱者，竟拱手而让之他人，而且敲骨吸髓，输此巨款，设机造货，夺我生业。"[①]他非常关切西方列强侵占中国领土，特别是暗藏心机的俄罗斯，俄国促成了三国干涉还辽。战后，黄遵宪即向兄弟邻邦日本发出呼吁，警告日本"弟兄同御侮，莫更祸萧墙"[②]。

与其他人一样，黄遵宪为割台而悲痛万分。他希望能帮助台湾人民抵抗日军。1895年5月25日，台湾抗日运动领袖宣告台湾民主国成立，这为脱离清政府确立了一个法律基础。然而，民主国寿命短暂，数日后日军登陆。6月初，台湾选举出的总统弃台赴大陆。当台湾落入日军手中的消息传来时，黄遵宪正在著名的游览圣地湖北黄鹤楼观赏，他即刻"兴尽而返"[③]。他《台湾行》中写道：

苍天苍天泪如雨，倭人竟割台湾去。

---

① 1895年5月黄遵宪致建候函，引自麦若鹏：《黄遵宪传》，上海，1957年，第67页。

② 黄遵宪：《马关纪事》，《人境庐诗草笺注》，第241—243页。

③ 黄遵宪：《上黄鹤楼》，《人境庐诗草笺注》，第272页。有关台湾民主国的论述，参见蓝厚理：《1895年的台湾民主国：中国近代史上的一个重大事件》，《亚洲研究杂志》卷27，第4期，第739—762页，1968年8月。

诗中记述了台湾民众为抵抗日本侵略而进行的英勇斗争及地方士绅欢迎日军的嘴脸。诗的末尾写道：

> 悲乎哉！汝全台，昨何忠勇今何怯，万事反覆随转睫。平时战守无豫备，曰忠曰义何所恃？[①]

黄遵宪早在关于琉球的诗中就表现出这种务实的观点，仅凭“忠义”而无足够的国防力量是不能救国的。

作为一个实干者，黄遵宪努力发挥自己为官的才能，努力将国家的损失减到最低限度。张之洞任命他为江宁洋务局总办。洋务局是太平天国起义后由地方督抚创立的新机构，负责有关外交磋商和引进西方的技术。中央政府对各行省的控制力在减弱，而督抚自治权力在增强，这是太平天国运动后的总趋势，这一趋势在两江总督管辖下的长江流域更为明显。该地区一直由权势显赫的人担任：曾国藩(1860—1865，1866—1868，1870—1872)、李鸿章(1865—1866)、刘坤一(1875，1880—1881，1891—1894)、左宗棠(1881—1884)、曾国荃(1884—1890)[②]。西方外交官也注意到，若得不到该地区总督的合作，那些关系到行省利益的外交谈判就不会奏效。事实上，外交谈判也时常在两江总督衙门举行。

两江总督下辖的洋务局其实只是总督私人幕府的一部分，其成员属于私人雇佣，不是帝国官僚机构的正式成员。省府一级的地方衙门

---

① 黄遵宪：《台湾行》，《人境庐诗草笺注》，第245—247页。

② 费正清、赖肖尔、阿尔伯特·克雷格：《东亚：近代的转变》，波士顿，1965年，第353页；威廉·艾尔斯：《张之洞和中国教育改革》，剑桥(麻省)，1971年，第103—104页。

设幕府是一个传统，因为官员们需要那些具有诸如法律、财政等专门知识的人才。在18—19世纪因人口增加，加重了管理的负担，官僚机构的规模未变，但幕府内的幕宾却大增。有些地区因牵涉外交事务及一些现代化工程的建设，对新型专家的需求倍增。这一情形为那些有能力有资格却没有授官的人提供了机会。太平天国以后很多有功名的人得到了这种机会。由于省级官员有权推荐有才干的人任职，幕僚中的杰出人物有机会受到举荐，并正式进入仕途。19世纪末不少有为之士即通过此途入仕，其中包括曾国藩的幕宾李鸿章，但候补官中只有极少数人通过推荐开始其为官的生涯。据刘广京估计，1870年在七品至四品官中，约有4%的人由省级官员推荐，到1895年该比例降到1.5%。然而，衙门与幕府间的那种明显的界限却随着幕府管理职能的扩大而变得越来越模糊①。

作为洋务局的总办，黄遵宪充分施展外交谈判的才华，赢得外交家的美誉。委任给他的第一项任务是与法国谈判一起教案。自19世纪80年代以来，长江流域从南京到湖北、四川，天主教及部分新教传教士常常受到愤怒乡民的攻击。1891年该地区的天主教教堂不断受到攻击，反洋教运动达到了顶峰。中国为此支付大量赔款，并处死了一些嫌疑犯。教案虽一时得到解决，但地方上反传教士的情绪仍在继续，传教士与当地民众间的那种紧张状态没有缓和。1894年夏，法国政府向张之洞施压，要求磋商长江流域五省悬而未决的教案，张之洞

---

①　刘广京：《19世纪的中国：旧秩序的瓦解和西方的冲击》，第114页。有关幕府的重要性不断增加的研究，参见苏珊·曼·琼斯、菲利普·A. 库恩：《清王朝的衰落与叛乱的根源》，载费正清主编：《剑桥中国史》第10卷，剑桥，1978年，第110—112页；肯尼斯·E. 福尔索姆：《朋友、宾客和同僚：晚清幕府制》，伯克利，1968年，第58—59页。

挑选黄遵宪作为主持谈判的代表①。

黄遵宪受命后即启程赴湖北，调查当地有关教案的情况，旋与法国驻沪总领事谈判。黄遵宪成功了，法国当局与天主教神父也对处理结果表示满意，而且这一次并未冒犯地方当局②。张之洞对黄遵宪的才干留下了深刻的印象，并上奏皇上，推荐这位能人，可让其充任海关总税务司监督一职③。1896 年 3 月，当张氏回湖广总督本任时，他希望带黄遵宪随行。张之洞觉得汉沪之间水路便捷，以此为由想让黄遵宪继续主持上海方面的有关谈判。与此同时，直隶总督王文韶请求黄遵宪前去任职，张之洞强烈反对黄遵宪北上，因为这将会中断长江流域的外交磋商。此间，两江总督刘坤一也不肯放他。刘坤一电奏北京，请求皇帝恩准让黄遵宪留在南京。结果，他被留下，后来常去上海参加一些重要的外交谈判④。

当与日本磋商在苏州开辟日租界时，黄遵宪表现出杰出的外交才华。《马关条约》规定日本可在苏州开辟租界，但界址及对租界的管理细则尚待磋商。1895 年 10 月，谈判在苏州洋务局举行。关于界址，中

① 《张文襄公全集》卷 147，北京，1928 年，第 26—27 页；卷 149，第 5 页。光绪二十二年二月一日总理衙门收到张之洞的奏折，该折收在台湾“中研院”近代史研究所编：《总理各国事务衙门清档》，光绪二十二年二月一日至十四日。吕实强编：《教案教务档》，第 5 册，台北，1977 年，编号 1314、1315。在这些档案中并未发现有关黄遵宪的活动。

② 黄遵楷：《先兄公度先生事实述略》，载北京大学中文系近代诗研究小组编：《人境庐集外诗辑》，第 127—128 页。

③ 《张文襄公全集》卷 42，光绪二十一年十二月二十九日，第 14 页。

④ 光绪二十二年二月一日张之洞的奏折，见《总理各国事务衙门清档》；光绪二十二年二月十三日、十四日刘坤一的电报，载《大清德宗景皇帝实录》卷 385，光绪二十二年二月十四日，第 14 页。或许因为黄遵宪拥有一个候补道员的名头，总督遂不得不请求政府的许可，才能让他加入幕府。

方主张要远离市区，但日本不接受。经过几轮艰难的谈判，日本代表、驻沪总领事珍田舍己于10月中旬离开苏州。黄遵宪因要与法国总领事在上海谈判，故也退出苏州的谈判。1896年4月初中日重开谈判。日方代表改由苏州领事荒川巳次，黄遵宪当时是苏州和江宁洋务局的总办，他作为两江总督、南洋通商大臣刘坤一的代表参加谈判[①]。日方的谈判代表还有楢原陈政，黄遵宪在东京时曾指导他研究汉学。

黄遵宪利用了楢原陈政对他的信任这一优势。日方急切希望听到他的意见，因为他们相信黄遵宪对中国外交政策的制定具有相当大的影响力。黄遵宪与楢原陈政的正式会谈立即作为一则重要消息传到东京。黄遵宪的意见明确而直率。他声明，除非有关租界的管理明确后，否则关于界址的谈判就不会有结果。《马关条约》规定，日本有权在新开商埠建立居留地，而对居留地的管理必须符合条约口岸的管理规则。基于这一事实，黄遵宪指出，外国在华的租界有不同的类型，可分为三种：上海型、厦门型和宁波型，黄遵宪认为上海型的特征是：

> 上海各国都有自己的租界，道路、码头、桥梁等的建设和维修均由各国负责。警察和刑事管理也由该国控制。租界内的中国商人与外国商人一样，也接受租界当局的管理。如果中国犯人逃到租界，在未得到外国当局的允许前，中国当局不能入内捕人。这无异于一个国中之国。

① 光绪二十二年三月十四日刘坤一致黄遵宪函，《刘坤一遗集》，第5册，北京，1959年，第2173页。1895年11月19日珍田舍己致西园寺公望的信，收在日本外务省未刊档案《明治二十八年至二十九年支那各地帝国专管居留地设定一件，第五编苏州(一)》。

黄遵宪进一步指出，上海的专管租界有个发展过程，因为在太平天国时期，由于中国政府无力承担该城的防务，其防务遂由外人负责，后来政府将部分行政和司法权托交外人。正是由于历史原因，上海的外国人才享有这样的治外法权。黄遵宪强调他们的特权并未写入任何条约。上海型的管理扩展了治外法权的应用范围，强化列强在华的权力。第二种厦门型，只能由外人居住，不许中国人入内，租界的管理权属于外国当局。第三种宁波型，华洋杂居，中外商人一起从事商务活动，其道路、桥梁及其他建筑包括警察等由中国政府负责。他指出第三种类型也是外国在日本开设租界的模式。

《马关条约》未明确规定将哪一种现存的租界模式用于新开埠的苏州和杭州。黄遵宪特别强调，上海型的专管租界不能接受。首先，它损害了中国的主权，超出了条约规定的义务；其次，苏、杭位于人口稠密的内陆，而先前的条约口岸及外国在此开辟的租界是在沿海荒芜的土地上。要中国在内陆任何一个地方放弃管理权都是不能接受的。其理由是，在人口稠密的内陆不可用作租界，以防列强要求建立上海型的专管租界。

黄遵宪提出了一个切实可行的方案，在苏州附近建立一个中外杂居型的租界，以便于中外商人从事商务活动。道路、桥梁、码头建筑和维修及治安权等均归中国政府。虽然中国政府无权控制寓华外人，但有权管控包括租界在内的中国领土。为防止日本执意坚持按上海模式建立专管租界，黄遵宪发出警告，中国政府或许可以选择一块远离苏州城的地方，并禁止中国居民生活其中。在这样的租界内日本可以设厂，但因为远离华人社区，商务不可能繁荣。他提醒日本人，罪恶的治外法权，也曾令日本深受其害。如果日本考虑到中国的处境，中国将与日本合作,共同促进商务的繁荣。黄遵宪还提议,日本人应继续与地方行省磋商,否则移至北京。只要磋商的权力掌握在两江总督手中,黄遵宪可充当首席谈判代表,在考虑到双方利益的基础上,可合理解决这一问题①。

4月18日,黄遵宪与荒川巳次开始谈判。4月13日,他们签署了有关界址和租界管理条款的协议,确定的界址位于苏州附近,管理条款即按照黄遵宪先前向楢原陈政所阐明的模式制定。道路、桥梁、码头的建筑与维修由中国政府管辖,生活在界内的中国公民、行政管理权,包括警察等,均归属于中国政府②。东京当局对这一协议大为不满,并向荒川发出言辞强硬的训令:界内只能居住日本人,行政及警察等权必须归日本。如果与中国地方当局的谈判不能达成满意的结果,日本政府将把谈判移至北京③。

7月2日,荒川按照这一训令与黄遵宪重开谈判。7月4日,黄遵宪向荒川发出照会,严正声明《马关条约》没有规定在新开埠的口岸所开辟的租界只能由日本人居住。谈判告破,黄遵宪离开苏州。荒川将黄的照会告知外务大臣,并建议向中方作出让步,这样对商务的发展最为有利④。黄遵宪明显压倒了荒川,现在他接受了黄的意见,且劝说

---

① 珍田舍己致西园寺公望的信,见日本外务省未刊档案《明治二十八年至二十九年支那各地帝国专管居留地设定一件,第五编苏州(一)》。

② 1896年4月14日荒川巳次领事致日本外务大臣陆奥宗光函,见日本外务省未刊档案《明治二十八年至二十九年支那各地帝国专管居留地设定一件,第五编苏州(一)》。

③ 1896年6月13日日本外务大臣西园寺公望致荒川巳次函,见日本外务省未刊档案《明治二十八年至二十九年支那各地帝国专管居留地设定一件,第五编苏州(一)》。

④ 1896年7月10日荒川巳次领事致日本外务大臣西园寺公望函,见日本外务省未刊档案《明治二十八年至二十九年支那各地帝国专管居留地设定一件,第五编苏州(一)》。

政府采纳黄的意见。然而，日本政府解除了荒川的职务，将谈判移至北京。10 月 19 日，双方签订最终的协议，中国政府同意日本在苏州建立只能由日本人居住的专管租界，日本对道路和警察等享有控制权①。黄遵宪的努力荡然无存。

黄遵宪在南京并不愉快，他觉得张之洞给他的这个差事与他的才能不相称。他把自己比作一只"闲鸥"，责怪张之洞急不可待地将他从新加坡调回，但又闲置不用②。他本人与张之洞相处得并不好，初次见面他就摆出傲慢的姿态，这令康有为都感到吃惊。黄遵宪竟然"昂首加足于膝"，在达官面前拒绝假装恭谦，结果冒犯了张之洞，故给他一个不重要的差事③。在黄遵宪的家庭里还流传着一则他与张氏关系的故事。张之洞习惯于工作到深夜，午夜过后，当他有事找黄遵宪商量时，派轿子前去接他，而黄遵宪习惯于早起，不愿意在这个时辰赴会④。与黄遵宪的抱怨相反，我们发现，张氏至少给黄遵宪两项重要的任务并将他推荐给皇上。在张之洞看来，黄遵宪的工作是有价值的。也许正是由于他不愿意仰仗于张之洞，故夸张了与张之洞相处的负面印象。黄遵宪在离开南京后，向张之洞的竞争对手翁同龢表示了对这些官僚的不满⑤。

---

① 1896 年 10 月 19 日日本驻华公使林子平致外务大臣大隈重信函，见日本外务省未刊档案《明治二十八年至二十九年支那各地帝国专管居留地设定一件，第五编苏州(一)》；郭廷以、詹姆斯·W. 莫利：《中日关系：1862—1927 年》提到有关磋商苏州租界的中国外交档案，纽约，1965 年，第 83 页。

② 黄遵宪：《己亥杂诗》，《人境庐诗草笺注》，第 298—299 页。

③ 康有为：《〈人境庐诗草〉序》，《人境庐诗草笺注》，第 2—3 页。

④ 1969 年 12 月 30 日，作者采访黄延毓的记录。

⑤ 翁同龢：《翁文恭公日记》，上海，1925 年，光绪二十二年九月二十一日。我要感谢台北的赵中孚先生帮助我阅读翁氏的日记。赵中孚整理：《翁文恭公日记》，台北成文出版社，1970 年。

甲午战争后,变法维新运动不仅反映了知识精英的趋向,也反映了在政治运动发展过程中官僚内部的权力斗争。尽管黄遵宪并不十分关心派系政治,但他的政治网络在很大程度上决定了他在这一运动中的处境。参加变法维新的官员包括李鸿章,人们指责他在甲午战争中对日妥协。那些反对妥协的人被冠以"主战派",他们在战后组建变法团体。该团体由陈炽、文廷式领导,并得到翁同龢和张之洞的资助,他们反对朝中要员,特别是李鸿章,批评他陷入了宫廷内的帝党与后党之争。慈禧太后通过对年轻的光绪帝(1889 年亲政)的严格限制来巩固自己的摄政权,朝廷像一台由慈禧操纵的机器。慈禧和光绪帝的支持者卷入了旷日持久的派别之争。李鸿章是后党的得力干将。

施雷克认为,维新运动始于 19 世纪 70 年代,在初期,它被认为是清议运动,它是政府内部要求变法的年轻官员持续努力的结果[①],尚不清楚到 1894 年这个群体在多大程度能统一行动,但当中日议和成为一个重大事件时,这个群体的官员经常聚会讨论,其领导人是文廷式。19 世纪 80 年代末黄遵宪携带《日本国志》的稿本到京时所结识的大部分京官,现在是这个团体中的主要成员。他们是文廷式、陈炽、沈曾植、沈曾桐、张元济、梁鼎芬、黄绍箕等,是在朝廷内部进行变法的倡导者。1895 年,当康有为到京参加会试的时候,他们便开始发动变法运动,并成功地获得了这一集团的支持。正是有了他们的支持,康有为组织了第一个旨在以变法为宗旨的政治组织——强学会。这一集团的官员成为强学会的关键人物,并使它产生了重要的政治影响。由于

① 石约翰:《1898 年的维新运动与"清议":变法的反对者》,载柯文与石约翰合编:《19 世纪中国的变法》,剑桥,麻省,1976 年,第 289—305 页。

该会被认为是一支现实的政治力量，张之洞和刘坤一对他们的请求作出了积极的回应并给予财政上的支持。李鸿章也希望能名列赞助人的行列并要提供资助，但被断然拒绝。英美外交官和一些新教传教士如李提摩太等也支持该会，这反映了亲英美的强学会及与亲俄的李鸿章相对抗的立场。黄遵宪与京官均持渐进的改良主张，他的许多变法主张与陈炽《庸书》中的观点相似。正如萧公权所指出的，由官员组成的这一团体代表了19世纪90年代变法维新运动的大趋势。（康有为激进的变革方案偏离了这一大势，尽管他被普遍认为是战后变法运动的组织者[①]。）黄遵宪个人与这一处于主流地位的团体保持联系。1895年7月，当文廷式回江西途经南京时，黄遵宪与张之洞的幕宾梁鼎芬在船上宴请他，黄遵宪与文廷式互赠诗文，谴责割让台湾[②]。

黄遵宪与李鸿章继续保持私人联系。如前所述，他在年轻时就将李鸿章视为杰出志士加以崇拜，并以受到他的称赞而自豪。他同情李鸿章被迫与日和谈，从而扮演了可耻的角色。黄遵宪认为李鸿章的唯一过错是其亲俄方针，特别是1896年签订的《中俄密约》。当李鸿章出访俄国等国回到上海时，黄遵宪曾私下拜访了他。李鸿章说他希望此约能维持二十年的和平。然而，与他的愿望相反，不到一年列强便纷纷叫嚷瓜分中国。黄遵宪将李鸿章的过错归咎于年迈。1901年李鸿章去世时，黄遵宪作了一首优美的诗，称赞他是经国干才，李鸿章也

---

① 萧公权：《翁同龢与戊戌变法》，《清华学报》卷1，第2期，1957年4月，第112页。

② 黄遵宪：《闰月饮集钟山送文芸阁学士假归兼怀陈伯严吏部》，《人境庐诗草笺注》，第251页。时文廷式乞假回籍修墓，于光绪二十一年四月十一日到家，参见《大清德宗景皇帝实录》卷365，第8页；北京大学中文系近代诗研究小组编：《人境庐集外诗辑》，第66—67页。

许是他所崇拜的少数杰出人物之一[①]。

黄遵宪与康有为的交往很短暂。1895年10月底，当康有为到上海组织强学会分会时，黄遵宪前去拜访，他请广东进士吴德潇一同前往。康有为记下了初次见面的情景，称他具有非凡的才能，也对他的自信感到震惊：黄遵宪"昂首加足于膝，纵论天下事，吴双遣（德潇）澹然旁坐，如枯木垂钓"。康有为在沪滞留数周，二人"朝夕过从，无所不语"[②]。

尽管他们的变法观点有相通之处，但黄遵宪不同意康氏对孔教的解释。康有为断言，在周朝末年诸子创立各自哲学时，孔子创立了儒学，他反对把孔子视为三代传统的承传者，而且他声称：圣王，即尧、舜、文王是三代理想制度的创立者，也是孔教的智慧结晶。康有为还断言，孔子的正典不是人们所讲的古文经，而是长期被人们忽略的今文经。为阐明他的观点，康有为出版了一部有争议的《新学伪经考》（1891），说明古文经（著名的《周礼》《春秋》《毛诗》等）系前汉篡权者王莽的御用文人刘歆伪造的。康有为通过谴责古文经，开辟了重新认识整个儒家经典的新路径。他对儒家经典《春秋》《论语》《孟子》《礼记》作了新的解释。他对《春秋》的解释是以《公羊》为基础，又以佛学和西学加以补充，使之成为服务于其政治哲学的工具。黄遵宪拒绝康氏对古代圣贤和三代礼制的解释，认为缺乏历史根据。事实上，他经常援引《周礼》，并用它来阐述理想的政府，不相信康有为称其为伪书[③]。

黄遵宪仅把康有为视为维新运动的同党而与他保持有限的联系。

---

① 黄遵宪：《李肃毅侯挽诗四首》，《人境庐诗草笺注》，第379—381页。

② 康有为：《〈人境庐诗草〉序》，《人境庐诗草笺注》，第2—3页。

③ 有关康有为哲学的讨论，参见萧公权：《近代中国与新世界：康有为变法与大同思想研究》，第4章《以儒变法与以儒为教》。

康有为组织上海强学会时，黄遵宪是16个发起人之一，但未亲自参加成立会，而是让梁鼎芬代他签名[①]。尽管他们为追求一致的目标而走到一起，但黄遵宪不能认同康有为的政治风格。他们都对现存的官员选举制度感到失望，因为它没有给熟悉时务的新式知识分子留下应有的空间。他们希望帝国的官僚机构能吸收新型的、有才干的人才，让他们在政府内扮演重要角色，这不仅有助于政府处理新问题，且能改善那些有功名而未能授官者的状况。19世纪末早已饱和的官僚机构不能吸纳大批通过了科举考试并取得候补官身份的人，这部分人在数量上不断增多。黄遵宪自身就是这一黯淡情形的产物，因为作为举人的他未获得正式的任命，而是通过捐官并自愿到海外使馆充当雇员。这在当时等于是一场赌博，因为外交雇员并不能通向仕途。在黄遵宪的周围至少有一个成功的例子，即张荫桓。张荫桓作为一个精通洋务的专家，原在一行省充当幕僚，从而开始其为官生涯，后任驻美公使，最后获得户部侍郎、总理衙门大臣的职务。1895年前后，他春风得意，常受到皇上召见。正当黄遵宪作为一个外交家试图通过积累功德来实现其为官目标时，康有为正以咄咄逼人的方式，急不可待地想使自己声名显赫，他准备全身心地投入到鼓动变法的行动中去。他们的改革策略也不同。黄遵宪主张渐进的方式，而康有为号召进行激进的改革，用康有为的话说："大抵欧美以三百年而造成治体，日本效欧美，以三十年而摹成治体，若以中国之广土众民，近采日本，三年而宏规成。"[②]

尽管黄遵宪与康有为保持一定的距离，但与他最著名的弟子梁启

---

① 钱仲联编：《黄公度先生年谱》，第50—51页。

② 康有为：《进呈〈日本明治变政考〉序》，载黄彰健编：《康有为戊戌真奏议》，台北，1974年，第499页。

超却建立了密切而长期的友谊。黄遵宪通过编辑《时务报》与梁氏建立了联系。1896年1月初，京师强学会被封时，上海分会也被禁，黄遵宪感到气愤，提议通过出版杂志继续鼓吹变法，强学会有余款700元，他又捐银1000元作为办刊经费。他邀请张之洞的弟子、正在湖北自强学堂任教习的汪康年前来担任经理，挑选梁启超任主笔。时梁启超因在京办《强学报》而声誉鹊起，被视为杰出的报刊政论家。起初也有人推荐章炳麟，但黄遵宪觉得他为文艰深，不合适办杂志①。黄遵宪的孙子正先（笔名）为黄遵宪与梁氏的见面提供了生动的描述：当梁启超到沪见黄遵宪时，黄遵宪与他纵论天下大事，诸如日本维新的成就，中国在世界上所处的位置及出版杂志鼓吹新思想的决定等。为测试梁启超的写作能力，黄遵宪让他总结这次谈话的内容。梁氏离开黄宅已是晚上十点，次日晨梁启超竟然带来四五万言的文稿。黄遵宪很吃惊："子来何早耶？"梁氏答曰："卓如年少，智识浅陋，足履未出国门，闻见狭隘，昨夕得闻谠论，茅塞顿开，畴昔所学皮毛而已，喜极不能入寐。"黄遵宪对文稿很满意，"子真吾理想中之主笔也"②。时黄遵宪48岁，梁启超23岁。梁启超将他视为良师，他们的这种亲密关系一直保持到黄遵宪去世。黄遵宪在去世前一年致函梁："国中知君者无若我，知我者无若君。"③

1896年8月9日，《时务报》创刊。该报系旬刊，每月三期，双面三

① 梁启超：《三十自述》，《饮冰室文集》卷44，第27页；《创办〈时务报〉源委》，《知新报》，第66册，光绪二十四年八月十一日；又载《戊戌变法》，第4册，第521—528页；钱仲联编：《黄公度先生年谱》，第52页。

② 正先：《黄公度——戊戌维新运动的领袖》，《逸经》第10期，1936年7月。

③ 梁启超：《嘉应黄先生墓志铭》，《饮冰室文集》卷43，第3—4页；又见钱仲联编：《人境庐诗草笺注》，第12页。

十页。主要内容有谕旨、奏折、论说，论说多出自梁启超之手，汪康年等人撰写了少量的论说。《时务报》每期刊有译自日、英、法、俄等报刊上的文章，对有争议的儒家经典则加以回避。黄遵宪拒绝了最初由康有为鼓动而后来被汪康年提出的以孔子纪年的建议，这是该刊不支持康有为哲学的一个重要标志[1]。该刊是中国第一份现代报刊，影响巨大。原计划发行四千份，远不能满足读者的需求，后增至万余份。主笔梁启超由此成为晚清最具影响力的新闻业者。

1896 年 11 月，黄遵宪奉旨进京入觐，这是步入仕途的一个预兆。按惯例，提升或任命官员由吏部向皇上提名。此前驻美公使龚照瑗上奏，保举黄遵宪[2]。然而，当谕旨传到吏部，令其带黄遵宪前来觐见时，竟遭到吏部的拒绝，光绪帝遂直接传特旨召见他。11 月 20 日黄受到召见[3]。光绪帝问黄遵宪："泰西政治何以胜中国?"他答曰："泰西之强，悉由变法。臣在伦敦，闻父老言，百年以前尚不如中华。"光绪帝"初甚惊讶，旋笑颔之"。不久，光绪帝索要《日本杂事诗》，户部侍郎代呈该书[4]。

11 月 23 日，黄遵宪被任命为出使德国大臣，这是新设置的岗位。11 月 26 日，光绪帝分别召见黄遵宪、新任命的驻英公使罗丰禄和驻美

---

① 黄彰健：《戊戌变法史研究》，台北，1970 年，第 5 页。

② 郭廷以：《近代中国史事日志》，第 958 页。

③ 台北故宫图书馆：《方本上谕档》，光绪二十二年十月(冬季档)。十月十三日军机处传总理衙门让黄遵宪准备觐见，卷宗第 00161 号；十月十六日档案记录了黄遵宪是受觐见者之一。(黄遵宪受召见的时间在黄氏年谱中有不同的记载，故难以确定具体的日期。)

我要感谢台北故宫图书馆的庄吉发和碧翠斯·S. 巴特利特，他们在我查找这些档案时给予热情的帮助。

④ 钱仲联编：《黄公度先生年谱》，第 54 页；台北故宫图书馆：《方本上谕档》，光绪二十二年十月，卷宗第 00297 号。

公使伍廷芳①。黄遵宪对这一任命很兴奋，但一个意想不到的障碍随之而生。黄遵宪的任命宣布后遭到德国驻京公使海靖严厉拒绝。是时，德皇威廉二世正试图在山东开辟租界，但遭到清政府的严辞拒绝，因此德国政府正寻机制造外交争端。德国出于外交目的正在利用各种事件，对此总理衙门也有所警觉②。德国公使认为对黄遵宪的任命正是制造事端的绝好机会，因为他事先已获悉，清廷原先任命黄遵宪出使英国，在受到英国的拒绝后才改变这一任命。11 月 29 日，海靖电告德国政府，提议拒绝黄遵宪，理由是听到有关他不体面的传言③。据传黄遵宪在新加坡时有腐败行为，他从华人富商那里侵吞巨款。当总理衙门否认黄遵宪受到英国政府拒绝的时候，海靖前往总理衙门抗议对黄遵宪的这一任命。他在李鸿章、张荫桓、翁同龢等人面前发表了粗暴的言辞，谴责中国政府的反德立场，指责在中国政府所有的轻率决定中最糟糕的就是任命一个被英国拒绝的人为驻德公使。他从桌上端起酒杯说："给我们上一杯人家不肯喝的陈腐劣酒，这难道是对我们的友好表现吗？"李鸿章坚持否认遭英国拒绝，并出示英国公使窦纳

---

① 台北故宫图书馆：《方本上谕档》，光绪二十二年十月二十二日。

② 石约翰：《帝国主义与中国的民族主义：在山东的德国人》，剑桥，1971 年，第 29—31 页。

③ 1896 年 12 月 3 日，德国驻京公使海靖的急电，见《德国中央档案馆，外交部档案(波茨坦)》，第 427—447 页，转引自德国科学院东方研究所出版的《东亚研究》第 48 号齐格弗里德·贝尔辛(Siegfried Behrsing)所作的《黄遵宪与柏林》，柏林，1959 年，第 10—17 页。另见《翁同龢日记》，光绪二十二年十月二十六日、十一月十日。

事实上，朝廷在决定这一任命时，原先考虑让黄遵宪出使英国，后改为出使德国。这一变化与对伍廷芳的任命有关，原先任命伍廷芳出使英国，后因他有英国国籍而改为出使美国。翁同龢在光绪二十二年十月十九日的日记中写了个脚注："朝廷任命四位公使出使四国，原定黄遵宪出使英国，但今日改为美国。"关于伍廷芳的任命，参见郭廷以：《近代中国史事日志》，第 961—962 页。

乐的一封信，证明英国政府从未拒绝黄遵宪。海靖争辩道，窦纳乐亲口告诉他，黄遵宪在新加坡时与腐败案件有关。在持续了一个半小时的争辩之后，海靖行前发出威胁："我们德国人喜欢音乐，但我们有各种音乐，既有到目前为止让中国人听起来是和谐、友好的音乐，也有刺耳、喧闹的音乐——如诉诸武力。我们希望中国不要引诱我们演奏这种音乐。"[①]在多次努力劝告德国接受对黄遵宪的这一任命失败后，清政府最终妥协，改任许景澄[②]。

对黄遵宪来说，德国拒绝这一任命这不仅是一次挫折，而且很不体面。因为人们怀疑黄遵宪在新加坡的确侵吞一大笔钱财。翁同龢在日记中写道，他听闻英国公使窦纳乐说黄遵宪从新加坡商人那里侵吞 40 000 美元留作己用[③]。黄遵宪针对这种怀疑，写了一封致英国前任南洋殖民地总督史密斯(Cecil C. Smith)的公开信，刊登在 1897 年 2 月 12 日上海出版的英文报纸上，其中文版刊在新加坡的华文报上。黄遵宪声称，这一诽谤源于华民政务司官员奚(G. T. Hare)的诬告，此人不怀好意。事件起于 1893 年 5 月，时海关总税务司致函南洋殖民地总督史密斯，请求采取强硬措施，实施有关从新加坡进口鸦片的决定，要求鸦片商必须持有合法的证件。总督勉强同意采取临时性的措施。同时有这样的消息，即鸦片的需求量在增加，不少中国商人企图推销大宗鸦片。在新加坡有 800—900 箱的鸦片分装在 50—60 艘船上，每条船上有 30 人，计有 1500 人。但是新措施给他们带来了不便，

---

① 1896 年 12 月 3 日，德国驻京公使海靖的急电，见齐格弗里德·贝尔辛:《黄遵宪与柏林》;另见《翁同龢日记》，光绪二十二年十月二十七日。

② 《翁同龢日记》，光绪二十二年十一月二十六日。

③ 《翁同龢日记》，光绪二十二年十月十八日。

商人们因拒交每箱 80 美元的保证金而被拒绝离港，而这保证金正是新规要求的。艰难的谈判在华商与中国总领事和华民政务司之间进行，商人公禀黄遵宪，提出愿交每箱 40 美元的保证金（计 40 000 美元），希望同意他们按期出港。（黄遵宪的公开信与华商的公禀及黄遵宪的答复一起刊出。）在获史密斯的同意后，黄遵宪安排他们离港，并答应向中国政府说明他们的苦恼。他命令他们，在收到总理衙门的指示前，将每箱 40 美元的保证金交由蔡文宝保管。不久史密斯辞职，华民政务司告诉新任总督，黄遵宪试图将这笔从华商身上勒索的钱留作己用。华民政务司将这笔钱从华商那里取走，存放到殖民地税库。黄遵宪在公开信中对指控他攫取这笔款项表示异常气愤[①]。然而，就在这一事端平息后，诽谤黄遵宪的谣言又被反对变法者所利用，他们在 1898 年试图控告他。

二、湖南的变法

黄遵宪在驻德公使的任命取消后仍留在京城，幸运的是此刻他得到了翁同龢的帮助。翁氏作为户部尚书、总理衙门大臣和军机大臣，更重要的是还曾是帝师，其政治影响力正处在巅峰期。黄遵宪一到北京就拜访翁氏，并以《日本国志》的手稿相赠，此后他们时常往还[②]。

---

① 《北华捷报及最高法庭与领事馆杂志》，1897 年 2 月 12 日，第 248—249 页。中文版的信引自陈育崧：《黄遵宪使德遭拒始末》，《南洋学报》卷 17，第 1 期，1962 年 4 月，第 25—28 页。

② 《翁同龢日记》，光绪二十二年六月二十一日、九月二十六日，二十三年二月一日、二月三日、五月三十日。

因翁氏的保举,黄遵宪被任命为湖南长宝盐法道,这是他第一次被正式授官。1897 年 7 月 15 日,他前往长沙履新①,在他抵湘时又被任命为署按察使,该职原任李经羲奉旨进京。湖南的变法运动在巡抚、学政及地方士绅的热情支持下已经展开,黄遵宪到任后,尽其所能,积极推动该省的变法活动。

甲午战争后,向以排外和守旧著称的湖南人,对采用西方现代技术来创办新式企业表现出非凡的热情。他们认为,努力创建新式工业才是抵御外国入侵的手段,若不开办新式企业,外人必将要来掠夺湖南的资源②。湖南人认为他们面临比其他省更为严重的民族危机,这部分是因为他们对吴大澂率领的自愿到北方对日作战的湘军遭到惨败而震惊。这些士兵是以镇压太平天国运动闻名的湘军的后代。此外,民众的民族危机感、士绅发挥的主导力量、新任命的立志改革的省级官员,加之湖广总督张之洞的激励,共同创造了一个有利于促进湖南变法的良好氛围③。

陈宝箴,湖南巡抚,江西客家人。1895 年秋,陈宝箴到任后就立志要使湖南成为中国富强的中心。在对抗太平天国时他曾是曾国藩的幕宾,对湖南的乡土民情非常熟悉,所以对湖南感情尤深④。

---

① 《翁同龢日记》,光绪二十三年六月十五日;钱仲联编:《黄公度先生年谱》,第 55 页;康有为:《〈人境庐诗草〉序》;郭廷以:《近代中国史事日志》,第 970 页。

② 中村义:《洋务、变法、民变:1898 年的两湖地区》,载野泽丰、田中正俊编:《中国近代史讲座》,第 2 册,东京,1978 年,第 147—175 页。

③ 林能士:《清季湖南的新政运动》,台北,1972 年,第 8 页;路康乐指出,战后广东的变法运动与湖南无法相比,湖南省级官员的态度在战后的变法中起到了关键的作用,见《中国的共和革命:广东个案,1895—1913》,剑桥(麻省),1975 年,第 36 页。

④ 林能士:《清季湖南的新政运动》,第 22 页;张之洞对陈宝箴很信任,因为张氏在湖北任职时陈宝箴任布政使。

陈三立，陈宝箴之子，1889 年进士，是位知名的诗人，他随父入湘充当助手。他很欣赏黄遵宪的诗作，是黄遵宪的挚友。当黄遵宪接到这一任命时，他劝黄遵宪前来湖南供职[①]。江标，湖南学政，也是一位变法事业的热情促进者，1894 年底到任时他发现湖南的士绅极端排外，对现代的革新怀有敌意。他决心在其岗位上以自己的才能来改变士绅的态度。他在每年科举考试时，要求应试的生员采用新式文体，要学习新学，如数学、世界地理、英文等，对校经书院在读的生徒也有同样的要求。他主持出版旬刊《湘学报》，发表以新学为主题的科艺文，以培养学生对新学的兴趣[②]。黄遵宪被任命为署按察使后，进一步增强了湖南立志变法的官员群体的实力。

黄遵宪抵湘时，变法的进程包括创办新式工业正顺利推进。1897 年夏，6 位士绅联合创办火柴公司，这是湖南第一家新式制造厂，它雇佣了 700 名工人，其中有女性 600 名。其他工厂，如宝善成机器制造公司制造灯泡、人力车、火药，并开展纺织、碾米、榨油等业务；还有经洞庭湖沟通两湖地区的轮船公司。这群士绅的领袖是著名的经学家王先谦（1842—1917），他曾是国子监祭酒，时任岳麓书院山长，也是陈宝箴的旧友。无疑，他对陈宝箴的信任有利于造就变法的环境。在士绅群体中还有熊希龄（1870—1942），1895 年进士，后任过国民政府总理。他是一位年轻的士绅，并积极参加青年知识分子的活动[③]。他们与湘抚陈

---

① 钱仲联编：《黄公度先生年谱》，第 73 页；小野川秀美：《清末政治思想研究》，东京，1969 年，第 186 页。胡思敬：《戊戌履霜录》卷 4，第 13—14 页；黄遵宪：《上海喜晤陈伯严》，《人境庐诗草笺注》，第 255 页。

② 小野川秀美：《清末政治思想研究》，第 277—278 页；林能士：《清季湖南的新政运动》，第 16 页。

③ 有关湖南变法的研究，参见查尔顿 · M. 刘易斯：《中国革命的序幕：湖（注转下页）

宝箴"互商提倡振兴之法",投身这些新式企业[①]。推动这些新式企业的动力是士绅投身企业后不断增长的利润,及他们担心外国的入侵和中国前途。然而,巡抚的鼓励和指导对促进士绅投资兴业至关重要。巡抚自身也参与创办采矿工业,开采湘省的矿产资源,以促进该省的经济繁荣。

这个参与创办新式企业的士绅集团主张在省城建立新式学堂,他们捐资营建学舍,定名该校为"时务学堂"。根据陈宝箴的《招考新设时务学堂学生示》,成绩优秀者毕业后将送京师大学堂深造,或送到国外留学;次者,派充驻外使馆任翻译或随员,及南北洋海陆军、船政局等新式政府机构的帮办。有愿走正途者,亦可作为生监,一起参加乡试。陈氏的方针显示,他朝着改变传统科举制度的方向迈出了重要的一步。凡此,在湖南未引起争论,也得到了朝廷的赞许。陈宝箴认为,此举是"中国自强之基,诸生自立之道"[②]。1897 年 9 月 24 日,为时务学堂开考之日,预计招生 40 名,但考生逾 4000 人[③]。在挑选教习时,黄遵宪推荐梁启超任中文总教习,《时务报》的英文翻译李维格任西文总教习,士绅领袖及陈宝箴和江标一致赞成这一任命。梁氏接受了这一职务,他还邀请了两位广州万木草堂的同学、康有为的弟子同行。

(续上页注)南省思想和制度的转变,1891—1907 年》,剑桥,1976 年;小野川秀美:《清末政治思想研究》第 5 章;林能士:《清季湖南的新政运动》;湖南省志编纂委员会:《湖南近百年大事记述》,长沙,1959 年,第 122—167 页。关于王先谦与陈宝箴的友谊,参见王先谦:《葵园自订年谱》,长沙,1908 年,第 281—282 页。

① 光绪二十三年十二月十八日陈宝箴的奏折,参见国家档案局明清档案馆编:《戊戌变法档案史料》,北京,1958 年,第 243—244 页。

② 陈宝箴:《时务学堂招考示》,引自《戊戌变法》,第 4 册,上海,1953 年,第 495 页。

③ 《知新报》,光绪二十三日十一月初一日,引自《戊戌变法》,第 4 册,上海,1953 年,第 382 页。

结果，学堂成为讨论康有为政治观念，如“人权”“平等”的中心[①]。

黄遵宪通过发表演说及与青年知识分子非正式的接触来激励他们。中国士大夫在中日战争后最关注的问题是日本在短期致强的秘密，他们到《日本国志》中寻找答案。尽管该书写于十余年前，涉及的内容下至 1882 年，但它是用中文写成的对日本明治时期的制度和文化阐述得最充分的一本书。该书第一版出版于 1895 年，1898 年又由上海的两家书肆再版[②]。同年《日本杂事诗》的修订本又在长沙刊行，黄遵宪为该版所作的序反映了他对日本明治维新的新认识。1897 年 9 月，新到任的学政徐仁铸为该书题写书名[③]。

黄遵宪对明治维新的解释，特别是称赞尊王者的自我牺牲精神，吸引了湖南的年轻人。他们誓言要使湖南成为中国的萨摩和长州，这两个地方在明治维新时期产生一些杰出的志士。他在阐述明治维新时特别强调志士的作用。康、梁接受了这种观点，将日本的成功归之于个人特立独行的精神。康有为在谈到高山彦九郎及其他志士时，特注明这些资料取自黄遵宪的著作。梁启超在时务学堂告诉学生，日本作为一个强国的出现，是明治维新的结果，这一运动由一群有勇气的

---

① 熊希龄：《上陈右铭中丞书》，《戊戌变法》，第 2 册，上海，1953 年，第 585 页；林能士：《清季湖南的新政运动》，第 40—41、80 页。

② 黄遵宪《日本国志》的版本，有 1890 年广州富文斋、1898 年上海图书集成印书局、1898 年浙江书局，1968 年台北文海出版社根据上海图书集成印书局的版本再版。

③ 黄遵宪：《日本杂事诗》，1898 年长沙富文堂版。尽管黄遵宪希望此版能广为流传，以替代以前所有的版本，但是这一最新的版本恰恰流传不广，此版现在成为稀有珍本，我要感谢竹内好慷慨提供该版的复印本。周锡瑞认为，黄遵宪曾建议以徐仁铸取代江标任湖南学政。我对此表示怀疑，因为学政的任期为 3 年，江标 3 年任期满。参见周锡瑞：《辛亥革命在两湖》，伯克利，1976 年，第 14 页。

人出于正义的愤怒而发动，他为中国缺少为国献身的人而悲哀[①]。他们的学生，特别是唐才常（1867—1900）和谭嗣同（1865—1898）以明治时期的英雄为楷模，是最早立志为变法而献身的人。唐才常是时务学堂的助理教习。他说："若夫日本与我，国同洲，书同文；其痛疾外人连构奇殃，统绪垂绝，又与我同病。全恃二三侠士仁人，出死力，排众议，以成今日维新之治。"他感到湖南人的气质与日本志士相似[②]。（他又小心地避免讲湖南与日本相似，对任何一个有自尊的中国人来说，都难以接受与日本人相似这种提法。）唐、谭分别于1898年和1900年献身。

黄遵宪的著作并不能充分阐明日本在明治维新后是如何致强，或新政权在困难时期是如何生存下来，以及日本是如何建立现代工业的。黄遵宪着手编撰该书时明治维新仅仅才开展十年。然而，它给年轻的知识分子带来了乐观的希望。一旦主张改革的新政权建立起来，并由那些具有献身精神的人担任领导角色，一切困难将迎刃而解。当时这种乐观的想法在青年知识分子中间非常流行。一位严谨的学者皮锡瑞（1850—1908）在读完《日本国志》后提出这样的问题，到底是谁使日本在明治维新后致强？《日本国志》里并未提到天皇多么睿智或是一位杰出的军事领袖，看来日本的强盛并不能归之于天皇。那些发动改革的人，

---

① 1898年春康有为在保国会上的演说，载《康南海自编年谱》，收入罗荣邦编：《康有为：传记和专题文集》，亚利桑那，1967年，第88—89页；该书收录了理查德·霍华德翻译的康有为的演说词；理查德·霍华德在他著的《日本在康有为改革方案中的作用》中指出了改革家们争当"志士"的竞争意识，同上书，第285、304—305页。另见康同薇：《论中国之衰由于士气不振》，《知新报》，第32册，光绪二十三年九月初一日。梁启超的演说，载《湖南时务学堂初集》，长沙，1898年，第8页。我要感谢京都大学的岛田虔次教授的慷慨帮助，使我有幸见到这本稀有资料的复印本。

② 唐才常：《辩惑》《论热力》《浏阳兴算记》，分别载觉睡斋主人编：《湘报类纂》，1902年，上海，第45、49、121—122页。

如西乡隆盛、大久保利通惨死，那么，日本在短期变得富强，到底该归之于谁呢？难道靠井上馨和伊藤博文的领导吗[1]？皮锡瑞与许多青年士绅一样，都认为日本由弱而强的关键，是那些为国家献身的志士。所以，他在追问是“谁”，而不是问是“什么”使日本致强。

1897 年 11 月，当德国强占山东半岛的胶州湾时，湖南的精英们更加坚定地要使湖南省成为抵御外国统治的堡垒。德国强占胶州湾的举动使举国顿生民族危机，因为这预示中国立刻将有被列强瓜分的危险。为防止中国被外人统治，他们努力促成湖南省自治，以使本省脱离中央政府而存在。湖南的领导人也被动员起来，并着手准备。他们的动机是出于民族主义。他们将本省的独立视为抵御外人统治，保存中国哪怕是一部分，以图未来复兴民族的最后一个堡垒。这种“自立”“独立”的观点也隐含着离心的倾向[2]。1897 年 12 月，为筹备自治政府，谭嗣同、唐才常提议成立南学会，这得到陈宝箴的支持。南学会首先是一个公众教育机构，但同时期望它也能发挥地方议会的功能。其核心成员由陈宝箴从湘绅领袖中挑选，他们负责从各府县物色会员。任何有“德性”和“才能”的人不管其职业如何，须经三名会员推荐方能成为会员。学会的目标之一是要打破等级障碍，形成一种团体或“合群”意识，这种平等原则是一国富强的基础，在长沙周围的各府县建立了许多分会，皮锡瑞被推为南学会会长[3]。

---

① 《皮锡瑞日记》，光绪二十三年九月十五日，载《湖南历史资料》，第 4 辑，1959 年。

② 梁启超关于湖南自治的观点，参见梁启超：《上陈宝箴书》，载《戊戌变法》，第 2 册，第 533—535 页。

③ 南学会的规章，载《湘报类纂》，第 493—503 页。《皮锡瑞日记》，光绪二十三年九月初六日、十月二十一日；小野川秀美：《清末政治思想研究》，第 290—294 页；关于监察御史黄均隆指控南学会“为议院之权舆”，参见《戊戌变法档案史料》，第 252—253 页。

黄遵宪被推为南学会的4位演讲人之一，主讲政府与宗教。南学会的主要活动是每周一次的演讲会。1898年2月1日举行开讲典礼。黄遵宪第一个演讲，同日演讲的还有陈宝箴、皮锡瑞和谭嗣同，听众多达200人。皮氏对黄遵宪演讲风格的印象是清晰和有说服力，他猜想黄遵宪是在西方国家学到了这种演讲风格。许多人认为他像一位牧师，具有雄辩的口才①。

黄遵宪在演讲中讨论了政府与地方社会之间的理想状态，鼓励地方领袖应承担政府的责任，以创造一个有凝聚力的社会，这将是国家富强的根基。他重复了《日本国志》中的观点，西方及日本的强盛在其致力于实现国家的聚合，这要以政府与人民的相互信任为基础。在上古，中国也曾有这样的理想状态，但在秦朝统一国家后，专制主义盛行。他特别抨击了明清两朝统治者在任命地方官员时，关心的是最大限度地确保中央政权的稳固及将地方权力的威胁缩小到最低限度。他还指出，因官员的任期短，对地方事业发展无长远的规划，这样官民之间也就不能增进相互的信任。

> 诸君！诸君！（这采用了西式的演讲开场白，很明显在座的没有女性。——作者注）诸君多有读二十四史者，名相良将，能吏功臣，可谓繁夥矣。惟读至《循吏传》，则不过半卷耳，数十篇耳，二三十人耳。无地无官，无时无官，汉、唐、宋、明，每朝数百年，所谓循吏者，只有此数？岂人性殊哉，抑人材不古若欤？尝考其故，一则不相习也，本地之人，不得为本地之官。自汉既有三互之法，

① 《皮锡瑞日记》，光绪二十四年二月初一日。

如今之回避。至明而有南北互选之法，赴任之官，动数千里，土风不谙，山川不习，一切俗禁，茫然昧然。余尝见一广东粮道，询其惯否，彼谓："饮食衣服，均不相同，嗜欲不通，语言不达，出都以后，无地异色，妻奴僮仆，日夕怨叹，惟愿北归。"……不相习，与宴会时之生客何异?①

他坚持认为，除非君民的关系得到改善，否则以发展海外贸易、农业、工业，或促进教育、实行社会的和平与稳定等都不可能。他提议，要医治积弊，就应扩大当地民众参与政府的权力。

黄遵宪指出，中国古代曾有过理想的君民关系。周代的封建统治者就比秦朝以后的中央集权制政府更关心民众。在周朝，由于政府施行仁政，因而有一种团体意识。他争辩道，尽管周朝的土地和人民属于封建诸侯，但封建诸侯与人民保持密切的关系，凡遇国事均与卿士商议，"其传国极私，而政体乃极公也"。自秦建立中央集权制后，选官时虽格外强调要求服务民众，甘当公仆，但一旦任职，对民众的疾苦便漠不关心，置民之生死于不顾。此外，卑鄙的官吏借口规章条文，利用权势鱼肉民众。既然官僚唯利是图，无视民间疾苦，官僚便成了滋事的根源，人民希望他们那里无官。正因为如此，中央集权的官僚政体，"其设官甚公，而政体则甚私也"。黄遵宪建议，要改变中央集权的弊端，当地人必须参与当地政府的事务，与中央政府任命的官员通力合作②。

①② 黄遵宪:《南学会第一次讲义》,《湘报类纂》,第 307—311 页;又见《戊戌变法》,第 4 册,第 423—426 页。

黄遵宪在阐明变法主张时，常提到的一个议题是：在中国历史发展的进程中，古代就有的健体强身意识后来日渐颓废。中国要建成一个现代民族国家，必须复活这种意识才能在竞争中生存。中国文化颓废的最明显的象征是缠足。黄遵宪谴责它，不仅是因为这不人道，侵犯了女性的人权，而且它是国家振兴的一大障碍，因为这使四万万人中的一半致残。他指出，这种奇怪的习俗在海外成为人们的笑料，为中国增加一奇耻大辱。他以署按察使的名义发布公告，劝告民众戒缠足，以推动该省的放足运动。1897 年 10 月，湖南不缠足会在长沙成立。早在 1894 年康有为曾在广东和上海成立不缠足会。他们的现实目的是确保天足妇女在婚嫁中不受歧视，会员们的儿子应娶放足女子结婚[①]。晚清小脚女人受到赞颂，她们那受尽苦难的脚被视为正常，而无此习惯的客家妇女，她们的“大脚”成为时人的笑话，也被人视为一种耻辱。作为客家人的黄遵宪，自豪地谴责缠足这种恶俗，同时也同情他的女儿曾受人嘲笑[②]。

黄遵宪在湖南时为建立保卫局付出了极大的努力。这一长沙市的现代警察机构是湖南变法维新时期延续时间最长的一项制度[③]。在长沙保卫局的统一指挥下，长沙和周围的许多府县建立起一个新型的军事网络[④]。当陈宝箴与他讨论长沙市的治安问题时，黄遵宪提议成立保卫局，这种现代的警察制度是日本从西方习得的最好的制度之

---

① 《湖南署臬司黄劝谕幼女不缠足示》，《湘报类纂》，第 736—740 页；《皮锡瑞日记》，光绪二十三年十月二十二日；《湖南不缠足会章程》，《湘报类纂》，第 527—532 页。

② 黄遵宪：《寄女》，《人境庐诗草笺注》，第 257—258 页。

③ 梁启超：《嘉应黄先生墓志铭》；黄遵宪致梁氏的信，载丁文江编：《梁任公先生年谱长编初稿》，台北，1962 年，第 196—197 页。

④ 《湖南省开办团练章程》，《湘报类纂》，第 569—575 页。

一。在中国，只有“条约口岸”的外国租界实行这种制度。黄遵宪在研究了上海及其他“条约口岸”的警察制度后，起草了保卫局章程。事实上，保卫局远不只是一个维持治安的机构。他希望它能成为地方政府自治的基石及在全省建立各项新制度的基础。长沙的地方官及绅商等都参与管理。官员负责逮捕罪犯，处理诉讼，绅商负责财政系统并提供街区清洁服务。强调这一点，是因为湖南人对街道的整洁满怀热情。许多到访过上海和香港的人都为租界内干净整齐的马路而震惊，他们认为这是西方社会繁荣和有秩序的象征①。

按照湖南保卫局章程的规定，保卫局的总部建在市中心，它指挥东西南北 4 个分局，另有 1 个设在城外。保卫局的总办得到绅商代表的协助，各分局局长由地方政府的候补官充任，他们也得到绅商社团代表的支持。各分局享有司法权，下设 6 个小分局(合计有 30 个小分局)也陆续建立，分局长由地方政府内的最低级官员担任，小分局内有 2 名巡吏、14 名巡查。时该市有 30 000 户家庭，各小分局负责 1000 户的治安，并从中选出 5 位代表，成为该区分局的成员。整个保卫局系统合计有 420 名警察，他们领取薪水，并提供食宿和制服，此外还设有一个俱乐部。

黄遵宪制定了详尽的细则、纪律，以清楚地表明巡警不同于原衙门内的巡防，因为那些人已臭名昭著。巡警不得受贿、吸食鸦片及在公共场所聚众酗酒，不得在街道上与市民打架、嬉闹。当巡警的条件是身体健康，年龄在 20—30 岁之间，有一定的阅读和书写能力，没有

---

① 《湖南保卫局章程》，《湘报类纂》，第 556—569 页；谭嗣同：《记官绅集议保卫局事》，《湘报类纂》，第 212—216 页；姜炳坤：《筹保湘省私议》，《湘报类纂》，第 210—211 页。

前科。巡警的义务包括救助病人和失踪者。登记每个街道的居民，监视陌生人，预防暴徒聚众闹事，缉拿罪犯。这些规则取自《日本国志》内的警察规章。日本也同样面临纪律问题，因为在德川末期的警察也因其堕落而臭名远扬①。他还主张建立5所迁善所，归保卫总局管辖，各所羁管40名无业的罪犯②。

黄遵宪起初在动员该市绅商支持保卫局时遇到困难。怀有敌意的谣言充斥市井，说保卫局是为了保卫洋人和传教士，为筹资将要对房舍的所有者和店铺课以重税。黄遵宪召左宗棠之子左孝同前来相助，由他向士绅游说。黄遵宪在旧的巡防局里花大量的时间向士绅们解释这一新机构。谭嗣同和唐才常也热情支持他的努力，因为他们希望保卫局能成为湖南自治的基础。当黄遵宪宣布了提名出任保卫局委员的名单后，那些曾抱怀疑态度的士绅开始与黄遵宪合作③。

1898年7月底，长沙保卫局正式开办，黄遵宪任总办。开办前夕，他聘请曾在汉口租界内任职的6名中国巡警前来长沙帮助训练警察。当巡警第一次出现在长沙街道上时，引起了市民的怀疑，因为他们身着统一的制服，短夹克、绑腿，看上去像西服。在他们逮捕了几名小偷并归还被窃物品后，原先持怀疑态度的商人确信巡警是有益的。个别

---

① 黄遵宪:《日本国志》卷14，第30—31页；内务省警保局编:《厅府县警察沿革史》，东京，1927年，第17—22页；黄遵宪:《杨先达等禀请速办保卫局批》，《湘报类纂》，第749—751页。

② 《湖南迁善所章程》，《湘报类纂》，第563—569页。

③ 《湖南巡抚俞廉三折》，光绪二十四年十二月十三日，载《戊戌变法档案史料》，第501—502页；皮锡瑞在日记里记录了黄遵宪准备开办保卫局的活动，见光绪二十三年十二月十三日、二十四年一月二十日、一月三十日日记；谭嗣同:《记官绅集议保卫局事》；唐才常:《辩惑》《论保卫局之益》，《湘报类纂》，第41—42、215—219页。

冲击巡警分局的事件系由少数醉酒的船员或赌徒所为，当地市民并未卷入。巡警制度被证明是成功的，即便在反对变法的保守势力的围攻之下，它还是得以存续。当慈禧太后下令停止一切变法举措时，张之洞附会慈禧的谕旨，重新组建警察局，易名为保甲局①。

保卫局之所以受市民欢迎是有原因的。正如当初一位吁请开办保卫局的商人所言，市内不安定的社会因素在增加："地痞白昼横行也，若辈素无生业，惟呼群引类，寻衅冲衢，索钱索米，予取予求，一言稍忤，即拳石交至，甚至将全家什物打碎，一哄而散。"成群结伙的游民，时常出入店铺，扰乱商务。许多诈骗者散布谣言，说这些店铺将要破产。那些从地方政府中开缺的差使（约 1000 人）正变得越来越贪婪②。巡抚陈宝箴也指出，由于城市人口的膨胀，小偷、土匪、流氓也急剧增加。一年内暴徒滋事逾百起，但只有少数罪犯被逮捕。地方保甲或团防局已无力制止这些罪犯③。尽管长沙也有传统的军事组织④，但明显不能满足城市对警力的需求。随着犯罪率的上升，这也是社会危机的征兆，商人和富绅在市内的寓所尤其需要加以保护。黄遵宪与同僚优先考虑要保护都市的精英，使他们免遭流民洗劫。那些流入城市沦为乞丐或歹徒的人原先都是穷困无助的农民。19 世纪 90 年代，面对这一现实问题——在乡村危机中如何处置匪患——这已超出了变法的范围。

黄遵宪负责组建了课吏馆（又叫课吏堂），以便对候补官和府县的

---

① 《湖南巡抚俞廉三奏》；威廉·艾尔斯：《张之洞与中国教育改革》，第 141 页。

② 《湖南商民请速办保卫局禀》，《湘报类纂》，第 717—720 页。

③ 黄遵宪：《杨先达等禀请速办保卫局批》。

④ 曾国荃编：《湖南通志》卷 79，1885 年，第 57 页。

低级官员进行再教育，其首要目标是对他们进行职业培训，因为科举考试重在测试文学成就，而非为政的技能。依据条规，课吏馆提供课程学习的机会，开设的科目有：学校、农工、工程、刑名、缉捕、交涉。凡通商、游历、传教一切保护之法均归为"交涉"。他确信许多排外的骚乱，是由于地方官的疏忽和仇外情绪。因此，教育这些官员，以防发生攻击传教士事件也就显得至关重要。他计划安排那些受过外交磋商培训的官员到那些有教堂的地区任职，以防小事酿成巨祸。他告诉一位友人，保护传教士所需的费用，要比因教案而支付的赔款少得多①。

为了奖励那些成绩好的人，课吏馆定期举行考试。这里没有讲座，但备有一个新知书籍的图书馆。学生通过撰写些特定的读书报告而与教师交流。他们每人两本笔记本，用于记录心得和提出疑问，教师在上面写批语和解答，这是时务学堂教学的方法。1898 年 6 月初，黄遵宪完成了开馆的准备工作，然而，在劝告官员入馆时却遇到了麻烦，教师的安全也得不到保障。被应邀前来执教的皮锡瑞觉得，由本地人去教那些当地的"父母官"不太合适，因而犹豫不决②。课吏馆开馆后到底发挥了多大的功能尚不清楚，因为开馆时，整个变法进程正受到攻击。

黄遵宪回国后最关心的问题是暴力排外和民众骚乱。他在离京前曾夜访翁同龢，向他表达这种忧虑。他说，中国动乱的最主要根源是暴力反洋教、匪患，以及西方列强可能挑起的战争，他觉得其中任何

① 《皮锡瑞日记》，光绪二十四年一月三十日；《湖南改定课吏馆章程》，《湘报类纂》，第 549—554 页；《湖南署臬司黄令会筹课吏馆详文》，《湘报类纂》，第 682—686 页。
② 《皮锡瑞日记》，光绪二十四年一月二十二日、四月十二日、四月十五日。

一项都可能导致中国被瓜分[①]。当务之急是避免外国的入侵，因为侵略将会导致更多的租界和割让国土。要防止外国干涉，关键是维持国内的和平及确保在华外国人的人身安全。他对寓华外国人的基本立场是，中国最好是接受这样的事实：确认中国与列强签订的条约，同意交换外交官，允许外商和传教士进入中国。在条约义务的范围内谨慎地保护他们，以防他们在中国借口滋事。黄遵宪同时也指出，若对传教士的非分要求作出妥协是错误的，他在任署按察使时告诫地方官，传教士动辄干预地方诉讼，致函威胁，地方官不要屈服于这种压力。他在谈到一起中国教徒自杀事件时特别强调了这一点，一位与自杀事件无关的人向中国牧师报告：教徒的死是由于他信教，亲戚将其打伤。牧师致函地方官，威胁此事将会变成涉外事件。黄遵宪在评论地方官的这一报告时指出，教徒是中国人，应依中国法律惩处："不必见一教士来函，遽尔震惊，亦不必因一教士预闻辄生厌恶，嗣后遇有此种事件，不得预设成见，惟当考求实事，斟酌情理。"[②]

黄遵宪相信，在中国通过变法变得强盛后，不平等条约如同日本一样最终将被废除。既然中国不可避免地越来越深地卷入国际贸易和争端，那么最好的办法就是熟悉争端规则并在竞争中获胜。在旧金山的经历使他发现，只要掌握西方的法律和程序，也就能利用它制止西方的非分要求和保护华人的权益。作为实际的策略，他赞同日本人的做法，即通过自身刑法和司法管理的近代化建立有效的警察系统，以确保国内的和平与稳定，最终废除不平等条约。

---

① 《翁同龢日记》，光绪二十三年六月十五日。

② 黄遵宪：《耒阳县曾庆鉴服毒身死一案批》，《湘报类纂》，第760—761页。我要感谢台北的张伟仁，他在我阅读这份文件时提供了帮助。

在湖南变法运动期间，黄遵宪的渐进主义和国际主义的思维也为其他的同僚所分享，当然并非所有的湖南人都能接受。事实上，以官员和立志变法的士绅为一方，以反洋教的宣传家周汉为代表的传统士大夫及民众为另一方，两者存在着紧张关系。传统主义者拒绝让外人进入湖南，号召民众拼死抵抗。1897 年，这种紧张关系达到顶点，因为预定次年春开放岳州（湖南的第一个"条约口岸"）。陈宝箴发出告示，呼吁湖南人应保护外人，并对排外行为发出警告。此时一幅杀死一名外国人将获得 200 银元奖励的宣传画正四处散发，大量谴责变法维新的小册子和宣传画也随之出现。传统主义者攻击保护局是保护外人的机构，他们宣称《湘学报》是宣传基督教和排斥儒教的喉舌①。

按照传统主义者的观点，接纳并保护外国入侵者是不可原谅的。在这种抵制官方政策的背景下，传统主义者散布反洋教士的恶意谣言。面对这些人的煽惑，黄遵宪与陈宝箴公开发表演讲，驳斥有关传教士挖人心脏、眼球等器官的谣传②。陈宝箴称周汉是中国人的耻辱，因为他那本小册子粗鲁地诽谤、辱骂基督教，这使西方人更加相信即便有文化的中国人也很荒谬愚昧且中国只是半开化的国家。黄遵宪告诉陈宝箴，他在旧金山时，周汉的故事时常令他窘困③。

在处理与发达的西方列强的关系上存在着两条路线的斗争。那些负有履行中外约章义务的官员力图找到一种可行的妥协方案，然

---

① 《湘绅公呈》，载佐佐木正哉编：《清末的排外运动（资料篇）》上卷，东京，1968 年，第 146—147 页。中村义：《洋务、变法、民变：1898 年的两湖地区》。

② 黄遵宪就基督教发表的公开演讲，皮锡瑞在光绪二十四年三月十三日日记中曾提到。

③ 《陈右铭南学会第七次讲义》，《湘报类纂》，第 302—307 页。

而,传统的文人通过鼓动民众的仇外情绪,号召人们全力抵制并顽固地攻击官方的政策。陈氏最终下令逮捕周汉,他一直被监禁到1910年。陈宝箴从内心同情民众对以炮艇相伴的列强的愤慨,他在告示中解释,朝廷接纳西方人的决定不过是一种策略,与汉武帝对北方边陲游牧民族采取羁縻政策并无二致。他发出警告,不得违反政府有关禁止暴力排外的命令,任何国家若失去对本国人民的控制都会导致外来势力的干预[①]。支持陈宝箴立场的士绅也同情民众对外人的愤恨,但他们反对这种自我毁灭的抵制。姜炳坤在《湘报》上撰文指出:"或者又曰:西人果来,吾以死力争之,胜则成,不胜则死耳。夫人孰无死,死苟有益于毫毛,则死之日犹生之年。人亦何惜一死,上为朝廷雪耻,下为百姓定难哉?第恐内治未修,饷械未备,匹夫勇斗,奋不顾身,尸骨未寒,反致开罪,敌人蹂躏原野,为可哀耳。"[②]

中国的历史学家在评价维新派的成果和传统主义对维新派的抵制时,认为这不仅是学术问题,而且是意识形态问题。因为在中国近现代史上始终存在着两条路线斗争,即理想主义—民族主义路线与实用主义—国际主义路线之争。

19世纪后期,理想主义—民族主义路线接受了传统主义—保守主义的路线。然而,进入20世纪,他们却成为以反帝相号召的革命运动的主流。共产主义者成功地动员民众反对日本帝国主义,并战胜了继承国际主义—渐进主义路线的国民党。日本的情形相反,明治政府奉行的是实用主义—国际主义路线,尽管在20世纪30—40年代因排外

① 《湖南巡抚陈宝箴保卫洋人示》,《湘报类纂》,第732—734页。

② 姜炳坤:《筹保湘省私议》,《湘报类纂》,第210—211页。

主义高涨而声名狼藉，政府还时常受到左翼和右翼的批评。中国的变法沿用明治政府的策略，但未获得成功。当今中国史学家声称改良道路是条死胡同，日本史学家也认为，中国改良派在应对西方时面临的形势更加严峻。一方面，传统主义者的抵制及民众的排外骚乱理应受到高度评价，另一方面，数量有限但根植于这一社会背景的改良派，他们作为统治精英也应该受到重视。事实上，改良派主张镇压民众的排外行为，不仅因为他们惧怕外人入侵，而且他们担心骚乱会威胁到既有的社会秩序。在这前后，湖南因为旱灾，经济趋于崩溃，1898 年米价猛涨，湘潭爆发了民众哄抢米商的事件。其他府县的官员担心骚动会波及他们那里。据报告，参加抢米的人承认是秘密会党哥老会的成员①。

1898 年夏，湖南的维新运动分裂成水火不相容的两个阵营：一派为受到志在推动变法的官员支持的青年士绅，另一派是攻击维新思想的士绅领袖，他们认为新思想威胁到既有的秩序。王先谦在岳麓书院动员生徒反对维新派，诽谤时务学堂教习的谣言传遍巷间。暮春，王氏的几个学生呼吁，请他让陈宝箴解除梁启超的总教习，他们指控黄遵宪及其同伙学政徐仁铸和时务学堂总理熊希龄，“自黄公度观察来，而有主张民权之说”②。此间，王先谦与几个生徒致函陈宝箴指责梁启超，并要求整顿时务学堂。为抵制王氏的鼓动，熊希龄等湘绅联名致函陈宝箴，要求整顿全省的书院、学堂。不久，城内出现了张贴诽谤时务学堂的揭帖。在湖南，揭帖和谣言成了两个强有力的政治武器。

---

① 关于对湖南变法维新的评价，参见《中国近代史丛书》编写组：《1898 年的变法维新》，北京，1976 年；皮锡瑞在日记中多处提到有关哥老会滋事的谣传，见光绪二十四年七月初五日、六日、二十九日日记。

② 《宾凤阳等上王益吾院长书》，载苏舆编：《翼教丛编》卷 5，第 5 页。

年轻士绅叶德辉站在攻击维新派的前列，抨击《湘报》发表了许多论说。如，指责皮锡瑞之子皮嘉祐作的《醒世歌》："若把地球来参详，中国并不在中央。地球本是浑圆物，谁居中央谁四傍？"显然，这些文章是在批驳"中央之国"的陈腐观点。4月，当易鼐在《湘报》发表《中国宜以弱为强说》时招致许多人的愤恨。易氏号召应融合东西方的制度与社会伦理，主张人权与主权平等及与白种人通婚等，叶德辉猛烈抨击易氏的文章是大逆不道[①]。黄遵宪自身并未卷入这种意识形态之争，虽然他同情激进青年活动分子，但不怂恿这种激进主义者的战略主张。在谈到易鼐的文章时，他告诉皮锡瑞，日本有两类变革者，一种持激进主义，另一种持渐进主义。在他们认识到激进变法的困难后，日本便选择了渐进主义的道路。谈到日本的出版法时，黄遵宪调侃道：连日本政府都未能消除激进主义的隐患，中国政府怎么能做到呢？[②]

湖广总督张之洞强烈谴责易鼐的文章，并电告陈宝箴和黄遵宪，要警惕极端主义："此等文字，远近煽播，必致匪人邪士倡为乱阶。"陈宝箴在复电中对刊发此文表示"感佩歉疚"，并答应以后由黄遵宪审阅《湘报》刊发的文章[③]。差不多同时，王先谦、叶德辉及其他湘省士绅致函在京师的湖南籍官员，指控湘省主政者导致了动乱，吁请京官帮助解除他们的职务。结果，御史徐树铭、黄均隆上疏弹劾陈、黄二人[④]，光绪帝并未作回应。

---

① 《湖南近百年大事记述》，第151页。

② 《皮锡瑞日记》，光绪二十四年三月二十日、二十九日。

③ 《张文襄公全集》卷155，第20页。

④ 林能士：《清季湖南的新政运动》，第111—112页；光绪二十四年八月二十一日黄均隆的上奏，载《戊戌变法档案史料》，第472—473页。

暮春，保守势力在湖南发动的抵制运动渐占上风，维新派中的重要成员被从湘省逐出。自前年夏天一直在此任教的皮锡瑞于5月30日辞去了南学会会长，离湘返赣。与此同时，熊希龄辞时务学堂总理一职。来自广东的教习被蓄意诽谤他们的谣言激怒，也纷纷离湘。初春，梁启超因患重病到上海就医。梁启超的身体康复后即前往北京，加入康有为的行列。正当维新运动在湖南退潮之际，北京却获得一个契机，"百日维新"正式登场。

1897年底，康有为抓住因德国强占胶州湾而导致民族危机上升的机会，在京发动了激进主义的变法运动。他在上光绪帝第五书中描述了严峻的形势，促请皇上当趁此推行变法。该折虽未能上达，但副本广为流传，并对那些主张在帝国现存的秩序内进行渐进变法的官员以巨大冲击。1898年1月24日，康氏被召到总理衙门，回答大臣们有关变法的提问。

康有为自信而又精彩地回答了所有的问题。他指出，日本采用西法，成功地实现了国家的近代化。由于中日彼此相近，因此师法日本更容易取得成功。他还告诉大臣，他写的两本书《日本变政考》和《俄彼得变政记》可资中国借鉴。次日，翁同龢向皇上汇报了这次问话。光绪帝令康有为呈上变法主张及其著作。1月28日，康有为上一道奏折，概括了明治维新时期的变法政纲。其中，他认为最重要的是建立一个由皇帝的高级顾问组成的国家机构。他建议，为了变法维新，应建立一个由有学识的年轻人组成国家机关（制度局）。有关明治维新的著作，他又花时间抄了一份，于4月中旬呈送皇上①。

---

① 《康南海自编年谱》，载罗荣邦：《康有为：传记和专题文集》，第83—85（注转下页）

康有为在奏折中试图给人以这种印象：明治天皇是维新运动的关键人物。或许他以为这还不足以使光绪帝深信不疑，因为一个年仅15岁的天皇对这场变法不可能发挥至关重要的作用。也许正是因为这一原因，康有为同时呈上彼得大帝的故事，这给人的印象是一个强有力的君主充当了改革的领袖。显然，他的进呈对光绪帝产生了很强的影响力，因为光绪帝正企图增强自己的权势以抗拒慈禧。

在康有为到总理衙门回答问题后不久，黄遵宪的《日本国志》也因光绪帝的迫切要求送到了宫内。光绪帝对黄遵宪并不陌生，早在1896年底他就读过《日本杂事诗》。或许是受到康氏建议师法日本进行变法的鼓动，光绪帝令翁同龢进呈黄遵宪的著作，但翁氏并未立即照办。2月13日，光绪帝对他大发脾气，责备他办事拖延。次日，翁氏呈送了两套《日本国志》。萧公权认为翁氏之所以犹豫不决，是因为康有为受到了皇上意想不到的信任，翁氏遂决定不支持康氏，而且他也不赞成康氏师法日本的观点，这意味着西化及制度改革超出了翁同龢所能接受的范围①。

是年春，康有为在京组织保国会。早在1895年他曾组织了强学会②，此举是想继续谋求京官的支持。宫廷内外支持变法的热情像泉水般高涨。6月11日，光绪帝颁布《定国是诏》，启动变法。6月13日，翰林院侍读学士徐仁铸的父亲徐致靖向皇上保荐黄遵宪，建议委

（续上页注）页；理查德·霍化德：《日本在康有为改革方案的作用》，同上书，第294—297页。

① 《翁同龢日记》，光绪二十四年一月二十三日、二十四日；萧公权：《翁同龢与变法维新运动》，第160页。

② 黄遵宪的弟弟遵楷参加了保国会，但黄遵宪未参加。参见《戊戌变法档案史料》，第516页；《戊戌变法》，第4册，第403—405页。

以重任。康有为、张元济、梁启超等也一并被推荐。徐致靖在奏折中说:“黄遵宪历充出使日本、英、美各国参赞官,游海外二十年,于各国政治之本源,无不穷究,器识远大,办事精细……必能不负主知,有补大局。”[①]同日,光绪帝传旨康有为、张元济,预备召见;令湖广总督张之洞将黄遵宪和谭嗣同送部引见;又令总理衙门对梁启超察看[②]。6月16日,康有为终于受到光绪帝的召见,并任命为总理衙门章京上行走,许其专折奏事。此后,康氏起草了大量有关变法奏章,扮演了变法维新运动领袖的角色。

黄遵宪未立即对朝廷令其进京的谕旨作出反应。根据地方官的观察,陈宝箴未让他匆忙启程赴京,因为湖南的变法刚刚开始,这里不能缺少像黄遵宪这样的人。皮锡瑞致函黄遵宪,祝贺他被皇帝召见,同时也告诫他要考虑如果离湘这将会给湖南的变法带来什么后果[③]。7月30日,光绪帝再次令张之洞让黄遵宪速来京,不得迁延。黄遵宪仍滞留在湘,此时他正生病。8月11日,朝廷命他速来京师,任命他为出使日本国大臣,这一任命迎合了日本的意愿,在前任驻日公使裕庚卸任时,日本即非正式地表达了这一意愿[④]。

---

① 徐致靖:《保荐人才折》,《知新报》,光绪二十四年七月十一日;又见《戊戌变法》,第2册,第235—238页。

② 郭廷以:《近代中国史事日志》,第1004页;台北故宫图书馆:《方本上谕档》,光绪二十四年四月二十五日。

③ 《皮锡瑞日记》,光绪二十四年四月二十九日,五月初二日、三日。

④ 钱仲联编:《黄公度先生年谱》,第61页;郭廷以:《近代中国史事日志》,第1012、1014页;8月11日的上谕档内没有此谕。在“中研院”藏《法国照会》(光绪二十四年)收有8月19日法国的照会,提到黄遵宪的这一任命。黄遵宪在《己亥杂诗》的自注中提到当朝廷命他出使日本时,他因长时间生病,不能启程,见《人境庐诗草笺注》,第300页;王树槐:《外人与戊戌变法》,台北,1965年,第198—199页。

8 月 24 日，黄遵宪终于离开长沙，取道上海赴京。他由于生病，行程很慢[①]。他对进京犹豫不决的另一原因，无疑是因为康有为集团的突然崛起，使朝中政局不稳。黄遵宪离湘之际，对维新派的攻击正在升温，黄遵宪将被卷入京城政治风波的危险性也显而易见。黄遵宪启程时陈宝箴送他上船，两人挥泪惜别，“云相见无时”[②]。

9 月中旬，黄遵宪抵沪时，因患痢疾，病情加重，已不能继续北上，他请求准予两个月留在上海治病。就在他到达上海不久，慈禧发动了政变。9 月 23 日，时值他发高烧，从报上读到了光绪帝被拘禁和慈禧宣布垂帘听政的新闻。五天后，谭嗣同及另五位志士被处死，黄遵宪的处境也很危险。9 月 26 日、10 月 1 日和 6 日，御史黄桂鋆、张仲炘和黄均隆上奏，要求惩处黄遵宪，指控他与康党有联系，在汉口与英国人私通之嫌疑，在新加坡和湖南有腐败行为，与张荫桓过从甚密(张氏被处死刑，后减刑逐放)。黄遵宪以生病为由，请求免去出使日本大臣的任命。10 月 3 日，慈禧接受其辞职请求[③]。慈禧对黄遵宪的改任大为不满。10 月 9 日，她密令两江总督刘坤一逮捕他。黄遵宪与其子待在洋务局，此处与外国租界相邻，上海道台蔡钧要他迁入中国人管辖的地界，在遭黄遵宪拒绝后，即派 200 余士兵守围其住宅[④]。

---

① 黄遵宪:《已亥杂诗》;钱仲联编:《黄公度先生年谱》,第 61—62 页。

② 钱仲联编:《黄公度先生年谱》,第 61—62 页。

③ 按照正先的说法,光绪帝本想任命黄遵宪为军机大臣,以巩固朝中改革者的地位,但他的官衔不高,不足以当军机大臣之任。因此,光绪帝想要派他先到日本半年,以便日后提升,同时派他磋商中日同盟,报纸上也有黄遵宪被任命为军机大臣的谣传。参见正先:《黄公度——戊戌维新运动的领袖》,《逸经》第 10 期,1936 年 7 月;《皮锡瑞日记》,光绪二十四年八月十一日;御史的奏折见《戊戌变法档案史料》,第 471—476 页。

④ 钱仲联编:《黄公度先生年谱》,第 62 页。王树槐:《外人与戊戌变法》,第 109 页。包围黄遵宪住宅的原因之一是怀疑康有为藏在那里。按照正先的说法,(注转下页)

上海的外国观察家对黄遵宪受到围攻感到震惊。此刻日本前首相伊藤博文与楢原陈政(曾是黄遵宪的学生)正在沪访问。伊藤令日本驻京公使告知清廷:若严惩已任命为驻日公使的黄遵宪,将有碍邦交[①]。维新派受到迫害也引起了西方人的关注。《北华捷报及最高法庭与领事馆杂志》在提到黄遵宪的危险处境时指出:"希望能采取一些措施,来挽救这位受过良好教育、富有自由意志的官员的生命。"[②]外国人对逮捕黄遵宪所作出的强烈反应令刘坤一震惊,他建议宽恕并暂缓执行对黄遵宪的惩处。在总理衙门任职的袁昶也极力保护黄遵宪。结果黄氏在被围二天后获释,令其返回原籍[③]。

10月15日,黄遵宪乘船离开上海,像一只受伤的海鸥飞回南方。他沿着海岸线孤独地南行。他的疾病、受困的恐怖感、以失败告终的维新运动令他格外沮丧。那些志同道合的志士大部分被处死、流放、罢官或流亡异国他乡。他感到变法的时机已失去,国家的前景很暗淡[④]。

"百日维新"是一个顶点,同时也是黄遵宪为官生涯的低谷。他荣

(续上页注)是黄遵宪帮助康有为逃出上海,上了英国的军舰。政变发生时康有为离京来沪,梁启超则藏在日本使馆内,梁启超从那里发密电给在上海的黄遵宪,请他通知康有为在上海的弟子,并与英国领事安排康出逃。梁启超也请黄遵宪帮助梁启超在上海的家人逃到日本,所有这些黄遵宪办得很谨慎。正先:《黄公度——戊戌维新运动的领袖》,第19—20页。

① 日本外务省:《日本外交文书》卷31,第678—679页。

② 《北华捷报及最高法庭与领事馆杂志》,1898年10月10日,第686页;又1898年10月17日,第707页。

③ 钱仲联编:《黄公度先生年谱》,第62—63页;王树槐在《外人与戊戌变法》中依据台北"中研院"收藏的刘坤一的奏折,认为迫使清廷释放黄遵宪的主要因素,是英国试图攻击受到围困的洋务局,以使黄遵宪获释,第199—200页。

④ 黄遵宪:《放归》《九月朔日启程由上海归舟中作》《感事》,《人境庐诗草笺注》,第277—283页。

幸地受到皇帝的传旨召见，并任命为出使日本大臣，这正是他梦寐以求的。然而，这一任命是在政治气氛极为紧张时作出的，他不得不辞让。尽管他谨慎地避免与康有为过于密切，但还是被控告参与了康党颠覆政府的计划。事实上，在变法维新之初，他与康、梁和谭嗣同一道被保荐，这无疑给人以他与康有为关系密切的印象。结果，黄遵宪成为举国皆知的人物。具有讽刺意味的是，这件使他声名鹊起的事件反而葬送了他毕生在仕途上努力打拼的前程。

第九章　人境庐主人：对新中国的期望

黄遵宪回到广东嘉应故里，在此度过了隐退后的余生。“人境庐”是他的斋名，取自东晋诗人陶渊明(356—427)的一首诗：

结庐在人境，而无车马喧。①

作为“人境庐”的主人，黄遵宪早在“人境庐”建成前就采用这种风格。他回乡不久便购得一块与他住处相邻的宅地建造“人境庐”，并执意安上一扇大玻璃窗。他20岁时就写过一首诗，幻想坐在室内，阳光能透过窗户直射进来。在那充满阳光的居室，他栽培了一些从新加坡带回来的奇异植物，书房内备有维多利亚式的家具。门前“人境庐”三字的匾额由在东京的友人日本书法家濑温(号大域，1827—1902)书写赠予。他在花园里种了各种果树和花卉——兰花、香蕉、李树、桃树等，还有伦敦的玫瑰、德国的菊花。他将番木瓜引入嘉应，使之成为该地的经济作物。他怡然自得地在花园里劳动，或身

① 陶渊明撰，威廉·阿克译：《饮酒二十首》，载西里尔·伯奇编：《早期至十四世纪中国文学选集》，纽约，1965年，第184页。

着一件短夹克在乡里散步[①]。

尽管佛教禁食牛肉,中国人也避免吃牛肉,但黄遵宪在国外时便习惯了西方食品,尤其偏爱牛肉汤[②]。黄遵宪退休后除食用面包外,还经常吃黄油和牛奶,这是通过瑞士传教士从瑞士进口的,传教士在嘉应创办了一所医院和一所教德语的语言学校。他并非简单地品尝西餐,而是相信其营养价值。由于黄遵宪非常关心自己的健康状况,对生活起居的安排几乎到了刻板的程度。他深信西医,一生病便去瑞士医院就诊,或派人去请瑞士医生来家,他从不信中草药[③]。这也是他崇尚现代西方科学的一个显证。

这一时期是黄遵宪一生中诗歌创作的高峰。在不到一年的时间里他将150首诗辑为《日本杂事诗》。他与挚友客家籍诗人丘逢甲"迭相唱和",丘氏还时常到"人境庐"来拜访。丘逢甲在参与创建台湾民主国的企图失败后也回到故里,两家间隔不远[④]。

作为"人境庐"的主人,黄遵宪希望过一种隐居的生活,故谢绝了到政府供职的所有邀请。维新变法期间李鸿章被解除了总理衙门大臣,1899年复任两广总督,1900年义和团爆发后,又被召回主持外交谈判。李鸿章邀黄遵宪到广州充当他的幕宾,他向黄遵宪征求如何治理广东的意见,黄遵宪建议建立现代警察系统及废除对大米征收的过境税,后李鸿章请他组建广州的警察系统并主持开办广东矿务。黄遵

---

① 关于"人境庐"的建筑和花园,见《黄公度先生年谱》,第64页;又《人境庐诗草笺注》,第15、42—43、283、288—289页。1973年7月黄延毓在致作者的信中提到番木瓜。

② 黄遵宪在上海和南京时,为女儿写了一首诗《寄女》:"我日啜此汁,十载未餍足。"《人境庐诗草笺注》,第257页。

③ 1973年7月黄延毓致作者的信。

④ 钱仲联笺注:《人境庐诗草笺注》,第341—349页。

宪多次收到李鸿章的请求信，并拜访过一次李鸿章。在交换了对铁路和矿务的意见后，他婉然谢绝了李鸿章的邀请，又回到故里。他还谢绝了其他的邀请，其中包括张之洞和刘坤一[①]。谢绝这些邀请的真实原因是他不再信任慈禧太后和满族亲王把持的政府，他忠诚的对象仍是光绪帝。1900 年 1 月 24 日，朝廷下诏立端郡王载漪之子为“皇嗣”(大阿哥)时，他表现出极大的愤慨，谴责这是对光绪帝的不公[②]。这一诏书是慈禧欲废光绪帝的第一步。与此同时，许多曾举荐过黄遵宪及在湖南与他关系密切、志在变法的官员也遭到清洗。由于对维新派采取残酷的镇压政策，官员们笼罩在一片恐怖之中，人心惶惶。黄遵宪认为这种对变法不利的气氛还会持续。此刻，他决定以保养身体、陶冶情操和博览群书为上策，一旦有机会他将再次为变法而献身，无论成败，定尽其所能[③]。

1900 年岁末，帝国政治笼罩着一片阴霾。黄遵宪所作的论 20 世纪开端的诗对民族前景表示忧虑，他特别忧虑当政者对国际政治无知而朝中官员又不敢讲真话[④]。是年爆发的义和团运动是近代史上大规模的民众排外起义，他对此极为担忧，认为暴力排外将招致灭顶之灾。春天，当得知朝廷下诏召义和团进京的消息时，他感到震惊，他谴责慈禧和那些怂恿愚民妄为的京官。夏天，他获悉八国联军进京更是万分惊恐。义和团最终被镇压，他同情义和团无知，义和团相信自己有超

① 钱仲联编：《黄公度先生年谱》，第 64—65 页；黄遵楷：《先兄公度先生事实述略》，《人境庐集外诗辑》，第 134—135 页；潘飞声：《在山泉诗话》，载《古今文艺丛书》，上海，1913 年，第 6 页。

② 黄遵宪：《腊月二十四日诏立皇嗣感赋》，《人境庐诗草笺注》，第 309—312 页。

③ 1902 年黄遵宪致梁启超函，见钱仲联编：《黄公度先生年谱》，第 74 页。

④ 黄遵宪：《庚子元旦》，《人境庐诗草笺注》，第 313—314 页。

自然的力量，想赤手空拳去阻击外国军队[1]。

在义和团事变中黄遵宪失去了许多挚友。总理衙门章京袁昶因反对朝廷怂恿义和团的政策而受到亲义和团官员的指控，并被处以死刑。袁昶曾两次告诫朝廷，义和团是个异端教派，与白莲教有关系，袁氏主张保护外国使馆。吴德潇是浙江省西安知县，他试图约束民众攻击教堂的行为，愤怒的暴民杀死了吴氏及家属，还有些外国人。1898年，被流放新疆的张荫桓在义和团运动期间，虽未对朝廷发出警告也被处死。同年，自力军起义的领袖唐才常被张之洞逮捕后处死。黄遵宪作长诗——《三哀诗》，痛悼这三位死去的友人[2]。他的悲伤情感更加深了对慈禧及那些招致这一灾难的满族亲王的愤恨。

黄遵宪将大部分时间花在教育儿子、侄儿和外孙上。他家的私塾共有5个学生，开了5门课：掌故、史学、经学、格致和生理卫生，“每人各设札记一册”。除在此上课外，他还在嘉应协助筹办了东山初级师范学堂[3]。清廷在义和团运动后着手“新政”，其中有鼓励地方官绅创办新式学堂，讲授新知。黄遵宪批评政府的教育新政方针，因为政府强调的是高等教育，而他认为重要的是普及初等教育。此外，在还没有建立培养教师的师范学校，以及教科书十分匮乏的情况下，政府要求立即开办学堂是不可取的。政府强调读经，而他认为讲授那些与时务相关的经学，以此作为时务的补充就足矣。政府尚未认识到现代科学在教育中的重要性，而试图保留那些传统的内容，以为学生应试科

---

① 钱仲联编：《黄公度先生年谱》，第65页；黄遵宪写了不少关于义和团运动的诗作，见《人境庐诗草笺注》，第314—356页。

② 黄遵宪：《三哀诗》，《人境庐诗草笺注》，第356—366页。

③ 钱仲联编：《黄公度先生年谱》，第63—64、75页。

举之用[①]。黄遵宪确信传统的学术定将被新学取代,他在西方生活过多年,认为经学毫无实用价值。在谈到曾国藩的学术时,他认为曾国藩是清代一流的名儒,“其学问能兼综考据、词章、义理三种之长。然此皆破碎陈腐、迂疏无用之学,于今日泰西之科学、之哲学未梦见也”[②]。

黄遵宪鼓励他的学生到日本去求学。1904 年他送一个儿子、一个孙子、一个堂侄、一个外甥及一个弟子去日本留学。此间,中国留日学生的人数增至高点,东京为他们建立了速成师范学校。黄遵宪的儿子和学生被送往这些学校,为日后回国在东山初级师范学堂任教作准备[③]。

1902 年春,黄遵宪与梁启超取得了联系。梁氏至 1898 年底流亡日本,抵日不久,因得到横滨华侨社区的支持很快创办了《清议报》,至 1901 年底共出版 100 期,旋因火灾停刊。1902 年初,他又创办了《新民丛报》,这份影响很广的刊物一直办到 1907 年。该刊通过走私运到中国。黄遵宪通过汕头洋务局获取该刊,约每隔 20 天即能看到最新一期的《新民丛报》[④]。1902 年春,他在读到该报第 2 号后便致函梁启超。1902 年他至少给梁启超写了 7 封信,1904 年 1 封,1905 年 2 月 21 日 1 封,这大约是他去世前的一个月。(1903 年梁氏到美国旅行。)梁启超将黄遵宪的 6 封信以不同的笔名刊登在《新民丛报》上[⑤]。

---

① 光绪二十八年五月黄遵宪致梁启超函,载《新民丛报》第 13 号,1902 年 8 月,第 56—57 页。

② 光绪二十八年十一月黄遵宪致梁启超函,载《新民丛报》第 24 号,1903 年 1 月,第 33 页。

③ 钱仲联编:《黄公度先生年谱》,第 76 页;关于中国留日学生,参见实藤惠秀:《中国人留学日本史》,东京,1960 年,第 56—60 页。

④ 光绪二十八年十一月黄遵宪致梁启超函,载《梁任公先生年谱长编初稿》,第 166—167 页。

⑤ 黄遵宪用过的笔名有:东海公、法时尚任斋主人、布袋和尚、公之它、(注转下页)

黄遵宪对梁启超寄予极大的希望，认为他的报刊宣传将能激发民族主义和促进变革。戊戌变法失败后，他强烈地感受到要对国民进行政治教育，提高国民的觉悟，以争取他们对变法的支持。黄遵宪坚信传播媒介是教育民众的工具，相信笔杆的力量能将消极的民众逐渐转变为有责任心的公民。梁氏主编的《新民丛报》出版后，黄遵宪满怀热情地写道：

> 《清议报》胜《时务报》远矣，今之《新民丛报》又胜《清议报》百倍矣。惊心动魄，一字千金，人人笔下所无，却为人人意中所有，虽铁石人亦应感动，从古至今，文字之力之大，无过于此者矣。①

黄遵宪自 1896 年梁启超任《时务报》主笔时便欣赏他，称赞他具有报人的才华。他看了《新民丛报》后指出，梁启超获得了报章文体巨擘的地位，他对梁启超作出了毫无保留的赞誉，说梁启超以其卓越的才华赢得了他的尊敬。他把梁氏比作"罗浮山洞一猴，一出而逞妖作怪，东游而后，又变为《西游记》之孙行者，七十二变，愈出愈奇"②。黄遵宪在身患重病后，给梁启超写了一封信，鼓励他继续努力，直至该报

(续上页注)水苍雁红馆主人，部分信函刊在《梁任公先生年谱长编初稿》，第 150、159—162、166—171、195—197、202—204 页；钱仲联编：《黄公度先生年谱》，第 68—69、73—78 页；吴天任：《黄公度先生传稿》，第 58—72 页。梁启超将黄遵宪 1902 年写的 6 封信刊在《新民丛报》第 12、13、20、24 号上。吴天任搜集到藏在黄氏家族中的手稿原件，并刊在他的书上，这与先前发表的信函大体一致，在刊出的信中只是删去了少数句子。

①② 光绪二十八年四月黄遵宪致梁启超函，载《梁任公先生年谱长编初稿》，第 150 页。

的初衷实现为止：

> 往日《时务报》盛行，以后仆即欲以编辑大业责成于公，而展转未获所愿。今日仍愿公专精于此事，其收效实远且大也。①

黄遵宪以一位阅历丰富的老人带着谦逊的口吻劝告这位后学，向梁启超坦诚而热情地表露出自己对有关国家前途的重大问题的想法。他提出了关于孔教性质的看法，解释在当今世界日新月异的时代如何处理好变革与孔教的关系。黄遵宪在回答梁氏刊于《新民丛报》第2号的《保教非所以尊孔论》时，谈到自己对孔教的看法，黄遵宪早在私塾学习时就写过讨论儒学的文章②，他曾打算写本《演孔》的书。在致梁氏的信中，他指出孔教具有理性和普遍意义，与现代社会有相容之处。他认为孔子是一位仁学大师，孔子通过评述日常生活中的琐事，如吃、喝等来阐明仁学，他不空谈鬼神及其他超自然的东西。从这个角度观之，黄遵宪相信孔教优于世界上几大主要宗教。基督教、伊斯兰教、佛教的创始人声称自己是上帝之子、上帝的使者，或是伟大的超人，他们宣扬天堂和地狱，告诫人们，只要信奉他们的教义就能升天。黄遵宪指出，在古代由于人们愚昧无知，需要天堂、地狱之类的故事来劝诫。随着科学发展和教育进步，知识日渐丰富，知道根本不存在所谓天堂、地狱。到了近代，人类理性得到张扬。最后，黄遵宪预言人们将抛弃所有的迷信和神话。到那时，孔子的教义将是至高无上的，因

① 光绪三十年七月黄遵宪致梁启超函，载《梁任公先生年谱长编初稿》，第196页。

② 关于梁启超的文章，见第240页注①。光绪二十八年四月黄遵宪致梁启超函，《新民丛报》第12号，1902年7月，第58—61页；《梁任公先生年谱长编初稿》，第154页。

为“人人而自尽人道，真足以参赞天地”①。1898 年，黄遵宪早在南学会演说时即已阐明了这一观点。当时，梁启超宣传康有为的儒家哲学，支持康有为发动的孔教运动。

谈到康有为的孔教观，黄遵宪明确表示不接受康有为的学说，即孔子是孔教创始人，六经皆出自孔子，尧、舜即孔子的智慧结晶等，他拒绝康氏的“保教”主张。世界上其他宗教都有独特的教义，并禁止其信徒崇拜其他偶像，孔子却不强求任何人奉信他的学说。在黄遵宪看来，孔子“包综万流，有党无仇，无所谓保卫也”。

> 大哉孔子！修道得教，无所成名，又何从而保卫之？既无教敌，又不设教规，保之卫之，于何下手？至孔子所言之理，具在千秋万世，人人之心。人类不灭，吾道必昌，何藉于保卫？今忧教之灭而唱保教，犹之忧天之堕、地之陷，而欲维持之，亦贤知之过矣。②

黄遵宪认为康有为提倡保教是基于这样一种忧虑：西方宗教将侵蚀中国人的心灵，正如西方列强掠夺我国土地那样。在这一点上，他要比康有为乐观。他相信儒家具有的优越性，并能适应当今不断进步的世界。他甚至认为，孔子在评论《易经》时，就揭示了进化论及适者生存理论，而达尔文是在观察了成千上万的物种演化后才发现的③。

令黄遵宪感到吃惊的是，《新民丛报》中梁启超的观点几乎与他的

①②③　光绪二十八年四月黄遵宪致梁启超函，《新民丛报》第 12 号，1902 年 7 月，第 58—61 页；《梁任公先生年谱长编初稿》，第 154 页。

看法如出一辙。梁启超也声称孔教不必“保”，因为其优长之处使其能适应科学的进步和思想的自由发展。他谴责康氏将孔子作为国教加以保护的计划，因为孔教运动无异于在儒家内增加一个教派，这束缚思想自由。儒学是世界上最伟大的学说，对20世纪的人类社会具有普适性，他不同意康有为努力用孔教来维系中国文化和中华民族①。换言之，梁氏认为儒学是由一个伟大的哲学家、教育家创立的具有普遍意义的学说。唯其如此，“教”与“国”不同，要保的是“国”，而非“教”。

该文表明，梁启超放弃了先前对儒家的看法，这标志梁启超在背离其师的道路上迈出了第一步②。需要指出的是，1902—1904年，黄遵宪的观点对梁氏产生了决定性的影响，此间梁启超的思想正经历一场巨变。他放弃师父的保教观即是这一转变的明证。尽管黄遵宪的观点不是导致梁氏思想转变的唯一原因，但有着强有力的影响③。

尽管黄遵宪欣赏梁启超反对保教的精彩论辩，但不同意梁氏讲的孔教是古代中国的九流之一。黄遵宪认为“儒生”虽不过是九流之一，但“孔子实不当以儒教限之”，因为孔子吸取了九流的学说。黄遵宪认为“儒”的本意指“柔”“顺”，这是周公的教诲，他教导人如何顺从④。黄遵宪对孔子有独到的见解，这既不同于汉学，也不同于宋学。遗憾的

---

① 梁启超：《保教非所以尊孔论》，《新民丛报》第2号，1902年2月，第59—72页。

② 《梁任公先生年谱长编初稿》，第153页。

③ 王德昭：《黄遵宪与梁启超》，《新亚书院学术年刊》卷11，1969年9月，第1—31页。

④ 光绪二十八年七月黄遵宪致梁启超函，《新民丛报》第20号，1902年11月，第51页；又载《梁任公先生年谱长编初稿》，第161页；光绪三十年七月黄遵宪致梁启超函，载《梁任公先生年谱长编初稿》，第197页。

是,他未能完成《演孔》这部书。

黄遵宪认为儒家不仅具有普遍意义,而且是中国最大的一笔文化遗产。当梁启超与他商讨出版一本国学杂志时他表示支持,但不同意梁启超关于保存"国粹"的观点。显然,梁启超弘扬国粹的观点是受到日本国粹运动的影响,这是明治维新 20 年后对西化作出的本土主义的回应。《日本》是文化本土主义者陆羯南于 1899 年创办的一份刊物,他在揭示该刊宗旨时指出:

> 现在日本失去了固有的特质。他们摒弃了自己的一切,全体国民将转向西方。结果,"日本"将成为地图上岛屿的名字。《日本》的宗旨是要复兴和守护民族精神。①

黄遵宪不同意梁启超关于保存国粹的主张。他坚持认为没有必要,中国当前最紧迫的任务是从国外大量吸收新思想。他强调了中日间的差别:

> 日本无日本学,中古之慕隋、唐,举国趋而东;近世之拜欧、美,举国又趋而西。当其东奔西逐,神影并驰,如醉如梦,及立足稍稳,乃自觉己身在亡何有之乡,于是乎国粹之说起。若中国旧习,病在尊大,病在固蔽,非病在不能保守也。②

---

① 高坂正显:《明治文化史之四:思想言论篇》,东京,1955 年,第 663—664 页。
② 光绪二十八年八月黄遵宪致梁启超函,《梁任公先生年谱长编初稿》,第 161—162 页。

他以为中国应更大胆地开放，吸收新学或西学，这是现代科学技术及西方社会制度的基础：

> 今且大开门户，容纳新学。俟新学盛行，以中国固有之学，互相比校，互相竞争，而旧学之真精神乃愈出，真道理乃益明，届时而发挥之，彼新学者或弃或取，或招或拒，或调和，或并行，固在我不在人也。国力之弱，至于此极，吾非不虑他人之搀而夺之也。吾有所恃，恃四千年之历史，恃四百兆人之语言风俗，恃一圣人及十数明达之学识也。[①]

黄遵宪倡导以开放的心态面对新思想，这不仅基于他深受传统的熏陶，而且由于他笃信先秦典籍中所倡导的德性是有效的。在他看来，人类社会的最终目标是实现先祖们的普遍理想，他们在中原地区曾创造了中国古代光荣的传统。总之，采用西方的科学技术和制度，这只不过是实现古代理想的手段。在这方面，黄遵宪及他的同胞与当时日本人高度认同现代西方的态度截然相反。日本人几乎完全认同现代西方的理念，以“文明开化”为追求的目标，笃信现代西方的观念具有普遍意义，故狂热地渴望在日本能实现这些理念。黄遵宪正确地指出了日本没有什么“日本学”，因为日本在古代没有产生与孔子理想比肩的理论。

对中国来说，当下最为紧迫的改革目标是保存国家的统一，建立强有力政府，以适应这个物竞天择的世界。正因为如此，黄遵宪的变

---

① 光绪二十八年八月黄遵宪致梁启超函，《梁任公先生年谱长编初稿》，第161—162页。

法主张聚焦在如何建立一个强有力政府，他在致梁启超的信中讨论了20世纪中国最佳的政府形式。1902年夏天，黄在致梁氏的信中表达了这样一种坚定的信念："二十世纪中国之政体，其必法英之君民共主乎？胸中蓄此十数年，而未尝一对人言。"他是担心梁氏未必能理解。黄遵宪指出，任何变革政体的讨论都是危险的。1897年7月5日，他向日驻华公使矢野文雄提出这一看法时，矢野力加禁诫，"尔后益缄口结舌"。黄遵宪倾吐了他思想的心路历程。他在接触到现代西方的民主理论和君主立宪政体后，开始改变对未来中国政体的看法：1880—1881年间，他在日本读到卢梭、孟德斯鸠的著作，"志为之一变，以谓太平世必在民主。然无一人可与言也。及游美洲，见其官吏之贪诈，政治之秽浊，工党之横肆"。这使他认识到，一个国家即便有优越的制度和高水准的教育，要实现民主理想同样是困难的，他断言中国采用民主或共和制是遥远的事情。三四年后，他来到伦敦，"乃以为政体当法英，而其著手次第"，至此终身守此说①。1904年夏，他在致梁启超的信中再次谈及曾令他迷恋的民主理想，他为自己从未公开对民主的看法而感到庆幸，因为他相信当下中国应"守渐进主义，以立宪为归宿"②。

黄遵宪不信任专制政治，它在20世纪已经过时，主要原因是这种制度不能赢得百姓的支持，因此就不可能有一个强有力的政权。同时，他也反对在中国发动以推翻君主专制制度为目标的革命运动。

---

① 光绪二十八年五月黄遵宪致梁启超函，《梁任公先生年谱长编初稿》，第159—160页；1897年7月4日矢野文雄向中国递交国书，黄遵宪于7月13日离开北京，参见郭廷以：《近代中国史事日志》，第970页。

② 光绪三十年七月黄遵宪致梁启超函，《梁任公先生年谱长编初稿》，第195—197页。

1901—1902 年，梁启超曾号召革命。梁启超在《新小说报》上连载《新中国未来记》的小说中暗示，在今后十年内清朝将灭亡，取而代之的是共和国。1902 年他在《新民丛报》上发表的《新民说》中也讲到以破坏为进步之第一要义[①]，黄遵宪警告梁氏这是一种鲁莽的主张。1902 底，他给梁氏写了一封长信，对他说："以如此无权利思想、无政治思想、无国家思想之民，而率之以冒险进取，耸之以破坏主义，譬之八九岁幼童授以利刃，其不至引刀自戕者几希！"[②]

黄遵宪告诫梁启超，中国的君主政体不同于欧洲被革命推翻的专制王朝。在他看来，"欧洲中古以来，其政治之酷，压制之力，极天下古今之未见。赋敛之重，刑罚之毒不待言矣"。近代早期的欧洲绝对主义达到了顶点，卢梭的《社会契约论》问世后，其精神一下子渗透到民众的心灵，大众的愤怒一旦爆发，遂有足够的力量推翻君主政体。在比较东西方专制政体时，黄遵宪写道："今以中国麻木不仁、痛痒不知之世界，其风俗之敝，政本之坏，学说之陋，积渐之久，至于三四千年，绝不知民义民权之为何物，无论何事，皆低首下心，忍而不辞，虽十卢骚、百卢骚、千万卢骚至口瘏手疲，亦断不能立之立、导之行也。"[③]他警告梁启超不要煽动民众去破坏，应让中国逐步接受立宪主义。

黄遵宪反对梁启超提倡排满革命的另一个考虑，是因为他认为当务之急应该支持现政权以应对外国对中国的威胁。这个物竞天择的

---

① 小野川秀美：《清末政治思想研究》，第 264—268 页；张朋园：《梁启超与清季革命》，第 81—118 页。

②③ 光绪二十八年十一月黄遵宪致梁启超函，《新民丛报》第 24 号，1903 年 1 月，第 35—47 页；又《梁任公先生年谱长编初稿》，第 167—171 页。

世界正变得越来越紧张,统治者与被统治者必须通力合作,一致对外。列强的所为如同是中国的主宰,外国政府将清政府驯服得像奴隶一般。尽管中国人不愿意当奴隶的奴隶,但尚无自己当家作主的准备。他确信,当前中国人最紧迫的任务是帮助这个沦为列强的"奴隶"即清政府,以抵制外人的统治①。

至于反对排满革命的另一实际原因,黄遵宪提醒梁启超1877年在日本发生西乡隆盛的叛乱。西乡有数千以镰刀、铲子和棍子武装起来的追随者,为什么参加者占该县人口的20%—30%、支持者占70%—80%的起义后来失败了呢?答案是政府有军舰、铁路和枪炮。黄遵宪补充道,即便清政府极其衰弱,它也有足够的力量来镇压国内的叛乱。他不想看到爱国志士血洒大地、颅抛荒野②。

不久,梁启超便停止了排满革命的宣传。在1904年6月出版的《新民说》的最后一部分,他甚至谴责排满革命:"或持极端之排满主义,谓今之皇室,虽使其宪政之完备,能如英如日,然以民族之恶感情,终不认之。宁以无秩序之汉而亡,不以有能力之满而存。此自是意气之言,真爱国、真言革命者,必所不取。"③张朋园认为这部分是由于黄遵宪的劝告才放弃激进主义,转而反对革命。张朋园同时认为,1903年梁启超应保皇会邀请而有美国之行,这对思想转变起了决定性的影响④。

①② 光绪二十八年十一月黄遵宪致梁启超函,《新民丛报》第24号,1903年1月,第35—47页;又《梁任公先生年谱长编初稿》,第167—171页。

③ 小野川秀美:《清末政治思想研究》,第273—274页;梁启超:《鄙人对于言论界之过去及将来》,《新民丛报》第49号,1904年6月。

④ 《梁任公先生年谱长编初稿》,第191页;张朋园:《黄遵宪的政治思想及其对梁启超的影响》,《"中研院"近代史研究所集刊》卷1,1969年8月,第212—237页。

除革命排满论，黄遵宪完全同意梁启超的《新民说》。梁氏强调公德、合群的重要性，以及自由、权利、进步、自治、国家思想等[①]。黄遵宪特别赞同梁启超强调民众于家庭、宗族之外，需要有合群和讲求公德意识。梁启超的文章将《日本国志》中类似的观点及黄遵宪在湖南时的演说阐述得更加透彻。早在1887年初黄遵宪就指出，日本强盛的重要因素是国民的精诚团结。中日战争后，中国知识分子普遍接受“合群”的观念及达尔文主义。严复翻译赫胥黎的《天演论》对这种观点产生了深远的影响。史华慈指出，严复的重大发现之一，是他觉察到英国社会的活力来自民众能量的聚集，从而使整个社会强大无比[②]。

黄遵宪钦佩严复，但对他的文风不以为然，称其作品好像出之六朝人之手。事实上，严复采用了最优美的文体，以图吸引那些知识精英。正由于他有巨大影响，黄遵宪劝严复应考虑到创立一种新文体来表达新思想：

> 公（严复）以为文界无革命，弟以为无革命而有维新。如《四十二章经》，旧体也，自鸠摩罗什辈出，而内典别成文体，佛教益盛行矣。本朝之文书，元、明以后之演义，皆旧体所无也，而人人遵用之而乐观之。[③]

黄遵宪致信梁启超，祝贺《新民说》的发表。他在信中探讨了如何使国人合群。他写道：在中国宗法制将人们联合在一起，但现在一个村

---

① 梁启超：《新民说》，《新民丛报》第1号，1902年2月。

② 史华慈：《寻求富强：严复与西方》，第69—73页。

③ 黄遵宪致严复书，见钱仲联编：《黄公度先生年谱》，第70—71页。

落分属不同的宗族,彼此世仇久远。宗族组织已不适合作为现代社会的一个单元。其他类型的传统组织,如“同乡者、同僚者、同年者等”,“卑卑无足道也”。稍有合群意识者,如商会、行会,也不足以自立。中国社会凝聚力最强的组织是秘密会党,如五斗米教煽动的叛乱,最终推翻了汉朝。宋朝方腊起义、明朝的徐鸿儒起义及近代的太平天国起义,都曾威胁到王朝的生存。所有这些起义均为秘密会党组织,他们以平等主义的教义和互助精神吸引了大批追随者。“吾以为讲求合群之道,当有族制相维相系之情,会党相友相助之法,再参以西人群学及伦理学之公理,生计学之两利,政治学之自治,使群治明而民智开、民气昌,然后可进以民权之说。”他希望梁启超用二三年时间在《新民丛报》上宣传合群之道,让民众接受教育,为将来开议院作准备。换言之,议院之开设,“今日尚早”,因为国民还没有做好自治的准备[①]。梁启超没有辜负黄遵宪的期望,他精神饱满地利用报刊对国民进行政治教育。

黄遵宪发挥自己的文学才华,努力提高国民的民族主义精神。他创作了一首行军歌,以激励战士的爱国热情。1902 年底,他将这首歌抄送梁启超,梁氏将其中一部分刊在自己办的杂志里[②]。《出军歌》的开头写道:

四千余岁古国古,是我完全土。二十世纪谁为主?是我神明

---

① 光绪二十八年十一月黄遵宪致梁启超函,《新民丛报》第 24 号,第 37 页。

② 吴天任:《黄公度先生传稿》,第 63 页;黄遵宪:《出军歌》《军中歌》《旋军歌》,载《人境庐集外诗辑》,第 57—62 页。三首军歌均收入梁启超的《饮冰室诗话》卷 2,第 1—3 页。

胄。君看黄龙万旗舞，鼓鼓鼓！[1]

《军中歌》的第一段是：

堂堂堂堂好男子，最好沙场死。艾炙眉头瓜喷鼻，谁实能逃死？死只一回毋浪死，死死死！[2]

这首歌的各节末尾分别加上“战战战！”“必必必！”“胜胜胜！”“前前前！”“敢敢敢！”在民众中培养凝聚力和养成爱国主义是一国致强的两个要素，1904 年 8 月，黄遵宪致函梁氏，要他注意日本在中国东北对俄作战所取得的胜利[3]。

黄遵宪寄希望于年轻的一代，他越来越重视初等教育。他在给梁启超的最后一封信里要梁启超编辑小学课本[4]。他自己创作了儿歌，劝儿童入学：“上学去，莫迟迟；上学去，莫踟蹰；上学去，莫贪懒。”[5]《小学校学生相和歌》在十九章中概括了他对年轻一代的期望：需要有合群、独立和自信的精神、理性主义（反对宗教）、履行对国家的义务、雪国耻等。这是他晚年作品的精华，他以简洁、优美和适合吟唱的文字来表达。第一节是这样写的：

---

① 黄遵宪：《出军歌》，《人境庐集外诗辑》，第 57—58 页。

② 黄遵宪：《军中歌》，《人境庐集外诗辑》，第 59—60 页。

③ 光绪三十年七月黄遵宪致梁启超函，《梁任公先生年谱长编初稿》，第 196 页。

④ 光绪三十一年一月黄遵宪致梁启超函，《梁任公先生年谱长编初稿》，第 203 页。

⑤ 黄遵宪：《幼稚园上学歌》，《新小说》卷 1，第 3 期，1903 年 1 月；《人境庐集外诗辑》，第 62—63 页。

来来汝小生，汝看汝面何种族？芒砀五洲几大陆，红苗蜷伏黑蛮辱。虬髯碧眼独横行，虎视眈眈欲逐逐。於戏我小生，全球半黄人，以何保面目？①

1904年春，黄遵宪患肺病，呼吸困难。是年冬，卧床不起，他知道疾病无法治愈。在日俄战争期间黄遵宪病逝于床上，临终前他做了一个关于梁启超遭暗杀的噩梦。他还作了一首记述梁启超的诗："阴风飒然来，君提君头颅。"在梦里，梁启超告诉黄遵宪，他被激进分子暗杀，他们攻击他的君主立宪主义。谭嗣同和唐才常的幽灵陪伴在梁启超的灵魂旁。当黄遵宪努力听梁氏详言时，闻得公鸡一声啼叫。在暗淡的光线中，他看到梁启超血淋淋的头颅挂在墙壁上，他拭眼一看，墙壁上是一幅被列强瓜分的中国地图。在该诗的第二段，黄遵宪略述了一生所经历的重大事件，他希望能活到中国宣告立宪的那一天。然而当祖国获得新生的时候，可惜自己已老了。在诗的末尾，他忧虑被列强枪炮惊醒的睡狮："牙爪将何为？"他提醒梁启超，彼此都有同样的梦想，自己曾经仰慕加富尔（1810—1860），意大利著名的外交家、自由主义者、爱国人士、意大利的第一任首相；而梁启超钦佩马志尼（1805—1872）②。尽管黄遵宪欲出任首相的志向未能实现，但他希望中国在不久的将来能实现立宪。他把推动立宪的希望寄托在梁启超身上。

1905年3月28日黄遵宪病故，享年57岁。长子黄冕（字伯元）时在神户中国领事馆任随员，归里奔丧，他因过于悲哀而卒于家中③。

---

① 黄遵宪：《小学校学生相和歌》，《人境庐集外诗辑》，第64—66页。

② 黄遵宪：《病中纪梦述寄梁任父》，《人境庐诗草笺注》，第348—388页。

③ 钱仲联编：《黄公度先生年谱》，第79页。

第十章 结 语

以上内容试图再现黄遵宪的世界。他生于太平天国内乱时期，早年受到外国统治下的香港及广州的刺激，直到临终（日俄战争之际），他不断地表达对国家未来命运关切的爱国情怀。这位有才华的诗人，雄辩地表现了自己的悲愤、惆怅及对那些使中国蒙耻事件的痛惜，为中华的衰落而悲哀是他始终不渝的主题。在积极进取的一生中，他将爱国热情和个人志向结合在一起。黄遵宪为那些新型的政治活动家，如意大利、德国和日本等民族国家的奠基者所鼓舞，他渴望能成为中国的加富尔。他想以其独特的职业背景、丰富的现代世界知识来证明其才华进而获得更高官位。以这种方式入仕，反映了官僚政治中的新趋势，福尔索姆将其概括为“从学者型精英到职业化的精英”的转变①。

19 世纪中国知识分子中形成起来的民族主义，是影响黄遵宪一生的重大议题。中国在 19 世纪只是一个想象中的“中央之国”（天下），中国在从帝国向民族国家转变的同时，还包含一个传统的天下观念的转变，并伴随对既有的政治权威和政府的伦理目标认知的转变。因为自我想象的“中央之国”与儒家社会的组织原则紧密相联。然而，当一

① 肯尼斯 · E. 福尔索姆：《朋友、宾客和同僚》，第 194 页。

个人接受了现代民族国家，并将其视为一个“最高群体”[1]时，他就不得不拒绝承认传统社会的一整套基本假设。正如史华慈指出的：当人们一旦面临一个需要作出取舍的承诺时——心悦诚服地承认传统的价值或把社会视作一个民族国家来捍卫并发展它——那么，后者相对前者自然具有优先性，鲜明的民族主义意识也就应运而生[2]。

黄遵宪首先承认他不仅关心传统的价值，而且始终坚持儒家的一个基本假说——人类社会的最终目标是实现大同。黄遵宪一生在不同的阶段曾以不同的方式来表达这一设想。他在出国前，对外部世界敞开心扉。他斥责保守的士大夫顽固排外的倾向，批评他们敌视外人和外国文化，谴责他们傲慢自大的华夏中心主义的观念。黄遵宪声称当今世界东西方一家，当时他还乐观地预测，东西方最终将会自然而然地组成一个和谐的世界大家庭，他的这种乐观主义无疑根植于对中华文明优越性的自信。他带着一种优越者的宽容，主张国人不应蔑视来华的外人。中国早期的变法论者，如王韬、郑观应等对中外关系也表现了这种乐观的态度。他们相信东西方通过交流与沟通，最终将证明“道”或儒学将适用于整个世界[3]。我们可以称他们这种对外部世界开放的心态为“儒家式的世界主义”。

黄遵宪来到日本后，这种世界观并没有发生根本的转变。他认为，尽管日本采用了西法，但基本上还算是中国的一个“文化省”，他认

---

① 张灏：《梁启超与中国思想的过渡：1890—1907》，第298页。

② 史华慈：《寻求富强：严复与西方》，第19页。

③ 柯文：《在传统与现代性之间：王韬与晚清改革》，第134、232页；郑观应：《易言》卷1，第4页。他批评“中央之国”的观点，要求国人以开放的心态对待外国文化。他指出：“所谓彼教之来，即引我教之往。风气一开，沛然莫御。庶几圣人之道，施及蛮貊。凡有血气者，莫不尊亲，文教之敷，于是乎远矣。”

为日本侵略琉球和朝鲜是日本开始认同西方文化的一个不祥之兆。令黄遵宪感到愤慨的是，日本迷恋西方文化，进而忘记了中国是她的文化宗主国并蔑视中国。但日本的所为并没有动摇黄遵宪对世界秩序的基本假设。而在美国，直到他受辱后，其乐观的世界观才彻底破灭，他怀着巨大的悲痛认识到当今世界是一个各民族竞争的竞技场，民族具有排他性，为了生存，彼此展开无情的争斗，更糟糕的是中国人被视为劣等蛮夷而受到羞辱。他越是认识到民族间争斗的残酷性，也就越对全人类和平的乌托邦理想充满幻想，这种对世界普遍和平友爱的渴望在他的诗中表现得越来越强烈。同时，在实践中他能适应当前的形势，主张师法明治维新进行变法。

19 世纪 80 年代初，黄遵宪称赞日本的成就是回应西方挑战而进行变法的成功典范。日本回应这种挑战的方略就是积极采用“西法”，为适应西方的以外交和贸易为基础的新世界秩序，而进行了相应的调整。黄遵宪毫不怀疑日本师法西方的路线是一个明智的决定。日本作为一个小国穷国，与中国相比极易受到外国的入侵。日本通过采用西方先进的技术和制度，致力于自强。19 世纪 80 年代初，黄遵宪离开日本时，其在近代化方面的成就尚不明显。日本雄心勃勃，要建立一个民族国家，由此导致财政危机和民众的不满，新旧势力冲突不断。日本在“文明开化”的口号下，人们对激进的社会变革产生了分歧，黄遵宪之所以困惑不解，是因为他的周围多是些反对变革的人。尽管如此，他深信明治政府的领袖为创建一个繁荣富强的国家，师法西方并制定的大政方针基本是正确的。当他到美国任职时，对此更坚信不移。他在目睹了西方先进国家后，对日本的成就有了更加透彻的认识。

黄遵宪在评述日本明治期间的变法时，强调了中央集权的重要性，这使日本作为一个现代国家有了一个成功的开端。他考察了明治政府在引进新的工业农业技术、发展交通运输和通信、建立现代财政制度、普及义务教育及建立强大的军队等方面扮演了一个主动的角色。由于实现国家的富强是一项十分艰巨的任务，他确信变革中的首要任务是创建一个强有力的中央政府。

黄遵宪认为明治维新对日本的稳定来说是一件重大的事件。西方的压力带来民族危机的觉醒，帝国政府的维新决定造就了一个新的国家领导层。在他对日本的解说中，对明治时期英雄的描述最为动人，其主题是明治志士忠君和为国捐躯的精神。对明治维新的这种解释导致在19世纪90年代末期，中国那些倡导变法维新的知识分子对日本维新志士的崇拜。这使他看到这种希望：一旦富有牺牲精神和远见卓识的人组成国家领导层，就能成功地实现变法大业。无疑，“百日维新”受到了这种乐观主义鼓舞。

尽管黄遵宪强调政府的领导作用，但他的政府观与儒家的“人治”截然不同。与同时代绝大多数主张变法的人不同，他并不指望依靠少数有德行的贤才作为解决问题的关键。相反，他主张不要指望依靠圣贤德行的影响来赢得民心民意，应该建立客观的机制去争取民众对政府的支持。

黄遵宪对现代科学技术怀有巨大的热情。他赞赏现代的科技成就，认为这是人类有能力控制自然世界的象征。现代科技巨大进步将给人类带来美好的前景，这令他激动不已。他笃信科学，反映了他的理性主义倾向。他拒绝迷信鬼神和灵魂，而这在当时普遍为儒家士大夫接受。他相信人类社会不断进步，这种理性主义取向在早年即显端倪。他年轻时对上古神话所持的疏离态度以及立志不模仿古代诗风即根植于这一观念。

他对科学、进步主义持乐观的态度，是民国初年“五四”一代知识界追捧“赛先生”的先声。但他又与“五四”一代批孔的知识分子不同，他信奉儒家哲学，因为儒家的理性主义与当代的发展是相互协调的。他确信儒学作为一种人生哲学具有普世性，它要比东西方任何一种伟大的宗教更容易被当代人接受。

他在号召师法西方进行变法时，充分肯定西方在通向富裕和自由的道路上稍稍领先于中国。在前进的道路上各民族为生存而进行的斗争是不可避免的。因此，变法不仅是为生存而进行的斗争，而且是为了赶上当今世界潮流。然而，在他看来，先进的西方在通向人类大同的道路上也只不过是领先一步而已。因此，他以为人类社会的终极目标与实现古典儒家的乌托邦是一致的，这也就意味着在中国古代确立了普遍主义的法则。

正是部分由于黄遵宪确信中国古代理想的普遍意义，他对西学才抱有令人吃惊的开放心态，他不认为西学及其现代制度是属于“他们的”而与中国背道而驰。科学的发展只是普遍进步的一部分。他甚至争辩各门科学的原理其实也存在于中国古代，由于中国人失去了发展科学技术所必需的实学精神，故而未能产生出现代科学。

事实上，黄遵宪的这种争辩是将过去理想化。他认为中国古人具有致用精神和刻苦劳作的质朴德性，与当代相比，古人更具有进取的、开放的心灵。正是从这一意义上，他号召回归古代的德性，因此他主张变法就应恢复古代固有的德性。作为一个被歧视的少数族群——

客家人，黄遵宪内心有种强烈的自豪感。他相信客家人是上古三代时期英雄的后裔。从客家人的观点出发，他在日本时发现了中国古代的遗产，因而对清朝的主流文化发出隐晦的批评。

尽管黄遵宪的理性主义、科学主义及奉信进化论等给人留下了深刻的印象，但他坚持中国古代理想普遍意义的态度让人印象更深，这也许是中日在回应西方时所理解的终极目标的差异。西方列强在军事、经济和意识形态等方面对中日带来前所未有的威胁，显然，回应这种挑战只有采用坚船利炮。两国同样需要实现富强，免遭帝国主义的入侵。但日本以此为目的，作出了更务实的调整，狂热地吸收西方观念。在黄遵宪时代，日本人不仅迷恋史华慈所谓的当代西方“浮士德—普罗米修斯”的一面，而且高度认同西方的各种理想主义，如社会—政治、伦理—宗教，甚至审美情趣。19世纪后期，由于日本要从西方理想中寻找自己的理想，因而引发了日本思想史上本土价值与西方价值之间的紧张关系。在这一点上，他对中村正直的所谓成就不以为然。黄遵宪将有些日本人的这种西化取向归之于他们对儒家的乌托邦主义缺乏认同。回顾一下历史，19世纪后期日本人获得了他们想获取的东西。由于他们所追求的理想在西方已以这样或那样的方式得到实现，所以他们追求的是一个可行的目标。相反，中国人一直在追寻某种得以在现在或将来世界实现他们古代理想的方案。

黄遵宪并不指望儒家乌托邦在将来得以实现，在现实世界与大同世界之间有一道深不可测的鸿沟，但他对20世纪的中国充满希望，对年轻的一代更是寄予厚望。他深信中国人在20世纪将不再生活在独裁政体之下，中国将会获得新生，他憧憬着科技的发展将改变整个世界。对中国知识分子来说,19 世纪后期不仅是一个充满危机和令人沮丧的时代,而且是一个中国即将从宽广的地平线上崛起、令人激动不已的伟大时代。

附录一　黄遵宪家族世系表

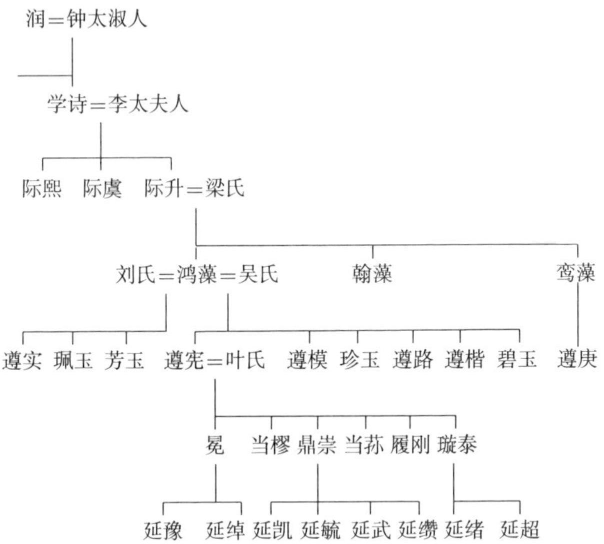

附录二　中国驻日使团成员名单(1877—1882)

东京公使馆

钦差大臣(公使)	何如璋(子峨)*	广东
钦差副大臣(副使)	张斯桂(鲁生)*	浙江
参赞	黄遵宪(公度)*	广东
随员	沈文荧(梅史)*	浙江
	杨守敬(惺吾)	江苏(湖北)
	陈文忠(史)*	
	张鸿淇*	浙江
	陈衍蕃(范)*	
	潘任邦(勉骞)	
	何定求*	广东
	王治本(漆园)	浙江
	王藩青(琴仙)**	
	李郁阶	
	黄锡铨**	广东
西文翻译	杨　枢(星垣)	广东
	沈鼎钟*	
东文翻译	冯昭炜*	

洋员	麦嘉缔*	美国
家庭成员	何其毅*	
	张子菁*	
	施积型*	
	张德耀*	
	罗贞意*	
横滨领事馆		
正理事官(领事)	范锡明*	广东
随员	刘　坤(静臣)*	
西文翻译	蔡国昭	广东
东文翻译	罗庚龄	
神户领事馆		
正理事官(领事)	刘寿铿(小彭)	
	廖锡恩(枢仙)*	广东
随员	吴广霈(瀚涛)*	安徽
西文翻译	张宗良(芝轩)*	广东
东文翻译	杨锦庭	
长崎领事馆		
正理事官(领事)	余　瓗(元眉)*	广东
随员	任敬和(子纶)*	
西文翻译	梁殿勋(缙堂)	
东文翻译	蔡　霖	广东

此名单根据傅云龙:《游历日本图经》卷18,第70页《中国使臣表》(1889)。上表带“*”者是日本当局记录的于1877年12月抵达日本

的使团成员，载《日本外交文书》卷10，第188—189页。带“＊＊”者取自李毓澍：《首任驻日公使何如璋》，载沈觐鼎等编：《百年来中日关系论文集》，台北，1968年，第1043—1045页。

参考文献

英文文献

Angell, James B. "Diary, 1880—1881" (original handwriting and typescript) among "Papers, including materials on his mission to Peking, 51 boxes, 1866—1816" held at Bentley Historical Library, Ann Arbor, Michigan.

Ayers William. *Chang Chih-tung and Educational Reform in China*. Cambridge, Harvard University Press, 1971.

Bays, Daniel H. *China Enters the Twentieth Century: Chang chih-tung and the Issues of a New Age, 1895—1909*. Ann Arbor, University of Michigan Press, 1978.

Behrsing, Siegfried. "Huang Tsun-hsien und Berlin," in Deutsche Akademie der Wissenschaften zu Berlin, Institut für Orientforschung, Veröffentlichung, No. 48, *Ostasiatische Studien*. I. L. Kluge, ed., Akademie-Verlag. Berlin, 1959.

Birch, Cyril, comp. and ed. *Anthology of Chinese Literature from Early Times to the Fourteenth Century*. New York, Grove Press, 1965.

Campbell, George. "Origin and Migrations of the Hakkas," in

Chinese Recorder 43.8 (August 1912).

Chang, Hao. *Liang Chi-chao, and Intellectual Transition in China: 1890—1907*. Cambridge, Harvard University Press, 1971.

Chow, Jen-hwa. "The History of Chinese Diplomatic Mission in Japan, 1877—1911." A thesis submitted to Australian National University, 1971.

Chow, Tse-tsung. *The May Fourth Movement: Intellectual Revolution in Modern China*. Cambridge, Harvard University Press, 1960.

Ch'ü T'ung-tsu. *Local Government in China under the Ch'ing*. Cambridge, Harvard University Press, 1962.

Cohen Myron. "The Hakka or 'Guest People': Dialect as a Sociocultural Variable in Southeastern China," *Ethnology* 15.3:237—292 (summer 1968).

Cohen, Paul A. *Between Tradition and Modernity: Wang T'ao and Reform in Late Ch'ing China*. Cambridge, Harvard University Press, 1974.

——and John Schrecker, eds. *Reform in Nineteenth Century China*. Cambridge, East Asian Research Center, Harvard University, 1976.

Coolidge, Mary Roberts. *Chinese Immigration*. New York; republished, Taipei, 1968.

Drake, Fred W. *China Charts the world: Hsu Chi-yu and His Geography of 1818*. Cambridge, East Asian Research Center, Harvard University, 1975.

Earhart, H. Byron. *Japanese Religion: Unity and Diversity*. Encino, California, 1974.

Eastman, Lloyd E. *Throne and Mandarins: Chinese Search for a Policy during the Sino-French Controversy, 1880—1885*. Cambridge, Harvard University Press, 1967.

Esherick, Joseph W. *Reform and Revolution in China: the 1911 Revolution in Hunan and Hupei*. Berkeley and Los Angeles, University of California Press, 1976.

Fairbank, John K., ed. *The Chinese World Order: Traditional China's Foreign Relations*. Cambridge, Harvard University Press, 1968.

——. *The Cambridge History of China*, Volume 10. Cambridge University Press, 1978.

——. Edwin O. Reischauer, and Albert M. Craig. *East Asia: The Modern Transformation*. Boston, Houghton Mifflin, 1965.

Feuerwerker, Albert. *China's Early Industrialization: Sheng Hsuan-huai (1844—1916) and Mandarin Enterprise*. Cambridge, Harvard University Press, 1958.

Fisher, Jerry. "Nakamura Keiu: The Evangelical Ethic in Japan," in Robert J. Miller, ed., *Religious Ferment in Asia*. Lawrence, Kansas, University of Kansas Press, 1974.

Folsom, Kenneth E. *Friends, Guests, and Colleagues: The Mu-fu System in the Late Ch'ing Period*. Berkeley and Los Angeles, University of California Press, 1968.

Godley, Michael R. "The Late Ch'ing Courtship of the Chinese in

Southeast Asia," *Journal of Asian Studies* 34.2: 361—385 (February 1975).

Hall, John W. "The Confucian Teacher in Tokugawa Japan," in David S. Nivison and Arthur F. Wright, eds., *Confucianism in Action.* Stanford, Stanford University Press, 1959.

Hao, Yen-p'ing. "Cheng Kuan-ying: The Comprador as Reformer," *Journal of Asian Studies* 29.1:15—22 (November 1969).

——. *The Comprador in Nineteenth Century China: Bridge Between East and West.* Cambridge, Harvard University Press, 1970.

Hashimoto, Mantaro J. *The Hakka Dialect: A Linguistic Study of its Phonology, Syntax, and Lexicon.* Cambridge, Cambridge University Press, 1973.

Holcombe, Chester. "The Restriction of Chinese Immigration," *The Outlook* 76:971—977 (April 23, 1904).

Houghton, Walter E. *The Victorian Frame of Mind.* New Haven, Yale Paperbound, 1957.

Howard, Richard C. "Japan's Role in the Reform Program of K'ang Yu-wei," in Jung-pang Lo, ed., *K'ang Yu-wei: A Biography and Symposium.* Tucson, The University of Arizona Press 1967.

Hsiao, Kung-ch'üan, "Weng T'ung-ho and the Reform Movement of 1898," *Tsing Hua Journal of Chinese Studies* n. s. 1.2: 111—245 (April 1957).

——. *A Modem China and a New World: K'ang Yu-wei, Reformer and Utopian 1858—1927.* Seattle and London, University of

Washington Press, 1975.

Hsu, Francis L.K. *Iemoto: The Heart of Japan.* New York, J. Wiley, 1975.

Hsu, Immanuel C.Y. *China's Entrance into the Family of Nations.* Cambridge, Harvard University Press, 1960.

Hummel, Arthur W., ed. *Eminent Chinese of the Ch'ing Period.* 2 vols. U.S.Government Printing office, 1943.

Hung, William. "Huang Tsun-hsien's Poem 'The Closure of the Educational Mission in America'," *Harvard Journal of Asiatic Studies* 18:50—73 (1955).

Ion, A. Hamish. "Edward Warren Clark and Early Meiji Japan: A Case Study of Cultural Contact," *Modern Asian Studies* 2.4: 557—572 (October, 1977)

Jansen, Marius B. "Japanese Views of China During the Meiji Period," in Albert Feuerwerker, Rhoads Murphey, Mary C. Wright, eds., *Approaches to Modern Chinese History.* Berkeley and Los Angeles, University of California Press, 1967.

——. *Japan and China: From War to Peace 1894—1972.* Chicago, Rand McNally College Publishing Co., 1975.

Jones, Susan Mann, and Philip A. Kuhn, "Dynastic Decline and the Roots of Rebellion," in John K. Fairbank, ed., *The Cambridge History of China*, Volume 10. Cambridge, Cambridge University Press, 1978.

Kamei, Shunsuke. "The Sacred Land of Liberty: Image of America in Nineteenth Century Japan," in Akira Iriye, ed., *Mutual Images: Essays in American-Japanese Relations.* Cambridge, Harvard University Press, 1975.

Keene, Donald, trans. *Chushingura: The Treasury of Loyal Retainers.* New York and London, Columbia University Press, 1971.

Kuhn, Philip A. "Origins of the Taiping Vision: Cross-Cultural Dimensions of Chinese Rebellion," *Comparative Studies in Society and History* 19.3: 350—366 (July 1977).

Kung, S. W. *Chinese in American Life: Some Aspects of Their History, Problems, and Contributions.* Seattle, University of Washington Press, 1962.

Kuo Ting-yee and James W. Morley. *Sino-Japanese Relations, 1862—1927.* New York, Columbia University, East Asian Institute, 1965.

Lamley, Harry J. "The 1895 Taiwan Republic, A Significant Episode in Modern Chinese History," *Journal of Asian Studies* 27.4: 739—762 (August 1968).

Legge, James. *Chinese Classics.* 5 vols. Hong Kong, Hong Kong University Press, 1960.

Levenson, Joseph R. *Confucian China and Its Modern Fate: A Trilogy.* Berkeley and Los Angeles, University of California Press, 1968.

Lewis, Charlton M. *Prologue to the Chinese Revolution: The Transformation of Ideas and Institutions in Hunan Province, 1891—*

1907. Cambridge, East Asian Research Center, Harvard University, 1976.

Light, Ivan. "From Vice District to Tourist Attraction: The Moral Career of American Chinatowns, 1880—1940," *Pacific Historical Review* 43: 367—394 (1974).

Liu, James T. C. *Reform in Sung China: Wang An-shih (1021—1086) and His New Politics.* Cambridge, Harvard University Press, 1959.

Liu, K. C. *Americans and Chinese. A Historical Essay and a Bibliography.* Cambridge, Harvard University Press, 1963.

——. "Nineteenth-century China: The Disintegration of the Old Order and the Impact of the West," in Ping-ti Ho and Tang Tsou, eds., *China in Crisis.* Chicago, University of Chicago Press, 1968.

——. "The Confucian as Patriot and Pragmatist: Li Hung-chang's Formative Years, 1823—1866," *Harvard Journal of Asiatic Studies* 30: 5—47 (1970).

Lo, Jung-pang, ed. *K'ang Yu-wei: A Biography and Symposium.* Tucson, The University of Arizona Press, 1967.

Lu Hsun. *Selected works of Lu Hsun.* Yang Hsien-yi et al., trans. 2 vols. Peking, 1956—1957.

Lyman, Stanford M. "Conflict and the Web of Group Affiliation in San Francisco's Chinatown, 1850—1910," *Pacific Historical Review* 43:473—499(1974).

Martin, W. A. P. *Cycle of Cathay.* New York, Fleming H.

Revell Co., 1900. Republished, Taipei, Ch'eng-wen Press, n.d..

Metzger, Thomas A. *The Internal Organization of Ch'ing Bureaucracy: Legal, Normative, and Communication Aspects.* Cambridge, Harvard University Press, 1973.

Miller, Stuart Creighton. *The Unwelcome Immigrant: The American Image of the Chinese, 1785—1882.* Berkeley and Los Angeles, University of California Press, 1969.

Milner, Jocelyn Valery. "The Role of Huang Tsun-hsien in the Reform Movement of the Nineteenth Century." M.A. thesis, University of Hong Kong, October 1962.

——. "The Reform Ideas of Huang Tsun-hsien's 'History of Japan' and Its Influence on the Hundred Days' Reform," *Nan-yang Hsueh pao* 17:49—94(November 1963).

Morse, Edward S. *Japan Day by Day, 1877, 1878—79, 1882—83.* Boston Houghton Mifflin, 1917.

National Archives. "Notes from the Chinese Legation in the United States to the Department of State, 1868—1906," in "File Microcopies of Record in the National Archives," Washington, D.C. No.98.

——. "Despatches from the United States Minister to Japan to the Department of State." In ibid., No.133.

——. "Despatches from United States Ministers to China to the Department of State, 1843—1906." In Ibid, No.92.

Needham, Joseph. *Science and Civilization in China.* Volume 1 *Introductory Orientations*, 1954. Volume 2 *History of Scientific*

Thought, 1956. Volume 4 Pt. 1 Physics and Physical Technology, 1962. Cambridge, Cambridge University Press.

Numata Jirō. "Shigeno Yasutsugu and the Modern Tokyo Tradition of Historical Writing," in W. G. Beasley and E. G. Pulleyblank, eds., *Historians of China and Japan*. London, Oxford University Press, 1961.

Ohkawa, Kazushi and Rosovsky, Henry, "A Century of Japanese Economic Growth," in William W. Lockwood, ed., *The State and Economic Enterprise in Japan*. Princeton, Princeton University Press, 1965.

Price, Don. *Russia and the Roots of the Chinese Revolution*. Cambridge, Harvard University Press, 1974.

Rawlinson, John L. *China's Struggle for Naval Development, 1839—1895*. Cambridge, Harvard University Press, 1967.

The Reform Movement of 1898. Compilation Group for the History of Modern China, eds. Peking, Foreign Language Press, 1976.

Rhoads, Edward J. M. *China's Republican Revolution: The Case of Kwangtung 1895—1913*. Cambridge, Harvard University Press, 1975.

Sakai, Robert K. "The Ryukyu (Liu-ch'iu) Islands as a Fief of Satsuma," in John K. Fairbank, *Chinese World Order*.

Saxton, Alexander. *The Indispensable Enemy: Labor and the Anti-Chinese Movement in California*. Berkeley and Los Angeles, University of California Press, 1971.

Schrecker, John E. *Imperialism and Chinese Nationalism: Germany in Shantung.* Cambridge, Harvard University Press, 1971.

Schwartz, Benjamin. *In Search of Wealth and Power: Yen Fu and the West.* Cambridge, Harvard University Press, 1964.

Shen, Han-yin Chen. "Tsung Kuo-fan in Peking, 1840—1852: His Ideas on Statecraft and Reform," *Journal of Asian Studies* 27.1 (1967).

Teng, S. Y. and John K. Fairbank. *China's Response to the West.* Cambridge, Harvard University Press, 1954.

Tsiang, T. F. "Sino-Japanese Diplomatic Relations, 1870—1894," *The Chinese Social and Political Science Review* 17.1:1—16 (April 1933).

Wang Yeh-chien. *Land Taxation in Imperial China, 1750—1911.* Cambridge, Harvard University Press, 1973.

Wen Chung-chi. "The Origins and Development of the Imperial Chinese Consulate in Straits Settlements, 1877—1900." M.A. thesis, University of Singapore, 1964.

Wright, Mary C. *The Last Stand of Chinese Conservatism: The T'ung-chih Restoration, 1862—1874.* Stanford, Stanford University Press, 1957.

Wyle, Alexander. *Memorials of the Protestant Missionaries to the Chinese.* Shanghai, American Presbyterian Mission Press, 1867; Reprint, Taipei, Ch'eng-wen Press, 1967.

中文文献

包遵彭:《中国海军史》,台北,海军出版社,1951 年。

北京大学中文系近代诗研究小组编:《人境庐集外诗辑》,北京,中华书局,1960 年。

陈宝琛等编纂:《大清德宗景皇帝实录》,台北,新文丰出版股份有限公司,1978 年。

陈炽:《庸书》,台北,台联国风出版社,1970 年。

陈澧:《东塾读书记》,上海,商务印书馆,1930 年。

陈槃:《〈黄公度评传〉序》,《传记文学》卷 17,第 4 期,1970 年 12 月。

陈三立:《巡抚先府君行状》,载《散原精舍文集》,台北,中华书局,1961 年。

陈衍:《石遗室诗话》,上海,商务印书馆,1929 年。

陈育崧:《黄遵宪使德遭拒始末》,《南洋学报》卷 17 第 1 期,1962 年 4 月。

陈育崧:《记林文庆以狗肉起黄遵宪沉疴事》,《南洋学报》卷 17 第 1 期,1962 年 4 月。

陈育崧:《新加坡中国领事设置史》,《南洋杂志》卷 1 第 6 期。

程光裕:《黄遵宪与日本人之情谊及其〈日本国志〉》,沈觐鼎等编:《百年来中日关系论文集》,台北,1968 年。

《大清会典事例》,1899 年;台北,新文丰出版股份有限公司重印,1976 年。

戴季陶:《日本论》,上海,民智书局,1928 年。

丁文江编纂:《梁任公先生年谱长编初稿》,台北,世界书局,1959 年。

范文澜:《中国近代史》,上海,读书出版社,1947 年。

范晔:《后汉书》,上海,中华书局,1927 年。

冯桂芬:《校邠庐抗议》,南昌,冯芳植豫章刻本,1884 年。

傅云龙:《游历日本图经》,1889 年,日比谷图书文化馆藏实藤惠秀保存的微缩胶卷复本。

高维廉:《黄公度就任新加坡总领事考》,载郑子瑜:《人境庐丛考》,新加坡,商务印书馆,1959 年。

戈公振:《中国报学史》,台北,1964 年。

郭廷以编:《近代中国史事日志》,台北,"中研院",1963 年。

郭廷以编:《清季中日韩关系史料》,台北,"中研院"近代史研究所,1972 年。

国家档案局明清档案馆编:《戊戌变法档案史料》,北京,中华书局,1958 年。

何炳棣:《张荫桓事迹》,《清华学报》卷 13,第 1 期,1941 年。

何如璋:《使东述略》,载《小方壶斋舆地丛钞》,第 10 帙。

胡礼垣、何启:《新政真诠》,香港,中国报馆,1900 年。

胡适:《五十年来中国之文学》,新民国书局,1929 年。

胡思敬:《戊戌履霜录》,南昌,1913 年。

湖南历史资料编纂委员会:《湖南历史资料》,长沙,湖南人民出版社,1958—1959 年。

湖南省志编纂委员会:《湖南近百年大事记述》,长沙,湖南人民出版社,1959 年。

《湖南时务学堂初集》,长沙,1898 年。

桓宽:《盐铁论》,上海,商务印书馆,1934 年。

黄彰健:《戊戌变法史研究》,《"中研院"历史语言研究所专刊》之五十四,台北,1970 年。

黄彰健:《康有为戊戌真奏议》,《"中研院"历史语言研究所史料丛书》,台北,1974 年。

黄遵楷:《先兄公度先生事实述略》,载《人境庐集外诗辑》,北京,1960 年;该文出自赖伯陶(黄遵楷之子)编《日本杂事诗》,新加坡,1959 年;该书收入沈云龙编《近代中国史丛刊续编》第 95 号。

黄遵宪:《日本国志》,广州,广东富文斋,1890 年。

黄遵宪:《日本国志》,上海,上海图书集成印书局,1898 年;台北,文海出版社重印,1968 年。

黄遵宪:《与朗山论诗》,刊于《岭南学报》卷 2,第 2 期,1931 年 7 月。

黄遵宪著,钱仲联笺注:《人境庐诗草笺注》,上海,上海古典文学出版社,1957 年。

觉睡斋主人:《湘报类纂》,上海,中华编译印书馆,1902 年;台北,大通书局重印,1969 年。

康有为:《大同书》,上海,上海古籍出版社,1956 年。

康有为:《康有为诗文选》,北京,人民文学出版社,1958 年。

康有为:《日本变政考》,载黄彰健:《康有为戊戌真奏议》。

李东海:《加拿大华侨史》,台北,中华大典编印会,1967 年。

李鸿章:《李文忠公译署函稿》,载吴汝纶编:《李文忠公全集》,上海,商务印书馆,1921 年;台北,文海出版社重印,1962 年。

李毓澍:《首任驻日公使何如璋》,载沈觐鼎等编:《百年中日关系论文集》,台北,中日文化经济协会,1968 年。

梁居实:《梁诗五先生遗稿集》,台北,1960年。

梁启超:《中国之武士道》,上海,广智书局,1904年。

梁启超:《饮冰室诗话》,上海,上海书局,1910年。

梁启超:《饮冰室文集》,载《饮冰室合集》,上海,中华书局,1936年。

梁启超:《嘉应黄先生墓志铭》,载《人境庐诗草笺注》,第10—13页。

林达泉:《客说》,载温廷敬辑:《茶阳三家文钞》,沈云龙主编《近代中国史料丛刊》正编第3辑,台北,文海出版社,1967年。

林乐知编:《教会新报》,1868—1874年;台北,中华书局重印,1968年。

林能士:《清季湖南的新政运动》,台北,台湾大学文学院,1972年。

刘广京:《郑观应〈易言〉——光绪初年之变法思想》,《清华学报》卷8,第1期,1970年8月。

刘锦藻编:《清朝续文献通考》,上海,商务印书馆,1936年;台北,中华书局,1965年。

刘坤一:《刘坤一遗集》,北京,中华书局,1959年。

吕实强等编纂:《教务教案档》,第5辑第4册(1887—1895),台北,"中研院"近代史研究所,1977年。

罗香林:《客家研究导论》,兴宁,希山书藏,1933年。

罗香林:《胡晓岑先生年谱》,载《"中研院"历史语言研究所集刊外篇第四种——庆祝董作宾先生六十五岁论文集》,台北,1960年。

罗香林:《〈黄公度先生传稿〉序》,《大陆杂志》卷43,第5期,1971年11月。

麦若鹏:《黄遵宪传》,上海,上海古典文学出版社,1957 年。

潘飞声:《在山泉诗话》,载《古今文艺丛书》,上海,广益书局,1913 年。

皮锡瑞:《师伏堂未刊日记》,载《湖南历史资料》,1958 年第 4 期,1959 年第 1—2 期。

钱穆:《中国近三百年学术史》,上海,商务印书馆,1937 年。

钱仲联编:《黄公度先生年谱》,载《人境庐诗草笺注》。

《清光绪朝中日交涉史料》,台北,据 1932 年故宫博物院版重印。

商衍鎏:《清代科举考试述录》,北京,三联书店,1958 年。

沈觐鼎等编:《百年来中日关系论文集》,台北,1968 年。

苏舆编:《翼教丛编》,武昌,1898 年。

台北故宫图书馆:《方本上谕档》,光绪二十一年至二十四年。

台北故宫图书馆:《军机处档案》,光绪七年、二十三年。

谭嗣同:《谭嗣同全集》,北京,三联书店,1954 年。

谭嗣同:《谭嗣同遗墨续刊》,载《湖南历史资料》,1959 年第 1 期。

谭献:《复堂日记》,载《半厂丛书》,台北,华文书局,1970 年。

汤志钧:《戊戌变法史论丛》,武汉,湖北人民出版社,1957 年。

汤志钧:《戊戌变法人物传稿》,北京,中华书局,1961 年。

唐才常:《觉颠冥斋内言》,台北,文海出版社,1969 年。

王德昭:《黄遵宪与梁启超》,《新亚书院学术年刊》卷 11,1969 年 9 月。

王尔敏:《清季维新人物的托古改制论》,《大陆杂志》卷 21 第 6 期,1960 年 9 月。

王尔敏:《晚清政治思想史论》,台北,1969 年。

王尔敏:《中国近代思想史论》,台北,1977 年。

王省吾:《清廷对海外移民的态度》,《中国文化》卷 9,1968 年 12 月。

王树槐:《外人与戊戌变法》,台北,1965 年。

王韬:《扶桑游记》,载《小方壶斋舆地丛钞》,第 10 帙。

王韬:《弢园尺牍》,1880 年。

王韬:《弢园文录外编》,香港,1883 年。

王锡祺编纂:《小方壶斋舆地丛钞》,上海,著易堂,1877—1897 年。

王先谦:《日本源流考》,长沙,思贤书局,1902 年。

王先谦:《葵园自订年谱》,1908 年;台北,文海出版社重印。

王先谦:《虚受堂书札》,1908 年;台北,文海出版社重印。

王彦威编:《清季外交史料》,北平,1932—1935 年;台北,文海出版社,1964 年。

王芸生:《六十年来中国与日本》,天津,《大公报》报馆,1931 年。

王之春:《谈瀛录》,镇江,上洋文艺斋,1880 年。

王之春:《瀛海卮言》,载《小方壶斋舆地丛钞》,第 10 帙。

王仲厚:《黄公度诗草外遗著佚闻》,载郑子瑜编:《人境庐丛考》。

卫挺生:《徐福与日本》,香港,1953 年。

温廷敬:《茶阳三家文钞》,补读书庐,1925 年。

温仲和等纂:《光绪嘉应州志》,1898 年;1962 年台北梅州同乡会重印。

文庆等编纂:《筹办夷务始末》,北京,故宫博物院,1929—1930 年。

文廷式:《云起轩词钞》,1911 年。

文廷式:《文廷式全集》,台北,大华印书馆,1969 年。

翁同龢:《翁文恭公日记》,上海,商务印书馆影印稿本,1925 年;赵中孚整理本,台北,成文出版社,1970 年。

吴盛德、陈增辉编:《教案史料编目》,北京,燕京大学,1942 年。

吴天任:《黄公度先生传稿》,香港,香港中文大学,1972 年。

谢国珍:《嘉应平寇纪略》,载《啸园丛书》,第 28 册,1879 年。

《新民丛报》,第 12、13、20 和 24 号,横滨,1902—1903 年。

许大龄:《清代捐纳制度》,北京,哈佛燕京学社,1950 年。

薛福成:《庸庵全集》,上海,醉六堂,1897 年。

薛福成:《出使公牍》,上海,传经楼,1898 年。

薛福成:《出使日记续刻》,上海,传经楼,1898 年。

薛福成:《庸庵笔记》,1898 年;上海,商务印书馆重印本,1937 年。

严复:《严译名著丛刊》,上海,商务印书馆,1931 年。

杨天石:《黄遵宪》,上海,上海人民出版社,1979 年。

杨廷福:《谭嗣同年谱》,上海,上海人民出版社,1957 年。

姚锡光:《东方兵事纪略》,武昌,1897 年。

袁昶:《于湖小集》,上海,商务印书馆,1937 年。

曾国荃等编纂:《湖南通志》,长沙,府学宫尊经阁刻本,1885 年。

曾纪泽:《曾惠敏公全集》,上海,上海书局,出版时间不详。

张朋园:《黄遵宪的政治思想及其对梁启超的影响》,台北,《"中研院"近代史研究所集刊》,1969 年 8 月。

张其昀等编著:《清史》,台北,"国防研究院",1961 年。

张元济:《戊戌政变回忆》,《中国近代史资料丛刊:戊戌变法》,第 4 册,上海,神州国光社,1953 年。

张之洞:《张文襄公全集》,北京,文华斋,1928 年。

张自牧:《瀛海论》,载《小方壶斋舆地丛钞》,第 11 帙。

赵尔巽等编纂:《清史稿》,上海,联合书店,1942 年。

赵丰田:《晚清五十年经济思想史》,北京,哈佛燕京学社,1939 年;香港,龙门书店,1968 年。

正先:《黄公度——戊戌维新运动的领袖》,《逸经》第 10 期,1936 年 7 月。

郑观应:《易言》,香港,中华印务总局,1880 年。

郑观应:《盛世危言》,上海,1896 年。

郑子瑜:《谈黄公度的南游诗》,载郑子瑜编:《人境庐丛考》,新加坡,商务印书馆,1959 年。

中国史学会:《戊戌变法》,《中国近代史资料丛刊》,上海,1953 年。

中国史学会:《洋务运动》,上海,上海人民出版社,1961 年。

周煌:《琉球国志略》,台北,华文书局,1868 年。

朱寿朋编纂:《光绪朝东华续录》,上海,1909 年。

庄吉发:《清季出使经费的筹措》,《大陆杂志》卷 55,第 2 期,1977 年 8 月。

左宗棠:《左文襄公全集》,台北,文海出版社,1964 年。

日韩文献

安冈昭男:《日清战争前的大陆政策》,载日本国际政治学会编:《国际政治:日本外交史研究——日中及日俄战争》,东京,有斐阁,1961 年。

百濑弘译注:《西学东渐记:容闳自传》,东京,平凡社,1969 年。

坂本太郎:《日本的修史与史学》,东京,至文堂,1958 年。

坂野正高:《近代中国外交史研究》,东京,岩波文库,1970 年。

坂野正高:《近代中国政治外交史:从达·伽马到五四运动》,东京,东京大学出版会,1973年。

布施知足:《于游记中所见明治时代的日中往来》,《东亚研究讲座》,第84辑,东京,1938年。

仓田贞美:《中国近代诗研究——以清末民初为中心》,东京,大修馆书店,1969年。

村田保:《刑法注释》《治罪法注释》,刊于《太政官布告》,东京,1880年。

大河内辉声:《笔话》,早稻田大学图书馆及大东文化大学图书馆藏(总共有94本,现存71本,缺23本)。

大河内辉声:《罗源帖》,18本(遗失1本),1875—1876年。

大河内辉声:《丁丑笔话》,7本(遗失6本),1877年。

大河内辉声:《戊寅笔话》,26本(遗失1本),1878年。

大河内辉声:《已卯笔话》,16本(遗失14本),1879年。

大河内辉声:《庚辰笔话》,10本,1880年。

大河内辉声:《桼园笔话》,17本,1880—1881年。

大河内辉声:《韩人笔话》,1本。

大河内辉声:《书画笔话》,1本。

大久保利谦:《中村敬宇的早期洋学思想与〈西国立志编〉的翻译及出版》,载《史苑》卷26,第2—3号,第153—188页,1966年1月。

大野实之助:《从形态面看黄遵宪的诗》,《中国古典研究》卷12,1964年12月。

岛田久美子:《黄遵宪》,《中国诗人选集之二》,东京,岩波书店,1963年。

岛田虔次:《清朝末期的学术趋向》,载《讲座中国》卷 2,东京,筑摩书房,1967 年。

岛田正郎:《论清末刑律草案的编纂——冈田朝太郎博士之回忆》,载《法律论丛》卷 39,第 1 号,1965 年。

德川光圀编:《大日本史》,东京,1928—1929 年。

《第一回日本帝国统计年鉴》,东京,1882 年。

东京大学文学部文化交流研究所编:《自庆应四年至明治二十三年翻译书目录第一次未定稿》,油印本,东京,1968 年。

东京都中央图书馆编:《实藤文库目录》,东京,1966 年。

东洋经济新报社:《明治大正财政详览》,东京,1929 年。

东洋经济新报社:《日本贸易统计资料》,东京,1935 年。

对支功劳者传记编纂会:《对支回顾录》,东京,1936 年。

对支功劳者传记编纂会:《续对支回顾录》,东京,1941 年。

芳贺登:《批判近代日本史学思想史》,东京,柏书房,1974 年。

肥冢龙:《横滨开港五十年史》,横滨,1909 年。

丰田穰和实藤惠秀译:《日本杂事诗》,东京,生活出版社,1943 年。

服部诚一:《东京新繁昌记》,东京,讲谈社,1969 年。

福田芳郎:《明治初期的进化论》,《日本历史》卷 14,1949 年 3 月。

福永光司:《道教中的剑与镜:其思想的源流》,《东方学报》卷 45,京都,1973 年。

冈千仞:《尊攘纪事》,东京,1882 年。

冈千仞:《观光纪游》,东京,1886 年。

冈千仞:《藏名山房文初集》,东京,1920 年。

高坂正显:《明治文化史之四:思想言论篇》,东京,1955 年。

高桥昌郎:《中村敬宇》,东京,吉川弘文馆,1966年。

葛生能久:《东亚先觉志士记传》,东京,黑龙会,1933—1936年。

关笃辅编:《新闻杂志》,东京,1871—1874年。

《官版万国公法》,东京,开成所,1865年。

广濑靖子:《日清战争前英国远东政策之考察——以朝鲜问题为中心》,载《国际政治:日本外交政策中的国际关系观》,1974年。

龟谷行:《省轩诗文稿》,东京,1902年。

龟卦川浩:《明治地方自治制度的成立过程》,东京,东京市政调查会,1955年。

海军省海军大臣官房编:《海军军备沿革》,东京,1934年。

海野福寿:《松方财政与地主制度的形成》,《岩波讲座日本历史》卷15,东京,1976年。

横滨市役所:《横滨市史稿》,横滨,1932年。

后藤靖:《自由民权运动的展开》,东京,有斐阁,1966年。

吉野作造编:《明治文化全集》,东京,日本评论社,1928—1929年。

家永三郎:《植木枝盛研究》,东京,岩波书店,1960年。

姜在彦:《朝鲜近代史研究》,东京,日本评论社,1970年。

今井宇三郎、濑谷义彦、尾藤正英:《水户学》(日本思想大系),东京,岩波书店,1973年。

金弘集:《修信使日记》,载国史编纂委员会编《韩国史料丛书》第9《修信使记录》,汉城,1958年。

金荣作:《韩末民族主义研究》,东京,东京大学出版会,1975年。

近藤哲生:《殖产兴业与传统产业》,《岩波讲座日本历史》卷14,东京,1975年。

久保田米仙:《日清战斗画报》,东京,大仓书店,1894—1895 年。

臼井胜美:《横滨居留地的中国人》,载《横滨市史》卷 36,横滨,1963 年。

赖襄:《日本外史》,东京,1875 年。

赖襄:《日本政记》,出版时间不详。

铃木虎雄:《中国战乱诗》,东京,筑摩书房,1968 年。

柳田泉:《明治初期的文学思想》,东京,春秋社,1965 年。

麓保孝:《清末黄公度的日本观》,《历史教育》卷 8,第 1 期,1960 年。

毛利敏彦:《明治初期外交的朝鲜观》,日本国际政治学会编:《日本外交的国际认识》,东京,有斐阁,1974 年。

木下彪:《明治诗话》,东京,文中堂,1943 年。

牧野谦次郎:《日本汉学史》,东京,世界堂书店,1943 年。

内藤戊申:《汪康年传稿》,《东洋史研究》卷 17,1959 年;卷 19,1961 年。

内田直作:《日本华侨社会研究》,东京,同文馆,1949 年。

内务省警保局编:《厅府警察沿革史》,东京,1927 年。

彭泽周:《明治初期日本、韩国、中国关系研究》,东京,塙书房,1969 年。

彭泽周:《中国的近代化与明治维新》,京都,同朋舍,1976 年。

旗田巍:《近代朝鲜人的日本观——以"卫正斥邪论"为中心》,《思想》卷 520,1967 年 10 月。

前田胜太郎:《清代广东农民抗争的基础》,《东洋学报》卷 51,第 4 期,1968 年。

青山延光:《赤穗四十七士传》,1829 年。

《日本基督教文献目录》,国际基督教大学文化研究委员会编,东京,1965年。

《日本经济统计总观》,东京,朝日新闻社,1930年。

《日本历史大辞典》,东京,河出书房新社,1968年。

日本外务省:《明治二十八年至二十九年支那各地帝国专管居留地设定一件,第五编苏州(一)》,外务省未刊档案。

日本外务省:《日本外交文书》,东京,日本国际联合协会,1947年。

山口和雄:《明治前期经济的分析》,东京,东京大学出版会,1956年。

上田正昭:《古代的祭祀与仪礼》,载《岩波讲座日本历史》卷1,东京,1975年。

申国柱:《江华条约后的日韩外交关系》,载日本国际政治学会编:《国际政治:日韩关系的展开》,东京,有斐阁,1963年。

申国柱:《近代朝鲜外交史研究》,东京,有信堂,1966年。

神田末保:《阪神地区的中国人及其商业》,1938年。

神田喜一郎:《中国文学在日本:日本填词史话》,东京,二玄社,1965年。

石川英编:《芝山一笑》,东京,1878年。

石井良助编:《日本文化史:法制编》,东京,1954年。

石井良助:《日本法制史》,东京,创文社,1959年。

石原道博:《〈日本国志〉与〈吾妻镜〉补遗》,载《历史学研究》卷8,第12期,1938年12月。

石原道博:《朱舜水》,东京,吉川弘文馆,1961年。

石原道博:《黄遵宪的〈日本国志〉与〈日本杂事诗〉》,《茨城大学人文学部纪要·文学科论集》卷7、8、9,1974、1975、1976年。

石冢裕道:《日本资本主义成立史研究:明治政府与殖产兴业政策》,东京,吉川弘文馆,1973年。

实藤惠秀:《近代日中文化论》,东京,大东出版社,1941年。

实藤惠秀:《日本杂事诗》,《中国文学》第71、72、73期,1941年4—6月。

实藤惠秀:《明治日中文化交往》,东京,风光馆,1943年。

实藤惠秀:《中国人留学日本史》,东京,1960年。

实藤惠秀:《大河内文书——明治日中文化人的交游》,东京,平凡社,1964年。

市古宙三:《近代中国的政治与社会》,东京,东京大学出版会,1971年。

寺门静轩:《江户繁昌记》,江户,1832—1836年;东京,平凡社,1974—1976年。

松岛荣一:《忠臣藏:其来源与发展》,东京,1964年。

松井清:《近代日本贸易史》,东京,有斐阁,1959年。

松下芳男:《明治军制史论》,东京,有斐阁,1956年。

松泽弘阳:《〈西国立志编〉与〈自由之理〉的世界:幕府末期的儒学、维多利亚时代的激进主义和明治文明开化》,日本政治学会编:《日本的西欧政治思想史》,东京,岩波书店,1975年。

藤村道生:《明治维新时期外交对旧国际关系的应对——以〈中日修好条规〉的订立为中心》,载《名古屋大学文学部研究论集·史学》卷14,1966年。

藤村道生:《明治初年日本对亚洲政策的修订:对〈中日修好条规〉

草案的探讨》,载《名古屋大学文学部研究论集·史学》卷 15,1967 年。

藤村道生:《明治初期中日外交透视:论分割琉球条约》,载《名古屋大学文学部研究论集·史学》卷 16,1968 年。

藤田武夫:《日本资本主义与财政》,东京,实业之日本社,1949 年。

田保桥洁:《日中新关系之确立》,《史学杂志》卷 44,第 2—3 期,1933 年 2—3 月。

田保桥洁:《近代日韩关系之研究》卷 1,东京,宗高书房,1940 年;1963 年汉城重印。

田村荣太郎:《赤穗浪士:历史的背景和人性》,东京,雄山阁,1969 年。

田中彰:《明治维新与历史教育》,东京,青木书店,1970 年。

田中正俊:《〈禹域通纂〉与〈西行日记〉》,载《岩井博士古稀纪念典籍论集》,东京,1963 年。

田中正俊:《中法战争与日本人的中国观》,《思想》卷 512,1967 年 2 月。

田中正俊:《明治初期的教育与楢原陈政:楢原陈政传稿》,载《近代日本史学发展史》,东京,青木书店,1976 年。

《同人社文学杂志》,东京,同人社,1876—1883 年。

统计院:《第二回日本帝国统计年鉴》,东京,1883 年。

丸山真男:《自由民权运动史》(1948),载《战中和战后之间论集》,东京,三铃书房,1976 年。

西村时彦:《成斋先生行状资料》,载《重野博士史学论文集》,东京,1938 年。

小岛晋治:《明治维新与中国》,《岩波讲座日本历史月报》第 4 期,

1975年8月。

小山弘健:《日本军事工业的历史分析》,东京,御茶水书房,1972年。

小田省吾:《高宗实录》,载《高宗纯宗实录》,汉城,1970年。

小野川秀美:《何启、胡礼垣的〈新政议论〉》,载《石滨先生古稀纪念东洋学论丛》,京都,1958年。

小野川秀美:《清末政治思想研究》,东京,三铃书房,1969年。

小早川欣吾:《明治法制史论:公法》,东京,1940年。

小泽三郎:《开成学校的客座教授麦嘉缔》,《明治文化》卷14,第12期,1941年12月。

小泽三郎:《日本新教史研究》,东京,1964年。

《新闻集成明治编年史》,东京,财政经济学会,1941年。

许常安:《晚清"诗界革命"对日语的借用》,《斯文》第44期,1966年1月。

岩井忠熊:《军事警察机构的建立》,《岩波讲座日本历史》卷15,东京,1976年。

永井秀夫:《统一国家的成立》,《岩波讲座日本历史》卷14,东京,1975年。

永井秀夫:《自由民权》,载《日本历史》卷25,东京,小学馆,1976年。

楢原陈政:《留学纪略》,载《禹域通纂》,东京,大藏省,1888年。

有高严:《论〈日本国志〉》,《新潮》卷8,第4期。

有元正雄:《地租改正与地方政治》,《岩波讲座日本历史》卷14,1975年。

宇野俊一:《日清·日露》,载《日本历史》卷26,东京,小学馆,

1976 年。

远山茂树:《日本近代史》卷 1,东京,岩波书店,1975 年。

泽田章:《明治财政的基础研究》,东京,宝文馆,1934 年。

曾我部静雄:《中国社会经济史研究》,东京,吉川弘文馆,1976 年。

增田涉:《中国文学史研究——“文学革命”与前夜的人们》,东京,岩波书店,1970 年。

郑子瑜与实藤惠秀编校:《黄遵宪与日本友人笔谈遗稿》,东京,早稻田大学东洋文学研究会,1968 年。

植手通有编:《赖山阳》(日本思想大系),东京,岩波书店,1977 年。

植田捷雄:《围绕琉球归属问题的日清交涉》,《东洋文化研究所纪要》卷 2,1951 年 9 月。

中村光夫:《明治文学史》,东京,1963 年。

中村义:《洋务、变法、民变:1898 年的两湖地区》,载野泽丰、田中正俊编:《中国近代史讲座》,第 2 册,东京大学出版会,1978 年,第 147—175 页。

中村正直:《支那不可侮论》,《明六杂志》卷 35,1875 年 4 月;重刊于《明治文化全集:杂史篇》,东京,1925 年。

中村正直:《敬宇日乘》,1876 年、1882—1883 年,藏于东京静嘉堂文库。

中村正直:《西国立志编》,东京,七书屋,1877 年。

中村正直:《西洋品行论》,东京,珊瑚阁,1878 年。

中村正直:《汉学不可废论》,载《东京学士会院杂志》,1887 年 5 月。

中村正直:《敬宇文集》,东京,吉川弘文馆,1903 年。

中村正直:《敬宇诗集》,东京,敬宇诗集刊行发行所,1926 年。

中村正直:《自由之理》,载《明治文化全集》,东京,1927 年。

中江兆民:《三醉人经纶问答》,载《中江兆民集》,东京,筑摩书房,1967 年。

周作人著,木山英雄编译:《日本文化谈》,东京,平凡社,1973 年。

竹内好:《戴季陶的〈日本论〉》,载市川宏译:《日本论》,东京,社会思想社,1972 年。

竹内实:《明治汉学家的中国纪行》,载竹内实:《日本人的中国印象》,东京,春秋社,1966 年。

竹内实:《远自秦始皇——关于徐福的传说》,载竹内实:《纪行:中国在日本》,东京,朝日新闻社,1976 年。

佐藤诚三郎:《幕府末期至明治初年日本对外部世界的意识类型》,载佐藤诚三郎等编:《近代日本的对外态度》,东京,东京大学出版会,1974 年。

佐藤三郎:《明治维新至日清战争前中国人对日本的研究》,载《历史学研究》卷 10,第 11 期,1940 年 11 月。

佐藤三郎:《兴亚会研究》,《山形大学纪要(人文科学)》卷 1,第 4 期,1951 年 8 月。

佐藤三郎:《中国人与〈吾妻镜〉》,《日本历史》卷 118,1964 年 1 月。

佐藤三郎:《明治初年中国人对明治维新的看法》,《山形大学纪要(人文科学)》卷 8,第 4 期,1977 年 2 月。

佐藤市郎:《海军五十年史》,东京,鳟书房,1943 年。

佐田白茅:《明治诗文》,东京,冈田文助,1877—1879 年。

佐佐木正哉编:《清末的排外运动(资料篇)》上卷,东京,岩南堂书店,1968 年。

大家小书

乡土中国

费孝通 著

北京出版集团公司
北京出版社

图书在版编目（CIP）数据

乡土中国 / 费孝通著 . — 北京 ：北京出版社，2016. 7
（大家小书）
ISBN 978-7-200-12102-5

Ⅰ. ①乡… Ⅱ. ①费… Ⅲ. ①农村社会学—研究—中国 Ⅳ. ①C912. 82

中国版本图书馆CIP数据核字（2016）第077140号

总策划：安　东　高立志　　责任编辑：楼　霏　邓雪梅

· 大家小书 ·

乡土中国

XIANGTU ZHONGGUO

费孝通　著

*

北京出版集团公司
北　京　出　版　社　出版

（北京北三环中路6号　邮政编码：100120）

网　址：www.bph.com.cn

北京出版集团公司总发行

新华书店经销

北京华联印刷有限公司印刷

*

880毫米×1230毫米　32开本　5.25印张　85千字

2016年7月第1版　2019年11月第8次印刷

ISBN 978-7-200-12102-5

定价：28.00元

质量监督电话：010-58572393

序　　言

袁行霈

“大家小书”，是一个很俏皮的名称。此所谓“大家”，包括两方面的含义：一、书的作者是大家；二、书是写给大家看的，是大家的读物。所谓“小书”者，只是就其篇幅而言，篇幅显得小一些罢了。若论学术性则不但不轻，有些倒是相当重。其实，篇幅大小也是相对的，一部书十万字，在今天的印刷条件下，似乎算小书，若在老子、孔子的时代，又何尝就小呢？

编辑这套丛书，有一个用意就是节省读者的时间，让读者在较短的时间内获得较多的知识。在信息爆炸的时代，人们要学的东西太多了。补习，遂成为经常的需要。如果不善于补习，东抓一把，西抓一把，今天补这，明天补那，效果未必很好。如果把读书当成吃补药，还会失去读书时应有的那份从容和快乐。这套丛书每本的篇幅都小，读者即使细细地阅读慢慢地体味，也花不了多少时间，可以充分享受读书的乐趣。如果把它们当成补药来吃也行，剂量小，吃起来方便，消化起来也容易。

我们还有一个用意，就是想做一点文化积累的工作。把那些经过时间考验的、读者认同的著作，搜集到一起印刷出版，使之不至于泯没。有些书曾经畅销一时，但现在已经不容易得到；有些书当时或许没有引起很多人注意，但时间证明它们价值不菲。这两类书都需要挖掘出来，让它们重现光芒。科技类的图书偏重实用，一过时就不会有太多读者了，除了研究科技史的人还要用到之外。人文科学则不然，有许多书是常读常新的。然而，这套丛书也不都是旧书的重版，我们也想请一些著名的学者新写一些学术性和普及性兼备的小书，以满足读者日益增长的需求。

“大家小书”的开本不大，读者可以揣进衣兜里，随时随地掏出来读上几页。在路边等人的时候，在排队买戏票的时候，在车上、在公园里，都可以读。这样的读者多了，会为社会增添一些文化的色彩和学习的气氛，岂不是一件好事吗？

“大家小书”出版在即，出版社同志命我撰序说明原委。既然这套丛书标示书之小，序言当然也应以短小为宜。该说的都说了，就此搁笔吧。

目　录

旧著《乡土中国》重刊序言

这本小册子的写作经过，在“后记”里已经交代清楚。这里收集的是我在四十年代后期，根据我在西南联大和云南大学所讲“乡村社会学”一课的内容，应当时《世纪评论》之约，而写成分期连载的十四篇文章。

我当时在大学里讲课，不喜欢用现存的课本，而企图利用和青年学生们的接触机会，探索一些我自己觉得有意义的课题。那时年轻，有点初生之犊的闯劲，无所顾忌地想打开一些还没有人闯过的知识领域。我借“乡村社会学”这讲台来追究中国乡村社会的特点。我是一面探索一面讲的，所讲的观点完全是讨论性的，所提出的概念一般都没有经过琢磨，大胆朴素，因而离开所想反映的实际，常常不免有相当大的距离，不是失之片面，就是走了样。我敢于在讲台上把自己知道不成熟的想法，和盘托出在青年人的面前，那是因为我认为这是一个比较好的教育方法。我并不认为教师的任务是在传授已有的知识，这些学生们自己可以从书本上去学习，而主要是在引导学生敢于向未知的领域进军。作为教师的人就得带个头。至于攻关的结果是否获得了可靠的知识，那是另一个问题。实际上在新闯的领域中，这样要求也是不切实际的。

在教室里讲课和用文字传达，公开向社会上发表，当然不能看作一回事。在教室里，教师是在带领学生追求知识，把未知化为已知。在社会上发表一种见解，本身是一种社会行动，会引起广泛的社会效果。对实际情况不正确的反映难免会引起不良的影响。我是明白这个道理的，在发表这些文章之前，犹豫过。所以该书初次出版时在“后记”中向读者恳切说明：由于刊物的编者“限期限日的催稿，使我不能等很多概念成熟之后才发表”。“这算不得是定稿，也不能说是完稿，只是一段尝试的记录罢了。”尝试什么呢？尝试回答我自己提出的“作为中国基层社会的乡土社会究竟是个什么样的社会”这个问题。

这书出版是在1947年，离今已有三十七年。三联书店为什么建议我把这本小册子送给他们去重刊，我不知道。我同意他们的建议是因为我只把它看成是我一生经历中留下的一个脚印，已经踏下的脚印是历史的事实，谁也收不回去的。现在把它作为一件反映解放前夕一些年轻人在知识领域里猛闯猛攻的标本，拿出来再看看，倒另有一番新的意义。至于本书内容所提出的论点，以我现有的水平来说，还是认为值得有人深入研究的，而且未始没有现实的意义。

这本小册子和我所写的《江村经济》、《禄村农田》等调查报告性质不同。它不是一个具体社会的描写，而是从具体社会里提炼出的一些概念。这里讲的乡土中国，并不是具体的中国社会的素描，而是包含在具体的中国基层传统社会里的一种特具的体系，支配着社会生活的各个方面。它并不排斥其他体系同样影响着中国的社会，那些影响同样可以在中国的基层社会里发生作用。搞清楚我所谓乡土社会这个概念，就可以帮助我们去理解具体的中国社会。概念在这个意义上，是我们认识事物的工具。

我这种尝试，在具体现象中提炼出认识现象的概念，在英文中可以用Ideal Type 这个名词来指称。Ideal Type 的适当翻译可以说是观念中的类型，属于理性知识的范畴。它并不是虚构，也不是理想，而是存在于具体事物中的普遍性质，是通过人们的认识过程而形成的概念。这个概念的形成既然是从具体事物里提炼出来的，那就得不断地在具体事物里去核实，逐步减少误差。我称这是一项探索，又一再说是初步的尝试，得到的还是不成熟的观点，那就是说如果承认这样去做确可加深我们对中国社会的认识，那就还得深入下去，还需要花一番工夫。

这本书最初出版之后，一搁已有三十七年。在这一段时间里，由于客观的条件，我没有能在这方面继续搞下去。当三联书店提出想重刊此书时，我又从头读了一遍。我不能不为当时那股闯劲所触动。而今老矣。回头看，那一去不复返的年轻时代也越觉得可爱。我愿意把这不成熟的果实贡献给新的一代年轻人。这里所述的看法大可议论，但是这种一往无前的探索的劲道，看来还是值得观摩的。让我在这种心情里寄出这份校订过的稿子给书店罢。

费孝通

1984 年 10 月 11 日

乡土本色

从基层上看去，中国社会是乡土性的。我说中国社会的基层是乡土性的，那是因为我考虑到从这基层上曾长出一层比较上和乡土基层不完全相同的社会，而且在近百年来更在东西方接触边缘上发生了一种很特殊的社会。这些社会的特性我们暂时不提，将来再说。我们不妨先集中注意那些被称为土头土脑的乡下人。他们才是中国社会的基层。

我们说乡下人土气，虽则似乎带着几分藐视的意味，但这个“土”字却用得很好。“土”字的基本意义是指泥土。乡下人离不了泥土，因为在乡下住，种地是最普通的谋生办法。在我们这片远东大陆上，可能在很古的时候住过些还不知道种地的原始人，那些人的生活怎样，对于我们至多只有一些好奇的兴趣罢了。以现在的情形来说，这片大陆上最大多数的人是拖泥带水下田讨生活的了。我们不妨缩小一些范围来看，三条大河的流域已经全是农业区。而且，据说凡是从这个农业老家里迁移到四围边地上去的子弟，也老是很忠实地守着这直接向土里去讨生活的传统。最近我遇着一位到内蒙旅行回来的美国朋友，他很奇怪地问我：你们中原去的人，到了这最适宜于放牧的草原上，依旧锄地播种，一家家划着小小的一方地，种植起来；真像是向土里一钻，看不到其他利用这片地的方法了。我记得我的老师史禄国先生也告诉过我，远在西伯利亚，中国人住下了，不管天气如何，还是要下些种子，试试看能不能种地。——这样说来，我们的民族确是和泥土分不开的了。从土里长出过光荣的历史，自然也会受到土的束缚，现在很有些飞不上天的样子。

靠种地谋生的人才明白泥土的可贵。城里人可以用土气来藐视乡下人，但是乡下，“土”是他们的命根。在数量上占着最高地位的神，无疑的是“土地”。“土地”这位最近于人性的神，老夫老妻白首偕老的一对，管着乡间一切的闲事。他们象征着可贵的泥土。我初次出国时，我的奶妈偷偷地把一包用红纸裹着的东西，塞在我箱子底下。后来，她又避了人和我说，假如水土不服，老是想家时，可以把红纸包裹的东西煮一点汤吃。这是一包灶上的泥土。——我在《一曲难忘》的电影里看到了东欧农业国家的波兰也有着类似的风俗，使我更领略

耕种

了“土”在我们这种文化里所占和所应当占的地位了。

农业和游牧或工业不同，它是直接取资于土地的。游牧的人可以逐水草而居，飘忽无定；做工业的人可以择地而居，迁移无碍；而种地的人却搬不动地，长在土里的庄稼行动不得，侍候庄稼的老农也因之像是半身插入了土里，土气是因为不流动而发生的。

直接靠农业来谋生的人是黏着在土地上的。我遇见过一位在张北一带研究语言的朋友。我问他说在这一带的语言中有没有受蒙古话的影响。他摇了摇头，不但语言上看不出什么影响，其他方面也很少。他接着说："村子里几百年来老是这几个姓，我从墓碑上去重构每家的家谱，清清楚楚的，一直到现在还是那些人。乡村里的人口似乎是附着在土上的，一代一代地下去，不太有变动。"——这结论自然应当加以条件的，但是大体上说，这是乡土社会的特性之一。我们很可以相信，以

墓碑

农为生的人，世代定居是常态，迁移是变态。大旱大水，连年兵乱，可以使一部分农民抛井离乡；即使像抗战这样大事件所引起基层人口的流动，我相信还是微乎其微的。

当然，我并不是说中国乡村人口是固定的。这是不可能的，因为人口在增加，一块地上只要几代的繁殖，人口就到了饱和点；过剩的人口自得宣泄出外，负起锄头去另辟新地。可是老根是不常动的。这些宣泄出外的人，像是从老树上被风吹出去的种子，找到土地的生存了，又形成一个小小的家族殖民地，找不到土地的也就在各式各样的运命下被淘汰了，或是“发迹了”。我在广西靠近瑶山的区域里还看见过这类从老树上吹出来的种子，拼命在垦地。在云南，我看见过这类种子所长成的小村落，还不过是两三代的事；我在那里也看见过找不着地的那些“孤魂”，以及死了给狗吃的路毙尸体。

不流动是从人和空间的关系上说的，从人和人在空间的排列关系上说就是孤立和隔膜。孤立和隔膜并不是以个人为单位的，而是以住在一处的集团为单位的。本来，从农业本身看，许多人群居在一处是无须的。耕种活动里分工的程度很浅，至多在男女间有一些分工，好像女的插秧，男的锄地等。这种合作与其说是为了增加效率，不如说是因为在某一时间男的忙不过来，家里人出来帮帮忙罢了。耕种活动中既不向分工专业方面充分发展，农业本身也就没有聚集许多人住在一起的需要了。我们看见乡下有大小不同的聚居社区，也可以想到那里出于农业本身以外的原因了。

乡下最小的社区可以只有一户人家。夫妇和孩子聚居于一处有着两性和抚育上的需要。无论在什么性质的社会里，除了军队、学校这些特殊的团体外，家庭总是最基本的抚育社群。在中国乡下这种只有一户人家的小社区是不常见的。在四川的山区种梯田的地方，可能有这类情形，大多的农民是聚村而居。这一点对于我们乡土社会的性质很有影响。美国的乡下大多是一户人家自成一个单位，很少屋檐相接的邻舍。这是他们早年拓殖时代，人少地多的结果，同时也保持了他们个别负责，独来独往的精神。我们中国很少类似的情形。

中国农民聚村而居的原因大致说来有下列几点：一、每家所耕的面积小，所谓小农经营，所以聚在一起住，住宅和农场不会距离得过分远。二、需要水利的地方，他们有合作的需要，在一起住，合作起来比较方便。三、为了安全，人多了容易保卫。四、土地平等继承的原则下，兄弟分别继承祖上的遗业，使人口在一地方一代一代地积起来，成为相当大的村落。

无论出于什么原因，中国乡土社区的单位是村落，从三家村起可以到几千户的大村。我在上文所说的孤立、隔膜是以村

民国前后湖北长阳境内的农家

和村之间的关系而说的。孤立和隔膜并不是绝对的，但是人口的流动率小，社区间的往来也必然疏少。我想我们很可以说，乡土社会的生活是富于地方性的。地方性是指他们活动范围有地域上的限制，在区域间接触少，生活隔离，各自保持着孤立的社会圈子。

民国时期的山东莱州

乡土社会在地方性的限制下成了生于斯、死于斯的社会。常态的生活是终老是乡。假如在一个村子里的人都是这样的话，在人和人的关系上也就发生了一种特色，每个孩子都是在人家眼中看着长大的，在孩子眼里周围的人也是从小就看惯的。这是一个“熟悉”的社会，没有陌生人的社会。

在社会学里，我们常分出两种不同性质的社会，一种并没有具体目的，只是因为在一起生长而发生的社会，一种是为了要完成一件任务而结合的社会。用Tönnies的话说：前者是Gemeinschaft，后者是Gesellschaft；用Durkheim 的话说：前者是“有机的团结”，后者是“机械的团结”。用我们自己的话说，前者是礼俗社会，后者是法理社会。——我以后还要详细分析这两种社会的不同。在这里我想说明的是生活上被土地所囿住的乡民，他们平素所接触的是生而与俱的人物，正像我们的父母兄弟一般，并不是由于我们选择得来的关系，而是无须选择，甚至先我而在的一个生活环境。

熟悉是从时间里、多方面、经常的接触中所发生的亲密的感觉。这感觉是无数次的小磨擦里陶炼出来的结果。这过程是《论语》第一句里的“习”字。“学”是和陌生事物的最初接触，“习”是陶炼，“不亦说乎”是描写熟悉之后的亲密感觉。在一个熟悉的社会中，我们会得到从心所欲而不逾规矩的自由。这和法律所保障的自由不同。规矩不是法律，规矩是“习”出来的礼俗。从俗即是从心。换一句话说，社会和个人在这里通了家。

“我们大家是熟人，打个照呼就是了，还用得着多说么？”——这类的话已经成了我们现代社会的阻碍。现代社会是个陌生人组成的社会，各人不知道各人的底细，所以得讲个明白；还要怕口说无凭，画个押，签个字。这样才发生法律。在乡土社会中法律是无从发生的。“这不是见外了么？”乡土社会里从熟悉得到信任。这信任并非没有根据的，其实最可靠也没有了，因为这是规矩。西洋的商人到现在还时常说中国人的信用是天生的。类于神话的故事真多：说是某人接到了大批磁器，还是他祖父在中国时订的货，一文不要地交了来，还说着许多不能及早寄出的抱歉话。——乡土社会的信用并不是对契约的重视，而是发生于对一种行为的规矩熟悉到不假思索时的可靠性。

这自是“土气”的一种特色。因为只有直接有赖于泥土的生活才会像植物一般地在一个地方生下根，这些生了根在一个小地方的人，才能在悠长的时间中，从容地去摸熟每个人的生

土地契约

活，像母亲对于她的儿女一般。陌生人对于婴孩的话是无法懂的，但是在做母亲的人听来都清清楚楚，还能听出没有用字音表达的意思来。

不但对人，他们对物也是“熟悉”的。一个老农看见蚂蚁在搬家了，会忙着去田里开沟，他熟悉蚂蚁搬家的意义。从熟悉里得来的认识是个别的，并不是抽象的普遍原则。在熟悉的环境里生长的人，不需要这种原则，他只要在接触所及的范围之中知道从手段到目的间的个别关联。在乡土社会中生长的人似乎不太追求这笼罩万有的真理。我读《论语》时，看到孔子在不同人面前说着不同的话来解释“孝”的意义时，我感觉到这乡土社会的特性了。孝是什么？孔子并没有抽象地加以说明，而列举具体的行为，因人而异地答复了他的学生。最后甚至归结到“心安”两字。做子女的得在日常接触中去摸熟父母的性格，然后去承他们的欢，做到自己的心安。这说明了乡土社会中人和人相处的基本办法。

这种办法在一个陌生人面前是无法应用的。在我们社会的激速变迁中，从乡土社会进入现代社会的过程中，我们在乡土社会中所养成的生活方式处处产生了流弊。陌生人所组成的现代社会是无法用乡土社会的风俗来应付的。于是“土气”成了骂人的词汇，“乡”也不再是衣锦荣归的去处了。

文字下乡

乡下人在城里人眼睛里是“愚”的。我们当然记得不少提倡乡村工作的朋友们，把愚和病贫联结起来去作为中国乡村的症候。关于病和贫我们似乎还有客观的标准可说，但是说乡下人“愚”，却是凭什么呢？乡下人在马路上听见背后汽车连续地按喇叭，慌了手脚，东避也不是，西躲又不是，司机拉住闸车，在玻璃窗里，探出半个头，向着那土老头儿，啐了一口：“笨蛋！”——如果这是愚，真冤枉了他们。我曾带了学生下乡，田里长着包谷，有一位小姐，冒充着内行，说：“今年麦子长得这么高。”旁边的乡下朋友，虽则没有啐她一口，但是微微的一笑，也不妨译作“笨蛋”。乡下人没有见过城里的世面，因之而不明白怎样应付汽车，那是知识问题，不是智力问题，正等于城里人到了乡下，连狗都不会赶一般。如果我们不承认郊游的仕女们一听见狗吠就变色是“白痴”，自然没有理由说乡下人不知道“靠左边走”或“靠右边走”等时常会因政令而改变的方向是因为他们“愚不可及”了。“愚”在什么地方呢？

耕作的女人和孩子

其实乡村工作的朋友说乡下人愚那是因为他们不识字，我们称之曰“文盲”，意思是白生了眼睛，连字都不识。这自然是事实。我决不敢反对文字下乡的运动，可是如果说不识字就是愚，我心里总难甘服。“愚”如果是智力的不足或缺陷，识字不识字并非愚不愚的标准。智力是学习的能力。如果一个人没有机会学习，不论他有没有学习的能力还是学不到什么的。我们是不是说乡下人不但不识字，而且识字的能力都不及人呢？

说到这里我记起了疏散在乡下时的事来了。同事中有些孩子送进了乡间的小学，在课程上这些孩子样样比乡下孩子学得快、成绩好。教员们见面时总在家长面前夸奖这些孩子们有种、聪明。这等于说教授们的孩子智力高。我对于这些恭维自然是私心窃喜。穷教授别的已经全被剥夺，但是我们还有别种人所望尘莫及的遗传。但是有一天，我在田野里看放学回来的小学生们捉蚱蜢，那些“聪明”而有种的孩子，扑来扑去，屡扑屡失，而那些乡下孩子却反应灵敏，一扑一得。回到家来，刚才一点骄傲似乎又没有了着落。

乡下孩子在教室里认字认不过教授们的孩子，和教授们的孩子在田野里捉蚱蜢捉不过乡下孩子，在意义上是相同的。我并不责备自己孩子蚱蜢捉得少，第一是我们无需用蚱蜢来加菜（云南乡下蚱蜢是下饭的，味道很近于苏州的虾干），第二是我的孩子并没有机会练习。教授们的孩子穿了鞋袜，为了体面，不能不择地而下足，弄污了回家来会挨骂，于是在他们捉蚱蜢时不免要有些顾忌，动作不活灵了。这些也许还在其次，他们日常并不在田野里跑惯，要分别草和虫，须费一番眼力，蚱蜢的保护色因之易于生效。——我为自己孩子所作的辩护是不是同样也可以用之于乡下孩子在认字上的“愚”么？我

稻田里的孩子

想是很适当的。乡下孩子不像教授们的孩子到处看见书籍，到处接触着字，这不是他们日常所混熟的环境。教授们的孩子并不见得一定是遗传上有什么特别善于识字的能力，显而易见的却是有着易于识字的环境。这样说来，乡下人是否在智力上比不上城里人，至少还是个没有结论的题目。

这样看来，乡村工作的朋友们说乡下人愚，显然不是指他们智力不及人，而是说他们知识不及人了。这一点，依我们上面所说的，还是不太能自圆其说。至多是说，乡下人在城市生活所需的知识上是不及城市里人多。这是正确的。我们是不是也因之可以说乡下多文盲是因为乡下本来无需文字眼睛呢？说到这里，我们应当讨论一下文字的用处了。

我在上一篇里说明了乡土社会的一个特点就是这种社会的人是在熟人里长大的。用另一句话来说，他们生活上互相合作的人都是天天见面的。在社会学里我们称之作Face-to- face Group，直译起来是“面对面的社群”。归有光的《项脊轩记》里说，他日常接触的老是那些人，所以日子久了可以用脚步声来辨别来者是谁。在“面对面的社群”里甚至可以不必见面而知道对方是谁。我们自己虽说是已经多少在现代都市里住过一时了，但是一不留心，乡土社会里所养成的习惯还是支配着我们。你不妨试一试，如果有人在你门上敲着要进来，你问：“谁呀！”门外的人十之八九回答你一个大声的“我”。这是说，你得用声气辨人。在面对面的社群里一起生活的人是不必通名报姓的。很少太太会在门外用姓名来回答丈夫的发问。但是我们因为久习于这种“我呀！”“我呀！”的回答，也很有时候用到了门内人无法辨别你声音的场合。我有一次，久别家乡回来，在电话里听到了一个无法辨别的“我呀”时，的确闹了一个笑话。

“贵姓大名”是因为我们不熟悉而用的。熟悉的人大可不必如此，足声、声气，甚至气味，都可以是足够的“报名”。我们社交上姓名的不常上口也就表示了我们原本是在熟人中生活的，是个乡土社会。

文字发生之初是“结绳记事”，需要结绳来记事是为了在空间和时间中人和人的接触发生了阻碍。我们不能当面讲话，才需要找一些东西来代话。在广西的瑶山里，部落有急，就派了人送一枚铜钱到别的部落里去，对方接到了这记号，立刻派人来救。这是“文字”，一种双方约好代表一种意义的记号。如果是面对面可以直接说话时，这种被预先约好的意义所拘束的记号，不但多余，而且有时会词不达意引起误会的。在十多年前青年们讲恋爱，受着直接社交的限制，通行着写情书，很多悲剧是因情书的误会而发生的。有这种经验的人必然能痛悉文字的限制。

文字所能传的情、达的意是不完全的。这不完全是出于“间接接触”的原因。我们所要传达的情意是和当时当地的外局相配合的。你用文字把当时当地的情意记了下来，如果在异时异地的圜局中去看，所会引起的反应很难尽合于当时当地的圜局中可能引起的反应。文字之成为传情达意的工具常有这个无可补救的缺陷。于是在利用文字时，我们要讲究文法，讲究艺术。文法和艺术就在减少文字的“走样”。

在说话时，我们可以不注意文法。并不是说话时没有文法，而且因为我们有着很多辅助表情来补充传达情意的作用。我们可以用手指指着自己而在话里吃去一个“我”字。在写作时却不能如此。于是我们得尽量地依着文法去写成完整的句子了。不合文法的字词难免引起人家的误会，所以不好。说话时我们如果用了完整的句子，不但显得迂阔，而且可笑。这是从书本上学外国语的人常会感到的痛苦。

文字是间接的说话，而且是个不太完善的工具。当我们有了电话、广播的时候，书信文告的地位已经大受影响。等到传真的技术发达之后，是否还用得到文字，是很成问题的。

这样说来，在乡土社会里不用文字绝不能说是“愚”的表现了。面对面的往来是直接接触，为什么舍此比较完善的语言而采取文字呢？

我还想在这里推进一步说，在“面对面社群”里，连语言本身都是不得已而采取的工具。语言本是用声音来表达的象征体系。象征是附着意义的事物或动作。我说“附着”是因为“意义”是靠联想作用加上去的，并不是事物或动作本身具观点。虽然全世界的人都有家，但是中西方有很大的不同。西方社会是“个体本位”的“团体”社会，家被看作是两个独立的个体结合在一起组成的生育抚育组织，费先生说“以夫妇为主轴”，家庭成员的权利和义务都围绕着生育抚育功能展开。个体之间的关系在家与其他社会组织之间只因其“社会角色”不同、功能有异而有差别，其个体本位的关系本质是相同的。中国社会是个“家庭本位”的“差序”社会，家不但有着生育抚育功能，而且有教育和赡养功能，在传统社会中还担负了社会治理的功能，从生产生活、治安治水到村庄秩序，无不以家为核心来展开。家的结构和差序格局一样，是一层层的、没有明显边界的。所以费先生宁愿把家叫作“小家族”，而不愿做“家庭”与“家族”的区分，因为家庭与家族只有大小的差别，并无结构和功能上的不同。家庭成员的关系“以父子为主轴”，可以向上追溯至已经去世的祖先，向下延伸至尚未出生的子孙，向旁扩展至自己及父亲、祖父的兄弟姐妹及其后代。不但如此，人们常常把和自己没有血缘、亲缘的社会关系比拟于家庭关系，好朋友会称兄道弟，老师会叫师父，领导会称为父母官，连陌生人都动辄以叔叔阿姨、兄弟姐妹相称，这与西方社会无论亲疏远近统统直呼其名的习俗迥然相异。在中国，家被看作是小社会、是社会的缩影，而社会则是家的扩展和扩大。在家中，家庭成员的责任和义务并不明确，父子之间、夫妻之间、兄弟之间彼此没有明确的独立性，讲道理的时候需要顾及感情，讲感情的时候也要顾及彼此的身份和关系，亲疏尊卑之间有分寸有尺度，人情事理兼顾，就是费先生所说的“契洽”。契洽的关系是一种彼此感通、情理交融的关系，强调的是关系和谐而非个体的独立性，强调的是互相体谅而非彼此的权利和义务。这种“契洽”关系，在那些亲密和亲近的关系里更强调情感，随着关系的疏远更强调事理，但是无论关系远近，人情事理都不能少是这种关系的基本要求。如果说差序格局的社会或者家庭扩大化的社会有什么社会交往的普遍原则的的爱，也不赞成“兼爱”。孔子所说的“仁”与“仁者爱人”，是依照差序格局，对关系亲近者应该用“亲亲”的原则，对关系疏远者则不必那么“亲”，这并非对疏远者有什么歧视或不公，因为疏远者本身也有他自己亲近的人。所以，差序格局是一种基本而普遍的结构，每个人都有自己的“差序格局”。因此，差序格局对人的基本道德要求就是由近及远、推己及人，其关键在于有层次、有次序。这种“社会结构”本身与一个人德性的好坏并没有直接的关系，不能简单地说差序格局导致人自私。比较准确地说，一个自私的人在差序格局中不能“推”，最自私的人甚至不能推及其父母妻子。一个有德性的人在于能“推”，而不是简单地能“爱”。在差序格局的社会，一个人如果爱路人而不顾父母妻子，则不被看作是有德性的人，而在另外的社会中，他这种做法则有可能被视为高尚无私和伟大的行为。所以，对他人有同情心是所有社会所崇尚的普遍价值，但是如何去施展和推广同情心，则社会与社会、文化与文化之间有很大的差别。费先生就是用了社会结构来解释中国人与西方人的行为差别，中国人讲究由爱父母妻子、兄弟朋友到爱陌生人的次序，虽然也可以“平天下”“保四海”，但从西方社会结构的角度看，从根本上就是“私”的。

社会结构是在一个文明的传统中经过长期的历史积淀而形成的，对我们每个人的影响至为深远，我们经常会“日用而不知、习焉而不察”。例如我们中国人在判断一个人是否可靠的时候，并非观察他对自己好不好，而是要观察他对自己的父母兄弟、朋友同事好不好，并以此来决定是否可以信任他。这就是不自觉地用了差序格局背后的道德原则来观察人和社会——因为一个对他自己的父母兄弟都不好的人忽然对别人好，很可能不是真的“好”。爱国是一种崇高的品质，但是爱国也和爱家紧密联系在一起，古人说“家国天下”，说“天下之本在国，国之本在家”，也是差序格局原则的重要体现。

家是中国社会结构的基础，这是费先生在书中再三致意的主要会学深刻的洞察力。用费先生自己的话来说，这本书是对中国“社会结构”的研究。在社会学看来，社会结构是一种深层的、文化的构造，相当于一个社会的“基因”，不会因为外部环境的改变而轻易发生变化。费先生在书中说，中国人即使到了西伯利亚，不管天气如何，还是要撒些种子，看看能不能种地。有些时候，人们的行为也会因为环境的变化而发生改变，但这经常是“基因”在新环境中的适应性表现，表面上的变化，正好表示“基因”的不变。如传统的中国人有了钱就会买地，买地是为了传家，土地有着超出资本和财产含义的意义。当前的中国，土地不能买卖，但大部分中国人对待房产的态度与传统中国人对待土地的态度在本质上是一样的。所以，我们可以通过人们在具体的环境下不断变化的态度和行为去看相对稳定的社会结构。那么，中国的社会结构有什么重要的特征呢？

费先生是从人与人之间交往的方式入手的。他提出了两个中国社会学至今仍在广泛使用的概念——“差序格局”和“团体格局”，分别用来指代中国人之间与西方人之间社会交往的特点。在差序格局中，人们按照与自己关系的亲疏远近来决定与对方交往的方式，而在团体格局中，人们在同一团体内的交往是平等无差别的，只有在团体之间才有鲜明的界限。需要注意的是，这两个概念是对交往方式的高度概括，是社会结构的“特征”，并非是指西方人没有亲疏远近的关系，也不是说中国人没有团体之间的界限。所谓“社会结构”，是说中国人会将支配差序格局的原则应用于所有的社会交往中，并在此基础上发展出社会交往的伦理和道德。用费先生的话来说，叫作“维系着私人的道德”，这里的“私人”一词并无贬义，是相对于“团体”一词而言，指人们交往时所遵循的道德原则因差序关系而异，如父慈子孝、兄友弟恭，君臣有义、朋友有信等，不能将用于父子的道德使用到朋友关系中去，你认定对方和你是什么关系，必有一种应用于这种关系的道德原则去遵循。而这些道德原则“附着于”差序的关系上，因此差序格局中没有普遍平等话，对人情事理的自觉要求和互相体谅就是中国社会的道德基础，也就是孔子所说的忠恕之道。

我们如果明白了中国社会结构的基本原则，就很容易理解费先生在此书后半部分所讲的传统政治的礼治和无讼等特征了。所谓礼治，当然不是法治，但也不是“人治”，实际上是依“道德”而治，或许可以叫作“德治”。而所谓“德”，朱子说“得于心而不失”叫作“德”，首先是人们对自己身心言行的自我要求。与法治相比，德治更注重教育和启发而非责任和惩罚。在中国社会，人们不是一面在生活中全力进行利益博弈和权力争夺，另一面在教堂里全力反省和忏悔，而是在进行利益博弈和权力争夺的时候不断辨别其中的道德意味，就是所谓的“义利之辨”。所以中国人的社会交往活动会往往具有很强的伦理意味和道德评判，这也是社会结构的潜在影响。

二、超越偏见：社会学的智慧与担当

费先生在此书中指出的是中国社会结构的基本原则和基本特征，这本来是中国社会深层、稳定的东西，但是费先生的研究和写作却是在特定的时空环境下展开的。费先生写此书的时候，正是中国历史上内忧外患到达极致的时候，当时半壁河山已经沦陷于日寇，这本书、这门课程也是在敌机轰炸的间歇中完成的，我们由此可以想见费先生在这种环境下讨论中国社会结构时的心境。当时的中国社会满目疮痍，中国文化在列强侵略下已经失去了往日的辉煌和自信，许多知识分子都以为中国积贫积弱的根源就是延续几千年的历史传统，恨不能抽刀断水，与之彻底决裂。因而在思想观念上，将乡村与城市、中国与西方的关系视为传统与现代、落后与先进的“社会进化论”的概念范畴。费先生也受到当时的历史现实与主流思潮的影响，运用的正是中西、古今的比较视角。但是与激进的知识分子不同的是，费先生在书中处处透露出维护中国社会和文化的心态，指出我们今天指责的中国社会和文化的缺陷，正是昨天中国社会和文化的辉煌，因而缺陷之所以为缺陷，与我们使用的比较和参考标准有关，所以也未必是永远的、绝对的缺陷。城里人嘲笑乡下人愚昧，很多时候是嘲笑乡下人缺乏城市生活的知识，比如在红绿灯下不知所措。这并非是乡下人的智力不足，而是城里人的偏见。费先生在此书中展现的正是社会学所具有的超越偏见、超越时代的智慧以及爱之弥切、寄望弥深的家国情怀。

这种智慧和情怀在费先生晚年的学术生涯中有充分的体现，可以帮助我们更好地理解此书的底蕴。费先生在晚年提倡“文化自觉”，认为社会学和社会研究的目的在于获得一种“自知之明”和“知人之明”，能够在当前文明交汇的世界格局中做到“各美其美，美人之美，美美与共，天下大同”。这种身在高峰、胸怀天下的境界正是费先生立足中国文化、提倡推己及人的社会观的结果。因此，在93岁高龄的时候，费先生撰述长文《试谈扩展社会学的传统界限》，重提《乡土中国》一书中的“差序格局”这个中国社会学百年以来的最著名、最重要的概念：

当你使用这个概念（“心”）的时候，背后假设的“我”与世界的关系，就已经是一种“由里及外”、“由己及人”的具有“伦理”意义的“差序格局”，而从“心”出发的这种“内”“外”之间一层层外推的关系，应该是“诚”“正”“仁”“爱”“恕”等，翻译成今天的语言，就是说这种“内”“外”之间的关系应该是真诚、共存、协调、和睦、温和、宽厚、利他、建设性等等，是符合“天人合一”“推己及人”“己所不欲，勿施于人”等人际关系的基本伦理的关系。……从“心”开始，通过“修、齐、治、平”这一层层“伦”的次序，由内向外推广开去，构建每个人心中的世界图景。

（周飞舟，北京大学社会学系教授）

《乡土中国》导读

差序格局与中国社会

周飞舟

费孝通先生（1910—2005）生前是北京大学社会学系教授，是我国著名的社会学家、人类学家，江苏吴江人。费先生早年在燕京大学社会学系学习社会学，获得学士学位后入清华大学、伦敦大学政治经济学院学习人类学，1938年获博士学位，回国后在云南大学任社会学教授。在这段时间，费先生将开设的“乡村社会学”课程的讲义陆续在报刊上发表，并于1948年正式结集出版。至今此书重版过多次，已经成为中国社会学的经典名著，在国内外学术界都享有很高的声誉。

一、《乡土中国》：中国社会结构的研究

《乡土中国》是对中国社会的社会学研究。通过此书，我们可以了解社会学研究社会的一些基本视角和方法，更重要的是，我们可以得到对中国社会的许多认识，这些认识直到今天仍不过时，显示出社

有的性质。这是社会的产物，因为只有在人和人需要配合行为的时候，个人才需要有所表达；而且表达的结果必须使对方明白所要表达的意义。所以象征是包括多数人共认的意义，也就是这一事物或动作会在多数人中引起相同的反应。因之，我们绝不能有个人的语言，只能有社会的语言。要使多数人能对同一象征具有同一意义，他们必须有着相同的经历，就是说在相似的环境中接触和使用同一象征，因而在象征上附着了同一意义。因此在每个特殊的生活团体中，必有他们特殊的语言，有许多别种语言所无法翻译的字句。

语言只能在一个社群所有相同经验的一层上发生。群体愈大，包括的人所有的经验愈繁杂，发生语言的一层共同基础也必然愈有限，于是语言也愈趋于简单化。这在语言史上看得很清楚的。

可是从另一方面说，在一个社群所用的共同语言之外，也必然会因个人间的需要而发生许多少数人间的特殊语言，所谓“行话”。行话是同行人中的话，外行人因为没有这种经验，不会懂的。在每个学校里，甚至每个寝室里，都有他们特殊的语言。最普遍的特殊语言发生在母亲和孩子之间。

“特殊语言”不过是亲密社群中所使用的象征体系的一部分，用声音来作象征的那一部分。在亲密社群中可用来作象征体系的原料比较多。表情、动作，因为在面对面的情境中，有时比声音更容易传情达意。即使用语言时，也总是密切配合于其他象征原料的。譬如：我可以和一位熟人说："真是那个！"同时眉毛一皱，嘴角向下一斜，面上的皮肤一紧，用手指在头发里一插，头一沉，对方也就明白"那个"是"没有办法"、"失望"的意思了。如果同样的两个字用在另一表情的配合里，意义可以完全不同。

"特殊语言"常是特别有效，因为它可以摆脱字句的固定意义。语言像是个社会定下的筛子，如果我们有一种情意和这筛子的格子不同也就漏不过去。我想大家必然有过"无言胜似有言"的经验。其实这个筛子虽则帮助了人和人间的了解，而同时也使人和人间的情意公式化了，使每一人、每一刻的实际情意都走了一点样。我们永远在削足适履，使感觉敏锐的人怨恨语言的束缚。李长吉要在这束缚中去求比较切近的表达，难怪他要呕尽心血了。

于是在熟人中，我们话也少了，我们"眉目传情"，我们"指石相证"，我们抛开了比较间接的象征原料，而求更直接的会意了。所以在乡土社会中，不但文字是多余的，连语言都并不是传达情意的唯一象征体系。

我决不是说我们不必推行文字下乡，在现代化的过程中，我们已开始抛离乡土社会，文字是现代化的工具。我要辨明的是乡土社会中的文盲，并非出于乡下人的“愚”，而是由于乡土社会的本质。我而且愿意进一步说，单从文字和语言的角度中去批判一个社会中人和人的了解程度是不够的，因为文字和语言，只是传情达意的一种工具，并非唯一的工具，而且这工具本身是有缺陷的，能传的情、能达的意是有限的。所以在提倡文字下乡的人，必须先考虑到文字和语言的基础，否则开几个乡村学校和使乡下人多识几个字，也许并不能使乡下人“聪明”起来。

再论文字下乡

在上一篇《论文字下乡》里，我说起了文字的发生是在人和人传情达意的过程中受到了空间和时间的阻隔的情境里。可是我在那一篇里只就空间阻隔的一点说了些话。乡土社会是个面对面的社会，有话可以当面说明白，不必求助于文字。这一层意思容易明白，但是关于时间阻隔上怎样说法呢？在本文中，我想申引这一层意思了。

所谓时间上的阻隔有两方面，一方面是个人的今昔之隔，一方面是社会的世代之隔。让我先从前一方面说起。

人的生活和其他动物所不同的，是在他富于学习的能力。他的行为方式并不固执地受着不学而能的生理反应所支配。所谓学就是在出生之后以一套人为的行为方式作模型，把本能的那一套方式加以改造的过程。学的方法是“习”。习是指反复地做，靠时间中的磨练，使一个人惯于一种新的做法。因之，学习必须打破个人今昔之隔。这是靠了我们人类的一种特别发达的能力，时间中的桥梁——记忆。在动物学习过程中，我们也可以说它们有记忆，但是它们的“记忆”是在简单的生理水准上。一个小白老鼠在迷宫里学得了捷径，它所学得的是一套新的生理反应。和人的学习不相同的是它们并不靠一套象征体系的。人固然有很多习惯，在本质上是和小白老鼠走迷宫一般的，但是他却时常多一个象征体系帮他的忙。所谓象征体系中最重要的是“词”。我们不断地在学习时说着话，把具体的情境抽象成一套能普遍应用的概念，概念必然是用词来表现的，于是我们靠着词，使我们从特殊走上普遍，在个别情境中搭下了桥梁；又使我们从当前走到今后，在片刻情境中搭下了桥梁。从这方面看去，一个动物和时间的接触，可以说是一条直线的，而人和时间的接触，靠了概念，也就是词，却比一条直线来得复杂。他有能力闭了眼睛置身于“昔日”的情境中，人的“当前”中包含着从“过去”拔萃出来的投影，时间的选择累积。

在一个依本能而活动的动物不会发生时间上阻隔的问题，它的寿命是一连串的“当前”，谁也不能剪断时间，像是一条水，没有刀割得断。但是在人却不然，人的“当前”是整个靠记忆所保留下来的“过去”的累积。如果记忆消失了、遗忘了，我们的“时间”就可说是阻隔了。

人之所以要有记忆，也许并不是因为他的脑子是个自动的摄影箱。人有此能力是事实，人利用此能力，发展此能力，还是因为他“当前”的生活必需有着“过去”所传下来的办法。我曾说人的学习是向一套已有的方式的学习。唯有学会了这套方式才能在人群中生活下去。这套方式并不是每个人个别的创制，而是社会的遗业。小白老鼠并不向别的老鼠学习，每只老鼠都得自己在具体情境里，从“试验错误”的过程中，得到个别的经验。它们并不能互相传递经验，互相学习。人靠了他的抽象能力和象征体系，不但累积了自己的经验，而且可以累积别人的经验。上边所谓那套传下来的办法，就是社会共同的经验的累积，也就是我们常说的文化。文化是依赖象征体系和个人的记忆而维持着的社会共同经验。这样说来，每个人的“当前”，不但包括他个人“过去”的投影，而且是整个民族的“过去”的投影。历史对于个人并不是点缀的饰物，而是实用的、不能或缺的生活基础。人不能离开社会生活，就不能不学习文化。文化得靠记忆，不能靠本能，所以人在记忆力上不能不力求发展。我们不但要在个人的今昔之间筑通桥梁，而且在社会的世代之间也得筑通桥梁，不然就没有了文化，也没有了我们现在所能享受的生活。

我说了这许多话，也许足够指明了人的生活和时间的关联了。在这关联中，词是最主要的桥梁。有人说，语言造成了人，那是极对的。《圣经》上也有上帝说了什么，什么就有了，“说”是“有”的开始。这在物质宇宙中尽管可以不对，在文化中是对的。没有象征体系也就没有概念，人的经验也就不能或不易在时间里累积，如要生活也不能超过禽兽。

但是词却不一定要文。文是用眼睛可以看得到的符号，就是字。词不一定是刻出来或写出来的符号，也可以是用声音说出来的符号——语言。一切文化中不能没有“词”，可是不一定有“文字”。我这样说是因为我想说明的乡土社会，大体上，是没有“文字”的社会。在上篇，我从空间格局中说到了乡下人没有文字的需要，在这里我是想从时间格局中说明同一结果。

我说过我们要发展记忆，那是因为我们生活中有此需要。没有文化的动物中，能以本能来应付生活，就不必有记忆。我这样说，其实也包含了另一项意思，就是人在记忆上发展的程度是依他们生活需要而决定的。我们每个人，每一刻，所接触的外界是众多复杂，但是并不尽入我们的感觉，我们有所选择。和我们眼睛所接触的外界，我们并不都看见，我们只看见我们所注意的，我们的视线有焦点，焦点依着我们的注意而移动。注意的对象由我们选择，选择的根据是我们生活的需要。对于我们生活无关的，我们不关心，熟视无睹。我们的记忆也是如此，我们并不记取一切的过去，而只记取一切过去中极小的一部分。我说记取，其实不如说过后回忆为妥当。“记”带有在当前为了将来有用而加以认取的意思，“忆”是为了当前有关而回想到过去经验。事实上，在当前很难预测将来之用，大多是出于当前的需要而追忆过去。有时这过程非常吃力，所以成为“苦忆”。可是无论如何记忆并非无所为的，而是实用的，是为了生活。

在一个乡土社会中生活的人所需记忆的范围和生活在现代都市的人是不同的。乡土社会是一个生活很安定的社会。我已说过，向泥土讨生活的人是不能老是移动的。在一个地方出生的就在这地方生长下去，一直到死。极端的乡土社会是老子所理想的社会，“鸡犬相闻，老死不相往来”。不但个人不常抛井离乡，而且每个人住的地方常是他的父母之邦。“生于斯，死于斯”的结果必是世代的黏着。这种极端的乡土社会固然不常实现，但是我们的确有历世不移的企图，不然为什么死在外边的人，一定要把棺材运回故乡，葬在祖茔上呢？一生取给于这块泥土，死了，骨肉还得回入这块泥土。

民国前后湖北宜昌南部的乡村

历世不移的结果，人不但在熟人中长大，而且在熟悉的地方上生长大。熟悉的地方可以包括极长时间的人和土的混合。祖先们在这地方混熟了，他们的经验也必然就是子孙们所会得到的经验。时间的悠久是从谱系上说的，从每个人可能得到的经验说，却是同一方式的反复重演。同一戏台上演着同一的戏，这个班子里演员所需要记得的，也只有一套戏文。他们个别的经验，就等于世代的经验。经验无需不断累积，只需老是保存。

我记得在小学里读书时，老师逼着我记日记，我执笔苦思，结果只写下“同上”两字。那是真情，天天是“晨起，上课，游戏，睡觉”，有何可记的呢？老师下令不准“同上”，小学生们只有扯谎了。

在定型生活中长大的有着深入生理基础的习惯帮着我们“日出而起，日入而息”的工作节奏。记忆都是多余的。“不知老之将至”就是描写“忘时”的生活。秦亡汉兴，没有关系。乡土社会中不怕忘，而且忘得舒服。只有在轶出于生活常轨的事，当我怕忘记时，方在指头上打一个结。

指头上的结是文字的原始方式，目的就是用外在的象征，利用联想作用，帮助人的记忆。在一个常常变动的环境中，我们感觉到自己记忆力不够时，方需要这些外在的象征。从语言变到文字，也就是从用声音来说词，变到用绳打结，用刀刻图，用笔写字，是出于我们生活从定型到不定型的过程中。在都市中生活，一天到晚接触着陌生面孔的人才需要在袋里藏着本姓名录、通信簿。在乡土社会中粘着相片的身份证，是毫无意义的。在一个村子里可以有一打以上的“王大哥”，绝不会因之错认了人。

在一个每代的生活等于开映同一影片的社会中，历史也是多余的，有的只是“传奇”。一说到来历就得从“开天辟地”说起；不从这开始，下文不是只有“寻常”的当前了么？都市社会里有新闻；在乡土社会，“新闻”是希奇古怪、荒诞不经的意思。在都市社会里有名人，乡土社会里是“人怕出名，猪怕壮”。不为人先，不为人后，做人就得循规蹈矩。这种社会用不上常态曲线，而是一个模子里印出来的一套。

收割水稻

在这种社会里，语言是足够传递世代间的经验了。当一个人碰着生活上的问题时，他必然能在一个比他年长的人那里问得到解决这问题的有效办法，因为大家在同一环境里，走同一道路，他先走，你后走；后走的所踏的是先走的人的脚印，口口相传，不会有遗漏。哪里用得着文字？时间里没有阻隔，拉得十分紧，全部文化可以在亲子之间传授无缺。

这样说，中国如果是乡土社会，怎么会有文字的呢？我的回答是中国社会从基层上看去是乡土性，中国的文字并不是在基层上发生。最早的文字就是庙堂性的，一直到目前还不是我们乡下人的东西。我们的文字另有它发生的背境，我在本文所需要指出的是在这基层上，有语言而无文字。不论在空间和时间的格局上，这种乡土社会，在面对面的亲密接触中，在反复地在同一生活定型中生活的人们，并不是愚到字都不认得，而是没有用字来帮助他们在社会中生活的需要。我同时也等于说，如果中国社会乡土性的基层发生了变化，也只有发生了变化之后，文字才能下乡。

差序格局

在乡村工作者看来，中国乡下佬最大的毛病是“私”。说起私，我们就会想到“各人自扫门前雪，莫管他人屋上霜”的俗语。谁也不敢否认这俗语多少是中国人的信条。其实抱有这种态度的并不只是乡下人，就是所谓城里人，何尝不是如此。扫清自己门前雪的还算是了不起的有公德的人，普通人家把垃圾在门口的街道上一倒，就完事了。苏州人家后门常通一条河，听来是最美丽也没有了，文人笔墨里是中国的威尼斯。可是我想天下没有比苏州城里的水道更脏的了，什么东西都可以向这种出路本来不太畅通的小河沟里一倒，有不少人家根本就不必有厕所。明知人家在这河里洗衣洗菜，毫不觉得有什么需要自制的地方。为什么呢？——这种小河是公家的。

一说是公家的，差不多就是说大家可以占一点便宜的意思，有权利而没有义务了。小到两三家合住的院子，公共的走廊上照例是尘灰堆积，满院生了荒草，谁也不想去拔拔清楚，更难以插足的自然是厕所。没有一家愿意去管“闲事”，谁看不惯，谁就得白服侍人，半声谢意都得不到。于是像格兰亨姆的公律，坏钱驱逐好钱一般，公德心就在这里被自私心驱走。

从这些事上来说，私的毛病在中国实在比愚和病更普遍得多，从上到下似乎没有不害这毛病的。现在已成了外国舆论一致攻击我们的把柄了。所谓贪污无能，并不是每个人绝对的能力问题，而是相对的，是从个人对公家的服务和责任上说的。中国人并不是不善经营，只要看南洋那些华侨在商业上的成就，西洋人谁不侧目？中国人更不是无能，对于自家的事，抓起钱来，拍起马来，比哪一个国家的人能力都大。因之这里所谓“私”的问题却是个群己、人我的界限怎样划法的问题。我们传统的划法，显然是和西洋的划法不同。因之，如果我们要讨论私的问题就得把整个社会结构的格局提出来考虑一下了。

西洋的社会有些像我们在田里捆柴，几根稻草束成一把，几把束成一扎，几扎束成一捆，几捆束成一挑。每一根柴在整个挑里都属于一定的捆、扎、把。每一根柴也可以找到同把、同扎、同捆的柴，分扎得清楚不会乱的。在社会，这些单

湖北省兴山县农户捆扎的柴火

位就是团体。我说西洋社会组织像捆柴就是想指明：他们常常由若干人组成一个个的团体。团体是有一定界限的，谁是团体里的人，谁是团体外的人，不能模糊，一定分得清楚。在团体里的人是一伙，对于团体的关系是相同的，如果同一团体中有组别或等级的分别，那也是先规定的。我用捆柴来比拟，有一点不太合，就是一个人可以参加好几个团体，而好几扎柴里都有某一根柴当然是不可能的，这是人和柴不同的地方。我用这譬喻是在想具体一些使我们看到社会生活中人和人的关系的一种格局。我们不妨称之作团体格局。

家庭在西洋是一种界限分明的团体。如果有一位朋友写信给你说他将要“带了他的家庭”一起来看你，他很知道要和他一同来的是哪几个人。在中国，这句话是含糊得很。在英美，家庭包括他和他的妻以及未成年的孩子。如果他只和他太太一起来，就不会用“家庭”。在我们中国“阖第光临”虽则常见，但是很少人能说得出这个“第”字究竟应当包括些什么人。

提到了我们的用字，这个“家”字可以说最能伸缩自如了。“家里的”可以指自己的太太一个人；“家门”可以指伯叔侄子一大批；“自家人”可以包罗任何要拉入自己的圈子，表示亲热的人物。自家人的范围是因时因地可伸缩的，大到数不清，真是天下可成一家。

为什么我们这个最基本的社会单位的名词会这样不清不楚呢？在我看来却表示了我们的社会结构本身和西洋的格局是不相同的，我们的格局不是一捆一捆扎清楚的柴，而是好像把一块石头丢在水面上所发生的一圈圈推出去的波纹。每个人都是他社会影响所推出去的圈子的中心。被圈子的波纹所推及的就发生联系。每个人在某一时间某一地点所动用的圈子是不一定相同的。

我们社会中最重要的亲属关系就是这种丢石头形成同心圆波纹的性质。亲属关系是根据生育和婚姻事实所发生的社会关系。从生育和婚姻所结成的网络，可以一直推出去包括无穷的人，过去的、现在的和未来的人物。我们俗语里有“一表三千里”，就是这个意思，其实三千里者也不过指其广袤的意思而已。这个网络像个蜘蛛的网，有一个中心，就是自己。我们每个人都有这么一个以亲属关系布出去的网，但是没有一个网所罩住的人是相同的。在一个社会里的人可以用同一个体系来记认他们的亲属，所同的只是这体系罢了。体系是抽象的格局，或是范畴性的有关概念。当我们用这体系来认取具体的亲亲戚戚时，各人所认的就不同了。我们在亲属体系里都有父母，可是我的父母却不是你的父母。再进一步说，天下没有两个人所认取的亲属可以完全相同的。兄弟两人固然有相同的父母了，但是各人有各人的妻子儿女。因之，以亲属关系所联系成的社会关系的网络来说，是个别的。每一个网络有个“己”作为中心，各个网络的中心都不同。

在我们乡土社会里，不但亲属关系如此，地缘关系也是如

20 世纪 20 年代一对新人的婚礼

此。现代的保甲制度是团体格局性的，但是这和传统的结构却格格不相入。在传统结构中，每一家以自己的地位作中心，周围划出一个圈子，这个圈子是“街坊”。有喜事要请酒，生了孩子要送红蛋，有丧事要出来助殓、抬棺材，是生活上的互助机构。可是这不是一个固定的团体，而是一个范围。范围的大小也要依着中心的势力厚薄而定。有势力的人家的街坊可以遍及全村，穷苦人家的街坊只是比邻的两三家。这和我们的亲属圈子一般的。像贾家的大观园里，可以住着姑表林黛玉，姨表薛宝钗，后来更多了，什么宝琴、岫烟，凡是拉得上亲戚的，都包容得下。可是势力一变，树倒猢狲散，缩成一小团。到极端时，可以像苏秦潦倒归来，“妻不以为夫，嫂不以为叔”。中国传统结构中的差序格局具有这种伸缩能力。在乡下，家庭可以很小，而一到有钱的地主和官僚阶层，可以大到像个小国。中国人也特别对世态炎凉有感触，正因为这富于伸缩的社会圈子会因中心势力的变化而大小。

在孩子成年了住在家里都得给父母膳宿费的西洋社会里，大家承认团体的界限。在团体里的有一定的资格。资格取消了就得走出这个团体。在他们不是人情冷热的问题，而是权利问题。在西洋社会里争的是权，而在我们却是攀关系、讲交情。

以“己”为中心，像石子一般投入水中，和别人所联系成的社会关系，不像团体中的分子一般大家立在一个平面上的，而是像水的波纹一般，一圈圈推出去，愈推愈远，也愈推愈薄。在这里我们遇到了中国社会结构的基本特性了。我们儒家最考究的是人伦，伦是什么呢？我的解释就是从自己推出去的和自己发生社会关系的那一群人里所发生的一轮轮波纹的差序。《释名》于“沦”字下也说：“伦也，水文相次有伦理也。”潘光旦先生曾说：凡是有“仑”作公分母的意义都相

春节拜年

通，“共同表示的是条理、类别、秩序的一番意思”（见潘光旦《说伦字》，《社会研究》第十九期）。

伦重在分别，在《礼记·祭统》里所讲的十伦，鬼神、君臣、父子、贵贱、亲疏、爵赏、夫妇、政事、长幼、上下，都是指差等。“不失其伦”是在别父子、远近、亲疏。伦是有差等的次序。在我们现在读来，鬼神、君臣、父子、夫妇等具体的社会关系，怎能和贵贱、亲疏、远近、上下等抽象的相对地位相提并论？其实在我们传统的社会结构里最基本的概念，这个人和人往来所构成的网络中的纲纪，就是一个差序，也就是伦。《礼记·大传》里说：“亲亲也，尊尊也，长长也，男女有别，此其不可得与民变革者也。”意思是这个社会结构的架格是不能变的，变的只是利用这架格所做的事。

孔子最注重的就是水纹波浪向外扩张的“推”字。他先承认一个己，推己及人的己，对于这己，得加以克服于礼，克己就是修身。顺着这同心圆的伦常，就可向外推了。“本立而道生”，“其为人也孝悌，而好犯上者鲜矣，不好犯上而好作乱者，未之有也”。从己到家，由家到国，由国到天下，是一条通路。《中庸》里把五伦作为“天下之达道”。因为在这种社会结构里，从己到天下是一圈一圈推出去的，所以孟子说他“善推而已矣”。

在这种富于伸缩性的网络里，随时随地是有一个“己”作中心的。这并不是个人主义，而是自我主义。个人是对团体而说的，是分子对全体。在个人主义下，一方面是平等观念，指在同一团体中各分子的地位相等，个人不能侵犯大家的权利；一方面是宪法观念，指团体不能抹煞个人，只能在个人所愿意交出的一份权利上控制个人。这些观念必须先假定了团体的存在。在我们中国传统思想里是没有这一套的，因为我们所有的是自我主义，一切价值是以“己”作为中心的主义。

自我主义并不限于拔一毛而利天下不为的杨朱，连儒家都该包括在内。杨朱和孔子不同的是杨朱忽略了自我主义的相对性和伸缩性，他太死心眼儿，一口咬了一个自己不放；孔子是会推己及人的，可是尽管放之于四海，中心还是在自己。子曰："为政以德，譬如北辰，居是所，而众星拱之。"这是很好一个差序格局的譬喻，自己总是中心，像四季不移的北斗星，所有其他的人，随着他转动。孔子并不像耶稣，耶稣是有超于个人的团体的，他有他的天国，所以他可以牺牲自己去成全天国。孔子呢？不然。

> 子贡曰："如有博施于民，而能济众，何如？可谓仁乎？"子曰："何事于仁，必也圣乎！尧舜其犹病诸？夫仁者，己欲立而立人，己欲达而达人，能近取譬，可谓仁之方也已。"

孔子的道德系统里绝不肯离开差序格局的中心，"君子求诸己，小人求诸人"。因之，他不能像耶稣一样普爱天下，甚至而爱他的仇敌，还要为杀死他的人求上帝的饶赦——这些不是从自我中心出发的。孔子呢？

> 或曰："以德报怨，何如？"子曰："何以报德？以直报怨，以德报德。"

这是差序层次，孔子是决不放松的。孔子并不像杨朱一般以小己来应付一切情境，他把这道德范围依着需要而推广或缩小。他不像耶稣或中国的墨翟，一放不能收。

我们一旦明白这个能放能收、能伸能缩的社会范围，我们可以明白中国传统社会中的私的问题了。我常常觉得：“中国传统社会里一个人为了自己可以牺牲家，为了家可以牺牲党，为了党可以牺牲国，为了国可以牺牲天下。”这和《大学》的：

> 古之欲明明德于天下者，先治其国；欲治其国者，先齐其家；欲齐其家者，先修其身……身修而后家齐，家齐而后国治，国治而后天下平。

在条理上是相通的，不同的只是内向和外向的路线，正面和反面的说法，这是种差序的推浪形式，把群己的界限弄成了相对性，也可以说是模棱两可了。这和西洋把权利和义务分得清清楚楚的社会，大异其趣。

为自己可以牺牲家，为家可以牺牲族……这是一个事实上的公式。在这种公式里，你如果说他私么？他是不能承认的，因为当他牺牲族时，他可以为了家，家在他看来是公的。当他牺牲国家为他小团体谋利益，争权利时，他也是为公，为了小团体的公。在差序格局里，公和私是相对而言的，站在任何一圈里，向内看也可以说是公的。其实当西洋的外交家在国际会议里为了自己国家争利益，不惜牺牲世界和平和别国合法利益时，也是这样的。所不同的，他们把国家看成了一个超过一切小组织的团体，为这个团体，上下双方都可以牺牲，但不能牺牲它来成全别种团体。这是现代国家观念，乡土社会中是没有的。

在西洋社会里，国家这个团体是一个明显的也是唯一特出的群己界限。在国家里做人民的无所逃于这团体之外，像一根柴捆在一束里，他们不能不把国家弄成个为每个分子谋利益的机构，于是他们有革命、有宪法、有法律、有国会等等。在我们传统里群的极限是模糊不清的“天下”，国是皇帝之家，界限从来就是不清不楚的，不过是从自己这个中心里推出去的社会势力里的一圈而已。所以可以着手的，具体的只有己，克己就成了社会生活中最重要的德性，他们不会去克群，使群不致侵略个人的权利。在这种差序格局中，不发生这问题的。

在差序格局中，社会关系是逐渐从一个一个人推出去的，是私人联系的增加，社会范围是一根根私人联系所构成的网络，因之，我们传统社会里所有的社会道德也只在私人群系中发生意义。——这一点，我将留在下篇里再提出来讨论了。

系维着私人的道德

中国乡土社会的基层结构是一种我所谓“差序格局”，是一个“一根根私人联系所构成的网络”。这种格局和现代西洋的“团体格局”是不同的。在团体格局里个人间的联系靠着一个共同的架子；先有了这架子，每个人结上这架子，而互相发生关联。“公民”的观念不能不先有个“国家”。这种结构很可能是从初民民族的“部落”形态中传下来的。部落形态在游牧经济中很显著地是“团体格局”的。生活相倚赖的一群人不能单独地、零散地在山林里求生。在他们，“团体”是生活的前提。可是在一个安居的乡土社会，每个人可以在土地上自食其力地生活时，只在偶然的和临时的非常状态中才感觉到伙伴的需要。在他们，和别人发生关系是后起和次要的，而且他们在不同的场合下需要着不同程度的结合，并不显著地需要一个经常的和广被的团体。因之他们的社会采取了“差序格局”。

社会结构格局的差别引起了不同的道德观念。道德观念是在社会里生活的人自觉应当遵守社会行为规范的信念。它包括着行为规范、行为者的信念和社会的制裁。它的内容是人和人关系的行为规范，是依着该社会的格局而决定的。从社会观点说，道德是社会对个人行为的制裁力，使他们合于规定下的形式行事，用以维持该社会的生存和绵续。

在“团体格局”中，道德的基本观念建筑在团体和个人的关系上。团体是个超于个人的“实在”，不是有形的东西。我们不能具体地拿出一个有形体的东西来说这是团体。它是一束人和人的关系，是一个控制各个人行为的力量，是一种组成分子生活所倚赖的对象，是先于任何个人而又不能脱离个人的共同意志……这种“实在”只能用有形的东西去象征它、表示它。在“团体格局”的社会中才发生笼罩万有的神的观念。团体对个人的关系就象征在神对于信徒的关系中，是个有赏罚的裁判者，是个公正的维持者，是个全能的保护者。

我们如果要了解西洋的“团体格局”社会中的道德体系，决不能离开他们的宗教观念的。宗教的虔诚和信赖不但是他们道德观念的来源，而且是支持行为规范的力量，是团体的象征。在象征着团体的神的观念下，有着两个重要的派生观念：一是每个个人在神前的平等；一是神对每个个人的公道。

耶稣称神是父亲，是个和每一个人共同的父亲，他甚至当着众人的面否认了生育他的父母。为了要贯彻这“平等”，基督教的神话中，耶稣是童贞女所生的。亲子间个别的和私人的联系在这里被否定了。其实这并不是“无稽之谈”，而是有力的象征，象征着“公有”的团体，团体的代表——神，必须是无私的。每个“人子”，耶稣所象征的“团体构成分子”，在私有的父亲外必须有一个更重要的与人相共的是“天父”，就是团体。——这样每个个人人格上的平等才能确立，每个团体分子和团体的关系是相等的。团体不能为任何个人所私有。在这基础上才发生美国《独立宣言》中开宗明义的话：“全人类生来都平等，他们都有天赋不可夺的权利。”

可是上帝是在冥冥之中，正象征团体无形的实在；但是在执行团体的意志时，还得有人来代理。“代理者”Minister是团体格局的社会中一个基本的概念。执行上帝意志的牧师是Minister，执行团体权力的官吏也是Minister，都是“代理者”，而不是神或团体的本身。这上帝和牧师、国家和政府的分别是不容混淆的。在基督教历史里，人们一度再度地要求直接和上帝交通，反抗“代理者”不能真正代理上帝的意旨。同样的，实际上是相通的，也可以说是一贯的，美国《独立宣言》可以接下去说：“人类为了保障这些权利，所以才组织政府，政府的适当力量，须由受治者的同意中产生出来；假如任何种政体有害于这些目标，人民即有改革或废除任何政体之权。这些真理，我们认为是不证自明的。”

神对每个个人是公道的，是一视同仁的，是爱的；如果代理者违反了这些“不证自明的真理”，代理者就失去了代理的资格。团体格局的道德体系中于是发生了权利的观念。人对人得互相尊重权利，团体对个人也必须保障这些个人的权利，防止团体代理人滥用权力，于是发生了宪法。宪法观念是和西洋公务观念相配合的。国家可以要求人民的服务，但是国家也得保证不侵害人民的权利，在公道和爱护的范围内行使权力。

我说了不少关于“团体格局”中道德体系的话，目的是在陪衬出“差序格局”中道德体系的特点来。从它们的差别上看去，很多地方是刚刚相反的。在以自己作中心的社会关系网络中，最主要的自然是“克己复礼”，“壹是皆以修身为本”。——这是差序格局中道德体系的出发点。

从己向外推以构成的社会范围是一根根私人联系，每根绳子被一种道德要素维持着。社会范围是从“己”推出去的，而推的过程里有着各种路线，最基本的是亲属：亲子和同胞，相配的道德要素是孝和悌。“孝悌也者其为仁之本欤。”向另一路线推是朋友，相配的是忠信，“为人谋而不忠乎，与朋

弃官寻母图

友交而不信乎？”“主忠信，无友不如己者。”孔子曾总结说：“弟子入则孝，出则悌，谨而信，泛爱众，而亲仁。”

在这里我得一提这比较复杂的观念“仁”。依我以上所说的，在差序格局中并没有一个超乎私人关系的道德观念，这种超己的观念必须在团体格局中才能发生。孝、悌、忠、信都是私人关系中的道德要素。但是孔子却常常提到那个“仁”字。《论语》中对于仁字的解释最多，但是也最难捉摸。一方面他一再地要给仁字明白的解释，而另一方面却又有“子罕言利，与命与仁”。孔子屡次对于这种道德要素“欲说还止”。

司马牛问仁。子曰："仁者，其言也讱。"曰："其言也讱，斯谓之仁已乎？"子曰："为之难，言之得无讱乎？"

子曰："我未见好仁者。……盖有之矣，我未之见也。"

孟武伯问："子路仁乎？"子曰："不知也。"又问。子曰："由也，千乘之国，可使治其赋也，不知其仁也。""求也何如？"子曰："求也，千室之邑，百乘之家，可使为之宰也，不知其仁也。""赤也何如？"子曰："赤也，束带立于朝，可使与宾客言也，不知其仁也。"

孔子有不少次数说：不够说是仁。但是当他积极地说明"仁"字是什么时，他却退到了"克己复礼为仁"、"恭宽信敏惠"这一套私人间的道德要素了。他说："能行五者于天下为仁矣。……恭则不侮，宽则得众，信则人任焉，敏则有功，惠则足以使人。"

孔子的困难是在“团体”组合并不坚强的中国乡土社会中并不容易具体地指出一个笼罩性的道德观念来。仁这个观念只是逻辑上的总合，一切私人关系中道德要素的共相，但是因为在社会形态中综合私人关系的“团体”的缺乏具体性，只有个广被的“天下归仁”的天下，这个和“天下”相配的“仁”也不能比“天下”观念更为清晰。所以凡是要具体说明时，还得回到“孝悌忠信”那一类的道德要素。正等于要说明“天下”时，还得回到“父子、昆弟、朋友”这些具体的伦常关系。

不但在我们传统道德系统中没有一个像基督教里那种“爱”的观念——不分差序的兼爱，而且我们也很不容易找到个人对于团体的道德要素。在西洋团体格局的社会中，公务，履行义务，是一个清楚明白的行为规范。而在中国传统中是没有的。现在我们有时把“忠”字抬出来放在这位置里，但是“忠”字的意义，在《论语》中并不如此。我在上面所引“为人谋而不忠乎”一句中的“忠”，是“忠恕”的注解，是“对人之诚”。“主忠信”的“忠”，可以和“衷”字相通，是“由衷”之意。

子张问曰：“令尹子文三仕为令尹，无喜色；三已之，无愠色。旧令尹之政，必以告新令尹。何如？”子曰：“忠矣。”

这个“忠”字虽则近于“忠于职务”的“忠”字，但是并不包含对于团体的“矢忠”。其实，在《论语》中，忠字甚至并不是君臣关系间的道德要素。君臣之间以“义”相结合，“君子之仕也，行其义也”。所以“忠臣”的观念可以说是后起的，而忠君并不是个人与团体的道德要素，而依旧是对君私人间的关系。

团体道德的缺乏，在公私的冲突里更看得清楚。就是负有政治责任的君王，也得先完成他私人间的道德。《孟子·尽心上》篇有：

桃应问：“舜为天子，皋陶为士，瞽瞍杀人，则如之何？”孟子曰：“执之而已矣。”“然则舜不禁与？”曰：“夫舜恶得而禁之，夫有所受之也。”“然则舜如之何？”曰：“舜视弃天下，犹弃敝屣也。窃负而逃，遵海滨而处，终身䜣然，乐而忘天下。”

这是说舜做了皇帝，不能用对其他国民一样的态度去对待他的父亲。孟子所回答的是这种冲突的理想解决法，他还是想两全，所以想出逃到海滨不受法律所及的地方去的办法。他这样回答是可以的，因为所问的也并非事实问题。另一个地方，孟子所遇到的问题，却更表现了道德标准的缺乏普遍性了。万章问曰："象日以杀舜为事，立为天子，则放之，何也？"孟子曰："封之也，或曰放焉。"万章曰："象至不仁，封之有庳，有庳之人，奚罪焉？仁人固如是乎？在他人则诛之，在弟则封之？"孟子的回答是："身为天子，弟为匹夫，可谓亲爱之乎？"

一个差序格局的社会，是由无数私人关系搭成的网络。这网络的每一个结附着一种道德要素，因之，传统的道德里不另找出一个笼统性的道德观念来，所有的价值标准也不能超脱于差序的人伦而存在了。

中国的道德和法律，都因之得看所施的对象和"自己"的关系而加以程度上的伸缩。我见过不少痛骂贪污的朋友，遇到他的父亲贪污时，不但不骂，而且代他讳隐。更甚的，他还可以向父亲要贪污得来的钱，同时骂别人贪污。等到自己贪污时，还可以"能干"两字来自解。这在差序社会里可以不觉得是矛盾；因为在这种社会中，一切普遍的标准并不发生作用，一定要问清了，对象是谁，和自己是什么关系之后，才能决定拿出什么标准来。

团体格局的社会里，在同一团体的人是“兼善”的，就是“相同”的。孟子最反对的就是那一套。他说：“夫物之不齐，物之情也，子比而同之，是乱天下也。”墨家的“爱无差等”和儒家的人伦差序恰恰相反，所以孟子要骂他无父无君了。

家族

我曾在以上两章中，从群己的关系上讨论到社会结构的格局。我也在那章里提出了若干概念，比如“差序格局”和“团体格局”。我知道这些生疏的名词会引起读者的麻烦，但是为了要表明一些在已有社会学词汇里所没有确当名词来指称的概念，我不能不写下这些新的标记。这些标记并没有使我完全满意，而且也有容易引起误会的地方。譬如有一位朋友看过我那一章的分析之后，曾摇头说，他不能同意我说中国乡土社会里没有团体。他举出了家庭、氏族、邻里、街坊、村落，这些不是团体是什么？显然我们用同一名词指着不同的实体。我为了要把结构不同的两类“社群”分别出来，所以把“团体”一词加以较狭的意义，只指由团体格局中所形成的社群，用以和差序格局中所形成的社群相区别；后者称之作“社会圈子”，把社群来代替普通所谓团体。社群是一切有组织的人群。在那位朋友所列举的各种社群中，大体上都属于我所谓社会圈子的性质。在这里我可以附带说明，我并不是说中国乡土社会中没有“团体”，一切社群都属于社会圈子性质，譬如钱会，即是赕（疑为“赒”字——编注），显然是属团体格局的；我在这个分析中只想从主要的格局说，在中国乡土社会中，差序格局和社会圈子的组织是比较的重要。同样的，在西洋现代社会中差序格局同样存在的，但比较上不重要罢了。这两种格局本是社会结构的基本形式，在概念上可以分得清，在事实上常常可以并存的，可以看得到的，不过各有偏胜罢了。

在概念上把这两种格局和两种组织区别出来并不是多余的，因为这个区别确可帮助我们对于社会结构上获得许多更切实的了解，免除种种混淆。在这里我将接着根据这套概念去看中国乡土社会中基本社群——“家”的性质。

我想在这里提出来讨论的是我们乡土社会中的基本社群，这社群普通被称为“大家庭”的。我在《江村经济》中把它称作“扩大了的家庭”（Expanded Family）。这些名词的主体是“家庭”，在家庭上加一个小或大的形容词来说明中国和西洋性质上相同的“家庭”形式上的分别。可是我现在看来却觉得这名词并不妥当，比较确当的应该称中国乡土社会基本社群作“小家族”。

我提出这新名词来的原因是在想从结构的原则上去说明中西社会里“家”的区别。我们普通所谓大家庭和小家庭的差别决不是在大小上，不是在这社群所包括的人数上，而是在结构上。一个有十多个孩子的家并不构成“大家庭”的条件，一个只有公婆儿媳四个人的家却不能称之为“小家庭”。在数目上说，前者比后者为多，但在结构上说，后者却比前者为复杂，两者所用的原则不同。

家庭这概念在人类学上有明确的界说：这是个亲子所构成的生育社群。亲子指它的结构，生育指它的功能。亲子是双系的，兼指父母双方；子女限于配偶所出生的孩子。这社群的结合是为了子女的生和育。在由个人来担负孩子生育任务的社会里，这种社群是不会少的。但是生育的功能，就每个个别的家庭说，是短期的，孩子们长成了也就脱离他们的父母的抚育，去经营他们自己的生育儿女的事务，一代又一代。家庭这社群因之是暂时性的。从这方面说，家庭这社群和普通的社群不完全一样。学校、国家这些社群并不是暂时，虽则事实上也不是永久的，但是都不是临时性的，因为它们所具的功能是长期性的。家庭既以生育为它的功能，在开始时就得准备结束。抚育孩子的目的就在结束抚育。关于这一层意思我在《生育制度》一书中有详细的讨论。

但是在任何文化中，家庭这社群总是赋有生育之外其他的功能。夫妇之间的合作并不因儿女长成而结束。如果家庭不变质，限于亲子所构成的社群，在它形成伊始，以及儿女长成之后，有一段期间只是夫妇的结合。夫妇之间固然经营着经济的、感情的、两性的合作，但是所经营的事务受着很大的限制，凡是需要较多人合作的事务就得由其他社群来经营了。

在西洋，家庭是团体性的社群，这一点我在上面已经说明有严格的团体界限。因为这缘故，这个社群能经营的事务也很少，主要的是生育儿女。可是在中国乡土社会中，家并没有严格的团体界限，这社群里的分子可以依需要，沿亲属差序向外扩大。构成这个我所谓社圈的分子并不限于亲子。但是在结构上扩大的路线却有限制。中国的家扩大的路线是单系的，就是只包括父系这一方面；除了少数例外，家并不能同时包括媳妇和女婿。在父系原则下女婿和结了婚的女儿都是外家人。在父亲方面却可以扩大得很远，五世同堂的家，可以包括五代之内所有父系方面的亲属。

这种根据单系亲属原则所组成的社群，在人类学中有个专门名称，叫氏族。我们的家在结构上是一个氏族。但是和普通我们所谓族也不完全相同，因为我们所谓族是由许多家所组成，是一个社群的社群。因之，我在这里提了这个“小家族”

的名词。小家族和大家族在结构原则上是相同的，不相同是在数量、在大小上。——这是我不愿用大家庭，而用小家族的原因。一字的相差，却说明了这社群的结构性质。

湖北省兴山县的家族祠堂

家族在结构上包括家庭，最小的家族也可以等于家庭。因为亲属的结构的基础是亲子关系，父母子的三角。家族是从家庭基础上推出来的。但是包括在家族中的家庭只是社会圈子中的一轮，不能说它不存在，但也不能说它自成一个独立的单位，不是一个团体。

形态上的差异，也引起了性质上的变化。家族虽则包括生育的功能，但不限于生育的功能。依人类学上的说法，氏族是一个事业组织，再扩大就可以成为一个部落。氏族和部落赋有政治、经济、宗教等复杂的功能。我们的家也正是这样。我的假设是中国乡土社会采取了差序格局，利用亲属的伦常去组合社群，经营各种事业，使这基本的家，变成氏族性了。一方面我们可以说在中国乡土社会中，不论政治、经济、宗教等功能都可以利用家族来担负；另一方面也可以说，为了要经营这许多事业，家的结构不能限于亲子的小组合，必须加以扩大。而且凡是政治、经济、宗教等事物都需要长期绵续性的，这个基本社群决不能像西洋的家庭一般是临时的。家必须是绵续的，不因个人的长成而分裂，不因个人的死亡而结束，于是家的性质变成了族。氏族本是长期的，和我们的家一般。称我们这种社群作小家族，也表示了这种长期性在内，和家庭的临时性相对照。

中国的家是一个事业组织，家的大小是依着事业的大小而决定。如果事业小，夫妇两人的合作已够应付，这个家也可以小得等于家庭；如果事业大，超过了夫妇两人所能担负时，兄弟伯叔全可以集合在一个大家里。这说明了我们乡土社会中家的大小变异可以很甚。但不论大小上差别到什么程度，结构原则上却是一贯的、单系的差序格局。

以生育社群来担负其他很多的功能，使这社群中各分子的关系的内容也发生了变化。在西洋家庭团体中夫妇是主轴，夫妇共同经营生育事务，子女在这团体中是配角，他们长成了就离开这团体。在他们，政治、经济、宗教等功能有其他团体来担负，不在家庭的分内。夫妇成为主轴，两性之间的感情是凝合的力量。两性感情的发展，使他们的家庭成了获取生活上安慰的中心。我在《美国人性格》一书中曾用“生活堡垒”一词去形容它。

在我们的乡土社会中，家的性质在这方面有着显著的差别。我们的家既是个绵续性的事业社群，它的主轴是在父子之间，在婆媳之间，是纵的，不是横的。夫妇成了配轴。配轴虽则和主轴一样并不是临时性的，但是这两轴却都被事业的需要而排斥了普通的感情。我所谓普通的感情是和纪律相对照的。一切事业都不能脱离效率的考虑。求效率就得讲纪律；纪律排斥私情的宽容。在中国的家庭里有家法，在夫妇间得相敬，女子有着“三从四德”的标准，亲子间讲究负责和服从。这些都是事业社群里的特色。

不但在大户人家，书香门第，男女有着阃内阃外的隔离，就是在乡村里，夫妇之间感情的淡漠也是日常可见的现象。我在乡间调查时特别注意过这问题，后来我又因疏散下

20世纪50年代普通农家的生活写真

乡，和农家住在一所房子里很久，更使我认识了这事实。我所知道的乡下夫妇大多是“用不着多说话的”，“实在没有什么话可说的”。一早起各人忙着各人的事，没有工夫说闲话。出了门，各做各的。妇人家如果不下田，留在家里带孩子。工做完了，男子们也不常留在家里，男子汉如果守着老婆，没出息。有事在外，没事也在外。茶馆、烟铺，甚至街头巷口，是男子们找感情上安慰的消遣场所。在那些地方，大家有说有笑，热热闹闹的。回到家，夫妇间合作顺利，各人好好地按着应做的事各做各的。做得好，没事，也没话；合作得不对劲，闹一场，动手动脚，说不上亲热。这些观察使我觉得西洋的家和我们乡下的家，在感情生活上实在不能并论。乡下，有说有笑，有情有意的是在同性和同年龄的集中，男的和男的在一起，女的和女的在一起，孩子们又在一起，除了工作和生育事务上，性别和年龄组间保持着很大的距离。这决不是偶然的，在我看来，这是把生育之外的许多功能拉入了这社群中去之后所引起的结果。中国人在感情上，尤其是在两性间的矜持和保留，不肯像西洋人一般的在表面上流露，也是在这种社会圜局中养成的性格。

男女有别

在上篇我说家族在中国的乡土社会里是一个事业社群，凡是做事业的社群，纪律是必须维持的，纪律排斥了私情。这里我们碰着了中国传统感情定向的基本问题了。在上篇我虽则已说到了一些，但是还想在本篇里再申引发挥一下。

我用“感情定向”一词来指一个人发展他感情的方向，而这方向却受着文化的规定，所以从分析一个文化形式时，我们应当注意这文化所规定个人感情可以发展的方向，简称作感情定向。“感情”又可以从两方面去看：心理学可以从机体的生理变化来说明感情的本质和种类，社会学却从感情在人和人的关系上去看它所发生的作用。喜怒哀乐固然是生理现象，但是总发生在人事圜局之中，而且影响人事的关系，它们和其他个人的行为一样，在社会现象的一层里得到它们的意义。

感情在心理方面说是一种体内的行为，导发外表的行为。

William James说感情是内脏的变化。这变化形成了动作的趋势，本身是一种紧张状态，发动行为的力量。如果一种刺激和一种反应之间的关联，经过了练习，已经相当固定的话，多少可说成为自动时，就不会发生体内的紧张状态，也就是说，不带着强烈的感情。感情常发生在新反应的尝试和旧反应的受阻情形中。

这里所谓感情相当于普通所谓激动，动了情，甚至说动了火。用火来形容感情，就在指这动的势和紧张的状态，从社会关系上说感情是具有破坏和创造作用的。感情的激动改变了原有的关系。这也就是说，如果要维持着固定的社会关系，就得避免感情的激动。其实，感情的淡漠是稳定的社会关系的一种表示。所以我在上篇曾说纪律是排斥私情的。

稳定社会关系的力量，不是感情，而是了解。所谓了解，是指接受着同一的意义体系。同样的刺激会引起同样的反应。我在论“文字下乡”的两篇里，已说起过熟习所引起的亲密感觉。亲密感觉和激动性的感情不相同的。它是契洽，发生持续作用；它是无言的，不像感情奔放时铿然有声，歌哭哀号是激动时不缺的配合。

Oswald Spengler在《西方陆沉论》里曾说西洋曾有两种文化模式，一种他称作亚普罗式的（Apollonian），一种他称作浮士德式的（Faustian）。亚普罗式的文化认定宇宙的安排有一个完善的秩序，这个秩序超于人力的创造，人不过是去接受它，安于其位，维持它；但是人连维持它的力量都没有，天堂遗失了，黄金时代过去了。这是西方古典的精神。现代的文化却是浮士德式的。他们把冲突看成存在的基础，生命是阻碍的克服；没有了阻碍，生命也就失去了意义。他们把前途看成无尽的创造过程，不断的变。

这两种文化观很可以用来了解乡土社会和现代社会在感情定向上的差别。乡土社会是亚普罗式的，而现代社会是浮士德式的。这两套精神的差别也表现在两种社会最基本的社会生活里。

乡土社会是靠亲密和长期的共同生活来配合各个人的相互行为，社会的联系是长成的，是熟习的，到某种程度使人感觉到是自动的。只有生于斯、死于斯的人群里才能培养出这种亲密的群体，其中各个人有着高度的了解。好恶相投，连臭味都一般。要达到这境界，却有一个条件，就是没有什么差别在阻碍着各人间的充分了解。空间的位置，在乡土社会中的确已不太成为阻碍人了解的因素了。人们生活在同一的小天地里，这小天地多少是孤立的，和别群人没有重要的接触。在时间上，每一代的人在同一的周期中生老病死，一个公式。

年轻的人固然在没有经历过年长的生活时，可以不了解年长的人的心情，年龄因之多少是一种隔膜；但是这隔膜却是一方面的，年长的人可以了解年轻的人，他们甚至可以预知年轻的人将要碰着的问题。年轻的人在把年长的人当作他们生活的参考蓝图时，所谓“不了解”也不是分划的鸿沟。

乡土社会中阻碍着共同生活的人充分了解的却是个人生理上的差别。这差别倒并不是起于有着悬殊的遗传特质，这在世代互婚的小社区里并不会太显著的。永远划分着人们生理差别的是男女两性。正因为还没有人能亲身体会过两性的差别，我们对于这差别的认识，总是间接的；所能说的差别多少只限于表面的。在实际生活上，谁也会感觉到异性的隔膜，但是差别的内容却永远是个猜想，无法领会。

在以充分了解来配合人们相互行为的社会中，这性别的鸿沟是个基本的阻碍。只在他们理想的天堂里，这鸿沟才算被克服：宗教家对性的抹煞，不论自觉或不自觉，决不是偶然的。完全的道义必须有充分的了解，无所隔，这就不能求之于生理上早已划下了鸿沟的男女之间。

男女生理上的分化是为了生育，生育却又规定了男女的结合。这一种结合基于异，并非基于同。在相异的基础上去求充分了解，是困难的，是阻碍重重的，是需要不断地在创造中求统一，是浮士德式的企图。浮士德是感情的象征，是把感情的激动，不断的变，作为生命的主脉。浮士德式的企图也是无穷止的，因为最后的统一是永远不会完成的，这不过是一个求同的过程。不但这样，男女的共同生活，愈向着深处发展，相异的程序也愈是深，求同的阻碍也愈是强大，用来克服这阻碍的创造力也更需强大，在浮士德的立场说，生命力也因之愈强，生活的意义也因之愈深。

把浮士德式的两性恋爱看成是进入生育关系的手段是不对的。恋爱是一项探险，是对未知的摸索。这和友谊不同，友谊是可以停止在某种程度上的了解，恋爱却是不停止的，是追求。这种企图并不以实用为目的，是生活经验的创造，也可以说是生命意义的创造，但不是经济的生产，不是个事业。恋爱的持续倚于推陈出新，不断地克服阻碍，也是不断地发现阻碍，要得到的是这一个过程，而不是这过程的结果。从结果说可以是毫无成就的。非但毫无成就，而且使社会关系不能稳定，使依赖于社会关系的事业不能顺利经营。依现代文化来看，男女间感情激动的发达已使生育的事业摇摇欲坠。这事业除非另外设法，由社会来经营，浮士德式的精神的确在破坏这社会上的基本事业。

在乡土社会中这种精神是不容存在的。它不需要创造新的

民国前后中国南方的一对新人

社会关系，社会关系是生下来就决定的。它更害怕社会关系的破坏，因为乡土社会所求的是稳定。它是亚普罗式的。男女间的关系必须有一种安排，使他们之间不发生激动性的感情。那就是男女有别的原则。“男女有别”是认定男女间不必求同，在生活上加以隔离。这隔离非但有形的，所谓男女授受不亲，而且是在心理上的，男女只在行为上按着一定的规则经营分工合作的经济和生育的事业，他们不向对方希望心理上的契洽。

在社会结构上，如上篇所说的，因之发生了同性间的组合。这在我们乡土社会中看得很清楚。同性组合和家庭组合原则上是交错的，因为以生育为功能的家庭总是异性的组合。因之，乡土社会中“家庭”的团结受到了这同性组合的影响，不易巩固。于是家族代替了家庭，家族是以同性为主、异性为辅的单系组合。中国乡土社会里，以家族为基本社群，是同性原则较异性原则为重要的表示。

男女有别的界限，使中国传统的感情定向偏于同性方面去发展。变态的同性恋和自我恋究竟普遍到什么程度，我们无法确说；但是乡土社会中结义性的组织，“不愿同日生，但愿同日死”的亲密组合，多少表示了感情方向走入同性关系的一层里的程度已经并不很浅。在女性方面的极端事例是华南的姊妹组织，在女性文学里所流露的也充满着冯小青式的自恋声调。可惜我们对于中国人的感情生活太少分析，关于这方面的话我们只能说到这里为止了。

缺乏两性间的求同的努力，也减少了一个不在实利上打算的刺激。中国乡土社会中那种实用的精神安下了现世的色彩。儒家不谈鬼，“祭神如神在”，可以说对于切身生活之外都漠然没有兴趣。一般人民更会把天国现世化：并不想把理想去改变现实，天国实现在这世界上，而把现实作为理想的底稿，把现世推进天国。对生活的态度是以克己来迁就外界，那就是改变自己去适合于外在的秩序。所以我们可以说这是古典的，也是亚普罗式的。

社会秩序范围着个性，为了秩序的维持，一切足以引起破坏秩序的要素都被遏制着。男女之间的鸿沟从此筑下。乡土社会是个男女有别的社会，也是个安稳的社会。

礼治秩序

普通常有以“人治”和“法治”相对称，而且认为西洋是法治的社会，我们是“人治”的社会。其实这个对称的说法并不很清楚。法治的意思并不是说法律本身能统治，能维持社会秩序，而是说社会上人和人的关系是根据法律来维持的。法律还得靠权力来支持，还得靠人来执行，法治其实是“人依法而治”，并非没有人的因素。

现代论法理的学者中有些极重视人的因素。他们注意到在应用法律于实际情形时，必须经过法官对于法律条文的解释。法官的解释的对象虽则是法律条文，但是决定解释内容的却包含很多因素，法官个人的偏见，甚至是否有胃病，以及社会的舆论都是极重要的。于是他们认为法律不过是法官的判决。这自是片面的说法，因为法官并不能任意下判决的，他的判决至少也须被认为是根据法律的，但是这种看法也告诉我们所谓法治绝不能缺乏人的因素了。

这样说来，人治和法治有什么区别呢？如果人治是法治的对面，意思应当是“不依法律的统治”了。统治如果是指社会秩序的维持，我们很难想象一个社会的秩序可以不必靠什么力量就可以维持，人和人的关系可以不根据什么规定而自行配合的。如果不根据法律，根据什么呢？望文生义地说来，人治好像是指有权力的人任凭一己的好恶来规定社会上人和人的关系的意思。我很怀疑这种“人治”是可能发生的。如果共同生活的人们，相互的行为、权利和义务，没有一定规范可守，依着统治者好恶来决定。而好恶也无法预测的话，社会必然会混乱，人们会不知道怎样行动，那是不可能的，因之也说不上“治”了。

所谓人治和法治之别，不在“人”和“法”这两个字上，而是在维持秩序时所用的力量，和所根据的规范的性质。

乡土社会秩序的维持，有很多方面和现代社会秩序的维持是不相同的。可是所不同的并不是说乡土社会是“无法无天”，或者说“无需规律”。的确有些人这样想过。返璞回真的老子觉得只要把社区的范围缩小，在鸡犬相闻而不相往来的小国寡民的社会里，社会秩序无需外力来维持，单凭每个人的本能或良知，就能相安无事了。这种想法也并不限于老子。

就是在现代交通之下，全世界的经济已密切相关到成为一体时，美国还有大多数人信奉着古典经济学里的自由竞争的理想，反对用人为的“计划”和“统制”来维持经济秩序，而认为在自由竞争下，冥冥之中，自有一双看不见的手，会为人们理出一个合于道德的经济秩序来的。不论在社会、政治、经济各个范围中，都有认为“无政府”是最理想的状态，当然所谓“无政府”决不是等于“混乱”，而是一种“秩序”，一种不需规律的秩序，一种自动的秩序，是“无治而治”的社会。

可是乡土社会并不是这种社会，我们可以说这是个“无法”的社会，假如我们把法律限于以国家权力所维持的规则，但是“无法”并不影响这社会的秩序，因为乡土社会是“礼治”的社会。

让我先说明，礼治社会并不是指文质彬彬，像《镜花缘》里所描写的君子国一般的社会。礼并不带有“文明”，或是“慈善”，或是“见了人点个头”、不穷凶极恶的意思。礼也可以杀人，可以很“野蛮”。譬如在印度有些地方，丈夫死了，妻子得在葬礼里被别人用火烧死，这是礼。又好像在缅甸有些地方，一个人成年时，一定要去杀几个人头回来，才能完成为成年礼而举行的仪式。我们在旧小说里也常读到杀了人来祭旗，那是军礼。——礼的内容在现代标准看去，可能是很残酷的。残酷与否并非合礼与否的问题。“子贡欲去告朔之饩羊。子曰：‘赐也，尔爱其羊，我爱其礼。’”恻隐之心并没有使孔子同意于取消相当残忍的行为。

礼是社会公认合式的行为规范。合于礼的就是说这些行为是做得对的，对是合式的意思。如果单从行为规范一点说，本和法律无异，法律也是一种行为规范。礼和法不相同的地方是维持规范的力量。法律是靠国家的权力来推行的。“国家”是指政治的权力，在现代国家没有形成前，部落也是政治权力。而礼却不需要这有形的权力机构来维持。维持礼这种规范的是传统。

传统是社会所累积的经验。行为规范的目的是在配合人们的行为以完成社会的任务，社会的任务是在满足社会中各分子的生活需要。人们要满足需要必须相互合作，并且采取有效技术，向环境获取资源。这套方法并不是由每个人自行设计，或临时聚集了若干人加以规划的。人们有学习的能力，上一代所试验出来有效的结果，可以教给下一代。这样一代一代地累积出一套帮助人们生活的方法。从每个人说，在他出生之前，已经有人替他准备下怎样去应付人生道上所可能发生的问题了。他只要“学而时习之”就可以享受满足需要的愉快。

文化本来就是传统，不论哪一个社会，绝不会没有传统的。衣食住行种种最基本的事务，我们并不要事事费心思，那是因为我们托祖宗之福，一一有着可以遵守的成法。但是在乡土社会中，传统的重要性比了现代社会更甚。那是因为在乡土社会里传统的效力更大。

乡土社会是安土重迁的，生于斯、长于斯、死于斯的社会。不但是人口流动很小，而且人们所取给资源的土地也很少变动。在这种不分秦汉，代代如是的环境里，个人不但可

20世纪50年代的一户普通农家

以信任自己的经验，而且同样可以信任若祖若父的经验。一个在乡土社会里种田的老农所遇着的只是四季的转换，而不是时代变更。一年一度，周而复始。前人所用来解决生活问题的方案，尽可抄袭来作自己生活的指南。愈是经过前代生活中证明有效的，也愈值得保守。于是“言必尧舜”，好古是生活的保障了。

我自己在抗战时，疏散在昆明乡下，初生的孩子，整天啼哭不定，找不到医生，只有请教房东老太太。她一听哭声就知道牙根上生了“假牙”，是一种寄生菌，吃奶时就会发痛，不吃奶又饿。她不慌不忙地要我们用咸菜和蓝青布去擦孩子的嘴腔。一两天果然好了。这地方有这种病，每个孩子都发生，也因之每个母亲都知道怎样治，那是有效的经验。只要环境不变，没有新的细菌侵入，这套不必讲学理的应付方法，总是有效的。既有效也就不必问理由了。

像这一类的传统，不必知之，只要照办，生活就能得到保障的办法，自然会随之发生一套价值。我们说“灵验”，就是说含有一种不可知的魔力在后面。依照着做就有福，不依照了就会出毛病。于是人们对于传统有了敬畏之感了。

如果我们在行为和目的之间的关系不加推究，只按着规定的方法做，而且对于规定的方法带着不这样做就会有不幸的信念时，这套行为也就成了我们普通所谓“仪式”了。礼是按着仪式做的意思。“礼”字本是从豊从示。豊是一种祭器，示是指一种仪式。

礼并不是靠一个外在的权力来推行的，而是从教化中养成了个人的敬畏之感，使人服膺；人服礼是主动的。礼是可以为人所好的，所谓“富而好礼”。孔子很重视服礼的主动性，在下面一段话里说得很清楚：

> 颜渊问仁。子曰：“克己复礼为仁。一日克己复礼，天下归仁焉。为仁由己，而由人乎哉？”颜渊曰：“请问其目。”子曰：“非礼勿视，非礼勿听，非礼勿言，非礼勿动。”颜渊曰：“回虽不敏，请事斯语矣。”

这显然是和法律不同了，甚至不同于普通所谓道德。法律是从外限制人的，不守法所得到的罚是由特定的权力所加之于个人的。人可以逃避法网，逃得脱还可以自己骄傲、得意。道德是社会舆论所维持的，做了不道德的事，见不得人，那是不好；受人唾弃，是耻。礼则有甚于道德：如果失礼，不但不好，而且不对、不合、不成。这是个人习惯所维持的。十目所视，十手所指的，即是在没有人的地方也会不能自已。曾子易箕是一个很好的例子。礼是合式的路子，是经教化过程而成为主动性的服膺于传统的习惯。

礼治在表面看去好像是人们行为不受规律拘束而自动形成的秩序。其实自动的说法是不确的，只是主动地服于成规罢了。孔子一再地用“克”字，用“约”字，来形容礼的养成，可见礼治并不是离开社会，由于本能或天意所构成的秩序了。

礼治的可能必须以传统可以有效地应付生活问题为前提。乡土社会满足了这前提，因之它的秩序可以礼来维持。在一个变迁很快的社会，传统的效力是无法保证的。尽管一种生活的方法在过去是怎样有效，如果环境一改变，谁也不能再依着老法子去应付新的问题了。所应付的问题如果要由团体合作的时候，就得大家接受个同意的办法，要保证大家在规定的办法下合作应付共同问题，就得有个力量来控制各个人了。这其实就是法律，也就是所谓“法治”。

法治和礼治是发生在两种不同的社会情态中。这里所谓礼治也许就是普通所谓人治，但是“礼治”一词不会像“人治”一词那样容易引起误解，以致有人觉得社会秩序是可以由个人好恶来维持的了。礼治和这种个人好恶的统治相差很远，因为礼是传统，是整个社会历史在维持这种秩序。礼治社会并不能在变迁很快的时代中出现，这是乡土社会的特色。

无讼

在乡土社会里，一说起“讼师”，大家会联想到“挑拨是非”之类的恶行。做刀笔吏的在这种社会里是没有地位的。可是在都市里“律师”之上还要加个“大”字，报纸的封面可能全幅是律师的题名录。而且好好的公司和个人，都会去请律师做常年顾问。在传统眼光中，都市真是个是非场，规矩人是住不得的了。

讼师改称“律师”，更加“大”字在上；打官司改称“起诉”；包揽是非改称“法律顾问”——这套名词的改变正代表了社会性质的改变，也就是礼治社会变为法治社会。

在都市社会中一个人不明白法律，要去请教别人，并不是件可耻之事。事实上，普通人在都市里居住，求生活，很难知道有关生活、职业的种种法律。法律成了专门知识。不知道法律的人却又不能在法律之外生活。在有秩序的都市社会中，在法律之外生活就会捣乱社会的共同安全，于是这种人不能不有个顾问了。律师地位的重要从此获得。

但是在乡土社会的礼治秩序中做人，如果不知道“礼”，就成了撒野，没有规矩，简直是个道德问题，不是个好人。一个负责地方秩序的父母官，维持礼治秩序的理想手段是教化，而不是折狱。如果非打官司不可，那必然是因为有人破坏了传统的规矩。在旧小说上，我们常见的听讼，亦称折狱的程序是：把“犯人”拖上堂，先各打屁股若干板，然后一方面大呼冤枉。父母官用了他“看相”式的眼光，分出那

清代折狱

个“獐头鼠目”，必非好人，重加呵责，逼出供状，结果好恶分辨，冤也伸了，大呼青天。——这种程序在现代眼光中，会感觉到没有道理；但是在乡土社会中，这却是公认正当的。否则为什么这类记载，《包公案》、《施公案》等等能成了传统的最畅销书呢？

我在上一次杂话中已说明了礼治秩序的性质。在这里我可以另打一个譬喻来说明：在我们比赛足球时，裁判官吹了叫子，说哪个人犯规，哪个人就得受罚，用不到由双方停了球辩论。最理想的球赛是裁判员形同虚设（除了做个发球或出界的信号员）。为什么呢？那是因为每个参加比赛的球员都应当事先熟悉规则，而且都事先约定根据双方同意的规则之下比赛，裁判员是规则的权威。他的责任是在察看每个球员的动作不越出规则之外。一个有Sportsmanship的球员并不会在裁判员的背后，向对方的球员偷偷地打一暗拳。如果发生此类事情，不但裁判员可以罚他，而且这个球员，甚至全球队的名誉即受影响。球员对于规则要谙熟，技艺要能做到从心所欲而不逾规的程度，他需要长期的训练。如果发生有意犯规的举动，就可以说是训练不良，也是指导员的耻辱。

这个譬喻可以用来说明乡土社会对于讼事的看法。所谓礼治就是对传统规则的服膺。生活各方面，人和人的关系，都有着一定的规则。行为者对于这些规则从小就熟习，不问理由而认为是当然的。长期的教育已把外在的规则化成了内在的习惯。维持礼俗的力量不在身外的权力，而是在身内的良心。所以这种秩序注意修身，注重克己。理想的礼治是每个人都自动地守规矩，不必有外在的监督。但是理想的礼治秩序并不常有的。一个人可以为了自私的动机，偷偷地越出规矩。这种人在这种秩序里是败类无疑。每个人知礼是责任，社会假定每个人是知礼的，至少社会有责任要使每个人知礼。所以“子不教”成了“父之过”。这也是乡土社会中通行“连坐”的根据。儿子做了坏事情，父亲得受刑罚，甚至教师也不能辞其咎。教得认真，子弟不会有坏的行为。打官司也成了一种可羞之事，表示教化不够。

在乡村里所谓调解，其实是一种教育过程。我曾在乡下参加过这类调解的集会。我之被邀，在乡民看来是极自然的，因为我是在学校里教书的，读书知礼，是权威。其他负有调解责任的是一乡的长老。最有意思的是保长从不发言，因为他在乡里并没有社会地位，他只是个干事。调解是个新名词，旧名词是评理。差不多每次都由一位很会说话的乡绅开口。他的公式总是把那被调解的双方都骂一顿：“这简直是丢我们村子里脸的事！你们还不认了错，回家去。”接着教训了一番。有时竟拍起桌子来发一阵脾气。他依着他认为“应当”的告诉他们。这一阵却极有效，双方时常就“和解”了，有时还得罚他们请一次客。我那时常觉得像是在球场旁看裁判官吹叫子，罚球。

我记得一个很有意思的案子：某甲已上了年纪，抽大烟。

老照片中的中国绅士

长子为了全家的经济，很反对他父亲有这嗜好，但也不便干涉。次子不务正业，偷偷抽大烟，时常怂恿老父亲抽大烟，他可以分润一些。有一次给长子看见了，就痛打他的弟弟，这弟弟赖在老父身上。长子一时火起，骂了父亲。家里大闹起来，被人拉到乡公所来评理。那位乡绅，先照例认为这是件全村的丑事。接着动用了整个伦理原则，小儿子是败类，看上去就不是好东西，最不好，应当赶出村子。大儿子骂了父亲，该罚。老父亲不知道管教儿子，还要抽大烟，受了一顿教训。这样，大家认了罚回家。那位乡绅回头和我发了一阵牢骚：一代不如一代，真是世风日下。

子曰："听讼，吾犹人也。必也使无讼乎。"——当时体会到了孔子说这话时的神气了。

1945 年春，在云南某村公所前的外国人

现代都市社会中讲个人权利，权利是不能侵犯的。国家保护这些权利，所以定下了许多法律。一个法官并不考虑道德问题、伦理观念，他并不在教化人。刑罚的用意已经不复“以儆效尤”，而是在保护个人的权利和社会的安全。尤其在民法范围里，他并不是在分辨是非，而是在厘定权利。在英美以判例为基础的法律制度下，很多时间诉讼的目的是在获得以后可以遵守的规则。一个变动中的社会，所有的规则是不能不变动的。环境改变了，相互权利不能不跟着改变。事实上并没有两个案子的环境完全相同，所以各人的权利应当怎样厘定，时常成为问题，因之构成诉讼，以获取可以遵守的判例，所谓Test Case。在这种情形里自然不发生道德问题了。

现代的社会中并不把法律看成一种固定的规则了，法律一定得随着时间而改变其内容。也因之，并不能盼望各个在社会里生活的人都能熟悉这与时俱新的法律，所以不知道法律并不成为“败类”。律师也成了现代社会中不可缺的职业。

中国正处在从乡土社会蜕变的过程中，原有对诉讼的观念还是很坚固地存留在广大的民间，也因之使现代的司法不能彻底推行。第一是现行法里的原则是从西洋搬过来的，和旧有的伦理观念相差很大。我在前几篇杂话中已说过，在中国传统的差序格局中，原本不承认有可以施行于一切人的统一规则，而现行法却是采用个人平等主义的。这一套已经使普通老百姓不明白，在司法制度的程序上又是隔膜到不知怎样利用。在乡间普通人还是怕打官司的，但是新的司法制度却已推行下乡了。那些不容于乡土伦理的人物从此却找到了一种新的保障。他们可以不服乡间的调解而告到司法处去。当然，在理论上，这是好现象，因为这样才能破坏原有的乡土社会的传统，使中国能走上现代化的道路。但是事实上，在司法处去打官司的，正是那些乡间所认为“败类”的人物。依着现行法去判决（且把贪污那一套除外），时常可以和地方传统不合。乡间认为坏的行为却正可以是合法的行为，于是司法处在乡下人的眼光中成了一个包庇作恶的机构了。

有一位兼司法官的县长曾和我谈到过很多这种例子。有个人因妻子偷了汉子打伤了奸夫。在乡间这是理直气壮的。但是和奸没有罪，何况又没有证据，殴伤却有罪。那位县长问我，他怎么判好呢？他更明白，如果是善良的乡下人，自己知道做了坏事决不会到衙门里来的。这些凭借一点法律知识的败类，却会在乡间为非作恶起来，法律还要去保护他。我也承认这是很可能发生的事实。现行的司法制度在乡间发生了很特殊的副作用，它破坏了原有的礼治秩序，但并不能有效地建立起法治秩序。法治秩序的建立不能单靠制定若干法律条文和设立若干法庭，重要的还得看人民怎样去应用这些设备。更进一步，在社会结构和思想观念上还得先有一番改革。如果在这些方面不加以改革，单把法律和法庭推行下乡，结果法治秩序的好处未得，而破坏礼治秩序的弊病却已先发生了。

无为政治

论权力的人多少可以分成两派，两种看法：一派是偏重在社会冲突的一方面，另一派是偏重在社会合作的一方面。两者各有偏重，所看到的不免也各有不同的地方。

从社会冲突一方面着眼的，权力表现在社会不同团体或阶层间主从的形态里。在上的是握有权力的，他们利用权力去支配在下的，发号施令，以他们的意志去驱使被支配者的行动。权力，依这种观点说，是冲突过程的持续，是一种休战状态中的临时平衡。冲突的性质并没有消弭，但是武力的阶段过去了，被支配的一方面已认了输，屈服了。但是他们并没有甘心接受胜利者所规定下的条件，非心服也。于是两方面的关系中发生了权力。权力是维持这关系所必需的手段，它是压迫性质的，是上下之别。从这种观点上看去，政府，甚至国家组织，如果握有这种权力的，是统治者的工具。跟下去还可以说，政府，甚至国家组织，只存在于阶级斗争的过程中。如果有一天“阶级斗争”的问题解决了，社会上不分阶级了，政府，甚至国家组织，都会像秋风里的梧桐叶一般自己凋谢落地。——这种权力我们不妨称之为横暴权力。

从社会合作一方面着眼的，却看到权力的另一性质。社会分工的结果每个人都不能“不求人”而生活。分工对于每个人都有利的，因为这是经济的基础，人可以较少劳力得到较多收获；劳力是成本，是痛苦的，人靠了分工，减轻了生活担子，增加了享受。享受固然是人所乐从的，但贪了这种便宜，每个人都不能自足了，不能独善其身，不能不管“闲事”，因为如果别人不好好地安于其位地做他所分的工作，就会影响自己的生活。这时，为了自己，不能不干涉人家了。同样地，自己如果不尽其分，也会影响人家，受着人家的干涉。这样发生了权利和义务，从干涉别人一方面说是权利，从自己接受人家的干涉一方面说是义务。各人有维持各人的工作、维持各人可以互相监督的责任。没有人可以“任意”依自己高兴去做自己想做的事，而得遵守着大家同意分配的工作。可是这有什么保障呢？如果有人不遵守怎么办呢？这里发生共同授予的权力了。这种权力的基础是社会契约，是同意。社会分工愈复杂，这权力也愈扩大。如果不愿意受这种权力的限制，只有回到“不求人”的境界里去做鲁滨生，那时才真的顶天立地。不然，也得“小国寡民”以减少权力。再说得清楚些，得抛弃经济利益，不讲享受，像人猿泰山一般回到原始生活水准上去。不然的话，这种权力也总解脱不了。——这种权力我们不妨称之为同意权力。

这两种看法都有根据的，并不冲突的，因为在人类社会里，这两种权力都存在，而且在事实层里，统治者，所谓政府，总同时代表着这两种权力，不过是配合的成分上有不同。原因是社会分化不容易，至少以已往的历史说，只有合作而没有冲突。这两种过程常是互相交割，错综混合，冲突里有合作，合作里有冲突，不很单纯的。所以上面两种性质的权力是概念上的区别，不常是事实上的区分。我们如果要明白一个社区的权力结构不能不从这两种权力怎样配合上去分析。有的社区偏重在这方面，有的社区偏重在那方面，而且更可以在一社区中，某些人间发生那一种权力关系，某些人间发生另一种权力关系。譬如说美国，表面上是偏重同意权力的，但是种族之间，事实上，却依旧是横暴权力在发生作用。

有人觉得权力本身是具有引诱力的，人有“权力的饥饿”。这种看法忽略了权力的工具性。人也许因为某种心理变态可能发生单纯的支配欲或所谓Sadism（残酷的嗜好），但这究竟不是正常。人们喜欢的是从权力得到的利益。如果握在手上的权力并不能得到利益，或是利益可以不必握有权力也能得到的话，权力引诱也就不会太强烈。譬如英国有一次民意测验，愿意自己孩子将来做议员或做阁员的人的比例很低。在英国做议员或做阁员的人薪水虽低，还是有着社会荣誉的报酬，大多数的人对此尚且并无急于攀登之意，如果连荣誉都不给的话，使用权力的人真成为公仆时，恐怕世界上许由、务光之类的人物也将不足为奇了。

权力之所以引诱人，最主要的应当是经济利益。在同意权力下，握有权力者并不是为了要保障自身特殊的利益，所以社会上必须用荣誉和高薪来延揽。至于横暴权力和经济利益的关系就更为密切了。统治者要用暴力来维持他们的地位不能是没有目的的，而所具的目的也很难想象不是经济的。我们很可以反过来说，如果没有经济利益可得，横暴权力也没有多大的意义，因之也不易发生。

甲团体想用权力来统治乙团体以谋得经济利益，必须有一前提：就是乙团体的存在可以供给这项利益；说得更明白一些，乙团体的生产量必须能超过它的消费量，然后有一些剩余去引诱甲团体来征服它。这是极重要的。一个只有生产他生存必需的消费品的人并没有资格做奴隶的。我说这话意思是想指出农业社会中横暴权力的限制。在广西瑶山里调查时，我常见到汉人侵占瑶人的土地，而并不征服瑶人来做奴隶。原因当然很多，但主要的一个，依我看来，是土地太贫乏，而种水田的瑶人，并不肯降低生活程度，做汉人的佃户。如果瑶人打不过汉人，他们就放弃土地搬到别处去。在农业民族的争斗中，最主要的方式是把土著赶走而占据他们的土地自己来耕种。尤其在人口已经很多，劳力可以自足，土地利用已到了边际的时候更是如此。我们读历史，常常可以找到“坑卒几万人”之类的记录，至于见人便杀的流寇，一直到不久之前还是可能遭遇的经验。这种情形大概不是工业性的侵略权力所能了解的。

我并不是说在农业性的乡土社会基础上并不能建立横暴权力。相反的，我们常见这种社会是皇权的发祥地，那是因为乡土社会并不是一个富于抵抗能力的组织。农业民族受游牧民族的侵略是历史上不断的记录。这是不错的，东方的农业平原正是帝国的领域，但是农业的帝国是虚弱的，因为皇权并不能滋长壮健，能支配强大的横暴权力的基础不足，农业的剩余跟着人口增加而日减，和平又给人口增加的机会。

中国的历史很可助证这个看法：一个雄图大略的皇权，为了开疆辟土，筑城修河，这些原不能说是什么虐政，正可视作一笔投资，和罗斯福造田纳西工程性质可以有相类之处。但是缺乏储蓄的农业经济却受不住这种工程的费用，没有足够的剩余，于是怨声载道，与汝偕亡地和皇权为难了。这种有为的皇权不能不同时加强它对内的压力，费用更大，陈涉、吴广之流揭竿而起，天下大乱了。人民死亡遍地，人口减少了，于是乱久必合，又形成一个没有比休息更能引诱人的局面，皇权力求无为，所谓养民。养到一个时候，皇权逐渐累积了一些力量，这力量又刺激皇帝的雄图大略，这种循环也因而复始。

为了皇权自身的维持，在历史的经验中，找到了“无为”的生存价值，确立了无为政治的理想。

横暴权力有着这个经济的拘束，于是在天高皇帝远的距离下，把乡土社会中人民切身的公事让给了同意权力去活动了。可是同意权力却有着一套经济条件的限制。依我在上面所说的，同意权力是分工体系的产物。分工体系发达，这种权力才能跟着扩大。乡土社会是个小农经济，在经济上每个农家，除了盐铁之外，必要时很可关门自给。于是我们很可以想象同意权力的范围也可以小到“关门”的程度。在这里我们可以看到的是乡土社会里的权力结构，虽则名义上可以说是“专制”、“独裁”，但是除了自己不想持续的末代皇帝之外，在人民实际生活上看，是松弛和微弱的，是挂名的，是无为的。

长老统治

要了解乡土社会的权力结构，只从我在上篇所分析的横暴权力和同意权力两个概念去看还是不够的。我们固然可以从乡土社会的性质上去说明横暴权力所受到事实上的限制，但是这并不是说乡土社会权力结构是普通所谓“民主”形式的。民主形式根据同意权力，在乡土社会中，把横暴权力所加上的一层“政府”的统治揭开，在传统的无为政治中这层统治本来并不很强的，基层上所表现出来的却并不完全是许多权利上相等的公民共同参预的政治。这里正是讨论中国基层政治性质的一个谜。有人说中国虽没有政治民主，却有社会民主。也有人说中国政治结构可分为两层，不民主的一层压在民主的一层上边。这些看法都有一部分近似，说近似而不说确当是因为这里还有一种权力，既不是横暴性质，又不是同意性质；既不是发生于社会冲突，又不是发生于社会合作。它是发生于社会继替的过程，是教化性的权力，或是说爸爸式的，英文里是Paternalism。

社会继替是我在《生育制度》一书中提出来的一个新名词，但并不是一个新的概念，这就是指社会成员新陈代谢的过程。生死无常，人寿有限。从个人说这个世界不过是个逆旅，寄寓于此的这一阵子，久暂相差不远。但是这个逆旅却是有着比任何客栈、饭店更杂复和更严格的规律。没有一个新来的人，在进门之前就明白这一套的。不但如此，到这“逆旅”里来的，又不是由于自己的选择，来了之后又不得任意搬家；只此一家，别无分店。当然，在这大店里有着不同部分，每个部分，我们称之为不同文化的区域，有着不完全一样的规律，但是有规律这一点却并无轩轾。没有在墙壁上不挂着比“十诫”还多的“旅客须知”的。因之，每个要在这逆旅里生活的人就得接受一番教化，使他能在这些众多规律下，从心所欲而不碰着铁壁。

社会中的规律有些是社会冲突的结果，也有些是社会合作的结果。在个人行为的四周所张起的铁壁，有些是横暴的，有些是同意的。但是无论如何，这些规律是要人遵守的，规律的内容要人明白的。人如果像蚂蚁或是蜜蜂，情形也简单了。群体生活的规律有着生理的保障，不学而能。人的规律类皆人为。用筷子夹豆腐，穿了高跟鞋跳舞不践别人的脚，真是难为人的规律；不学，不习，固然不成，学习时还得不怕困，不惮烦。不怕困，不惮烦，又非天性；于是不能不加以一些强制。强制发生了权力。

这样发生的权力并非同意，又非横暴。说孩子们必须穿鞋才准上街是一种社会契约未免过分。所谓社会契约必先假定个人的意志。个人对于这种契约虽则并没有自由解脱的权利，但是这种契约性的规律在形成的过程中，必须尊重各个人的自由意志，民主政治的形式就是综合个人意志和社会强制的结果。在教化过程中并不发生这个问题，被教化者并没有选择的机会。他所要学习的那一套，我们称作文化的，是先于他而存在的。我们不用“意志”加在未成年的孩子的人格中，就因为在教化过程里并不需要这种承认。其实，所谓意志并不像生理上的器官一样是慢慢长成的，这不是心理现象，而是社会的承认。在维持同意秩序中，这是个必需的要素；在别的秩序中也就不发生了。我们不承认未成年的人有意志，也就说明了他们并没有进入同意秩序的事实。

我曾说：“孩子碰着的不是一个为他方便而设下的世界，而是一个为成人们方便所布置下的园地。他闯入进来，并没有带着创立新秩序的力量，可是又没有个服从旧秩序的心愿。”（《生育制度》，一〇一页）从并不征求，也不考虑他们同意而设下他们必须适应的社会生活方式的一方面说，教化他们的人可以说是不民主的，但是说是横暴却又不然。横暴权力是发生于社会冲突，是利用来剥削被统治者以获得利益的工具。如果说教化过程是剥削性的，显然也是过分的。我曾称这是个“损己利人”的工作，一个人担负一个胚胎培养到成人的责任，除了精神上的安慰外，物质上有什么好处呢？“成人”的时限降低到生理上尚是儿童的程度，从而开始“剥削”，也许是可以发生的现象，但是为经济打算而生男育女，至少是一件打算得不大精到的亏本生意。

从表面上看，“一个孩子在一小时中所受到的干涉，一定会超过成年人一年中所受社会指摘的次数。在最专制的君王手下做老百姓，也不会比一个孩子在最疼他的父母手下过日子为难过。”（同上注）但是性质上严父和专制君王究竟是不同的。所不同的就在教化过程是代替社会去陶炼出合于在一定的文化方式中经营群体生活的分子。担负这工作的，一方面可以说是为了社会，一方面可以说是为了被教化者，并不是统治关系。

教化性的权力虽则在亲子关系里表现得最明显，但并不限于亲子关系。凡是文化性的，不是政治性的强制都包含这种权

传统社会中的父与子

力。文化和政治的区别是在这里：凡是被社会不成问题地加以接受的规范，是文化性的；当一个社会还没有共同接受一套规范，各种意见纷呈，求取临时解决办法的活动是政治。文化的基础必须是同意的，但文化对于社会的新分子是强制的，是一种教化过程。

在变化很少的社会里，文化是稳定的，很少新的问题，生活是一套传统的办法。如果我们能想象一个完全由传统所规定下的社会生活，这社会可以说是没有政治的，有的只是教化。事实上固然并没有这种社会，但是乡土社会却是靠近这种标准的社会。“为政不在多言”、“无为而治”都是描写政治活动的单纯。也是这种社会，人的行为有着传统的礼管束着。儒家很有意用思想形成一个建筑在教化权力上的王者，他们从没有热心于横暴权力所维持的秩序。“苛政猛于虎”的政是横暴性的，“为政以德”的政是教化性的。“为民父母”是爸爸式权力的意思。

教化权力的扩大到成人之间的关系必须得假定个稳定的文化。稳定的文化传统是有效的保证。我们如果就个别问题求个别应付时，不免“活到老，学到老”，因为每一段生活所遇着的问题是不同的。文化像是一张生活谱，我们可以按着问题去查照。所以在这种社会里没有我们现在所谓成年的界限。凡是比自己年长的，他必定先发生过我现在才发生的问题，他也就可以是我的“师”了。三人行，必有可以教给我怎样去应付问题的人。而每一个年长的人都握有强制年幼的人的教化权力：“出则悌”，逢着年长的人都得恭敬，顺服于这种权力。

在我们客套中互问年龄并不是偶然的，这礼貌正反映出我们这个社会里相互对待的态度是根据长幼之序。长幼之序也点出了教化权力所发生的效力。在我们亲属称谓中，长幼是一个极重要的原则，我们分出兄和弟、姊和妹、伯和叔，在许多别的民族并不这样分法。我记得老师史禄国先生曾提示过我：这种长幼分划是中国亲属制度中最基本的原则，有时可以掩盖世代原则。亲属原则是在社会生活中形成的，长幼原则的重要也表示了教化权力的重要。

文化不稳定，传统的办法并不足以应付当前的问题时，教化权力必然跟着缩小，缩进亲子关系、师生关系，而且更限于很短的一个时间。在社会变迁的过程中，人并不能靠经验作指导。能依赖的是超出于个别情境的原则，而能形成原则、应用原则的却不一定是长者。这种能力和年龄的关系不大，重要的是智力和专业，还可加一点机会。讲机会，年幼的比年长的反而多。他们不怕变，好奇，肯试验。在变迁中，习惯是适应的阻碍，经验等于顽固和落伍。顽固和落伍并非只是口头上的讥笑，而是生存机会上的威胁。在这种情形中，一个孩子用小名来称呼他的父亲，不但不会引起父亲的呵责，反而是一种亲热的表示，同时也给父亲一种没有被挤的安慰。尊卑不在年龄上，长幼成为没有意义的比较，见面也不再问贵庚了。——这种社会离乡土性也远了。

回到我们的乡土社会来，在它的权力结构中，虽则有着不民主的横暴权力，也有着民主的同意权力，但是在这两者之外还有教化权力，后者既非民主又异于不民主的专制，是另有一工的。所以用民主和不民主的尺度来衡量中国社会，都是也都不是，都有些像，但都不确当。一定要给它一个名词的话，我一时想不出比“长老统治”更好的说法了。

血缘和地缘

缺乏变动的文化里，长幼之间发生了社会的差次，年长的对年幼的具有强制的权力。这是血缘社会的基础。血缘的意思是人和人的权利和义务根据亲属关系来决定。亲属是由生育和婚姻所构成的关系。血缘，严格说来，只指由生育所发生的亲子关系。事实上，在单系的家族组织中所注重的亲属确多由于生育而少由于婚姻，所以说是血缘也无妨。

生育是社会持续所必需的，任何社会都一样，所不同的是说有些社会用生育所发生的社会关系来规定各人的社会地位，有些社会却并不如此。前者是血缘的。大体上说来，血缘社会是稳定的，缺乏变动；变动得大的社会，也就不易成为血缘社会。社会的稳定是指它结构的静止，填入结构中各个地位的个人是不能静止的，他们受着生命的限制，不能永久停留在那里，他们是要死的。血缘社会就是想用生物上的新陈代谢作用——生育，去维持社会结构的稳定。父死子继：农人之子恒为农，商人之子恒为商——那是职业的血缘继替；贵人之子依旧贵——那是身份的血缘继替；富人之子依旧富——那是财富的血缘继替。到现在固然很少社会能完全抛弃血缘继替，那是以亲属来担负生育的时代不易做到的。但是社会结构如果发生变动，完全依血缘去继替也属不可能。生育没有社会化之前，血缘作用的强弱似乎是以社会变迁的速率来决定。

血缘所决定的社会地位不容个人选择。世界上最用不上意志，同时在生活上又是影响最大的决定，就是谁是你的父母。谁当你的父母，在你说，完全是机会，且是你存在之前的既存事实。社会用这个无法竞争，又不易藏没、歪曲的事实来作分配各人的职业、身份、财产的标准，似乎是最没有理由的了；如果有理由的话，那是因为这是安稳既存秩序的最基本的办法。只要你接受了这原则，（我们有谁曾认真地怀疑过这事实？我们又有谁曾想为这原则探讨过存在的理由？）社会里很多可能引起的纠纷也随着不发生了。

血缘是稳定的力量。在稳定的社会中，地缘不过是血缘的投影，不分离的。“生于斯，死于斯”把人和地的因缘固定了。生，也就是血，决定了他的地。世代间人口的繁殖，像一个根上长出的树苗，在地域上靠近在一伙。地域上的靠近可以

掌上明珠

说是血缘上亲疏的一种反映，区位是社会化了的空间。我们在方向上分出尊卑：左尊于右，南尊于北，这是血缘的坐标。空间本身是混然的，但是我们却用了血缘的坐标把空间划分了方向和位置。当我们用“地位”两字来描写一个人在社会中所占的据点时，这个原是指“空间”的名词却有了社会价值的意义。这也告诉我们“地”的关联派生于社会关系。

在人口不流动的社会中，自足自给的乡土社会的人口是不需要流动的，家族这社群包含着地域的涵义。村落这个概念可以说是多余的。儿谣里“摇摇摇，摇到外婆家”，在我们自己的经验中，“外婆家”充满着地域的意义。血缘和地缘的合一是社区的原始状态。

但是人究竟不是植物，还是要流动的。乡土社会中无法避免的是“细胞分裂”的过程，一个人口在繁殖中的血缘社群，繁殖到一定程度，他们不能在一定地域上集居了，那是因为这社群所需的土地面积，因人口繁殖，也得不断地扩大。扩大到一个程度，住的地和工作的地距离太远，阻碍着效率时，这社群不能不在区位上分裂。——这还是以土地可以无限扩张时说的。事实上，每个家族可以向外开垦的机会很有限，人口繁殖所引起的常是向内的精耕，精耕受着土地报酬递减律的限制，逼着这社群分裂，分出来的部分另外到别的地方去找耕地。

如果分出去的细胞能在荒地上开垦，另外繁殖成个村落，它和原来的乡村还是保持着血缘的联系，甚至把原来地名来称这新地方，那是说否定了空间的分离。这种例子在移民社会中很多。在美国旅行的人，如果只看地名，会发生这是个“揉乱了的欧洲”的幻觉。新英伦、纽约（新约克）是著名的；伦敦、莫斯科等地名在美国地图上都找得到，而且不止一个。以我们自己来说罢，血缘性的地缘更是显著。我十岁就离开了家乡——吴江，在苏州城里住了九年，但是我一直在各种文件的籍贯项下填着“江苏吴江”。抗战时期在云南住了八年，籍贯毫无改变，甚至生在云南的我的孩子，也继承着我的籍贯。她的一生大概也得老是填“江苏吴江”了。我们的祖宗在吴江已有二十多代，但是在我们的灯笼上却贴着“江夏费”的大红字。江夏是在湖北，从地缘上说，我有什么理由和江夏攀关系？真和我的孩子一般，凭什么可以和她从来没有到过的吴江发生地缘呢？在这里很显然在我们乡土社会里地缘还没有独立成为一种构成团结力的关系。我们的籍贯是取自我们的父亲的，并不是根据自己所生或所住的地方，而是和姓一般继承的，那是“血缘”，所以我们可以说籍贯只是“血缘的空间投影”。

很多离开老家漂流到别地方去的并不能像种子落入土中一般长成新村落，他们只能在其他已经形成的社区中设法插进去。如果这些没有血缘关系的人能结成一个地方社群，他们之

民国初期四川丧葬风俗

间的联系可以是纯粹的地缘，而不是血缘了。这样血缘和地缘才能分离。但是事实上在中国乡土社会中却相当困难。我常在各地的村子里看到被称为“客边”、“新客”、“外村人”等的人物。在户口册上也有注明“寄籍”的。在现代都市里都规定着可以取得该地公民权的手续，主要的是一定的居住时期。但是在乡村里居住时期并不是个重要条件，因为我知道许多村子里已有几代历史的人还是被称为“新客”或“客边”的。

我在江村和禄村调查时都注意过这问题，“怎样才能成为村子里的人？”大体上说有几个条件，第一是要生根在土里：在村子里有土地。第二是要从婚姻中进入当地的亲属圈子。这几个条件并不是容易的，因为在中国乡土社会中土地并不充分自由卖买。土地权受着氏族的保护，除非得到氏族的同意，很不易把土地卖给外边人。婚姻的关系固然是取得地缘的门路，一个人嫁到了另一个地方去就成为另一个地方的人（入赘使男子可以进入另一地方社区），但是已经住入了一个地方的“外客”却并不容易娶得本地人做妻子，使他的儿女有个进入当地社区的机会。事实上大概先得有了土地，才能在血缘网中生根。——这不过是我的假设，还得更多比较材料加以证实，才能成立。

这些寄居于社区边缘上的人物并不能说已插入了这村落社群中，因为他们常常得不到一个普通公民的权利，他们不被视作自己人，不被人所信托。我已说过乡土社会是个亲密的社会，这些人却是“陌生”人，来历不明，形迹可疑。可是就在这个特性上却找到了他们在乡土社会中的特殊职业。

亲密的血缘关系限制着若干社会活动，最主要的是冲突和竞争；亲属是自己人，从一个根本上长出来的枝条，原则上是应当痛痒相关，有无相通的。而且亲密的共同生活中各人互相依赖的地方是多方面和长期的，因之在授受之间无法一笔一笔地清算往回。亲密社群的团结性就依赖于各分子间都相互地拖欠着未了的人情。在我们社会里看得最清楚，朋友之间抢着会账，意思是要对方欠自己一笔人情，像是投一笔资。欠了别人的人情就得找一个机会加重一些去回个礼，加重一些就在使对方反欠了自己一笔人情。来来往往，维持着人和人之间的互助合作。亲密社群中既无法不互欠人情，也最怕“算账”。“算账”、“清算”等于绝交之谓，因为如果相互不欠人情，也就无需往来了。

但是亲属尽管怎样亲密，究竟是体外之己；虽说痛痒相关，事实上痛痒走不出皮肤的。如果要维持这种亲密团体中的亲密，不成为“不是冤家不碰头”，也必需避免太重叠的人情。社会关系中权利和义务必须有相当的平衡，这平衡可以在时间上拉得很长，但是如果是一面倒，社会关系也就要吃不消，除非加上强制的力量，不然就会折断的。防止折断的方法之一是在减轻社会关系上的担负。举一个例子来说：云南乡下有一种称上赊的钱会，是一种信用互助组织。我调查了参加赊的人的关系，看到两种倾向，第一是避免同族的亲属，第二是侧重在没有亲属关系的朋友方面。我问他们为什么不找同族亲属入赊？他们的理由是很现实的。同族的亲属理论上有互通有无、相互救济的责任，如果有能力，有好意，不必入赊就可以直接给钱帮忙。事实上，这种慷慨的亲属并不多，如果拉了入赊，假若不按期交款时，碍于人情不能逼，结果赊也吹了。所以他们干脆不找同族亲属。其他亲属如舅家的人虽有入赊的，但是也常发生不交款的事。我调查时就看到一位赊首为此发急的情形。他很感慨地说：钱上往来最好不要牵涉亲戚。这句话就是我刚才所谓减轻社会关系上的担负的注解。

社会生活愈发达，人和人之间往来也愈繁重，单靠人情不易维持相互间权利和义务的平衡。于是“当场算清”的需要也增加了。货币是清算的单位和媒介，有了一定的单位，清算时可以正确；有了这媒介可以保证各人间所得和所欠的信用。“钱上往来”就是这种可以当场算清的往来，也就是普通包括在“经济”这个范围之内的活动，狭义地说是生意经，或是商业。

在亲密的血缘社会中商业是不能存在的。这并不是说这种社会不发生交易，而是说他们的交易是以人情来维持的，是相互馈赠的方式。实质上馈赠和贸易都是有无相通，只在清算方式上有差别。以馈赠来经营大规模的易货在太平洋岛屿间还可以看得到。Malinowski所描写和分析的Kulu制度就是一个例证。但是这种制度不但复杂，而且很受限制。普通的情形是在血缘关系之外去建立商业基础。在我们乡土社会中，有专门作

民国前后河北清河的路边交易

贸易活动的街集。街集时常不在村子里，而在一片空场上，各地的人到这特定的地方，各以“无情”的身份出现。在这里大家把原来的关系暂时搁开，一切交易都得当场算清。我常看见隔壁邻舍大家老远地走上十多里在街集上交换清楚之后，又老远地背回来。他们何必到街集上去跑这一趟呢，在门前不是就可以交换的么？这一趟是有作用的，因为在门前是邻舍，到了街集上才是“陌生”人。当场算清是陌生人间的行为，不能牵涉其他社会关系的。

送礼

从街集贸易发展到店面贸易的过程中，“客边”的地位有了特殊的方便了。寄籍在血缘性社区边缘上的外边人成了商业活动的媒介。村子里的人对他可以讲价钱，可以当场算清，不必讲人情，没有什么不好意思。所以依我所知道的村子里开店面的，除了穷苦的老年人摆个摊子，等于是乞丐性质外，大多是外边来的“新客”。商业是在血缘之外发展的。

地缘是从商业里发展出来的社会关系。血缘是身份社会的基础，而地缘却是契约社会的基础。契约是指陌生人中所作的约定。在订定契约时，各人有选择的自由，在契约进行中，一方面有信用，一方面有法律。法律需要一个同意的权力去支持。契约的完成是权利义务的清算，须要精密的计算，确当的单位，可靠的媒介。在这里是冷静的考虑，不是感情，于是理性支配着人们的活动——这一切是现代社会的特性，也正是乡土社会所缺的。

从血缘结合转变到地缘结合是社会性质的转变，也是社会史上的一个大转变。

名实的分离

我们把乡土社会看成一个静止的社会不过是为了方便，尤其在和现代社会相比较时，静止是乡土社会的特点，但是事实上完全静止的社会是不存在的，乡土社会不过比现代社会变得慢而已。说变得慢，主要的意思自是指变动的速率，但是不同的速率也引起了变动方式上的殊异。我在本文里将讨论乡土社会速率很慢的变动中所形成的变动方式。

我在上面讨论权力的性质时已提出三种方式：一是从社会冲突中所发生的横暴权力；二是从社会合作中所发生的同意权力；三是从社会继替中所发生的长老权力。现在我又想提出第四种权力，这种权力发生在激烈的社会变迁过程之中。社会继替是指人物在固定的社会结构中的流动，社会变迁却是指社会结构本身的变动。这两种过程并不是冲突的，而是同时存在的，任何社会决不会有一天突然变出一个和旧有结构完全不同的样式，所谓社会变迁，不论怎样快，也是逐步的，所变的，在一个时候说，总是整个结构中的一小部分。因之从这两种社会过程里所发生出来的两种权力也必然同时存在。但是它们的消长却互相关联。如果社会变动得慢，长老权力也就更有势力，变得快，“父不父，子不子”的现象发生了，长老权力也随着缩小。

社会结构自身并没有要变动的需要。有些学者，好像我在上文所提到的那位Spengler，把社会结构（文化中的一主要部分）视作有类于有机体，和我们身体一般，有幼壮老衰等阶段。我并不愿意接受他们的看法，因为我认为社会结构，像文化的其他部分一般，是人造出来的，是用来从环境里取得满足生活需要的工具。社会结构的变动是人要它变的，要它变的原因是在它已不能答复人的需要。好比我们用笔写字，笔和字都是工具，目的是在想用它们来把我们的意思传达给别人。如果我们所要传达的对象是英国人，中文和毛笔就不能是有效的工具了，我们得用别的工具——英文和打字机。

这样说来社会变迁常是发生在旧有社会结构不能应付新环境的时候。新的环境发生了，人们最初遭遇到的是旧方法不能获得有效的结果，生活上发生了困难。人们不会在没有发觉旧方法不适用之前就把它放弃的。旧的生活方法有习惯的惰性，但是如果它已不能答复人们的需要，它终必会失去人们对它的信仰，守住一个没有效力的工具是没有意义的，会引起生活上的不便，甚至蒙受损失。另一方面，新的方法却又不是现存的，必须有人发明，或是有人向别种文化去学习，输入，还得经过试验，才能被人接受，完成社会变迁的过程。在新旧交替之际，不免有一个惶惑、无所适从的时期，在这个时期，心理上充满着紧张、犹豫和不安。这里发生了“文化英雄”，他提得出办法，有能力组织新的试验，能获得别人的信任。这种人可以支配跟从他的群众，发生了一种权力。这种权力和横暴权力并不相同，因为它并不建立在剥削关系之上的；和同意权力又不同，因为它并不是由社会所授权的；和长老权力更不同，因为它并不根据传统的。它是时势所造成的，无以名之，名之曰时势权力。

这种时势权力在初民社会中常可以看到。在荒原上，人们常常遭遇不平常的环境，他们需要有办法的人才，那是英雄。在战争中，也是非常的局面，这类英雄也脱颖而出。现代社会又是一个变迁激烈的社会，这种权力也在抬头了。最有意思的就是一个落后的国家要赶紧现代化的过程中，这种权力表示得也最清楚。我想我们可以从这角度去看苏联的权力性质。英美的学者把它归入横暴权力的一类里，因为它形式上是独裁的；但是从苏联人民的立场来看，这种独裁和沙皇的独裁却不一样，如果我们采用这个时势权力的概念看去，比较容易了解它的本质了。

这种权力最不发达的是在安定的社会中。乡土社会，当它的社会结构能答复人们生活的需要时，是一个最容易安定的社会，因之它也是个很少“领袖”和“英雄”的社会。所谓安定是相对的，指变得很慢。如果我单说“很慢”，这句话并不很明朗，一定要说出慢到什么程度。其实孔子已回答过这问题，他的答案是“三年无改于父之道”。换一句话来说，社会变迁可以吸收在社会继替之中的时候，我们可以称这社会是安定的。

儒家所注重的“孝”道，其实是维持社会安定的手段，孝的解释是“无违”，那就是承认长老权力。长老代表传统，遵守传统也就可以无违于父之教。但是传统的代表是要死亡的，而且自己在时间过程中也会进入长老的地位。如果社会变迁的速率慢到可以和世代交替的速率相等，亲子之间，或是两代之间，不致发生冲突，传统自身慢慢变，还是可以保持长老的领导权。这种社会也就不需要“革命”了。

从整个社会看，一个领导的阶层如果能追得上社会变迁的速率，这社会也可以避免因社会变迁而发生的混乱。英国是一个很好的例子。很多人羡慕英国能不流血而实行种种富于基本性的改革，但很多忽略了他们所以能这样的条件。英国在过去几个世纪中，以整个世界的文化来说是处于领导地位，它是工业革命的老家。英国社会中的领导阶层却又是最能适应环境变动的，环境变动的速率和领导阶层适应变动的速率配得上才不致发生流血的革命。英国是否能保持这个纪录，还得看他们是否能保持这种配合。

乡土社会环境固定，在父死三年之后才改变他的道的速率中，社会变迁也不致引起人事的冲突。在人事范围中，长老保持他们的权力，子弟们在无违的标准中接受传统的统治。在这

老明信片上云南蒙自的乡村社会

里不发生“反对”，长老权力也不容忍反对。长老权力是建立在教化作用之上的，教化是有知对无知，如果所传递的文化是有效的，被教的自没有反对的必要，如果所传递的文化已经失效，根本也就失去了教化的意义。“反对”在这种关系里是不发生的。

容忍，甚至奖励，反对在同意权力中才发生，因为同意权力建立在契约上，执行这权力的人是否遵行契约是一个须随时加以监督的问题。而且反对，也就是异议，是获得同意的必要步骤。在横暴权力之下，没有反对，只有反抗，因为反对早就包含在横暴权力的关系中。因之横暴权力必需压制反抗，不能容忍反对。在时势权力中，反对是发生于对同一问题不同的答案上，但是有时，一个社会不能同时试验多种不同的方案，于是在不同方案之间发生了争斗，也可以称作“冷仗”，宣传战，争取人民的跟从。为了求功，每一个自信可以解决问题的人，会感觉到别种方案会分散群众对自己的方案的注意和拥护，因之产生了不能容忍反对的“思想统制”。在思想争斗中，主要的是阵线，反对变成了对垒。

回到长老权力下的乡土社会说，反对被时间冲淡，成了“注释”。注释是维持长老权力的形式而注入变动的内容。在中国的思想史中，除了社会变迁激速的春秋战国这一个时期，有过百家争鸣的思想争斗的场面外，自从定于一尊之后，也就在注释的方式中求和社会的变动谋适应。注释的变动方式可以引起名实之间发生极大的分离。在长老权力下，传统的形式是不准反对的，但是只要表面上承认这形式，内容却可以经注释而改变。结果不免是口是心非。在中国旧式家庭中生长的人都明白家长的意志怎样在表面的无违下，事实上被歪曲的。虚伪在这种情境中不但是无可避免而且是必需的。不能反对而又不切实用的教条或命令只有加以歪曲，只留一个面子。面子就是表面的无违。名实之间的距离跟着社会变迁速率而增加。在一个完全固定的社会结构里不会发生这距离的，但是事实上完全固定的社会并不存在。在变得很慢的社会中发生了长老权力，这种统治不能容忍反对，社会如果加速地变动时，注释式歪曲原意的办法也就免不了。挟天子以令诸侯的结果，位与权，名与实，言与行，话与事，理论与现实，全趋向于分离了。

从欲望到需要

提起了时势权力使我又想到关于社会变迁另一问题，也就是现在我们常常听到的社会计划，甚至社会工程等一套说法。很明显地，这套名字是现代的，不是乡土社会中所熟习的。这里其实包含着一个重要的变化，如果我们要明白时势权力和长老权力的差别，我们还是在这方面加以探讨。人类发现社会也可以计划，是一个重大的发现，也就是说人类已走出了乡土性的社会了。在乡土社会里没有这想法的。在乡土社会人可以靠欲望去行事，而在现代社会中欲望并不能作人们行为的指导了，发生“需要”，因之有“计划”。从欲望到需要是社会变迁中一个很重要的里程碑，让我先把欲望和需要这两个概念区别一下。

观察人类行为，我们常可以看到人类并不是为行为而行为，为活动而活动的，行为或是活动都是手段，是有所为而为的。不但你自己可以默察自己，一举一动，都有个目的，要吃饭才拿起筷子来，要肚子饿了才吃饭……总是有个“要”在领导自己的活动；你也可问别人：“为什么你来呢？有什么事么？”我们也总可以从这问题上得到别人对于他们的行为的解释。于是我们说人类行为有动机的。

说人类行为有动机的包含着两个意思，一是人类对于自己的行为是可以控制的，要这样做就这样做，不要这样做就不这样做，也就是所谓意志；一是人类在取舍之间有所根据，这根据就是欲望。欲望规定了人类行为的方向，就是上面所说要这样要那样的“要”。这个“要”是先于行为的，要得了，也就是欲望满足了，我们会因之觉得愉快；欲望不满足，要而得不到，周身不舒服。在英文里欲望和要都是want，同时want也作缺乏解。缺乏不只是一种状态的描写，而是含有动的意思，这里有股劲，由不舒服而引起的劲，它推动了人类机体有所动作，这个劲也被称作“紧张状态”，表示这状态是不能持久，必须发泄的，发泄而成行为，获得满足。欲望—紧张—动作—满足—愉快，那是人类行为的过程。

欲望如果要能通过意志对行为有所控制，它必须是行为者所自觉的。自觉是说行为者知道自己要的是什么。在欲望一层上说这是不错的，可是这里却发生了一个问题，人类依着欲望而行为，他们的行为是否必然有利于个体的健全发展，和有利于社会间各个人的融洽配合，社会的完整和持续？这问题在这里提出来并不是想考虑性善性恶，而是从人类生存的事实上发生的。如果我们走出人类的范围，远远地站着，像看其他生物一般地看人类，我们可以看见人类有着相当久的历史了，他们做了很多事，这些事使人类能生存和绵续下去，好像个人的健全发展和社会的完整是他们的目的。但是逼近一看，拉了那些人问一问，他们却说出了很多和这些目的毫不相关的欲望来了。你在远处看男女相接近，生了孩子，男女合作，抚养孩子，这一套行为是社会完整所必需的，如果没有孩子出生，没有人领孩子，人类一个个死去，社会不是会乱了，人类不是断绝了么？你于是很得意去问这些人，他们却对你说："我们是为了爱情，我们不要孩子，孩子却来了。"他们会笑你迂阔，天下找不到有维持人类种族的欲望的人，谁在找女朋友时想得着这种书本上的大问题？

同样地，你在远处看，每天人都在吃淀粉、脂肪，吃维他命A、维他命C，一篇很长的单子，你又回去在实验室研究了一下，发现一点不错，淀粉供给热料，维他命A给人这个那个，——合于营养，用以维持生命。但是你去找一个不住在现代都市的乡下老问他，为什么吃辣子、大蒜，他会回答你：“这才好吃，下饭的呀。”

爱情，好吃，是欲望，那是自觉的。直接决定我们行为的确是这些欲望。这些欲望所引导出来的行为是不是总和人类生存的条件相合的呢？这问题曾引起过很多学者的讨究。我们如果从上面这段话看去，不免觉得人类的欲望确乎有点微妙，他们尽管要这个要那个，结果却常常正合于他们生存的条件。欲望是什么呢？食色性也，那是深入生物基础的特性。这里似乎有一种巧妙的安排，为了种族绵续，人会有两性之爱；为了营养，人会有五味之好。因之，在十九世纪发生了一种理论说，每个人只要能“自私”，那就是充分地满足我们本性里带来的欲望，社会就会形成一个最好、最融洽的秩序。亚当斯密说，“冥冥中那只看不见的手”会安排个社会秩序给每个为自己打算的人们去好好生活的。

这种理论所根据的其实并非现代社会而是乡土社会，因为在乡土社会中，这种理论多少是可以说正确的，正确的原因并不是真是有个“冥冥中”的那只手，而是在乡土社会中个人的欲望常是合于人类生存条件的。两者所以合，那是因为欲望并非生物事实，而是文化事实。我说它是文化事实，意思是人造下来教人这样想的。譬如说，北方人有吃大蒜的欲望，并不是遗传的，而是从小养成的。所谓“自私”，为自己打算，怎样

为生计奔波的人力车夫

打算法却还是由社会上学来的。问题不是在要的本身，而是在要什么的内容。这内容是文化所决定的。

我说欲望是文化事实，这句话并没有保证说一切文化事实都是合于人类生存条件的。文化中有很多与人类生存条件无关甚至有害的。就是以吃一项来说，如果文化所允许我们入口的东西样样都是合于营养原则的，我们也不至有所谓毒物一类的东西了。就是不谈毒物，普通的食品，还是可以助证“病从口入”的说法。再说得远一些，我常觉得把“生存”作为人类最终的价值是不太确切的。人类如果和其他动植物有些不同的地方，最重要的，在我看来，就在人在生存之外找到了若干价值标准，所谓真善美之类。我也常喜欢以“人是生物中唯一能自杀的种类”来说明人之异于禽兽的“几希”。——但是，人类主观上尽管有比生存更重要的价值，文化尽管有一部分可以无关及无益于人类的生存，这些不合于生存的条件的文化以及接受不合于生存条件的文化的人，却在时间里被淘汰了。他们不存在了。淘汰作用的力量并不限于文化之内，也有在文化之外的，是自然的力量。这力量并不关心于价值问题；美丑，善恶，真伪，对它是无关的，它只列下若干条件，不合则去，合则留。我们可以觉得病西施是美，但是自然却并不因她美而保留她，病的还是要死的，康健才是生存的条件。自然不禁止人自杀，但是没

西部地区的老妪

有力量可以使自杀了的还能存在。

于是另外一种说法发生了。孙末楠在他的名著*Folk Ways*开章明义就说：“人类先有行为，后有思想。决定行为的是从试验与错误的公式中累积出来的经验，思想只有保留这些经验的作用，自觉的欲望是文化的命令。”

在一个乡土社会中，这也是正确的，那是因为乡土社会是个传统社会，传统就是经验的累积，能累积就是说经得起自然选择的，各种“错误”——不合于生存条件的行为——被淘汰之后留下的那一套生活方式。不论行为者对于这套方式怎样说法，它们必然是有助于生存的。

在这里更可以提到的是，在乡土社会中有很多行为我们自以为是用来达到某种欲望或目的，而在客观的检讨中，我们可以看到这些行为却在满足主观上并没有自觉的需要，而且行为和所说的目的之间毫无实在的关联。巫术是这种行为最明显的例子。譬如驱鬼，实际上却是驱除了心理上的恐惧。鬼有没有是不紧要的，恐惧却得驱除。

在乡土社会中欲望经了文化的陶冶可以作为行为的指导，结果是印合于生存的条件。但是这种印合并不是自觉的，并不是计划的，乡土文化中微妙的配搭可以说是天工，而非人力，虽则文化是人为的。这种不自觉的印合，有它的弊病，那就是如果环境变了，人并不能作主动的有计划的适应，只能如孙末楠所说的盲目地经过错误与试验的公式来找新的办法。乡土社会环境不很变，因之文化变迁的速率也慢，人们有时间可以从容地做盲目的试验，错误所引起的损失不会是致命的。在工业革命的早期，思想家还可以把社会秩序交给“冥冥中那只看不见的手”，其实一直到目前，像美国那样发达的文化里，那样复杂的社会里，居然还有这样大的势力在反对计划经济。但是这时候要维持乡土社会中所养成的精神是有危险的了。出起乱子来，却非同小可了。

社会变动得快，原来的文化并不能有效地带来生活上的满足时，人类不能不推求行为和目的之间的关系了。这时发现了欲望并不是最后的动机，而是为了达到生存条件所造下的动机。于是人开始注意到生存条件的本身了——在社会学里发生了一个新的概念，“功能”。功能是从客观地位去看一项行为对于个人生存和社会完整上所发生的作用。功能并不一定是行为者所自觉的，而是分析的结果，是营养而不是味觉。这里我们把生存的条件变成了自觉，自觉的生存条件是“需要”，用以别于“欲望”。现代社会里的人开始为了营养选择他们的食料，这是理性的时代，理性是指人依了已知道的手段和目的的关系去计划他的行为，所以也可以说是科学化的。

在现代社会里知识即是权力，因为在这种社会里生活的人要依他们的需要去作计划。从知识里得来的权力是我在上文中所称的时势权力；乡土社会是靠经验的，他们不必计划，因为时间过程中，自然替他们选择出一个足以依赖的传统的生活方案。各人依着欲望去活动就得了。

后记

这集子里所收的十四篇论文是从我过去一年所讲“乡村社会学”的课程中所整理出来的一部分。我这门课程已讲过好几遍，最初我采用美国的教本作参考，觉得不很惬意，又曾用我自己调查的材料讲，而那时我正注意中国乡村经济一方面的问题，学生们虽觉得有兴趣，但是在“乡村社会学”中讲经济问题未免太偏，而且同时学校有“土地经济学”和“比较经济制度”等课程，未免重复太多。过去一年我决定另起炉灶，甚至暂时撇开经济问题，专从社会结构本身来发挥。初次试验离开成熟之境还远，但这也算是我个人的一种企图。

以我个人在社会学门内的工作说，这是我所努力的第二期。第一期的工作是实地的社区研究。我离开清华大学研究院之后就选择了这方面。二十四年的夏天，我和前妻王同惠女士一同到广西瑶山去研究当地瑶民的生活。那年冬天在山里遭遇了不幸，前妻未获生回，我亦负伤，一直在广州医院度过了春天才北返。在养病期间，我整理了前妻的遗稿，写成了《花篮瑶社会组织》。二十五年夏天我到自己家乡调查了一个村子，秋天到英国，整理材料，在老师Malinowski教授指导之下，写成了*Peasant Life in China*一书，在二十七年返国前付印，二十八年出版。返国时抗战已进入第二年，所以我只能从安南入云南，住下了，得到中英庚款的资助，在云南开始实地研究工作，写出了一本《禄村农田》。后来得农民银行的资助，成立了一个小规模的研究室，附设于云南大学，系云大和燕京大学合作机关。我那时的工作是帮忙年轻朋友们一起下乡调查，而且因为昆明轰炸频繁，所以在二十九年冬迁到呈贡，古城村的魁星阁。这个研究室从此得到了“魁阁”这个绰号。我们进行的工作有好几个计划，前后参加的也有十多人，有结果的是：张子毅先生的《易村手工业》、《玉村土地与商业》、《洱村小农经济》，史国衡先生的《昆厂劳工》、《个旧矿工》，谷苞先生的《化城镇的基层行政》，田汝康先生的《芒市边民的摆》、《内地女工》，胡庆钧先生的《呈贡基层权力结构》。其中有若干业已出版。我是魁阁的总助手，帮着大家讨论和写作，甚至抄钢笔板和油印。三十二年我到美国去了一年，把《禄村农田》、《易村手工业》和《玉村土地与商业》改写英文，成为*Earthbound China*一书，《昆厂劳工》改写成*China Enters the Machine Age*。三十三年回国，我一方面依旧继续做魁阁的研究工作，同时在云大和联大兼课，开始我的第二期工作。第二期工作是社会结构的分析，偏于通论性质，在理论上总结并开导实地研究。《生育制度》是这方面的第一本著作，这本《乡土中国》可以说是第二本。我在这两期的研究工作中虽则各有偏重，但在性质上是联贯的。为了要说明我选择这些方向来发展中国的社会学的理由，我不能不在这里一述我所认识的现代社会学的趋势。

*　　　　*　　　　*

社会学在社会科学中是最年轻的一门。孔德（Comte）在他《实证哲学》里采取这个名字到现在还不过近一百年，而孔德用这名词来预言的那门研究社会现象的科学应当相等于现在我们所谓“社会科学”的统称。斯宾塞（Spencer）也是这样，他所谓社会学是研究社会现象的总论。把社会学降为和政治学、经济学、法律学等社会科学并列的一门学问，并非创立这名称的早年学者所意想得到的。

社会学能不能成为一门特殊的社会科学其实还是一个没有解决的问题。这里牵涉到了社会科学领域的分划。如果我们承认政治学、经济学有它们特殊的领域，我们也承认了社会科学可以依社会制度加以划分：政治学研究政治制度，经济学研究经济制度等。社会现象能分多少制度也就可以成立多少门社会科学。现在的社会学，从这种立场上说来，只是个没有长成的社会科学的老家。一旦长成了，羽毛丰满，就可以闹分家，独立门户去了。这个譬喻确说明了现代社会学中的一个趋势。

讥笑社会学的朋友曾为它造下了个“剩余社会科学”的绰号。早年的学者像孟德斯鸠，像亚当斯密，如果被称作社会学家并非过分，像《法意》，像《原富》一类的名著，包罗万象，单说是政治学和经济学未免偏重。但是不久他们的门徒们把这些大师们的余绪发挥申引，蔚成家数，都以独立门户为荣，有时甚至讨厌老家的渊源。政治学、经济学既已独立，留在“社会学”领域里的只剩了些不太受人问津的、虽则并非不重要的社会制度，好像包括家庭、婚姻、教育等的生育制度，以及宗教制度等等。有一个时期，社会学抱残守缺地只能安于“次要制度”的研究里。这样，它还是守不住这老家的，没有长成的还是会长成的。在最近十多年来，这“剩余领域”又开始分化了。

在这次大战之前的几年里，一时风起云涌地产生了各种专门性质的社会学，好像孟汉（Karl Mannheim）的知识社会学，Joachim Wach的宗教社会学，叶林（Eugen Ehrlich）的法律社会学，甚至人类学家斐司（Raymond Firth）称他*We, the Tikopia*的调查报告作亲属社会学。这种趋势发展下去，都可以独立成为知识学、宗教学、法律学和亲属学的。它们还愿意拖着社会学的牌子，其实并不是看得起老家，比政治学和经济学心肠软一些，而是因为如果直称知识学或宗教学就不易和已经占领着这些领域的旧学问相混。知识学和知识论字面上太近似，宗教学和神学又使人不易一见就分得清楚。拖着个“社会学”的名词表示是“以科学方法研究该项制度”的意思。“社会学”这名词在这潮流里表面上是热闹了，但是实际上却连“剩余社会科学”的绰号都不够资格了，所剩的几等于零了。

让我们重回到早期的情形看一看。在孔德和斯宾塞之后有一个时期许多别的科学受了社会学的启发，展开了“社会现象和其他现象交互关系”的研究，我们不妨称作“边缘科学”。这种研究在中国社会学中曾占很重要的地位。我记得在十五年左右以前，世界书局曾出过一套“社会学丛书”，其中主要的是：社会的地理基础、心理基础、生物基础、文化基础等的题目。孔德早已指出宇宙现象的级层，凡是在上级的必然以下级为基础，因之也可以用下级来“解释”上级。社会现象正处于顶峰，所以从任何其他现象都可以用来解释它的。从解释进而成为“决定论”，就是说社会现象决定于其他现象。这样引诱了很多在其他科学里训练出来的学者进入社会学里来讨论社会现象，因而在社会学里引成了许多派别：机械学派、生物学派、地理学派、文化学派。苏洛金（Sorokin）曾写了一本《当代社会学学说》来介绍这许多派别。这书已有中译本（黄凌霜译，商务印书馆出版），我在这里不必赘述。

虽则苏洛金对于各家学说的偏见很有批评，但是我们得承认“边缘科学”的性质是不能不“片面”的。着眼于社会现象和地理接触边缘的，自不能希望他会顾到别的边缘。至于后来很多学者一定要比较哪一个边缘为“重要”，因而发生争论，实在是多余的。从边缘说，关系是众多的，也可以是多边的，偏见的形成是执一废百的结果。社会学本身从这些“边缘科学”所得的益处，除了若干多余的争论外还有多少，很难下断语，但是对于其他科学却引起了很多新的发展，好像人文生物学、人文地理等等，在本世纪的前期有了重要的进步，不能不说是受了社会学的影响。

社会现象有它的基础，那是无从否认的；其他现象对社会现象发生影响，也是事实；但是社会学不能被“基础论”所独占，或自足于各种“决定论”，那也是自明的道理。社会学躲到这边际上来是和我上述的社会科学分家趋势相关的。堂奥既

为亡灵焚烧供品的民间信仰

被各个特殊社会科学占领了去，社会学也只能退到门限上，站在门口还要互争谁是大门，怎能不说是可怜相?

社会学也许只有走综合的路线，但是怎样综合呢？苏洛金在批评了各派的偏见之后，提出了个x+1的公式，他的意思是尽管各派偏重各派的边缘，总有一个全周。其实他的公式是“综合”不如说是“总和”。“总”是把各边缘加起来，“和”是调解偏见。可是加起来有什么新的贡献呢？和事老的地位也不够作为一门科学的基础。社会学的特色岂能只是面面周到呢？

社会现象在内容上固然可以分成各个制度，但是这些制度并不是孤立的。如果社会学要成为综合性的科学，从边缘入手自不如从堂奥入手。以社会现象本身来看，如果社会学不成为各种社会科学的总称，满足于保存一个空洞的名词，容许各门特殊的社会科学对各个社会制度作专门的研究，它可以从两层上进行综合的工作：一是从各制度的关系上去探讨。譬如某一种政治制度的形式常和某一种经济制度的形式相配合，又譬如在宗教制度中发生了某种变动会在政治或经济制度引起某种影响。从各制度的相互关系上着眼，我们可以看到全盘社会结构的格式。社会学在这里可以得到各个特殊的社会科学所留下，也是它们无法包括的园地。

以全盘社会结构的格式作为研究对象，这对象并不能是概然性的，必须是具体的社区，因为联系着各个社会制度的是人们的生活，人们的生活有时空的坐落，这就是社区。每一个社区有它一套社会结构，各制度配合的方式。因之，现代社会学的一个趋势就是社区研究，也称作社区分析。

社区分析的初步工作是在一定时空坐落中去描画出一地方人民所赖以生活的社会结构。在这一层上可以说是和历史学的工作相通的。社区分析在目前虽则常以当前的社区作研究对象，但这只是为了方便的原因 ，如果历史材料充分的话，任何时代的社区都同样地可作分析对象。

社区分析的第二步是比较研究，在比较不同社区的社会结构时，常发现了每个社会结构有它配合的原则，原则不同，表现出来结构的形式也不一样。于是产生了“格式”的概念。在英美人类学中这种研究的趋势已经十分明显，好像Pattern、Configuration、Integration一类名词都是针对着这种结构方面的研究，我们不妨称之作“结构论”（Structuralism）是“功能论”（Functionalism）的延续。但是在什么决定“格式”的问题上却还没有一致的意见。在这里不免又卷起“边缘科学”的余波，有些注重地理因素，有些注重心理因素。但这余波和早年分派互讦的情形不完全相同，因为社区结构研究中对象是具体的；有这个综合的中心，各种影响这中心的因素都不致成为抽象的理论，而是可以观察、衡量的作用。

在社区分析这方面，现代社会学却和人类学的一部分通了家。人类学原是一门包罗极广的科学，和社会学一般经过了分化过程，研究文化的一部分也发生了社区研究的趋势。所以这两门学问在这一点上辐辏会合。譬如林德（Lynd）的Middletown和马凌诺斯基（Malinowski）在Trobriad岛上的调查报告，性质上是相同的。嗣后人类学者开始研究文明人的社区，如槐南（Warner）的Yankee City Series，艾勃里（Embree）的《须惠村》（日本农村）以及拙作*Peasant Life in China*和*Earthbound China*，更不易分辨是人类学或社会学的作品了。美国社会学大师派克（Park）先生很早就说：社会学和人类学应当并家。他所主持的芝加哥都市研究就是应用人类学的方法，也就是我在上面所说的“社区分析”。英国人类学先进白朗（Radcliffe-Brown）先生在芝加哥大学讲学时就用“比较社会学”来称他的课程。

以上所说的只是社会学维持其综合性的一条路线，另一条路线却不是从具体的研究对象上求综合，而是从社会现象的共相上着手。社会制度是从社会活动的功能上分出来的单位：政治、经济、宗教等是指这些活动所满足人们不同的需要。政治活动和经济活动，如果抽去了它们的功能来看，原是相同的，都是人和人之间的相互行为。这些行为又可以从它们的形式上去分类，好像合作、冲突、调和、分离等不同的过程。很早在德国就有形式社会学的发生，席木尔（Simmel）是这一派学者的代表。冯维瑞（Von Wiese）的系统社会学经贝干（Becker）的介绍在美国社会学里也有很大的影响。派克和盘吉斯（Park and Burgess）的《社会学导论》也充分表明这种被称为“纯粹社会学”的立场。

供奉和祭祀祖先的家堂神位

纯粹社会学是超越于各种特殊社会科学之上的，但是从社会行为作为对象，撇开功能立场，而从形式入手研究，又不免进入心理学的范围。这里又使我们回想到孔德在建立他的科学级层论时对于心理学地位的犹豫了。他不知道应当把心理现象放在社会现象之下，还是之上。他这种犹豫是起于心理现象的两元性，其一是现在所谓生理心理学，其二是现在所谓社会心理学。这两种其实并不隶属于一个层次，而是两片夹着社会现象的面包。纯粹社会学可以说是以最上层的一片作对象的。

总结起来说，现代社会学还没有达到一个为所有被称为社会学者共同接受的明白领域。但在发展的趋势上看去，可以说的是社会学很不容易和政治学、经济学等在一个平面上去分得一个独立的范围。它只有从另外一个层次上去得到一个研究社会现象的综合立场。我在这里指出了两条路线，指向两个方向。很可能是再从这两个方向分成两门学问；把社区分析让给新兴的社会人类学，而由“社会学”去发挥社会行为形式的研究。名称固然是并不重要的，但是社会学内容的常变和复杂确是引起许多误会的原因。

* * *

依我这种对社会学趋势的认识来说，《生育制度》可以代表以社会学方法研究某一制度的尝试，而这《乡土中国》却是属于社区分析第二步的比较研究的范围。在比较研究中，先得确立若干可以比较的类型，那就是依不同结构的原则分别确定它所形成的格式。去年春天我曾根据Mead女士的*The American Character*一书写成一本《美国人的性格》，并在这书的后记里讨论过所谓文化格式的意思。在这里我不再复述了。这两本书可以合着看，因为我在这书里是以中国的事实来说明乡土社会的特性，和Mead女士根据美国的事实说明移民社会的特性在方法上是相通的。

我已经很久想整理这些在“乡村社会学”课上所讲的材料，但是总觉得还没有成熟，所以迟迟不敢下笔。去年暑假里，张纯明先生约我为《世纪评论》长期撰稿，盛情难却，才决定在这学期中，随讲随写，随写随寄，随寄随发表，一共已有十几篇。储安平先生约我在“观察丛书”里加入一份，才决定重新编了一下，有好几篇重写了，又大体上修正了一遍。不是他们的督促和鼓励，我是不会写出这本书的，但也是因为他们限期限日的催稿，使我不能等很多概念成熟之后才发表，其中有很多地方是还值得推考。这算不得是定稿，也不能说是完稿，只是一段尝试的记录罢了。

三十七年二月十四日于清华胜因院

（据《上海观察社》1947 年版排印）

国家新闻出版广电总局
首届向全国推荐中华优秀传统文化普及图书

大家小书书目

经典常谈	朱自清　著
语言与文化	罗常培　著
习坎庸言校正	罗　庸　著　杜志勇　校注
鸭池十讲（增订本）	罗　庸　著　杜志勇　编订
古代汉语常识	王　力　著
国学概论新编	谭正璧　编著
文言尺牍入门	谭正璧　著
日用交谊尺牍	谭正璧　著
敦煌学概论	姜亮夫　著
训诂简论	陆宗达　著
金石丛话	施蛰存　著
常识	周有光　著　叶　芳　编
文言津逮	张中行　著
中国字典史略	刘叶秋　著

古典目录学浅说	来新夏　著
闲谈写对联	白化文　著
怎样使用标点符号（增订本）	苏培成　著
诗境浅说	俞陛云　著
唐五代词境浅说	俞陛云　著
北宋词境浅说	俞陛云　著
南宋词境浅说	俞陛云　著
人间词话新注	王国维　著　滕咸惠　校注
苏辛词说	顾　随　著　陈　均　校
诗论	朱光潜　著
唐诗杂论	闻一多　著
诗词格律概要	王　力　著
唐宋词欣赏	夏承焘　著
槐屋古诗说	俞平伯　著
词学十讲	龙榆生　著
词曲概论	龙榆生　著
中国古典诗歌讲稿	浦江清　著 浦汉明　彭书麟　整理

唐人绝句启蒙	李霁野　著
唐宋词启蒙	李霁野　著
古典文学略述	王季思　著　王兆凯　编
古典戏曲略说	王季思　著　王兆凯　编
唐宋词概说	吴世昌　著
宋词赏析	沈祖棻　著
道教徒的诗人李白及其痛苦	李长之　著
闲坐说诗经	金性尧　著
陶渊明批评	萧望卿　著
舒芜说诗	舒　芜　著
名篇词例选说	叶嘉莹　著
唐诗纵横谈	周勋初　著
楚辞讲座	汤炳正　著 汤序波　汤文瑞　整理
好诗不厌百回读	袁行霈　著
山水有清音 ——古代山水田园诗鉴要	葛晓音　著

门外文谈	鲁　迅　著
我的杂学	周作人　著　张丽华　编
论雅俗共赏	朱自清　著
文学概论讲义	老　舍　著
中国文学史导论	罗　庸　著　杜志勇　辑校
给少男少女	李霁野　著
鲁迅批判	李长之　著
英美现代诗谈	王佐良　著　董伯韬　编
三国谈心录	金性尧　著
夜阑话韩柳	金性尧　著
英语学习	李赋宁　著
漫谈西方文学	李赋宁　著
历代笔记概述	刘叶秋　著
笔祸史谈丛	黄　裳　著
古典诗文述略	吴小如　著
有琴一张	资中筠　著
鲁迅作品细读	钱理群　著
唐宋八大家——古代散文的典范	葛晓音　选译

红楼梦考证	胡　适　著	
《水浒传》与中国社会	萨孟武　著	
《西游记》与中国古代政治	萨孟武　著	
《红楼梦》与中国旧家庭	萨孟武　著	
《金瓶梅》人物	孟　超　著	张光宇　绘
水泊梁山英雄谱	孟　超　著	张光宇　绘
《红楼梦》探源	吴世昌　著	
《西游记》漫话	林　庚　著	
细说红楼	周绍良　著	
红楼小讲	周汝昌　著	周伦玲　整理
曹雪芹的故事	周汝昌　著	周伦玲　整理
古典小说漫稿	吴小如　著	
三生石上旧精魂——中国古代小说与宗教	白化文　著	
《金瓶梅》十二讲	宁宗一　著	
古体小说论要	程毅中　著	
近体小说论要	程毅中　著	
文学的阅读	洪子诚　著	
中国戏曲	么书仪　著	

中国史学入门	顾颉刚　著　何启君　整理
秦汉的方士与儒生	顾颉刚　著
三国史话	吕思勉　著
史学要论	李大钊　著
中国近代史	蒋廷黻　著
民族与古代中国史	傅斯年　著
五谷史话	万国鼎　著　徐定懿　编
民族文话	郑振铎　著
史料与史学	翦伯赞　著
唐代社会概略	黄现璠　著
清史简述	郑天挺　著
两汉社会生活概述	谢国桢　著
中国文化与中国的兵	雷海宗　著
两宋史纲	张荫麟　著
明史简述	吴　晗　著
北宋政治改革家王安石	邓广铭　著
从紫禁城到故宫 ——营建、艺术、史事	单士元　著
史学遗产六讲	白寿彝　著

司马迁之人格与风格	李长之　著
司马迁	季镇淮　著
唐王朝的崛起与兴盛	汪　篯　著
二千年间	胡　绳　著
论三国人物	方诗铭　著
考古发现与中西文化交流	宿　白　著
中国古代国家的历史特征	张传玺　著
艺术、神话与祭祀	张光直　著 刘　静　乌鲁木加甫　译
中国古代衣食住行	许嘉璐　著
中国古代史学十讲	瞿林东　著

黄宾虹论画	黄宾虹　著
中国绘画史	陈师曾　著
和青年朋友谈书法	沈尹默　著
中国画法研究	吕凤子　著
桥梁史话	茅以升　著
中国戏剧史讲座	周贻白　著
俞平伯说昆曲	俞平伯　著　陈　均　编

新建筑与流派	童 寯 著	
论园	童 寯 著	
拙匠随笔	梁思成 著	林 洙 编
中国建筑艺术	梁思成 著	林 洙 编
沈从文讲文物	沈从文 著	王 风 编
中国画的艺术	徐悲鸿 著	马小起 编
中国绘画史纲	傅抱石 著	
中国舞蹈史话	常任侠 著	
海上丝路与文化交流	常任侠 著	
世界美术名作二十讲	傅 雷 著	
中国画论体系及其批评	李长之 著	
金石书画漫谈	启 功 著	赵仁珪 编
吞山怀谷——中国山水园林的艺术	汪菊渊 著	
中国古代音乐与舞蹈	阴法鲁 著	刘玉才 编
梓翁说园	陈从周 著	
旧戏新谈	黄 裳 著	
民间年画十五讲	王树村 著	姜彦文 编
民间美术与民俗	王树村 著	姜彦文 编

长城史话	罗哲文　著
中国古园林概说	罗哲文　著
现代建筑奠基人	罗小未　著
世界桥梁趣谈	唐寰澄　著
如何欣赏一座桥	唐寰澄　著
桥梁的故事	唐寰澄　著
园林的意境	周维权　著
万方安和 ——皇家园林的故事	周维权　著
现代建筑的故事	吴焕加　著
中国古代建筑概说	傅熹年　著
国学救亡讲演录	章太炎　著　蒙　木　编
简易哲学纲要	蔡元培　著
大学教育	蔡元培　著 北大元培学院　编
老子、孔子、墨子及其学派	梁启超　著
中国政治思想史	吕思勉　著
天道与人文	竺可桢　著　施爱东　编

春秋战国思想史话	嵇文甫　著
晚明思想史论	嵇文甫　著
新人生论	冯友兰　著
中国哲学与未来世界哲学	冯友兰　著
谈美书简	朱光潜　著
中国古代心理学思想	潘　菽　著
民俗与迷信	江绍原　著　陈泳超　整理
佛教基本知识	周叔迦　著
儒学述要	罗　庸　著　杜志勇　整理
希腊漫话	罗念生　著
佛教常识答问	赵朴初　著
大一统与儒家思想	杨向奎　著
孔子的故事	李长之　著
西洋哲学史	李长之　著
乡土中国	费孝通　著
社会调查自白	费孝通　著
经学常谈	屈守元　著
墨子与墨家	任继愈　著
汉化佛教与佛寺	白化文　著
中西之交	陈乐民　著

出版说明

“大家小书”多是一代大家的经典著作，在还属于手抄的著述年代里，每个字都是经过作者精琢细磨之后所拣选的。为尊重作者写作习惯和遣词风格、尊重语言文字自身发展流变的规律，为读者提供一个可靠的版本，“大家小书”对于已经经典化的作品不进行现代汉语的规范化处理。

提请读者特别注意。

北京出版社